3-bande carambole: Op og ned i bjergmønstre

Fra professionelle mesterskabsturneringer

Test dig selv mod professionelle spillere

Allan P. Sand
PBIA Certificeret billard instruktør

ISBN 978-1-62505-257-5
PRINT 7x10

ISBN 978-1-62505-400-5
PRINT 8.5x11

First edition

Copyright © 2019 Allan P. Sand

All rights reserved under International and Pan-American Copyright Conventions.

Published by Billiard Gods Productions.
Santa Clara, CA 95051
U.S.A.

For the latest information about books and videos, go to: http://www.billiardgods.com

Acknowledgements

Wei Chao created the software that was used to create these graphics.

Indholdsfortegnelse

Introduktion **1**
   Om bordlayouterne 1
   Indstillinger for tabelopsætning 2
   Formål med layouterne 2

A: Ned ad bakken, lille hjørne krog **3**
   A: Gruppe 1 3
   A: Gruppe 2 8
   A: Gruppe 3 13
   A: Gruppe 4 18

B: Ned ad bakken, stort hjørne krog **23**
   B: Gruppe 1 23
   B: Gruppe 2 28
   B: Gruppe 3 34
   B: Gruppe 4 39

C: Fuld bord (kort bande) **44**
   C: Gruppe 1 44
   C: Gruppe 2 49
   C: Gruppe 3 54

D: Grundlæggende hjørneregulering (lang bande) **59**
   D: Gruppe 1 59
   D: Gruppe 2 64
   D: Gruppe 3 69
   D: Gruppe 4 74

E: Udvidet hjørneregulering (lang bande) **79**
   E: Gruppe 1 79
   E: Gruppe 2 84
   E: Gruppe 3 90

F: Lavvinklet ben, ned ad bakken **95**
   F: Gruppe 1 95
   F: Gruppe 2 100
   F: Gruppe 3 105
   F: Gruppe 4 110

G: I hjørnet (kort bande) **115**
   G: Gruppe 1 115
   G: Gruppe 2 120
   G: Gruppe 3 125

H: Grundlæggende dobbeltkrog **130**
   H: Gruppe 1 130
   H: Gruppe 2 135
   H: Gruppe 3 140

I: Udvidet dobbelt krog **145**

I: Gruppe 1	145
I: Gruppe 2	150
I: Gruppe 3	155
I: Gruppe 4	160

J: Dobbelt krog (med retur diagonal) 165
J: Gruppe 1	165
J: Gruppe 2	170
J: Gruppe 3	175
J: Gruppe 4	180

K: Dobbelt toppen af bakken 185
| K: Gruppe 1 | 185 |

L: Udenfor returkrog 191
| L: Gruppe 1 | 191 |
| L: Gruppe 2 | 196 |

M: Retur udenfor hjørne (kort bande) 201
| M: Gruppe 1 | 201 |

Other books by the author ...

    3 Cushion Billiards Championship Shots (a series)

    Carom Billiards: Some Riddles & Puzzles

    Carom Billiards: MORE Riddles & Puzzles

    Why Pool Hustlers Win

    Table Map Library

    Safety Toolbox

    Cue Ball Control Cheat Sheets

    Advanced Cue Ball Control Self-Testing Program

    Drills & Exercises for Pool & Pocket Billiards

    The Art of War versus The Art of Pool

    The Psychology of Losing – Tricks, Traps & Sharks

    The Art of Team Coaching

    The Art of Personal Competition

    The Art of Politics & Campaigning

    The Art of Marketing & Promotion

    Kitchen God's Guide for Single Guys

Introduktion

Dette er en af en række 3-bande carambola bøger, der viser, hvordan professionelle spillere træffer beslutninger, baseret på bordlayoutet. Alle disse layouts er fra internationale konkurrencer.

Disse layouts sætter dig inde i afspillerens hoved, begyndende med boldens positioner (vist i den første tabel). Den anden tabel layout viser, hvad spilleren besluttede at gøre.

Om bordlayouterne

Hver konfiguration har to tabellayouter. Den første tabel er boldpositionerne. Den anden tabel er, hvordan boldene bevæger sig på bordet.

Dette er de tre bolde på bordet:

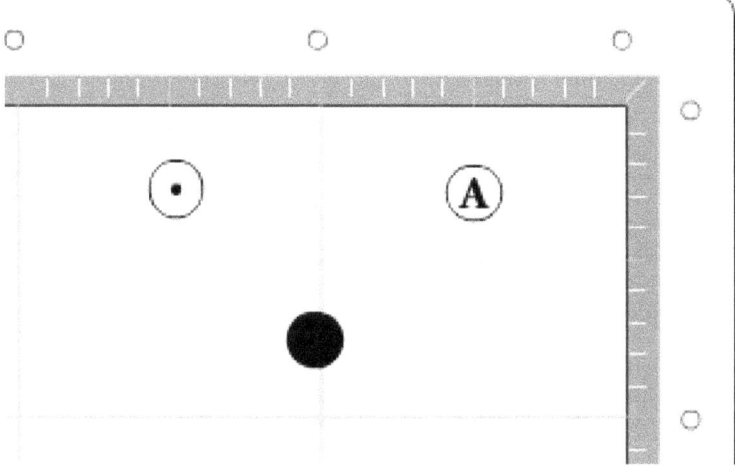

Ⓐ (CB) (din billardkugle)

⊙ (OB) (modstander billardkugle)

● (OB) (rød billardkugle)

Indstillinger for tabelopsætning

Brug papirbindingsringe til at markere boldpositionerne (køb hos enhver kontorforretning).
Placer en mønt på hver bande, at (CB) vil røre ved.

Sammenlign din (CB) -sti med den anden tabelkonfiguration. For at lære, kan du have brug for flere forsøg. Efter hvert svigt skal du foretage justering og prøve igen, indtil du har succes.

Formål med layouterne

Disse layouter leveres til to formal:

- Din analyse - I hjemmet kan du overveje, hvordan du spiller konfigurationen på den første tabel. Sammenlign dine ideer til det faktiske mønster på den anden bord. Tænk på din løsning, og overvej muligheder. Fra den anden tabel kan du også analysere, hvordan man følger mønsteret. Mentalt spiller skuddet og bestemmer, hvordan du kan lykkes.

- Øv bordkonfigurationen - Placer bolderne på plads i henhold til den første tabelkonfiguration. Prøv at skyde på samme måde som det andet bordmønster. Du kan have brug for mange forsøg, før du finder den rigtige måde at spille på. Sådan kan du lære og spille disse skud under konkurrencer og turneringer.

Kombinationen af mental analyse og praktisk praksis vil gøre dig til en smartere spiller.

A: Ned ad bakken, lille hjørne krog

Den (CB) kommer ud af den første (OB) og går mod midten af den lange bande. (CB) går mod det fjerne hjørne - i den korte bande og den lange bande.

Ⓐ (CB) (din billardkugle) – ⊙ (OB) (modstander billardkugle) – ● (OB) (rød billardkugle)

A: Gruppe 1

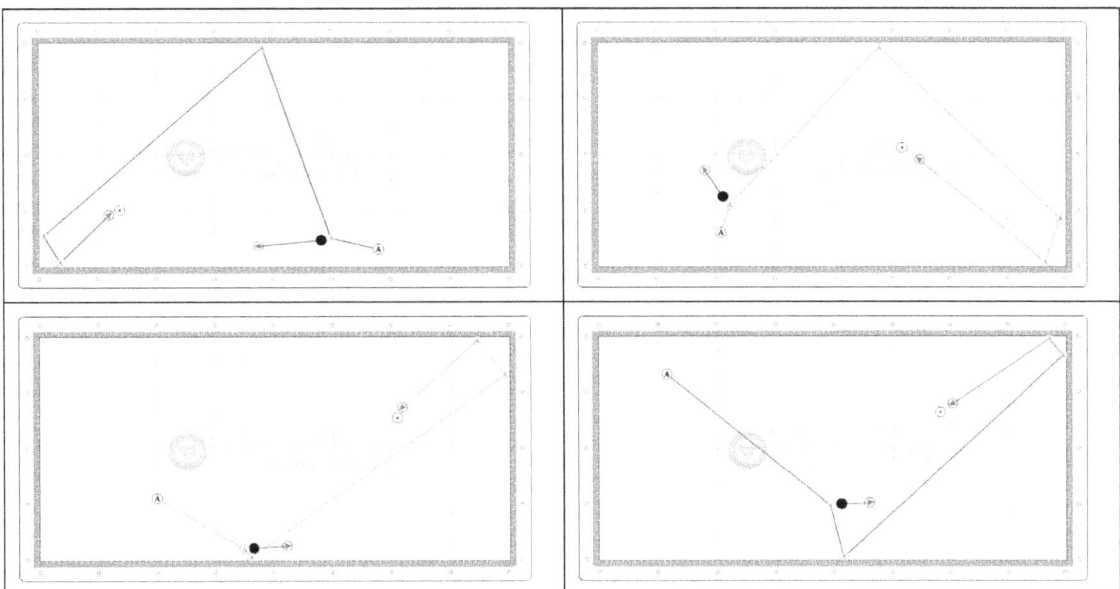

Analyse:

A:1a. _____

A:1b. _____

A:1c. _____

A:1d. _____

A:1a – Setup

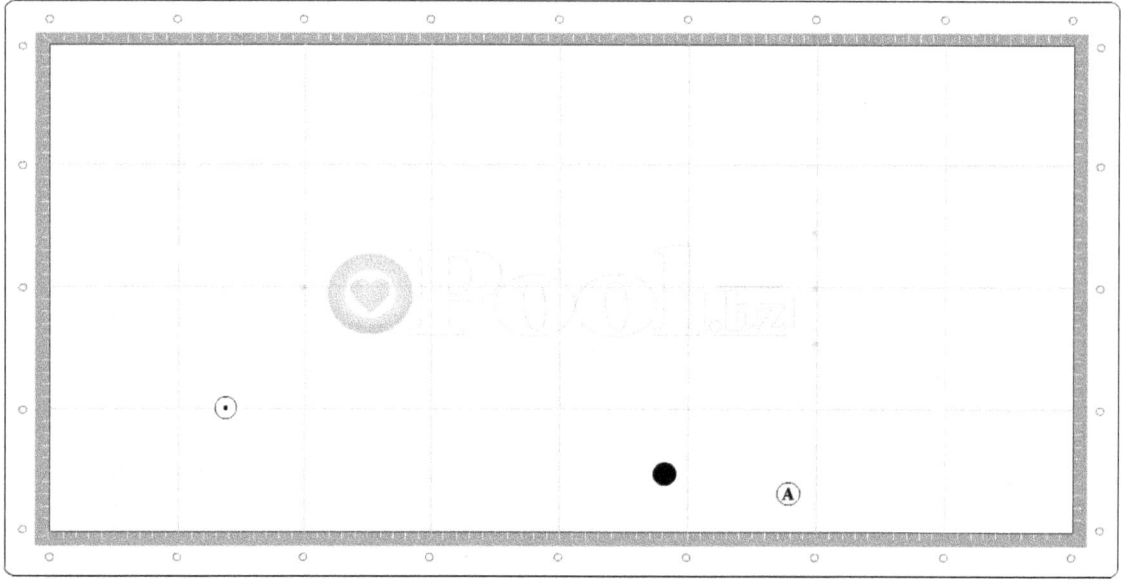

Noter og ideer:

Afspilning mønster

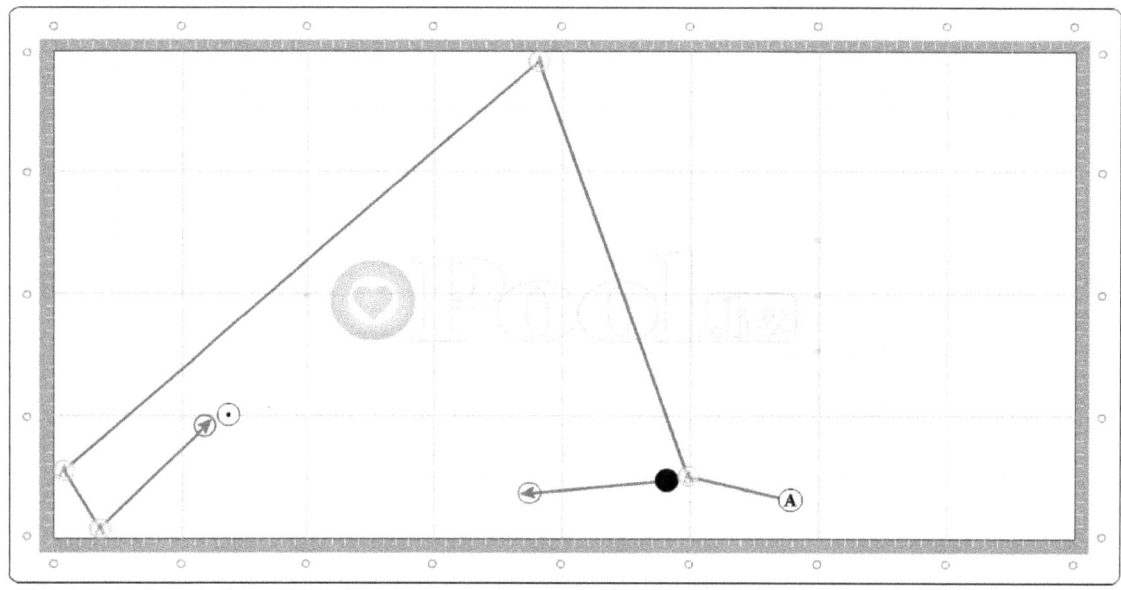

A:1b – Setup

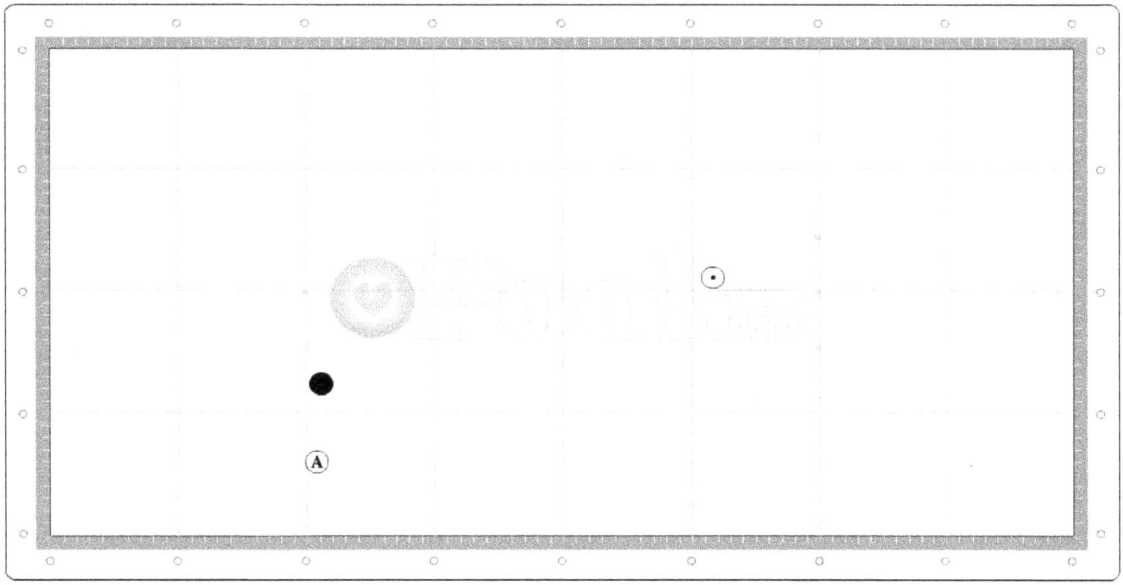

Noter og ideer:

Afspilning mønster

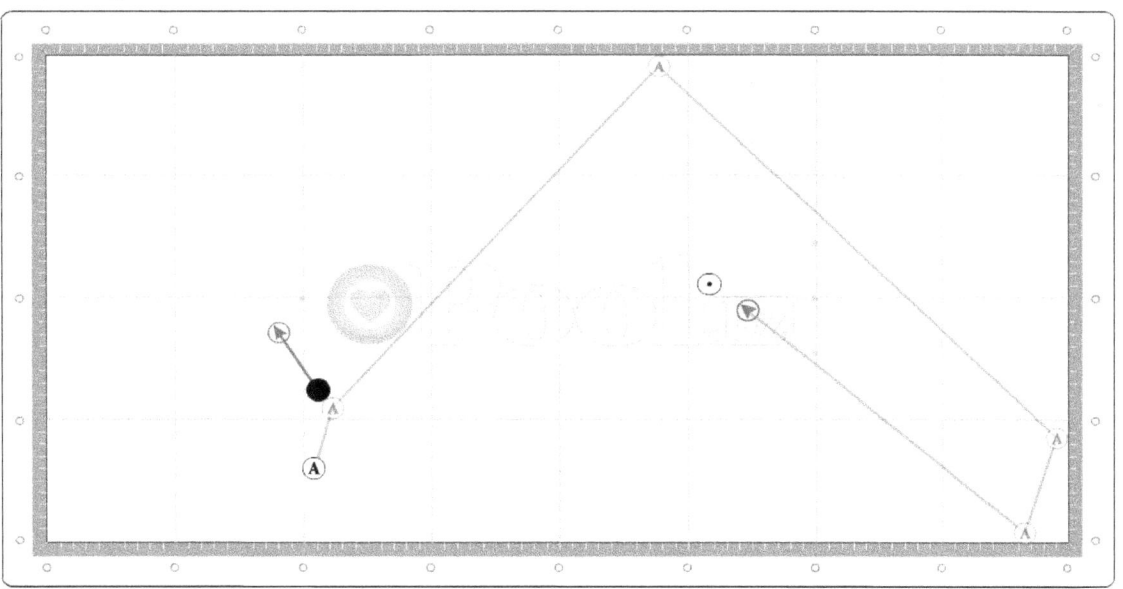

A:1c – Setup

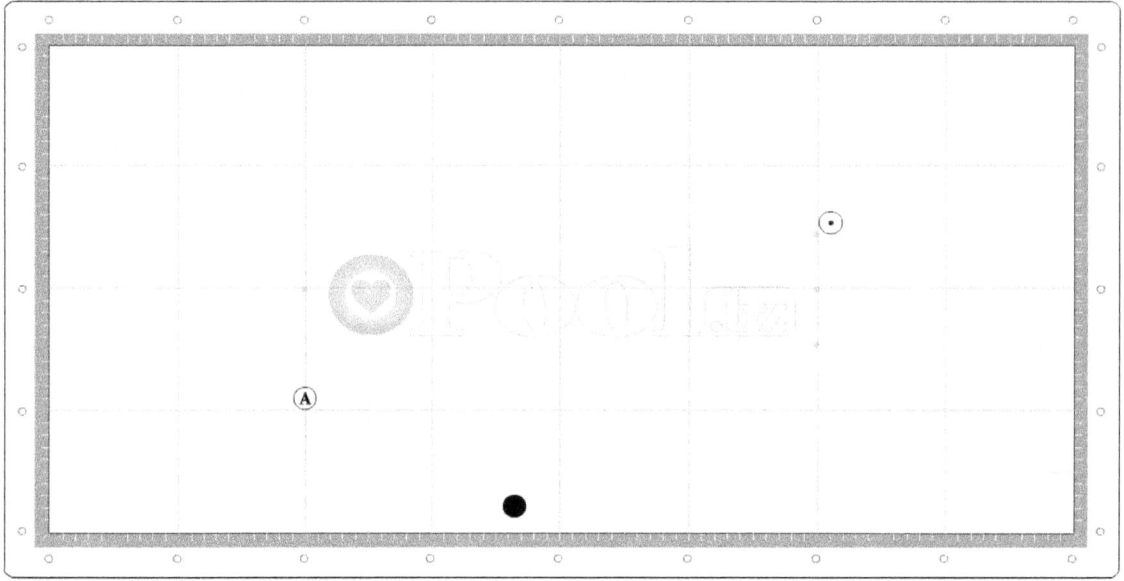

Noter og ideer:

Afspilning mønster

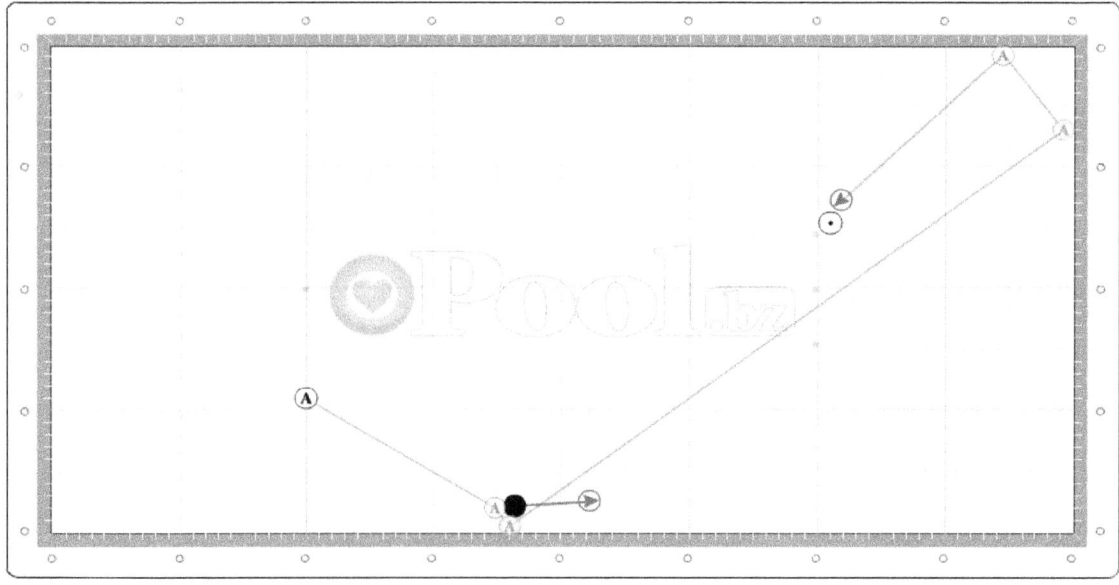

A:1d – Setup

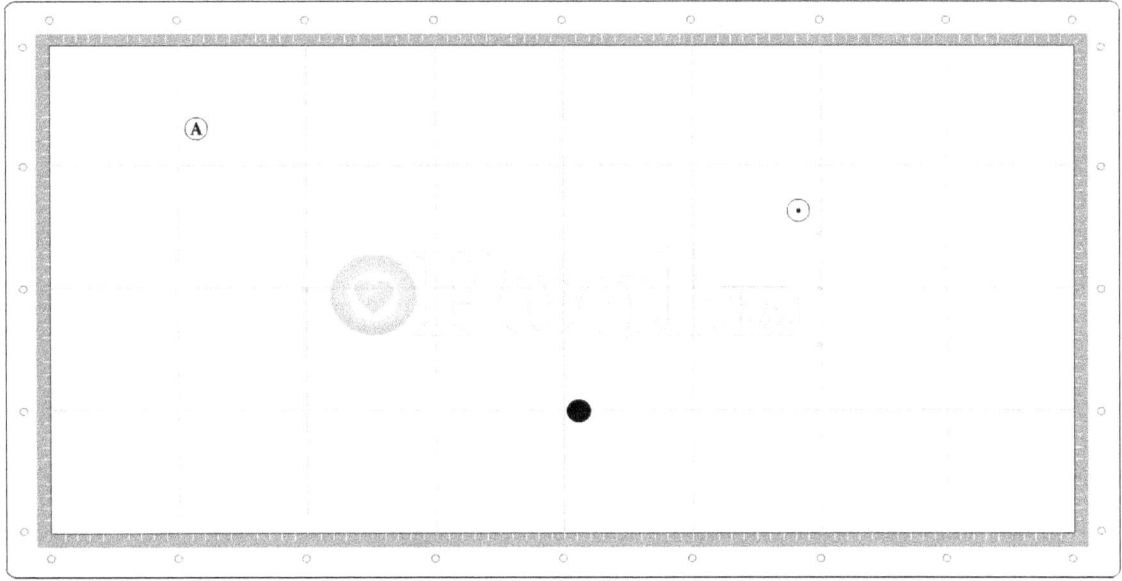

Noter og ideer:

Afspilning mønster

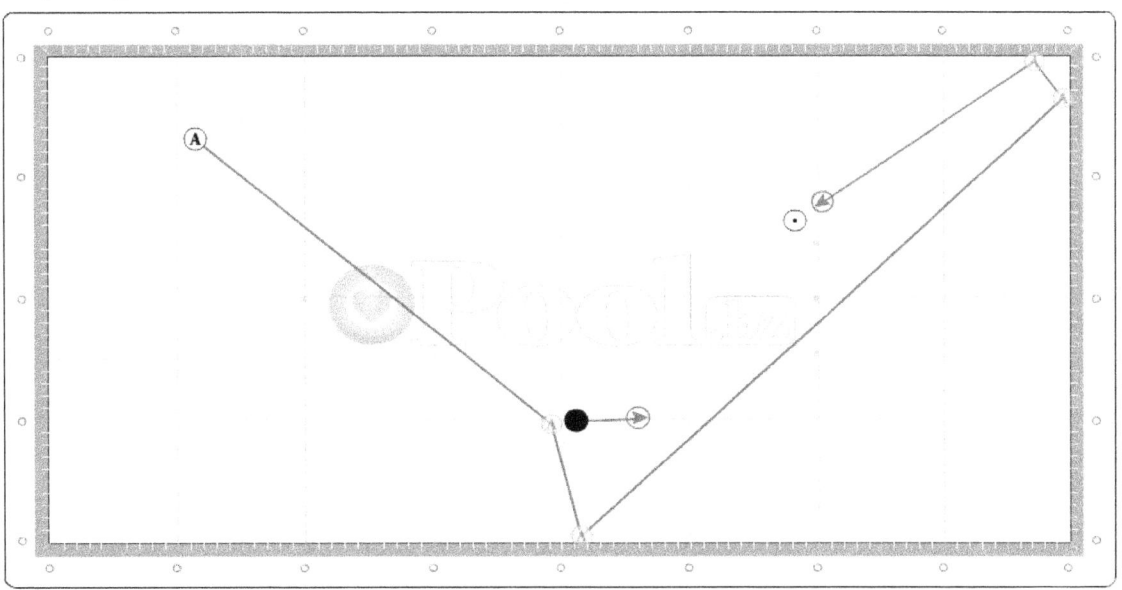

A: Gruppe 2

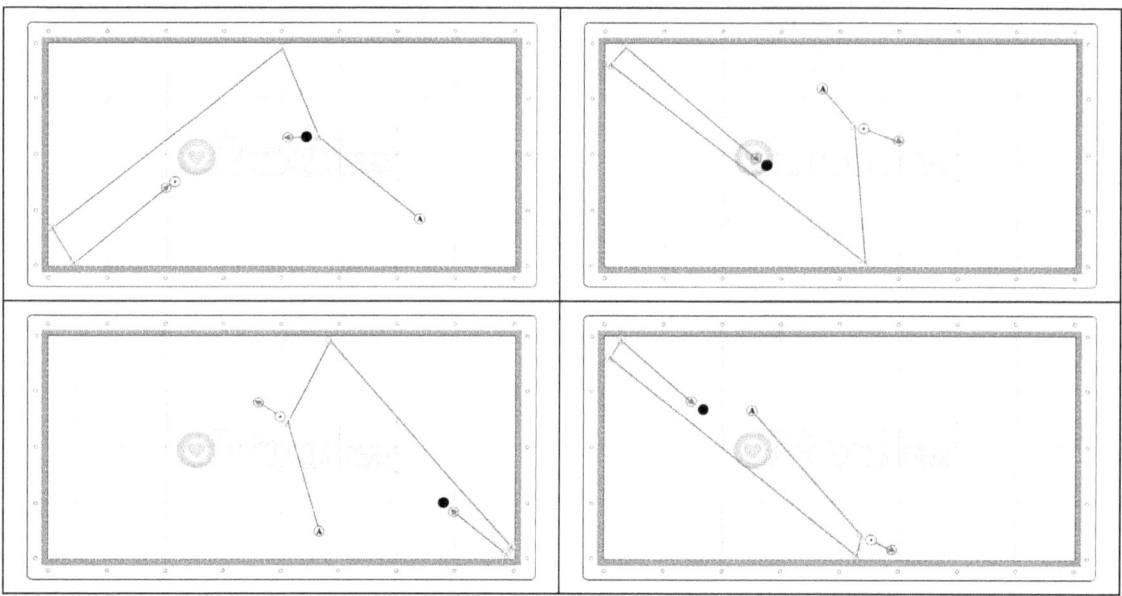

Analyse:

A:2a. _____

A:2b. _____

A:2c. _____

A:2d. _____

A:2a – Setup

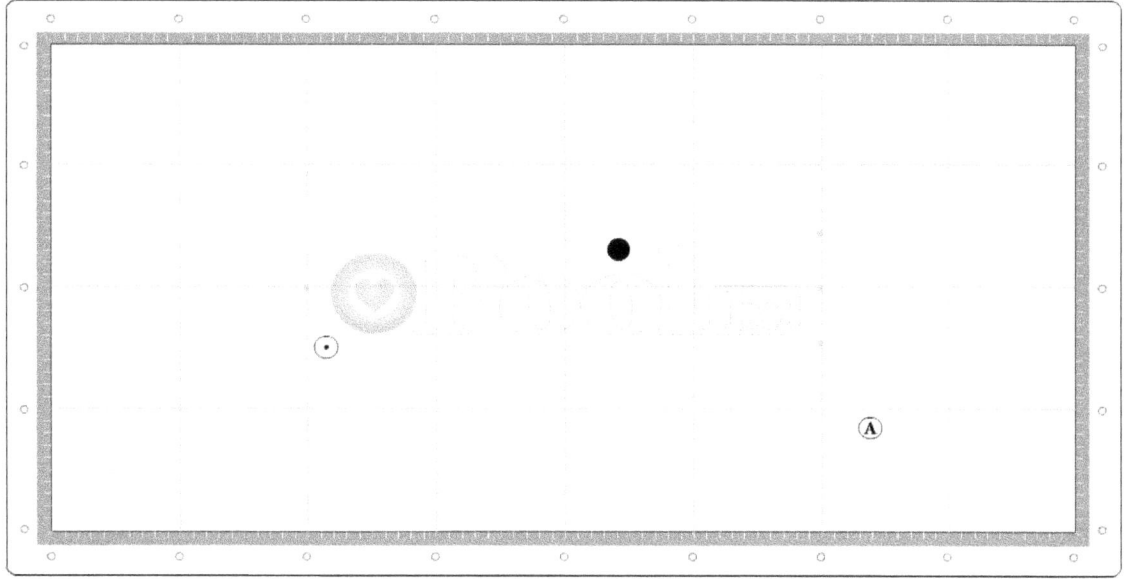

Noter og ideer:

Afspilning mønster

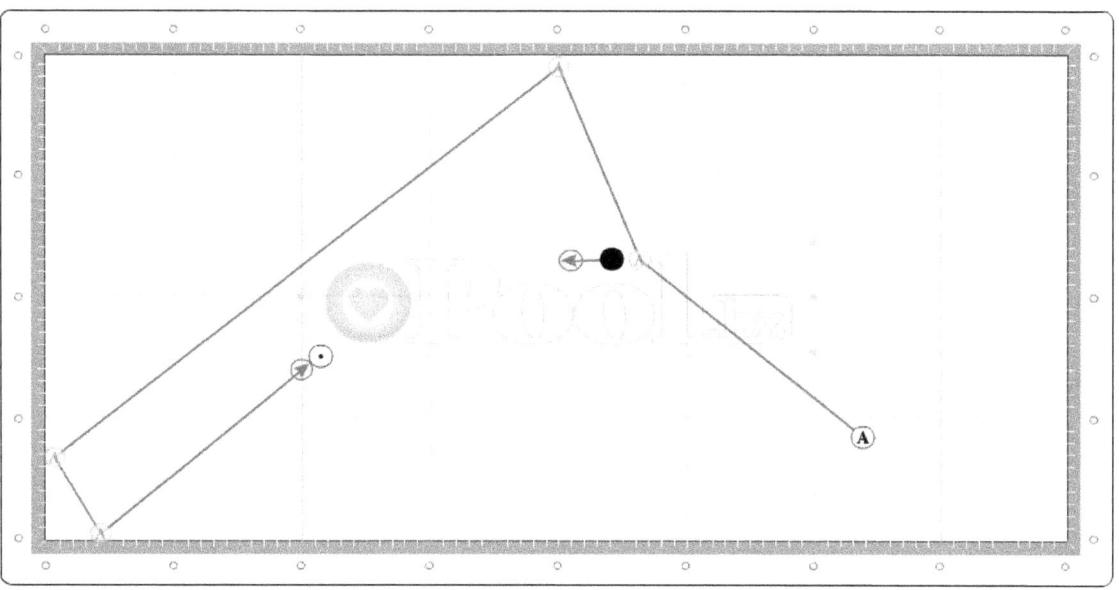

A:2b – Setup

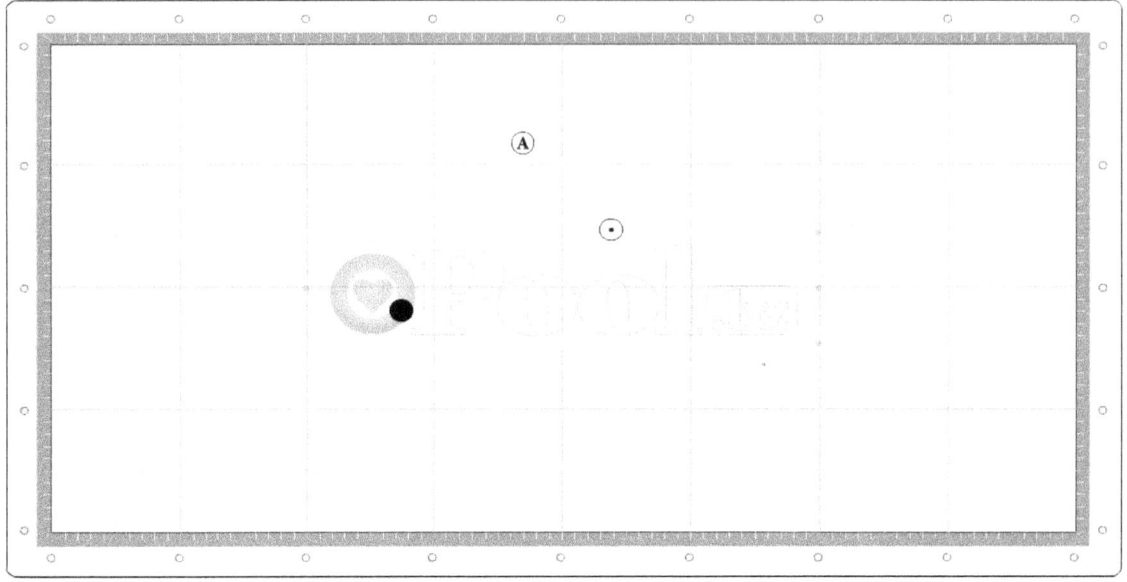

Noter og ideer:

Afspilning mønster

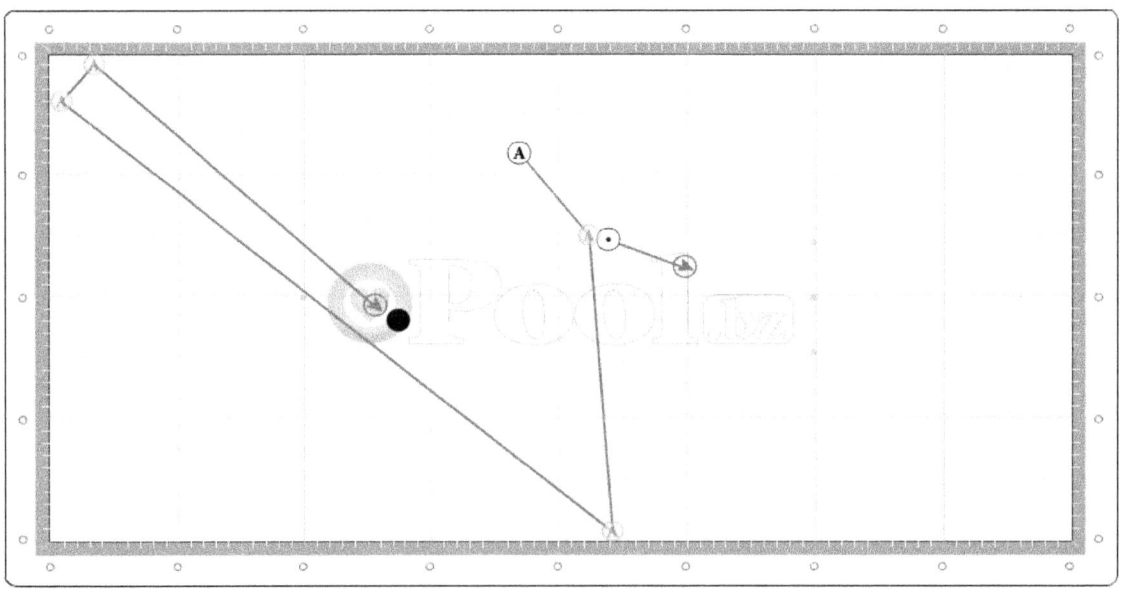

A:2c – Setup

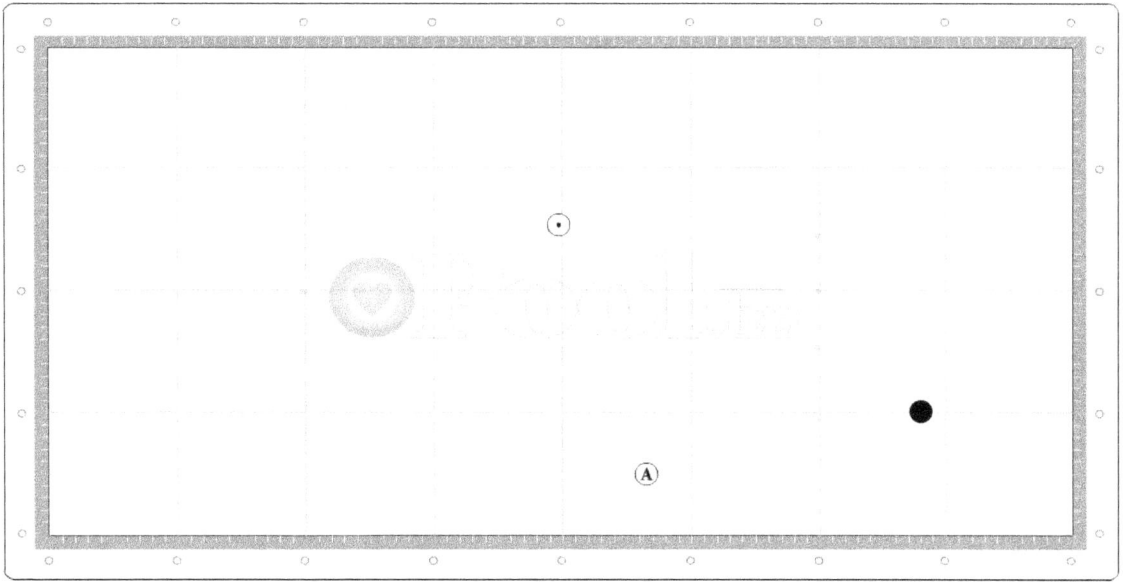

Noter og ideer:

Afspilning mønster

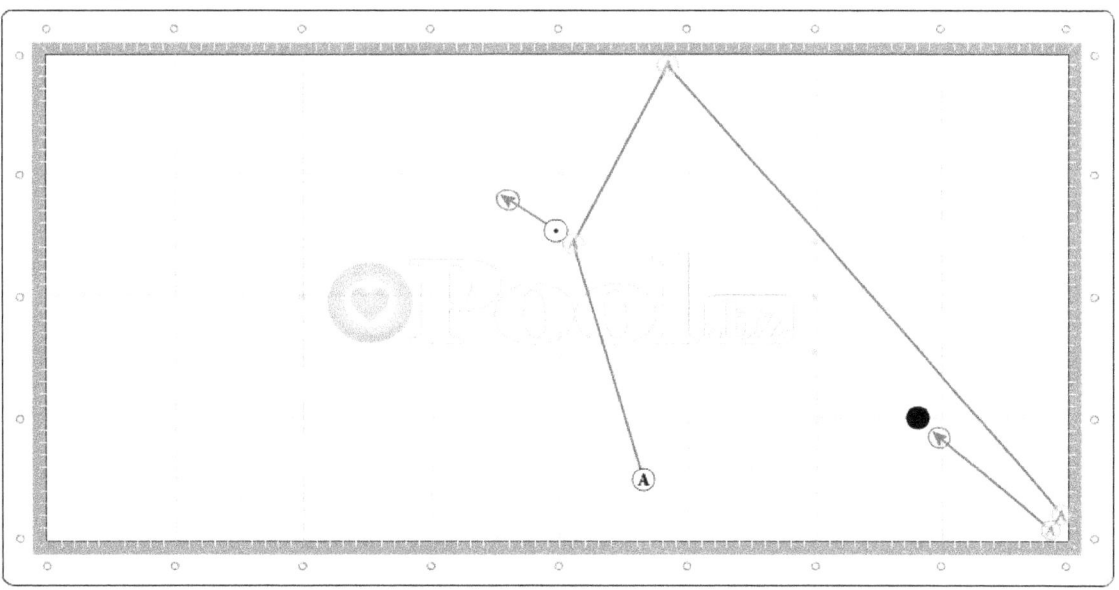

A:2d – Setup

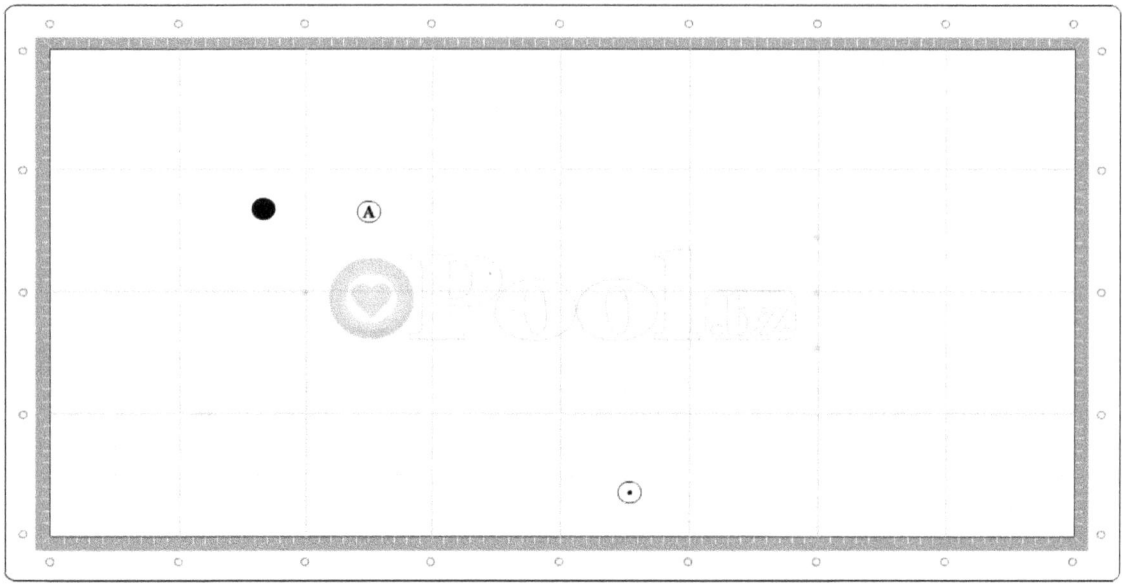

Noter og ideer:

Afspilning mønster

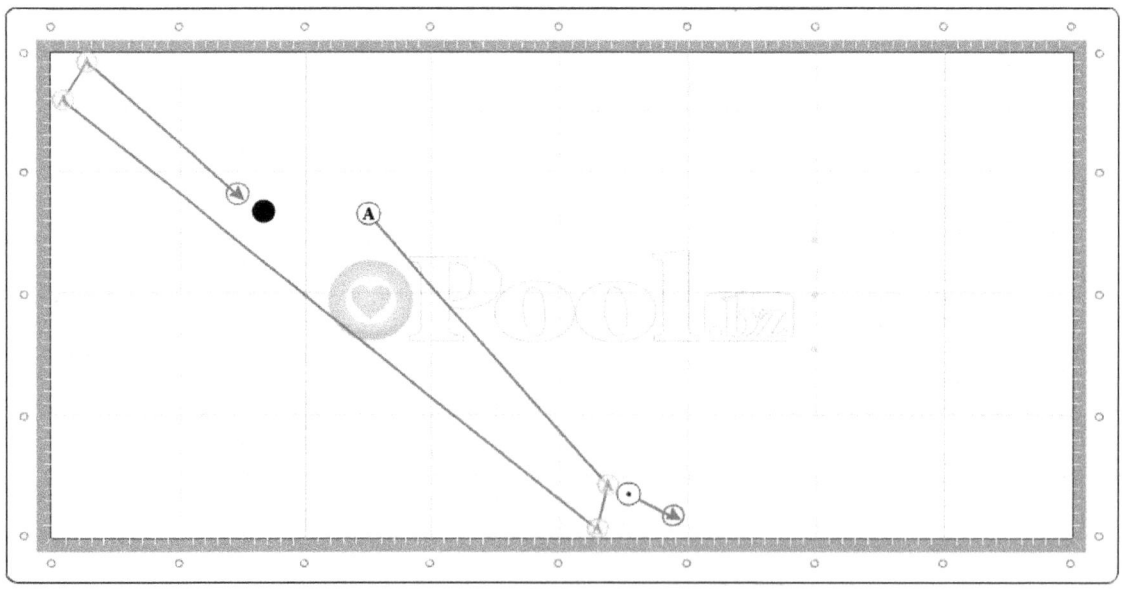

A: Gruppe 3

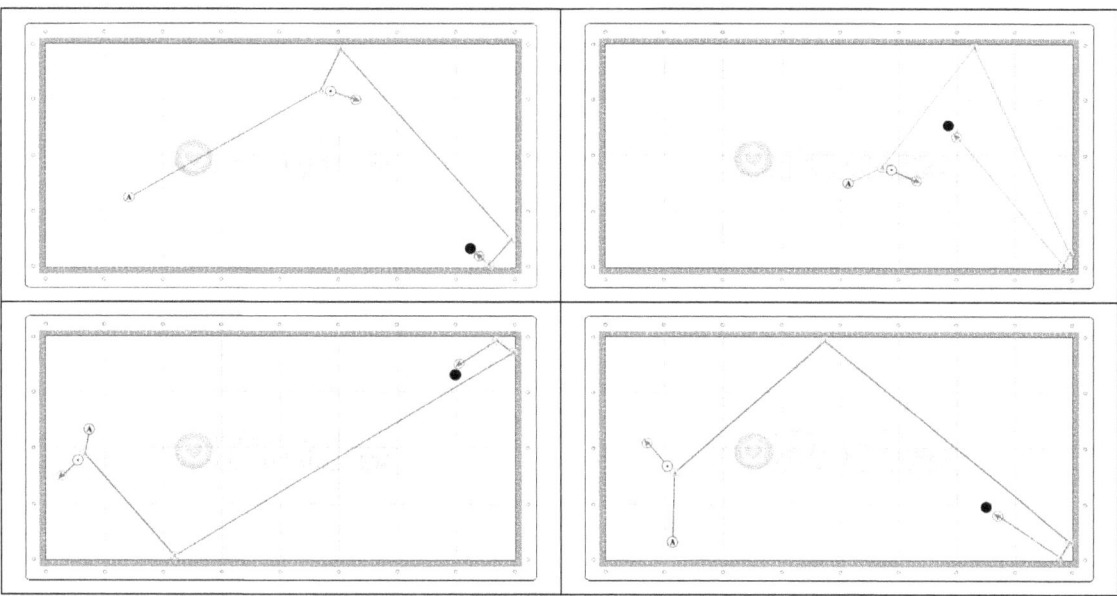

Analyse:

A:3a. _____

A:3b. _____

A:3c. _____

A:3d. _____

A:3a – Setup

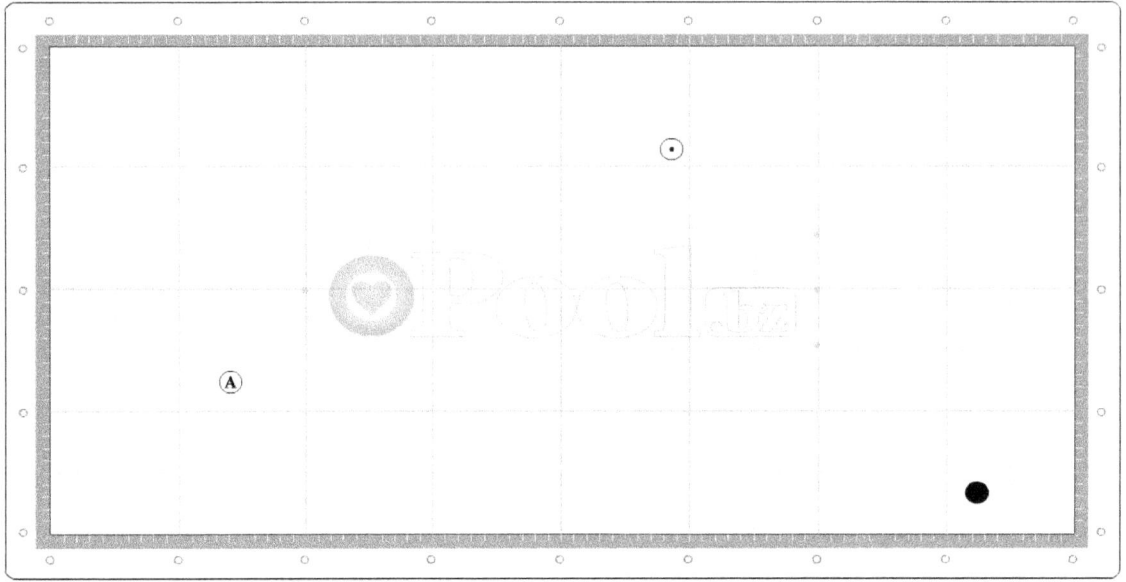

Noter og ideer:

Afspilning mønster

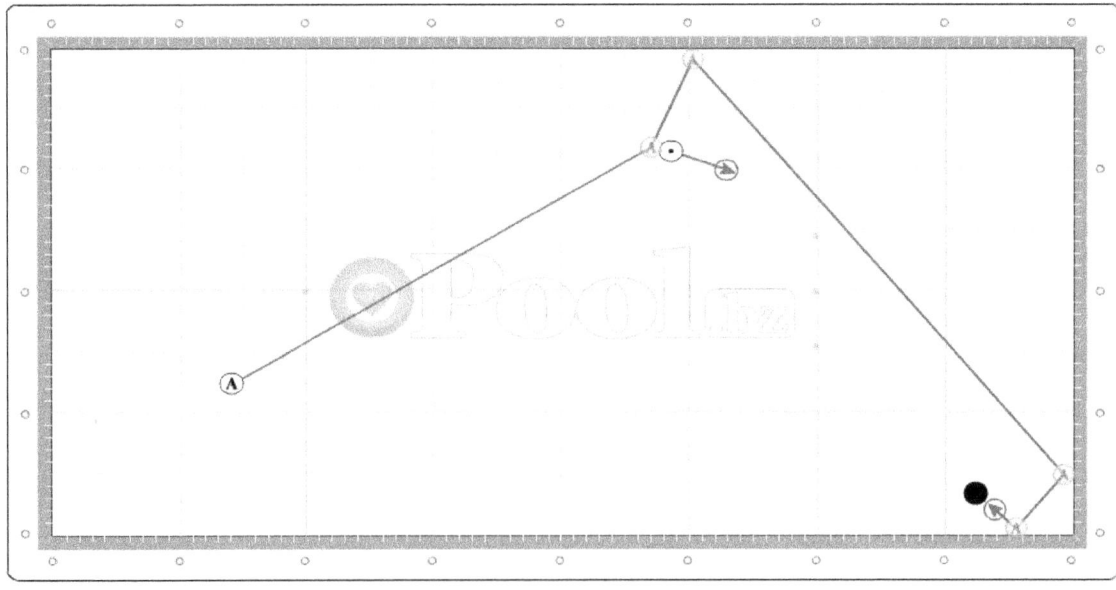

A:3b – Setup

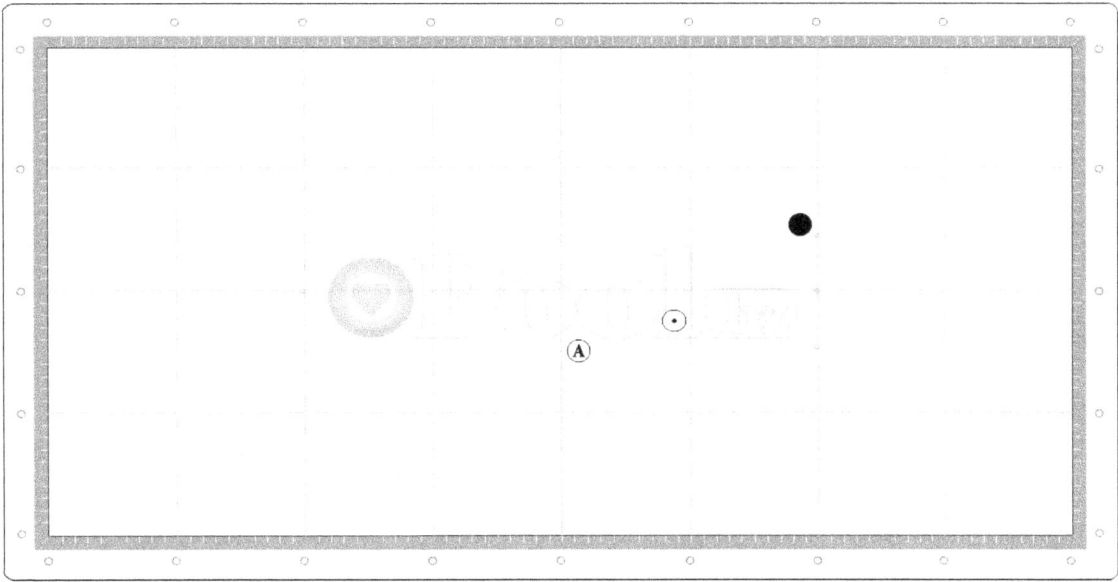

Noter og ideer:

Afspilning mønster

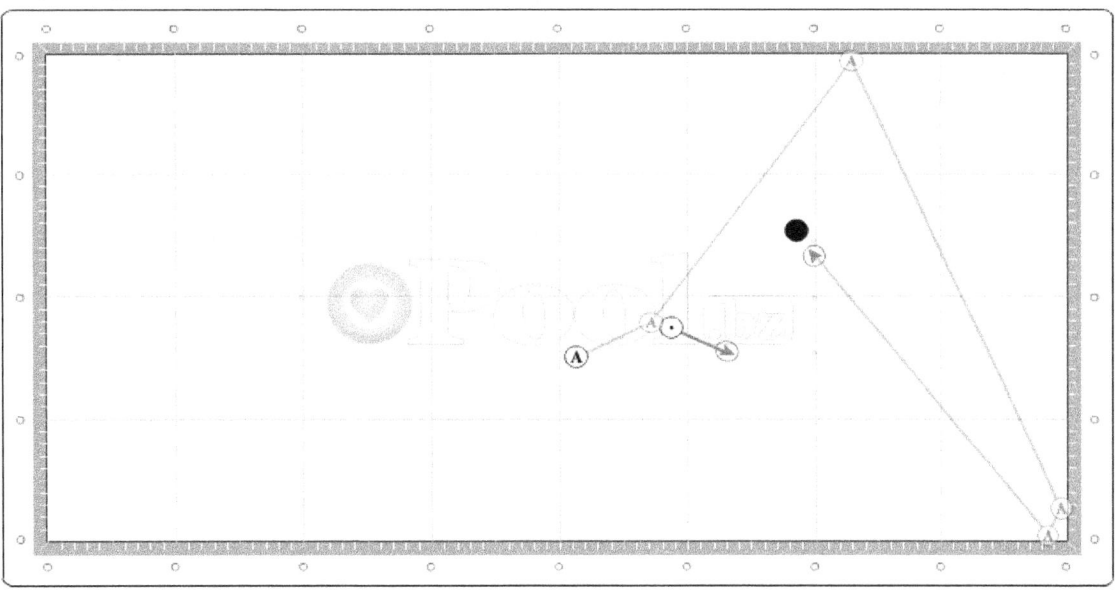

A:3c – Setup

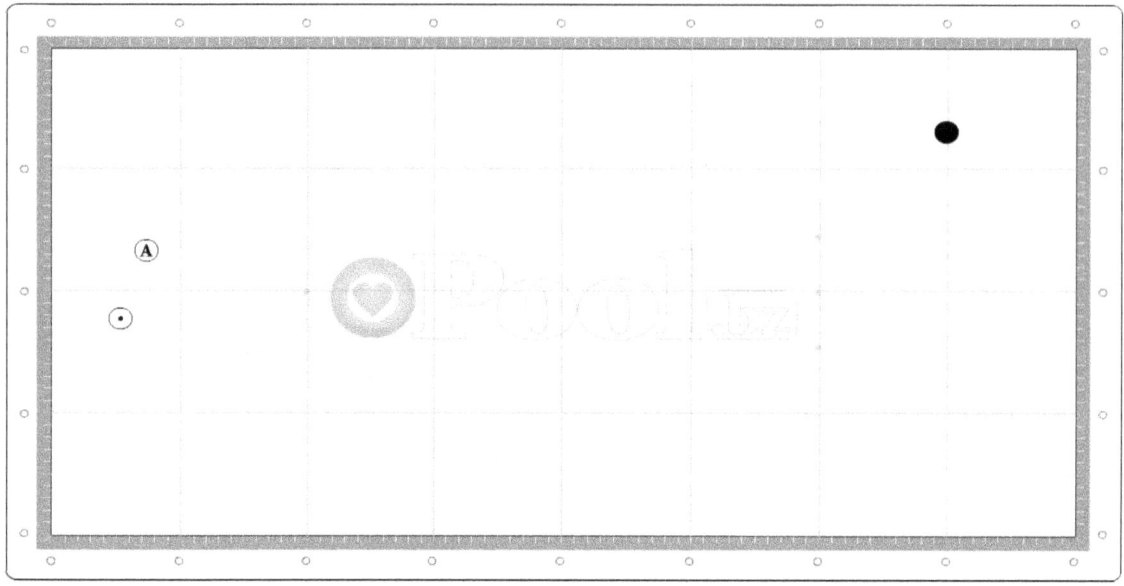

Noter og ideer:

Afspilning mønster

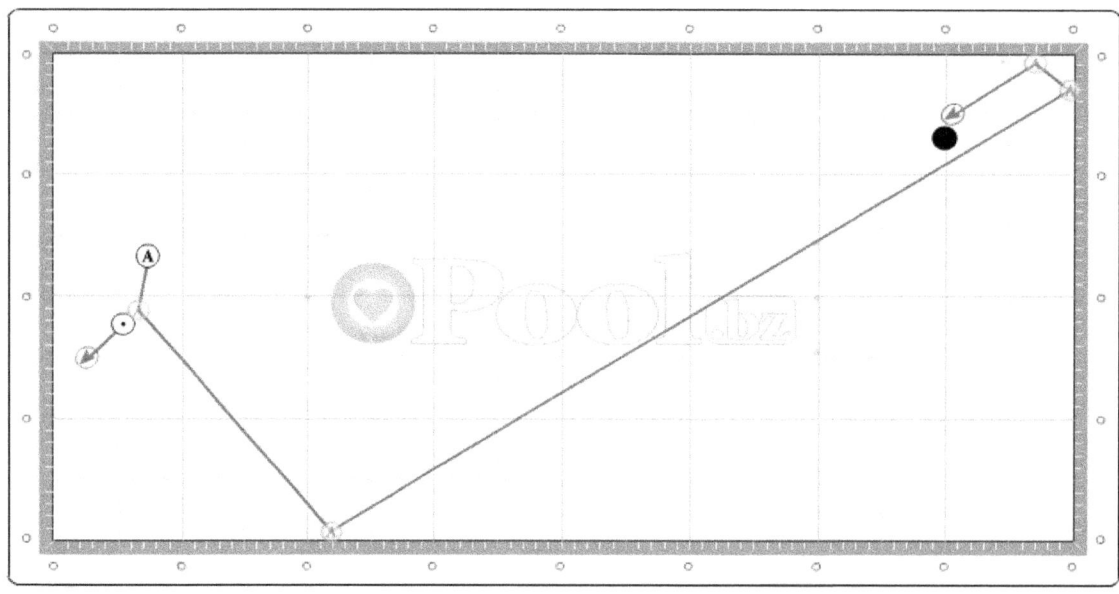

A:3d– Setup

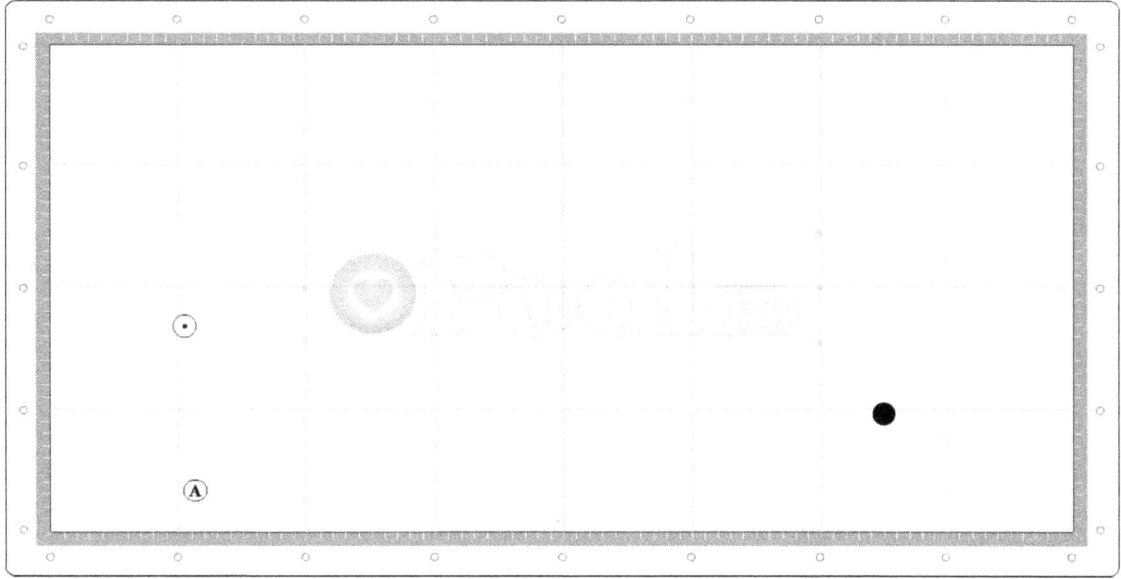

Noter og ideer:

Afspilning mønster

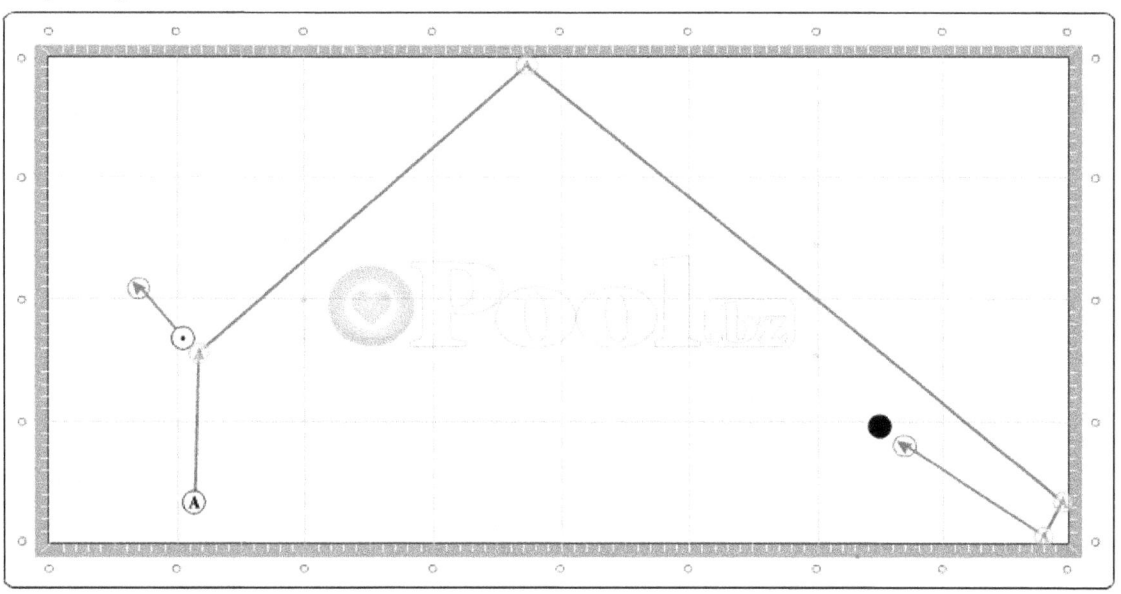

A: Gruppe 4

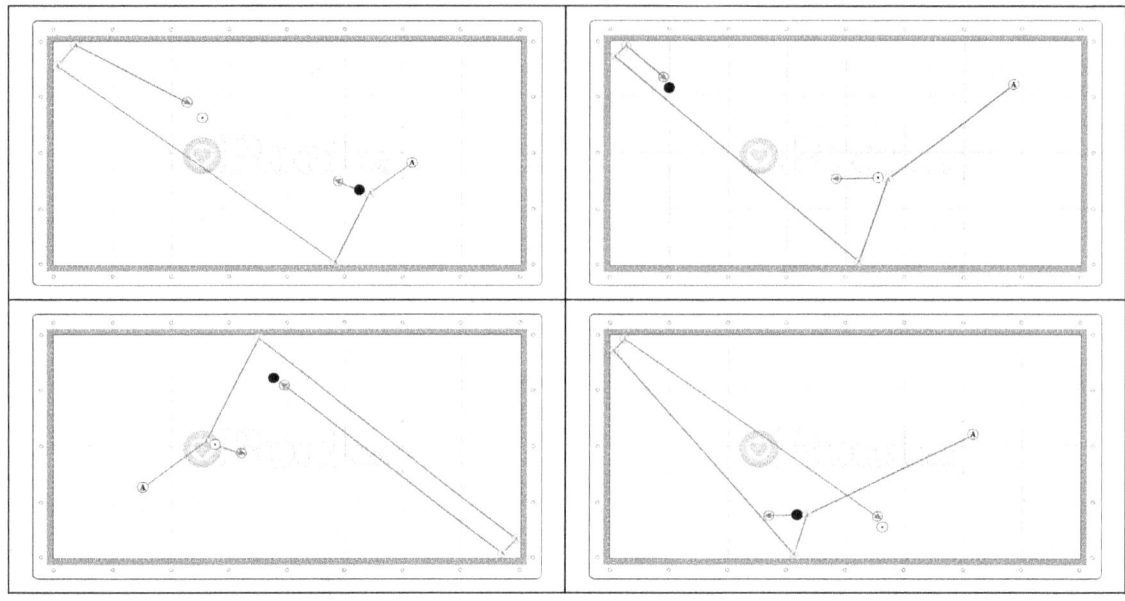

Analyse:

A:4a. _____

A:4b. _____

A:4c. _____

A:4d. _____

A:4a – Setup

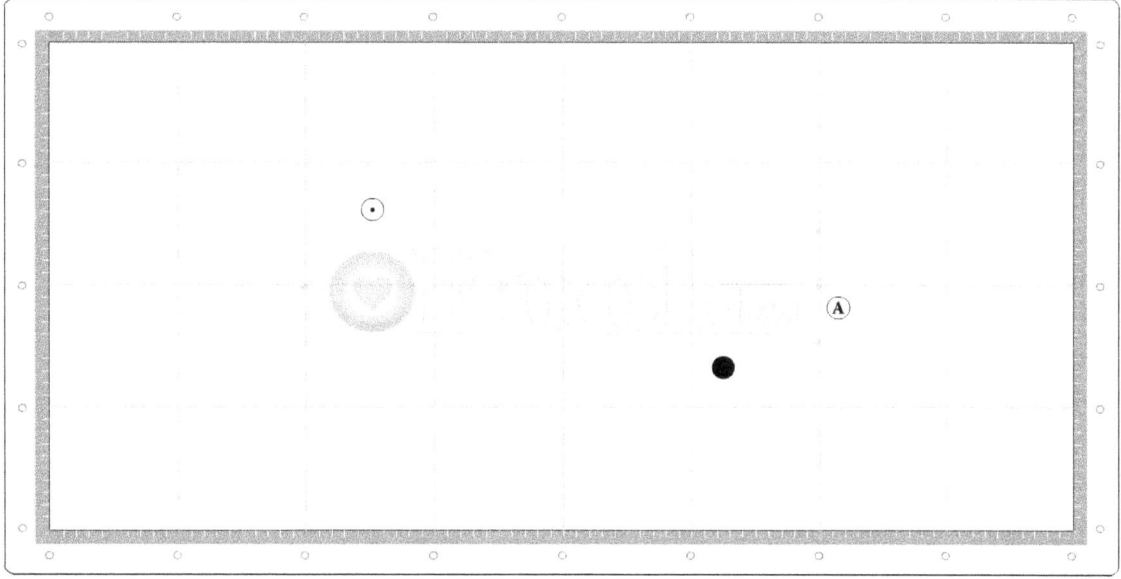

Noter og ideer:

Afspilning mønster

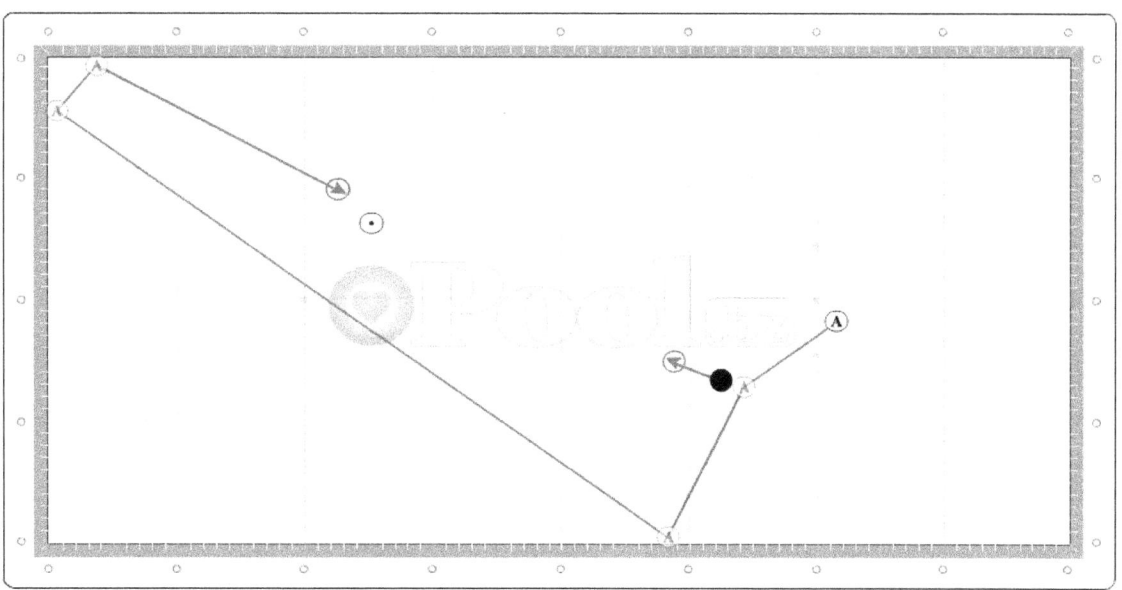

A:4b – Setup

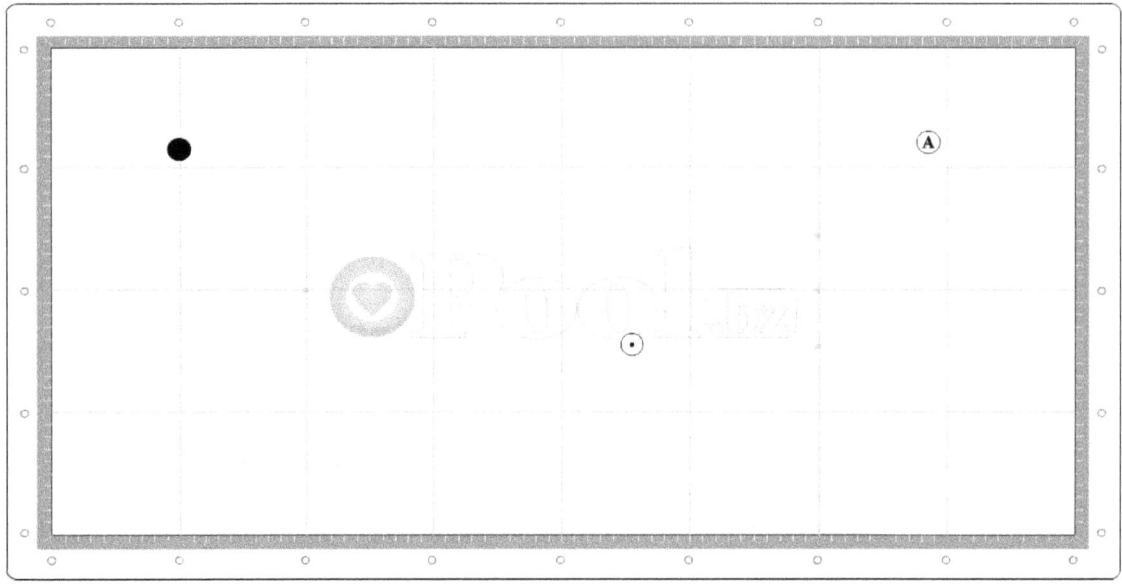

Noter og ideer:

Afspilning mønster

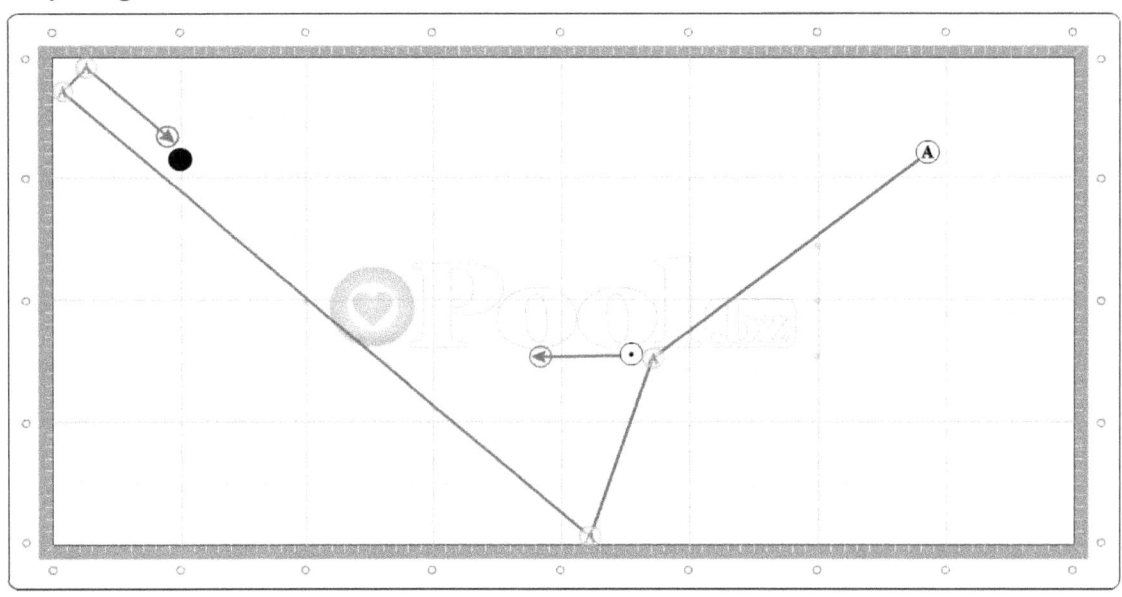

A:4c – Setup

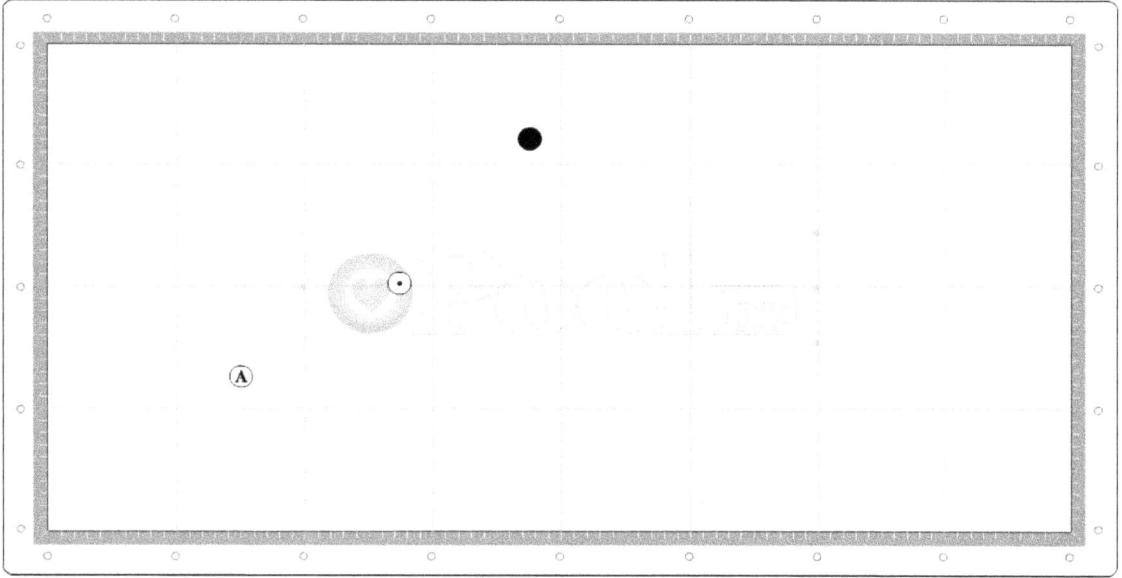

Noter og ideer:

Afspilning mønster

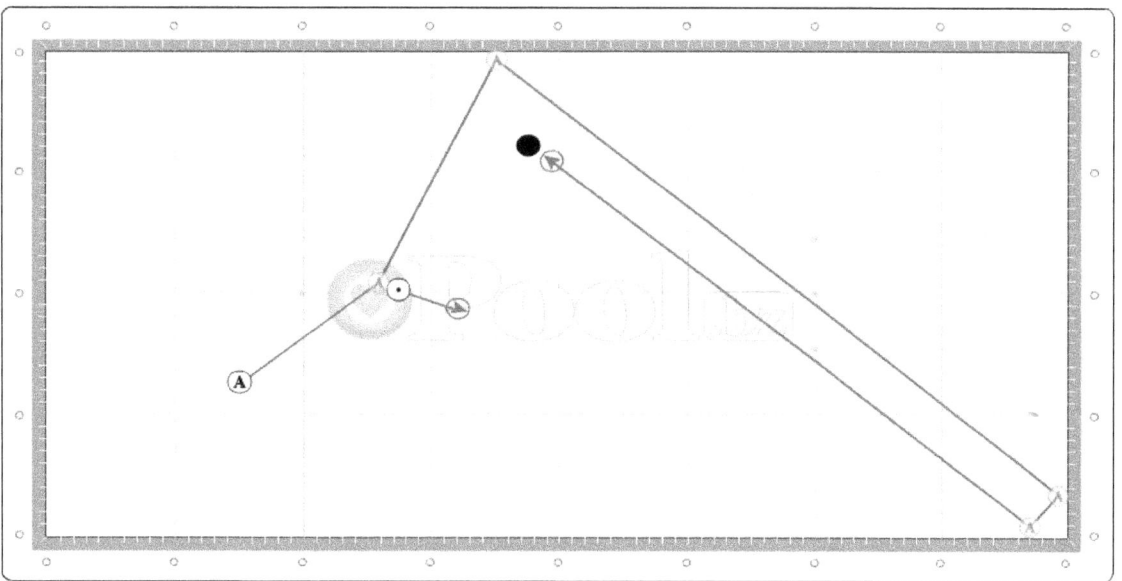

A:4d – Setup

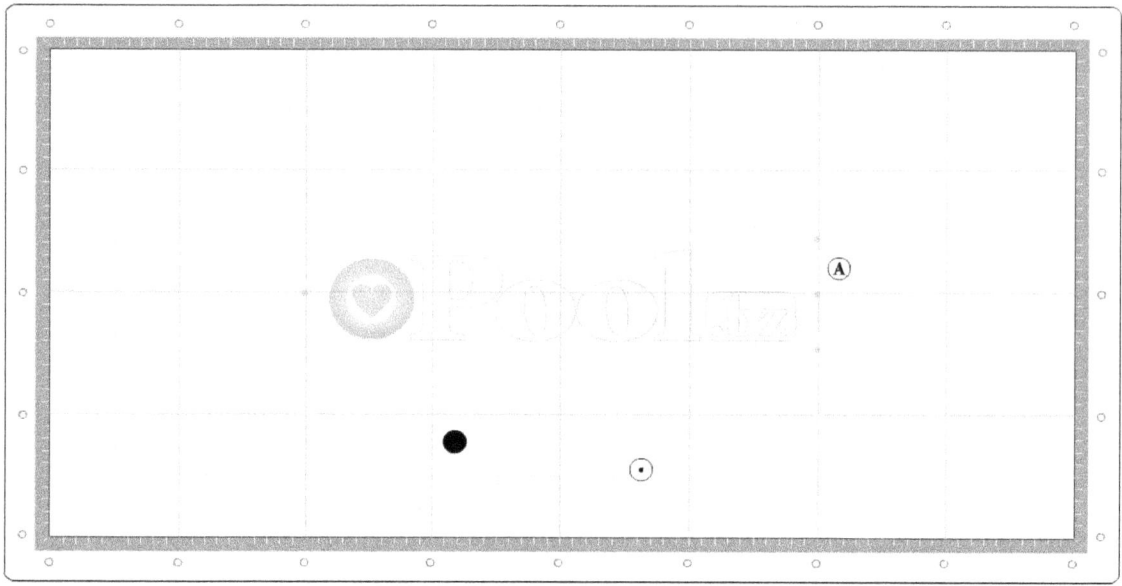

Noter og ideer:

Afspilning mønster

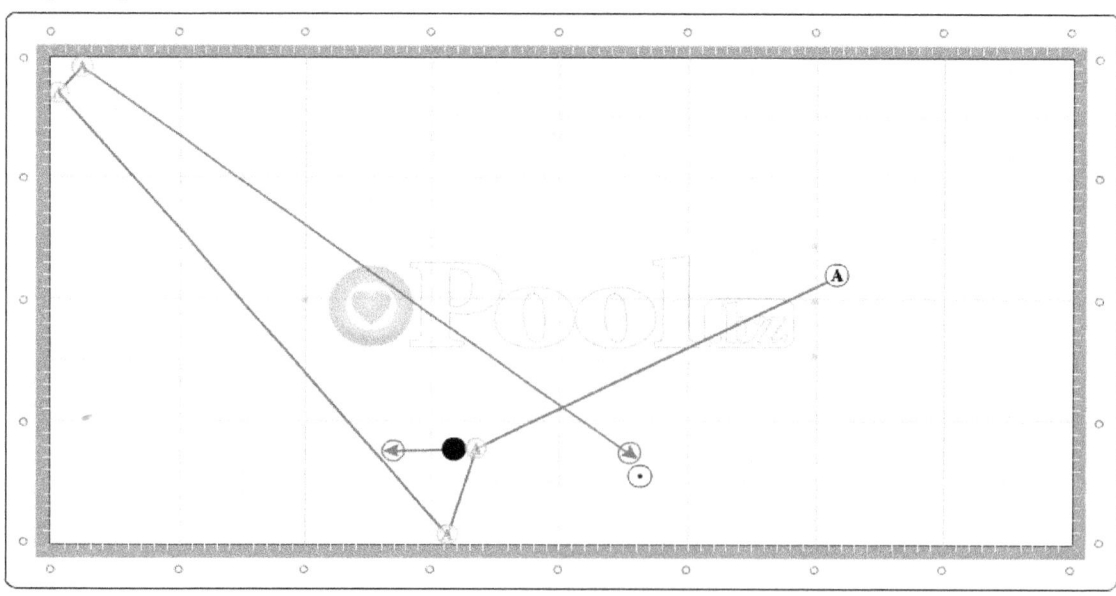

B: Ned ad bakken, stort hjørne krog

Den (CB) kommer ud af den første (OB) og går tværs over til midten af den lange bande. Så går det ind i det andet hjørne. Her kommer den i kontakt med den korte bande og den lange bande, og så kontakter den anden (OB).

Ⓐ (CB) (din billardkugle) – ⊙ (OB) (modstander billardkugle) – ● (OB) (rød billardkugle)

B: Gruppe 1

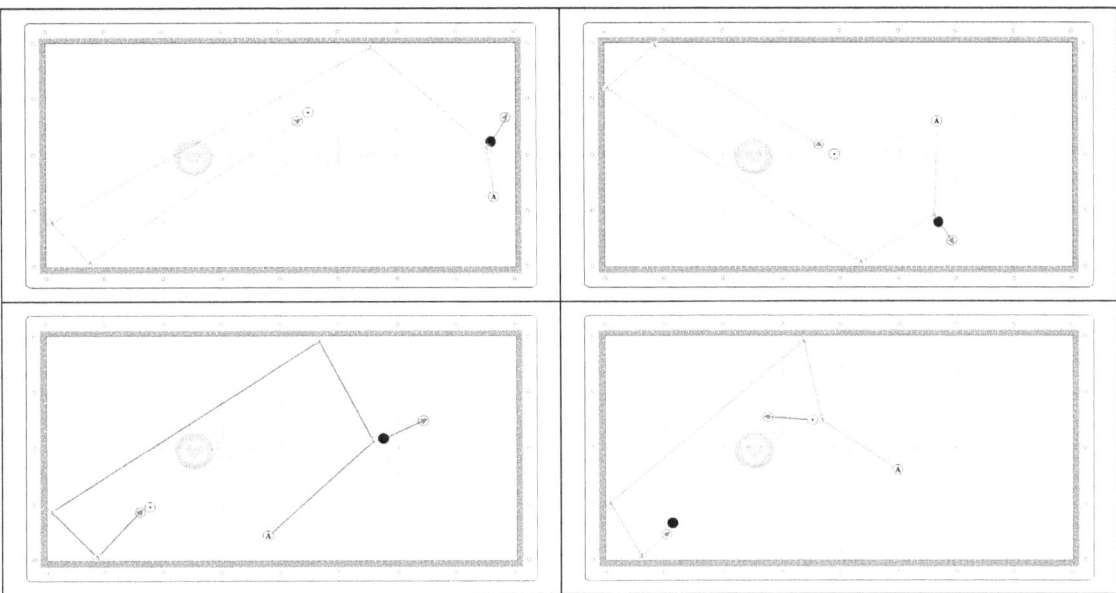

Analyse:

B:1a. _____

B:1b. _____

B:1c. _____

B:1d. _____

B:1a – Setup

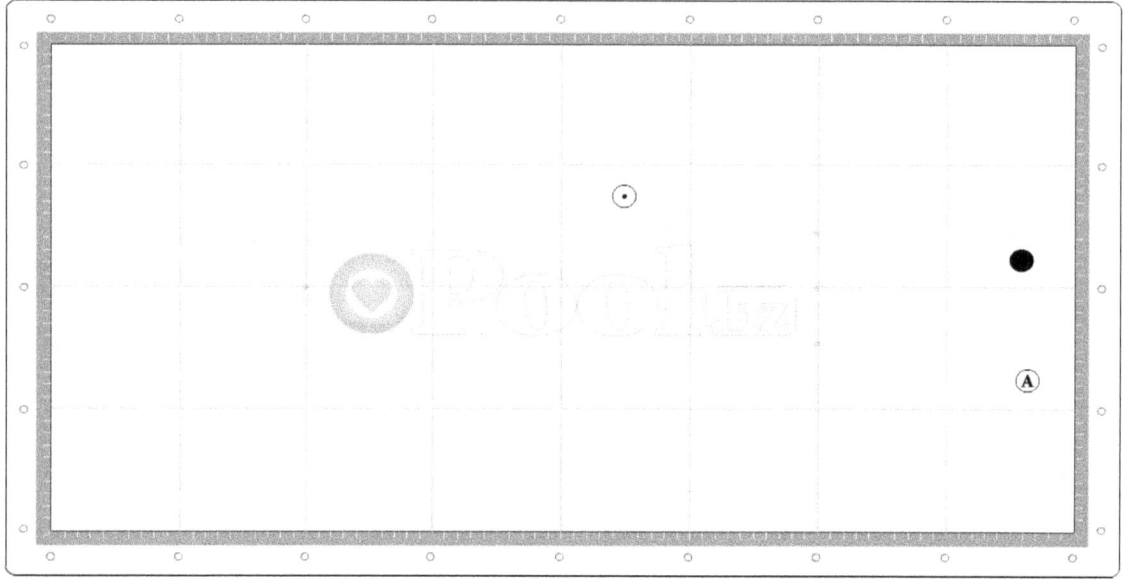

Noter og ideer:

Afspilning mønster

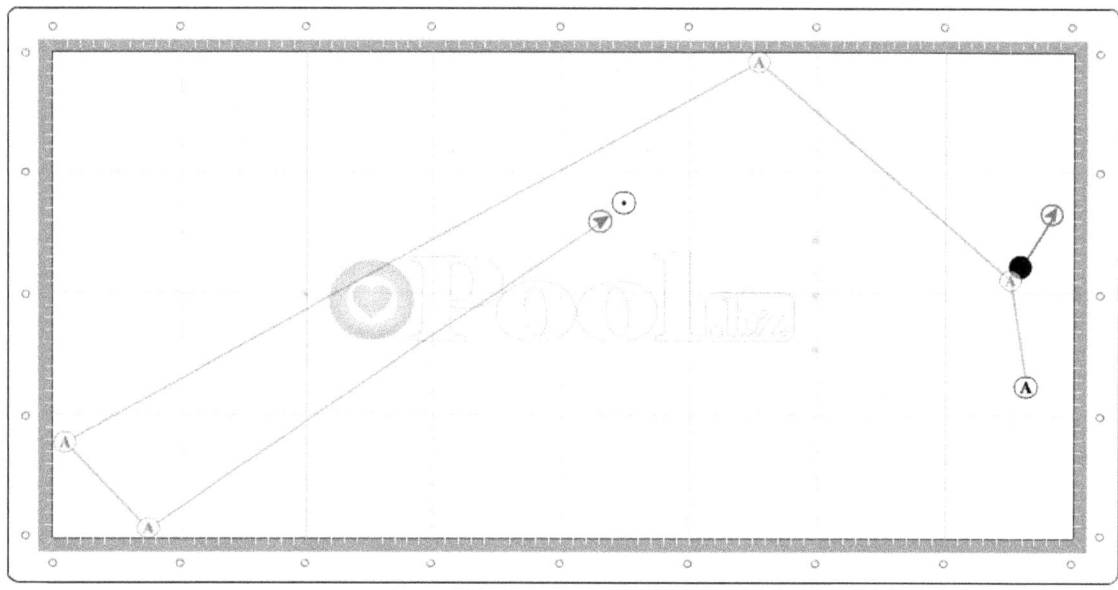

B:1b – Setup

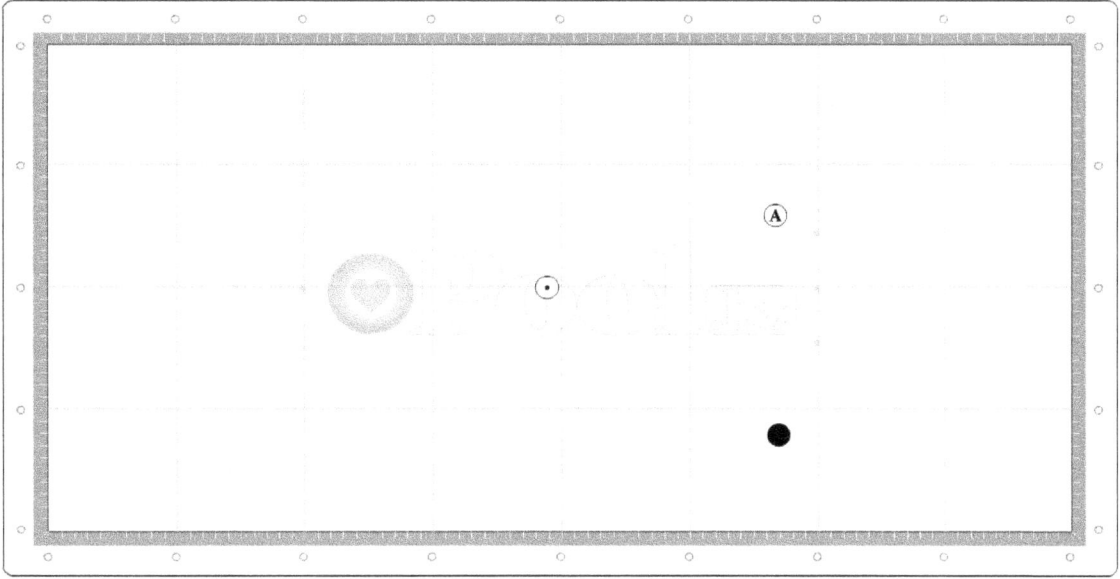

Noter og ideer:

Afspilning mønster

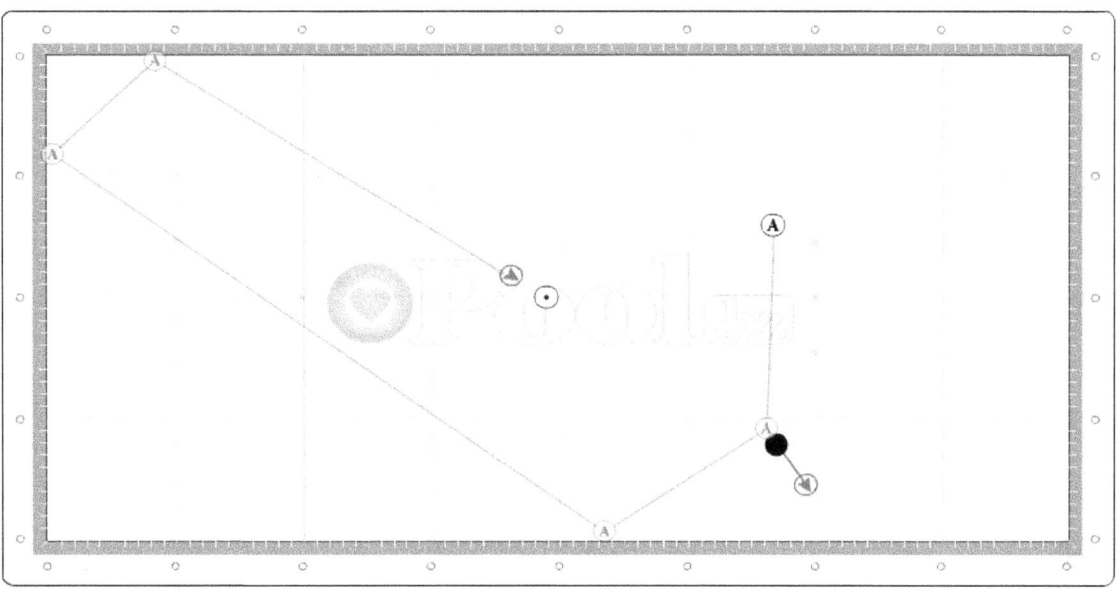

B:1c – Setup

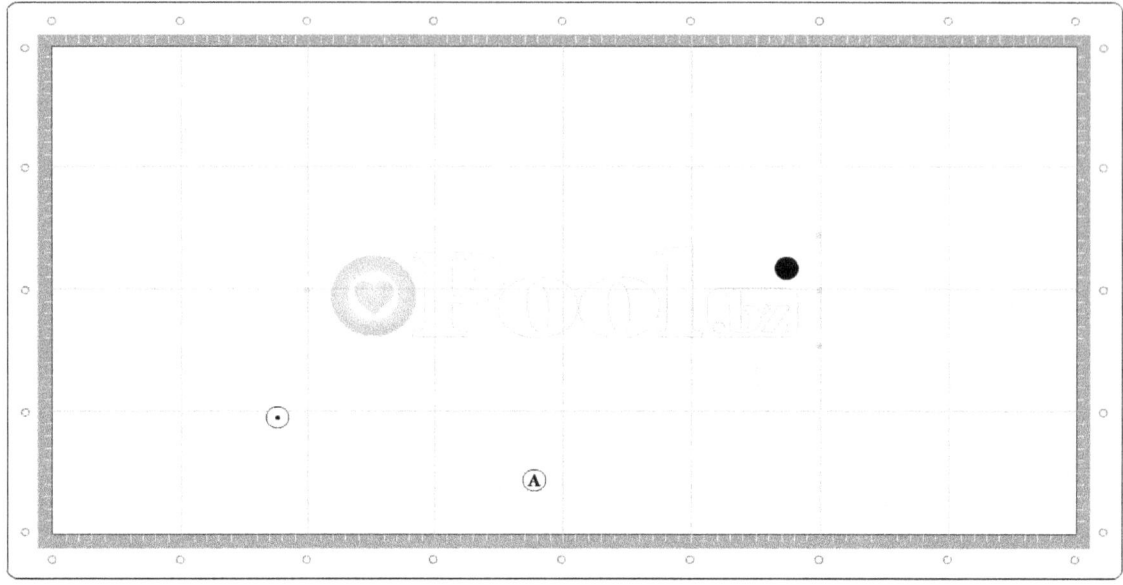

Noter og ideer:

Afspilning mønster

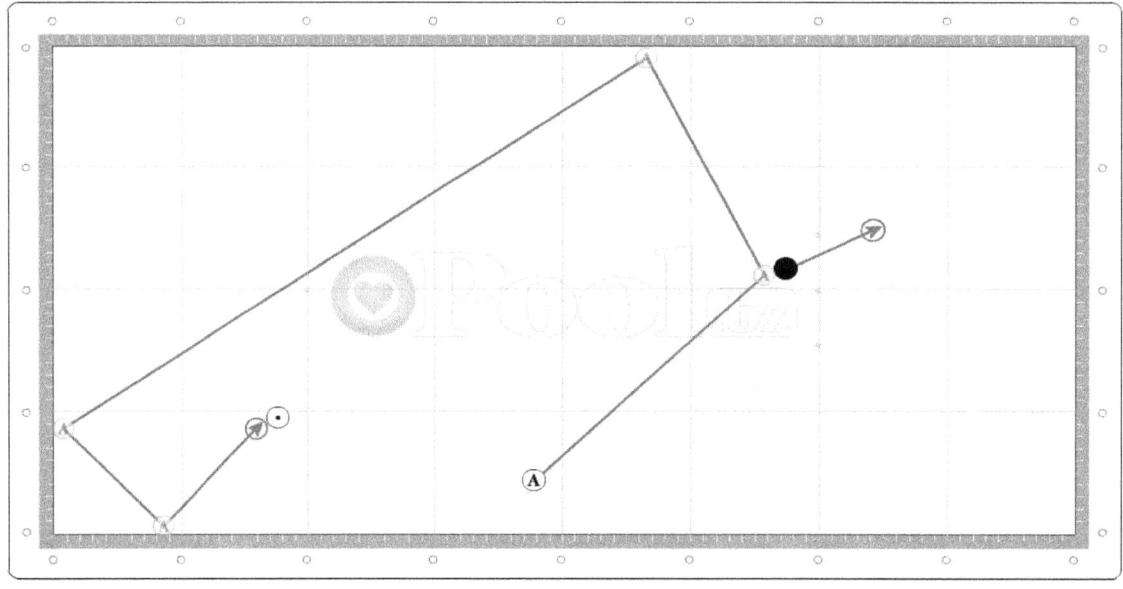

B:1d – Setup

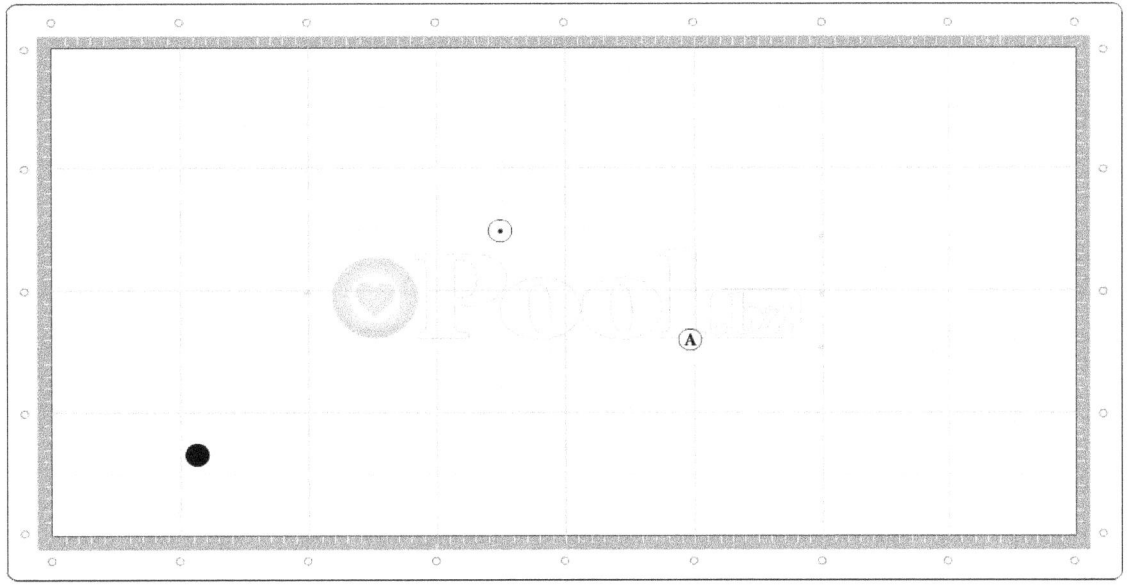

Noter og ideer:

Afspilning mønster

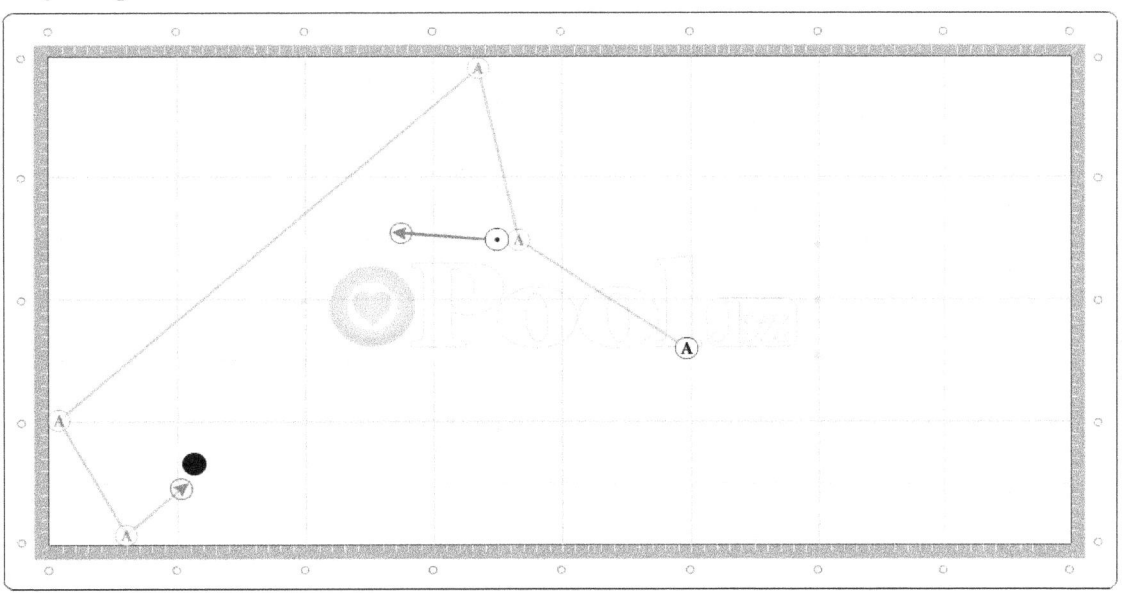

B: Gruppe 2

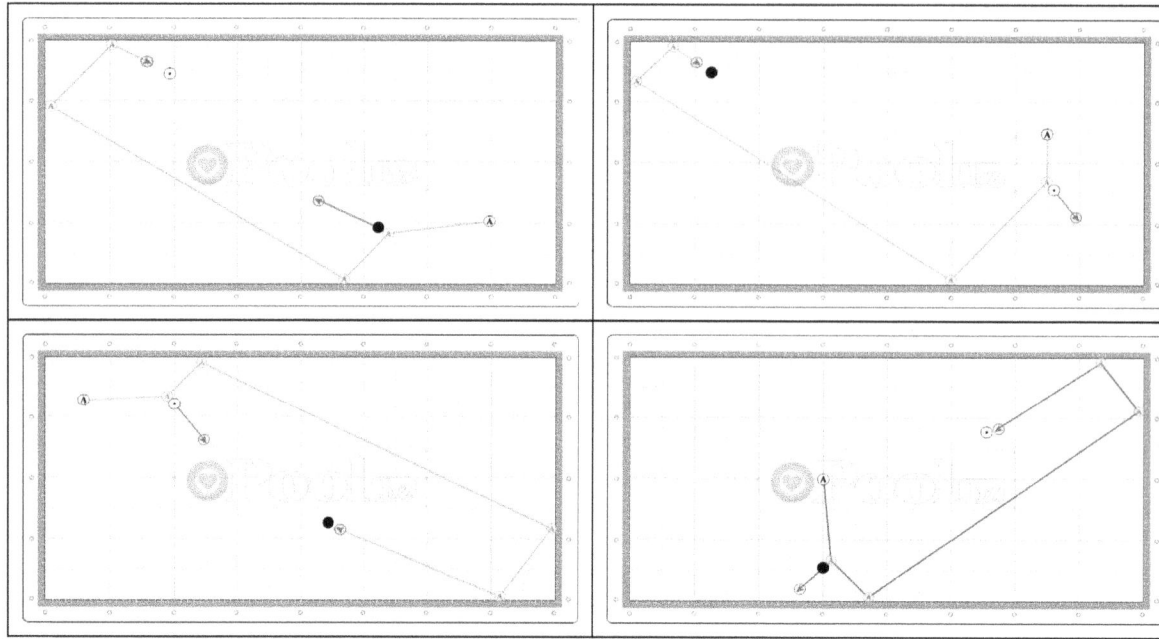

Analyse:

B:2a. _____

B:2b. _____

B:2c. _____

B:2d. _____

B:2a – Setup

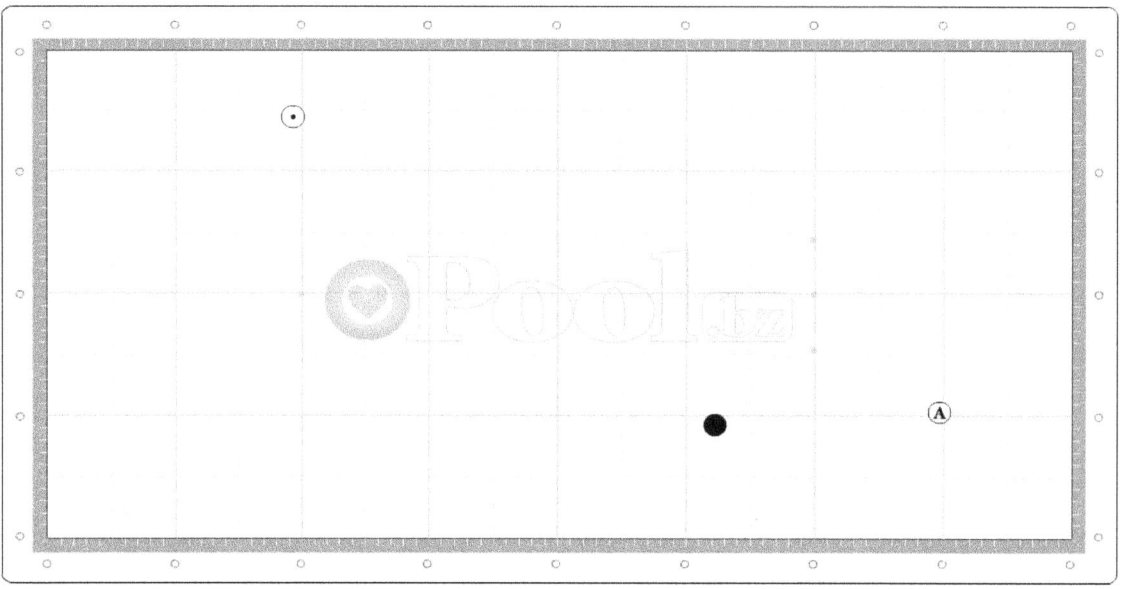

Noter og ideer:

Afspilning mønster

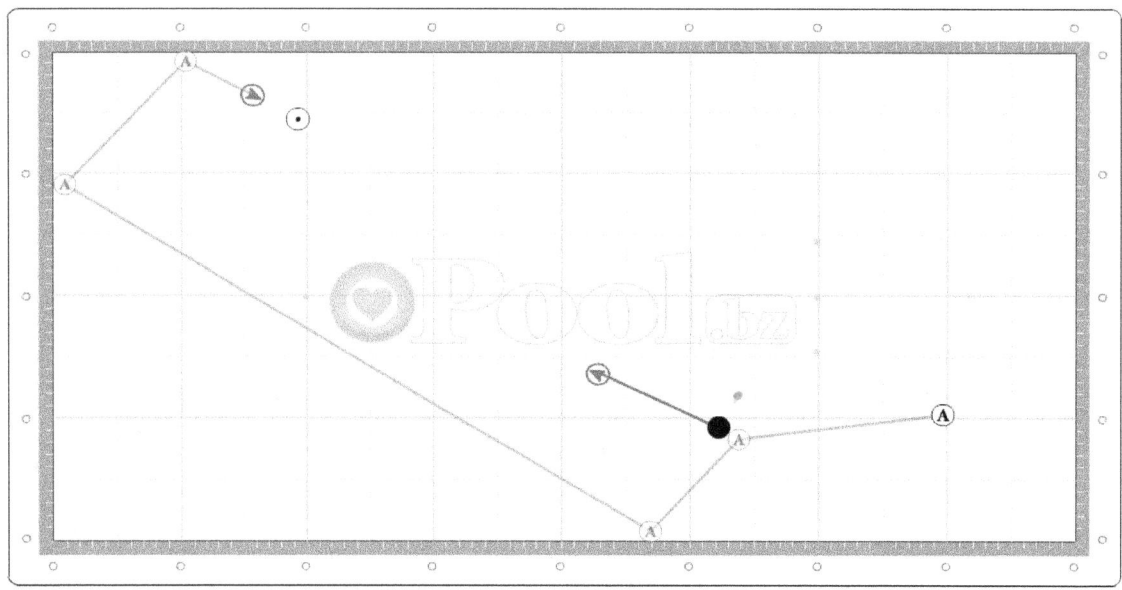

B:2b – Setup

Noter og ideer:

Afspilning mønster

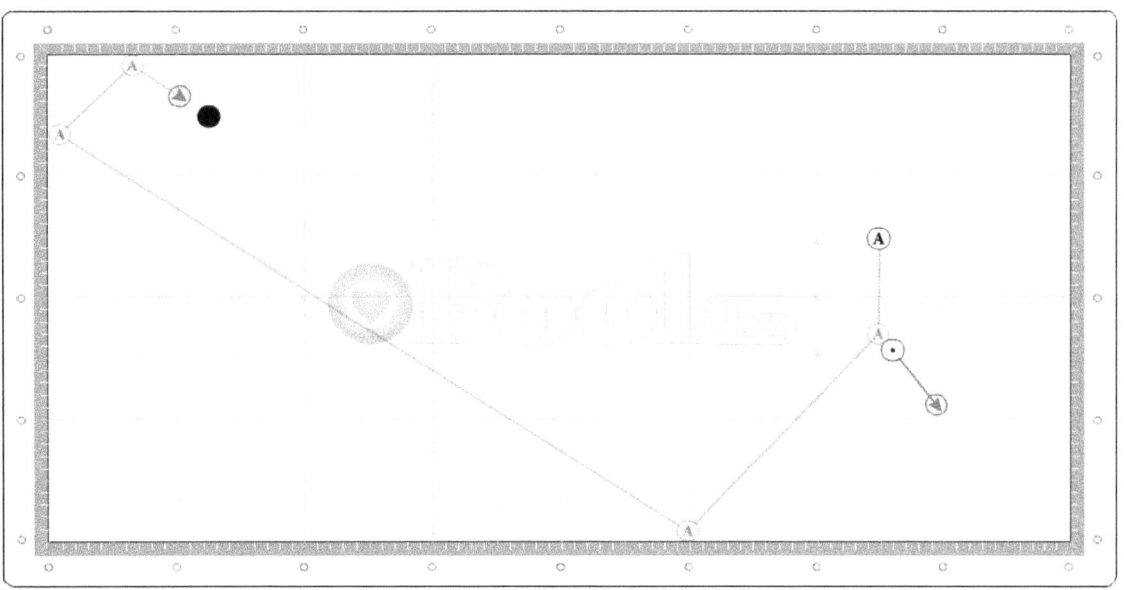

B:2c – Setup

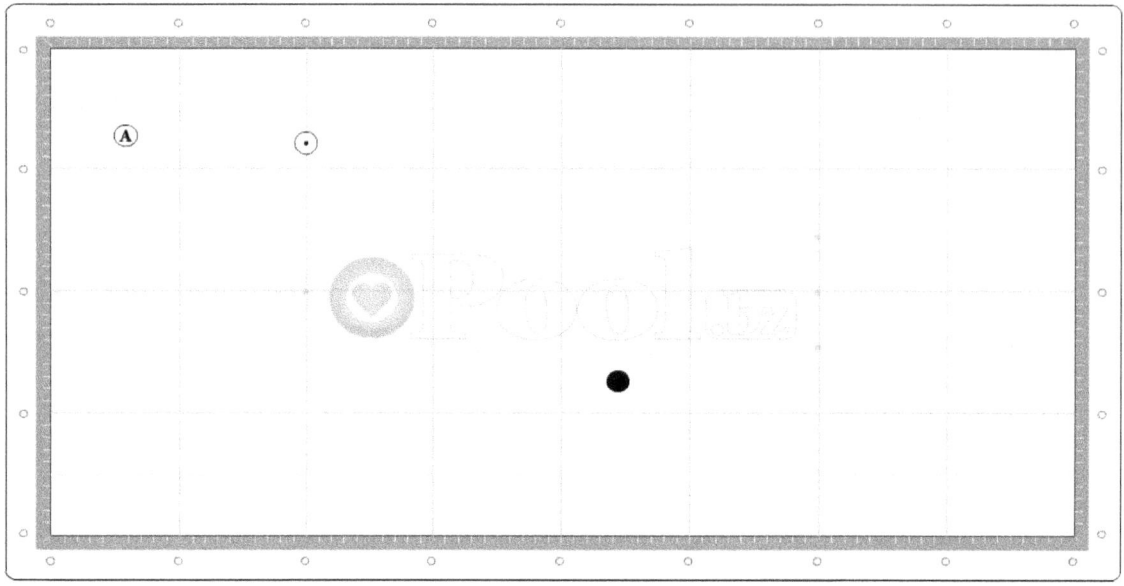

Noter og ideer:

Afspilning mønster

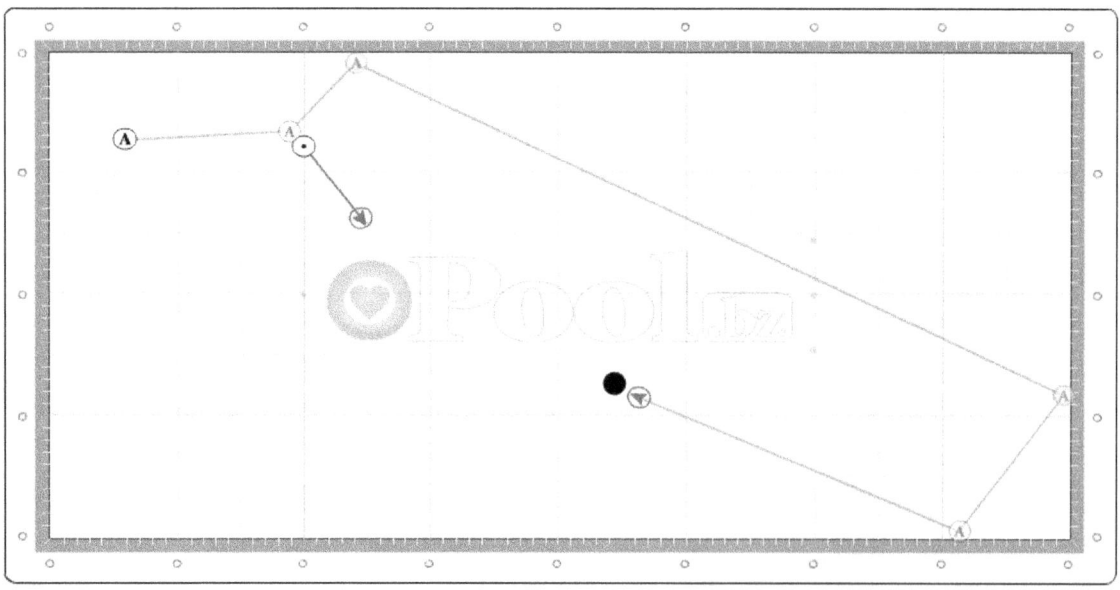

B:2d – Setup

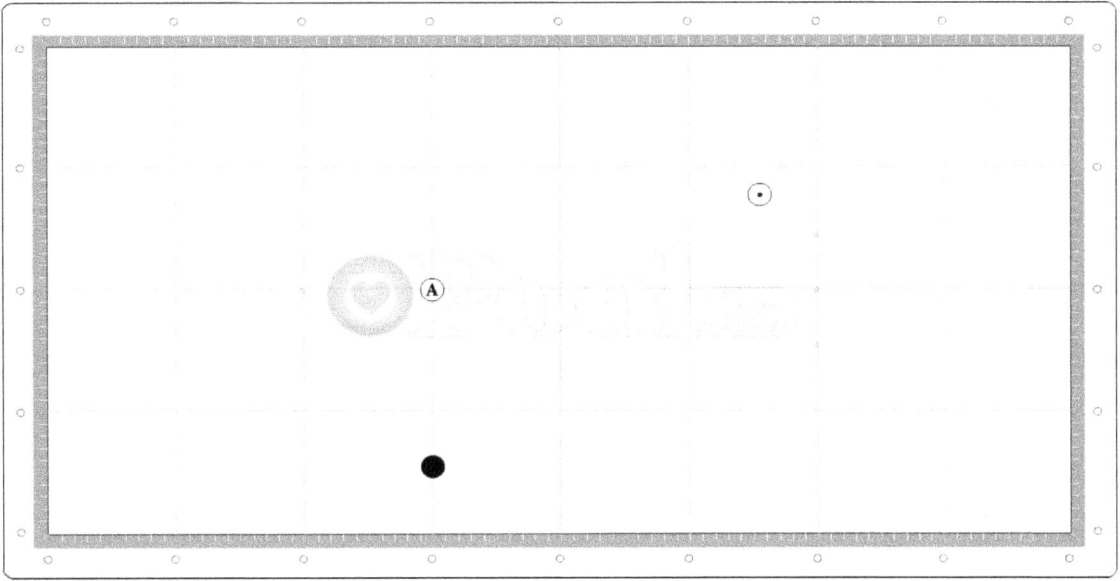

Noter og ideer:

Afspilning mønster

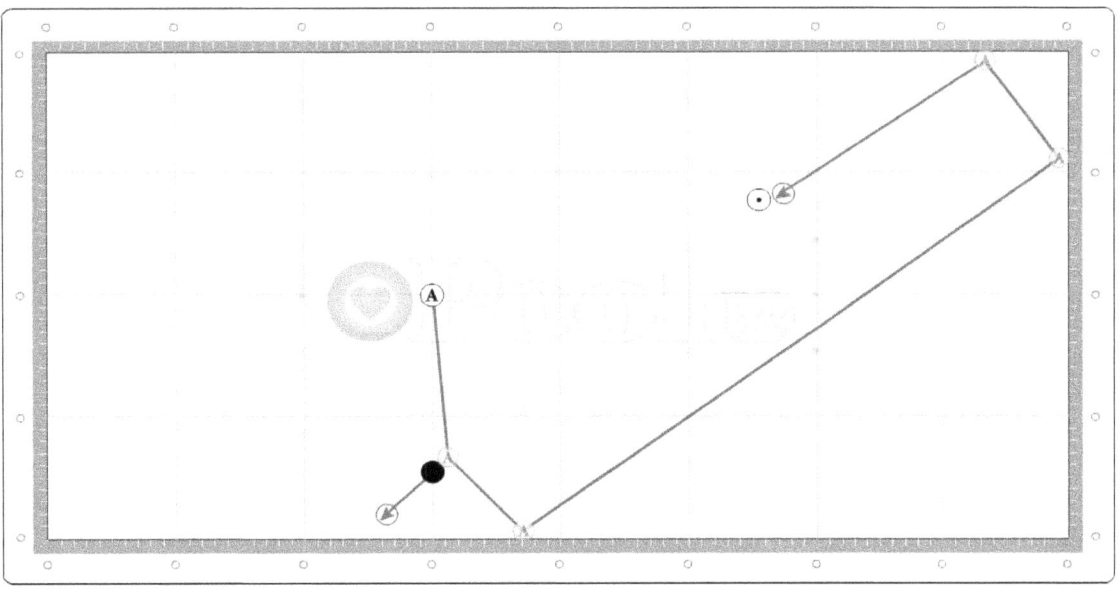

B: Gruppe 3

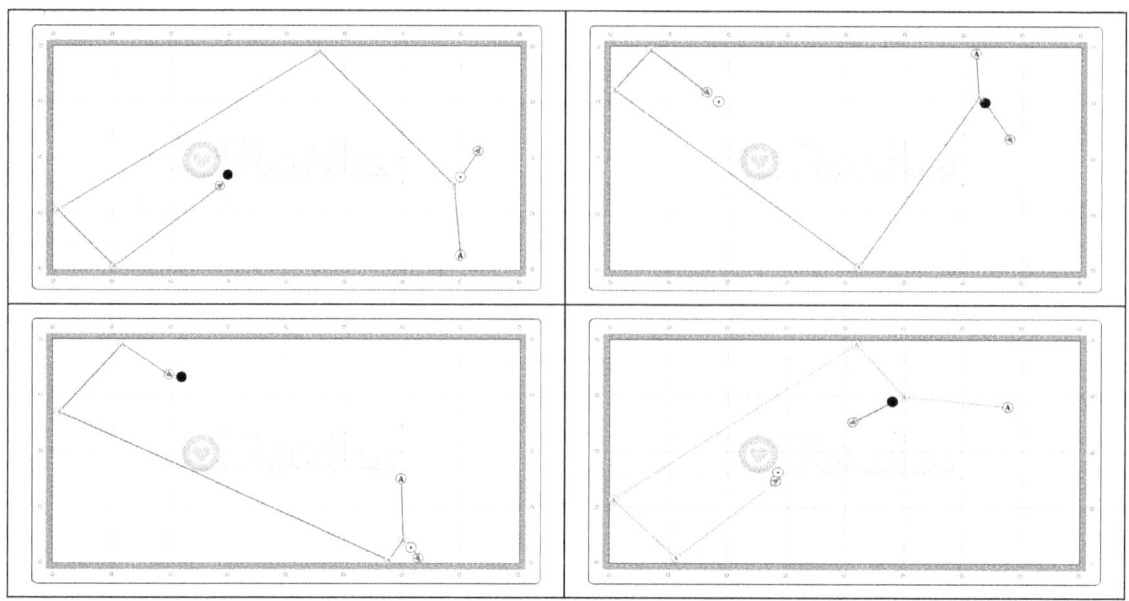

Analyse:

B:3a. _____

B:3b. _____

B:3c. _____

B:3d. _____

B:3a – Setup

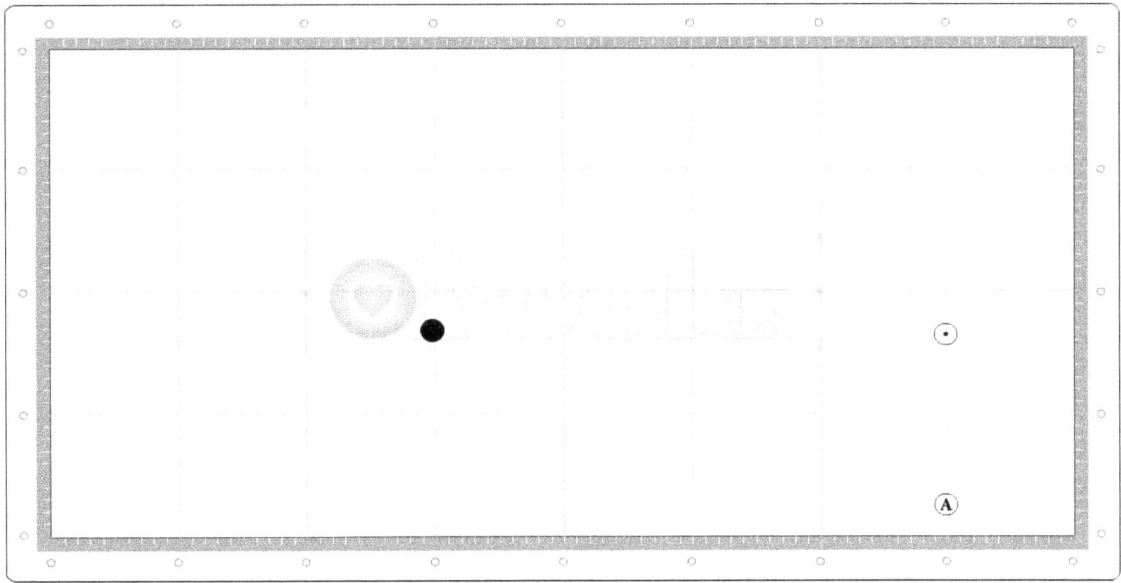

Noter og ideer:

Afspilning mønster

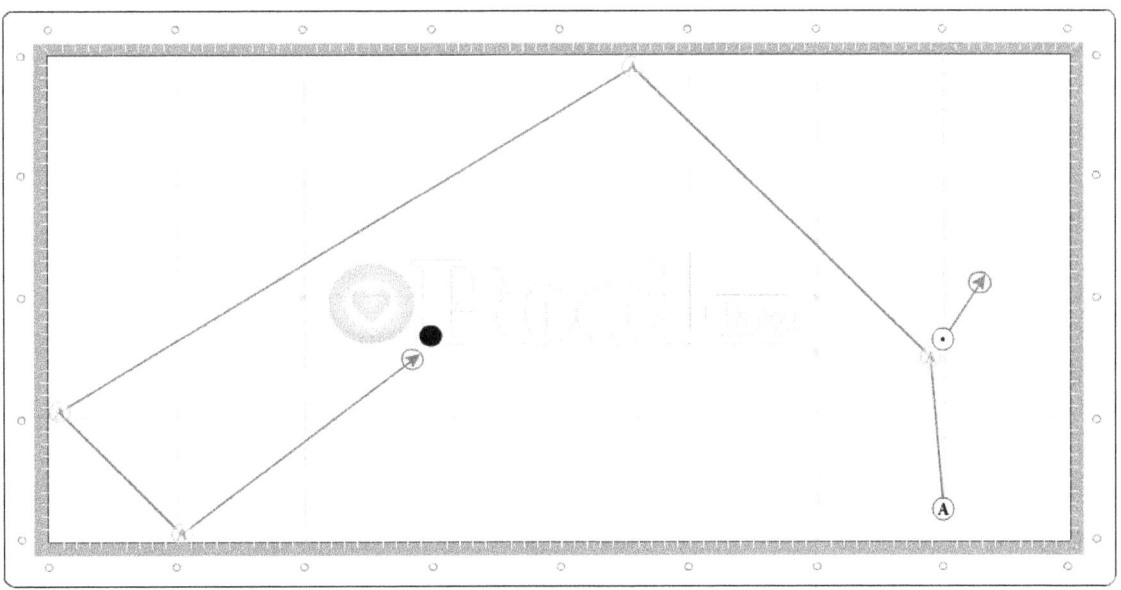

B:3b – Setup

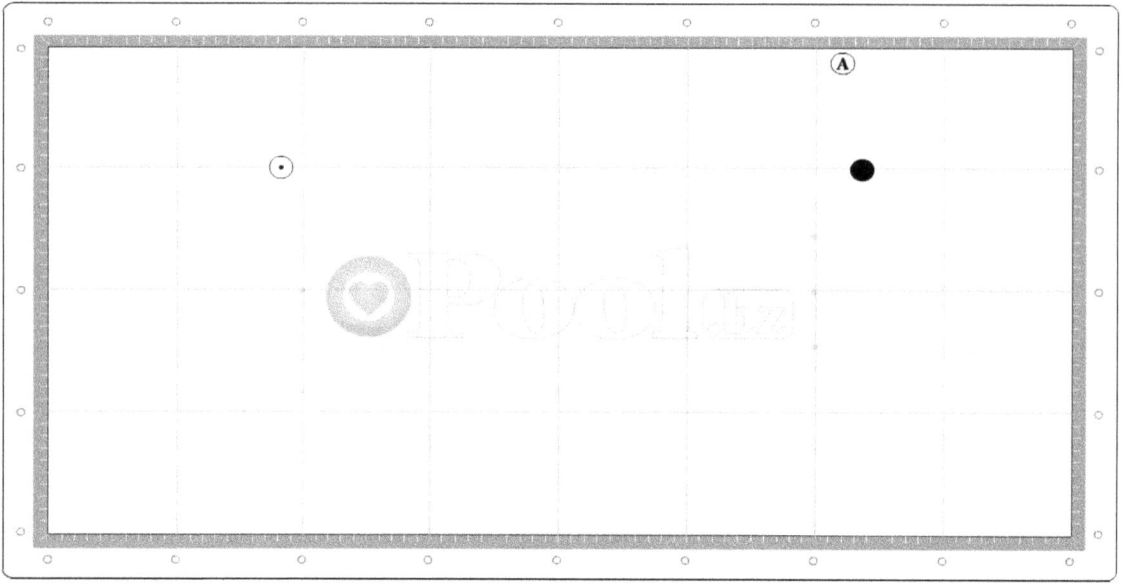

Noter og ideer:

Afspilning mønster

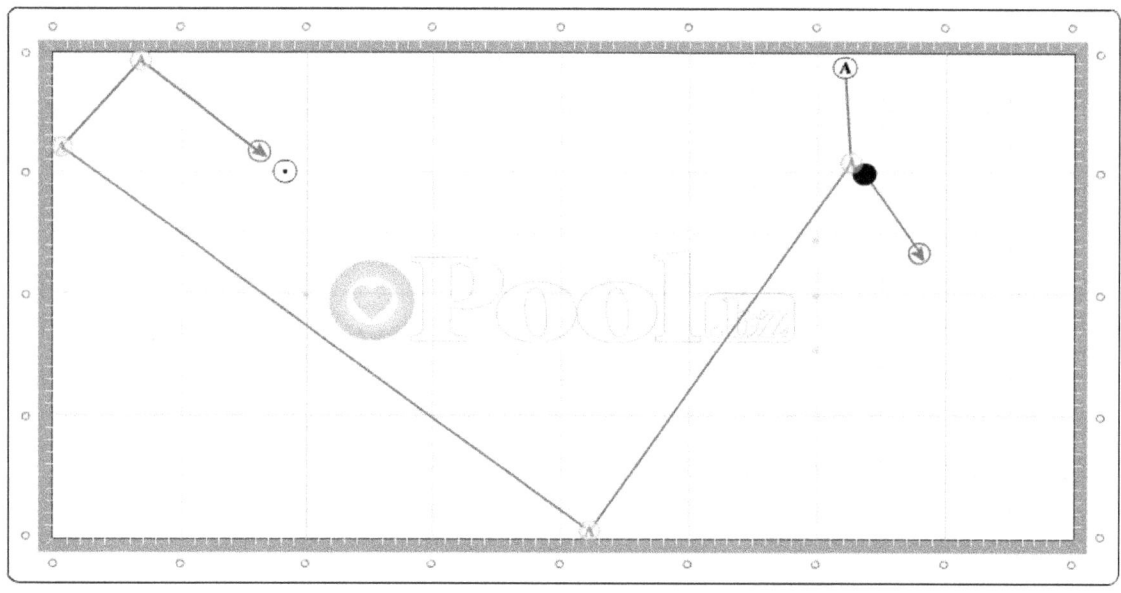

B:3c – Setup

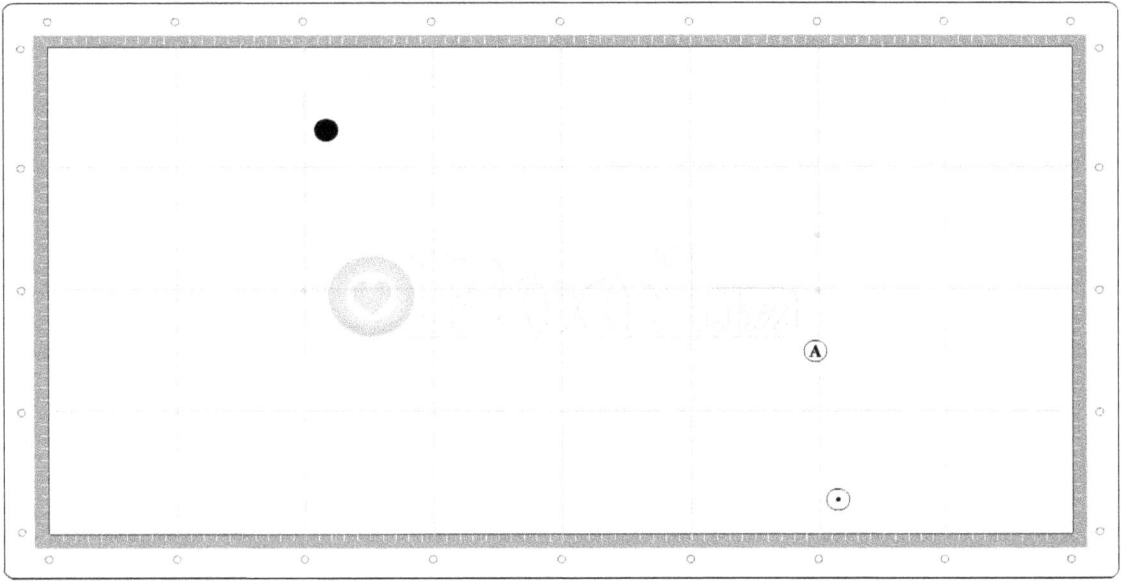

Noter og ideer:

Afspilning mønster

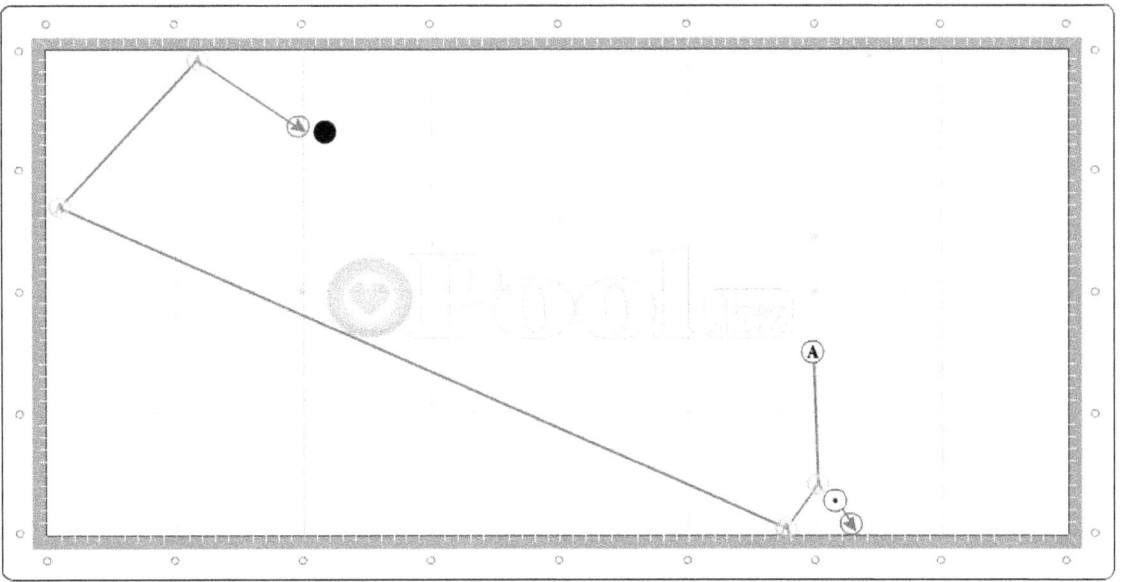

B:3d – Setup

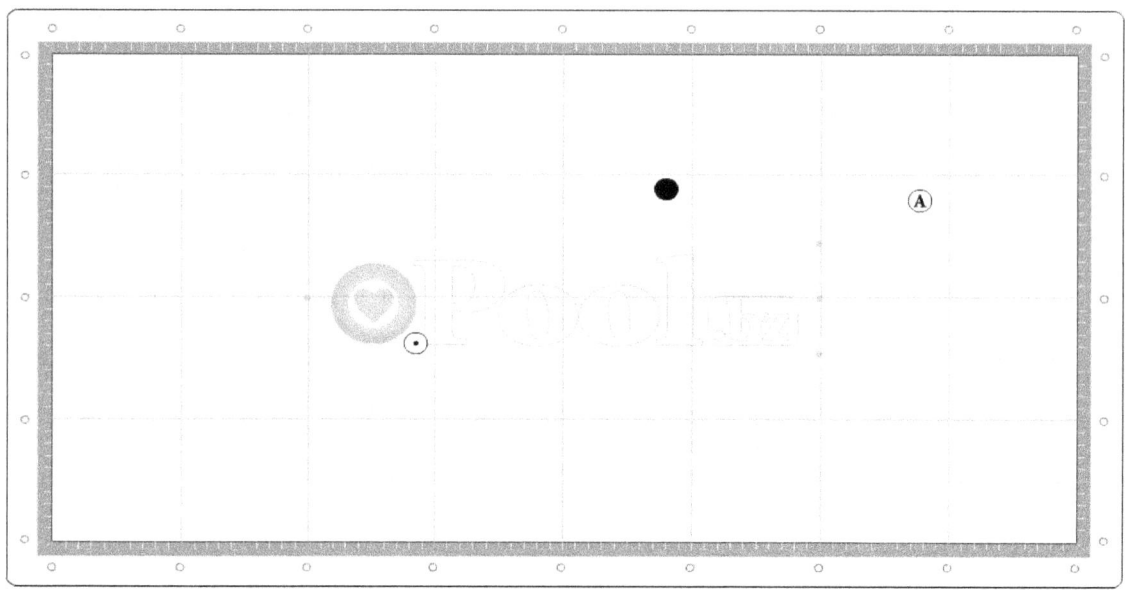

Noter og ideer:

Afspilning mønster

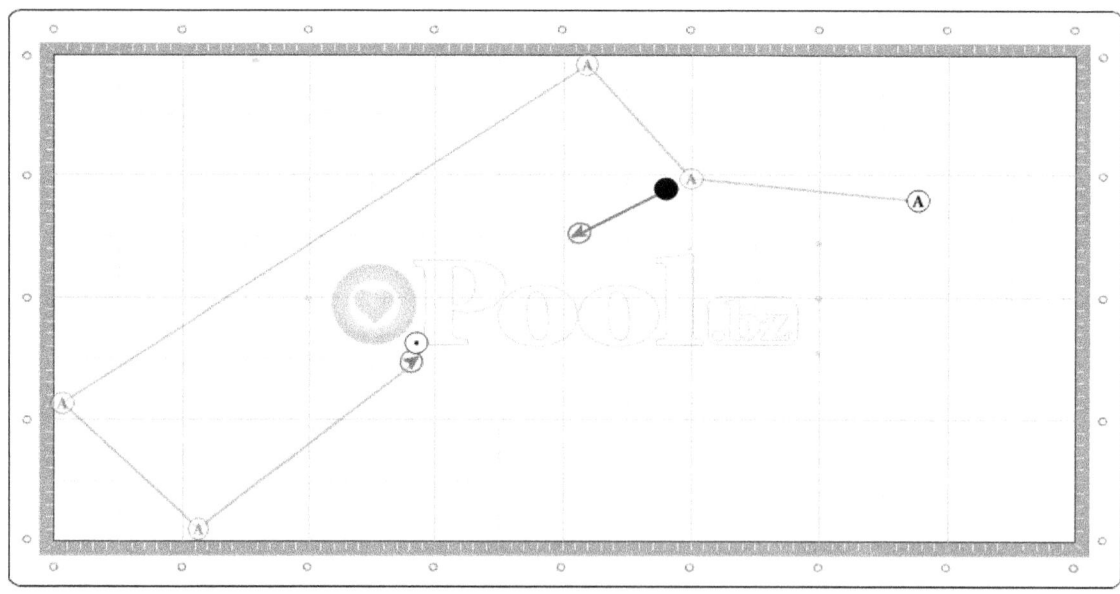

B: Gruppe 4

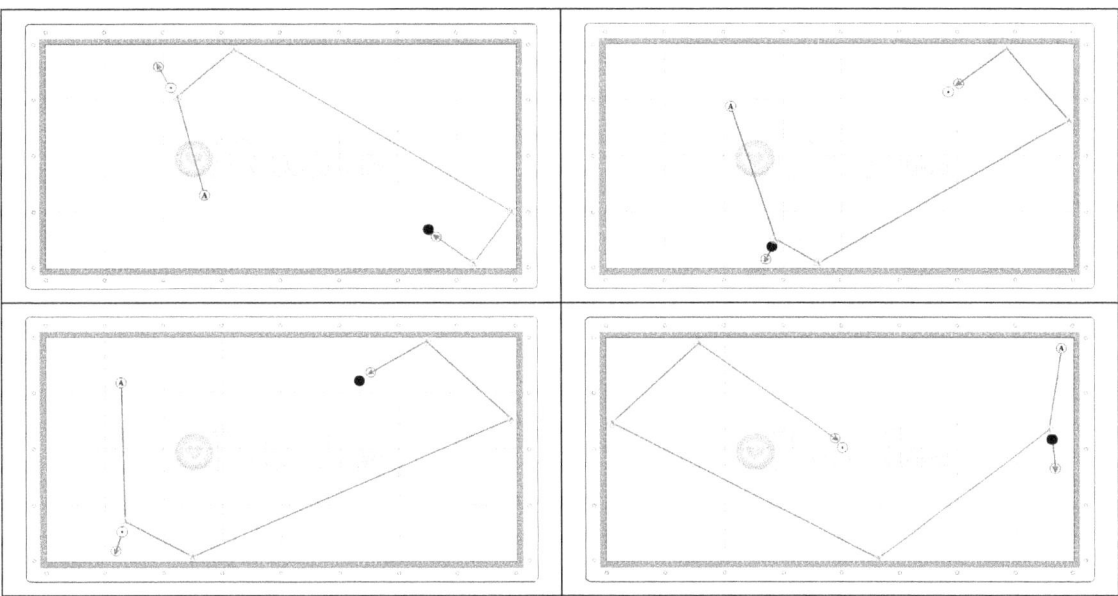

Analyse:

B:4a. _____

B:4b. _____

B:4c. _____

B:4d. _____

B:4a – Setup

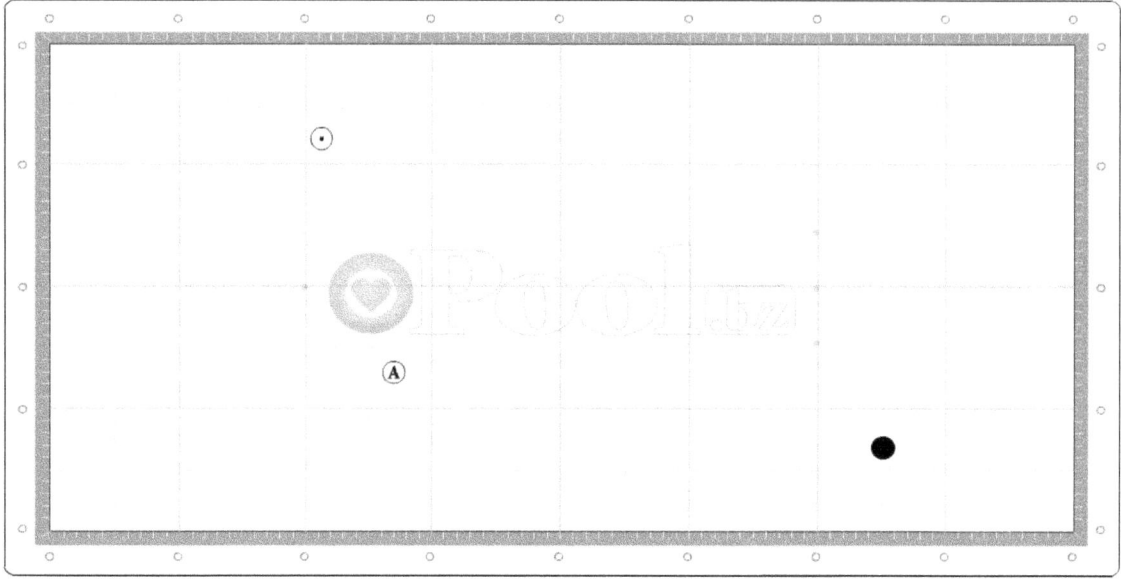

Noter og ideer:

Afspilning mønster

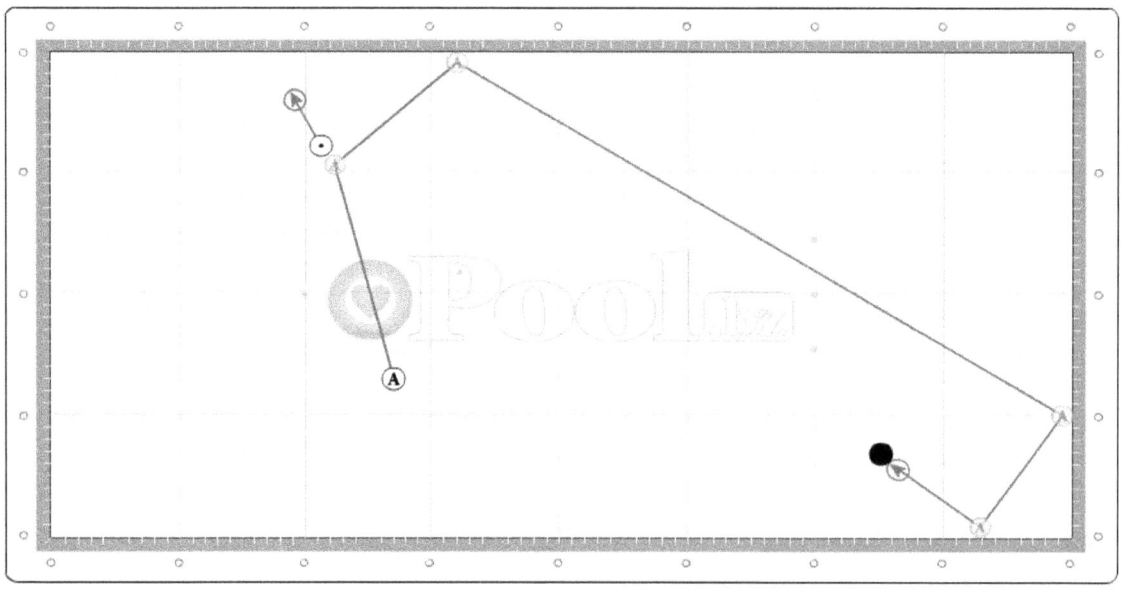

B:4b – Setup

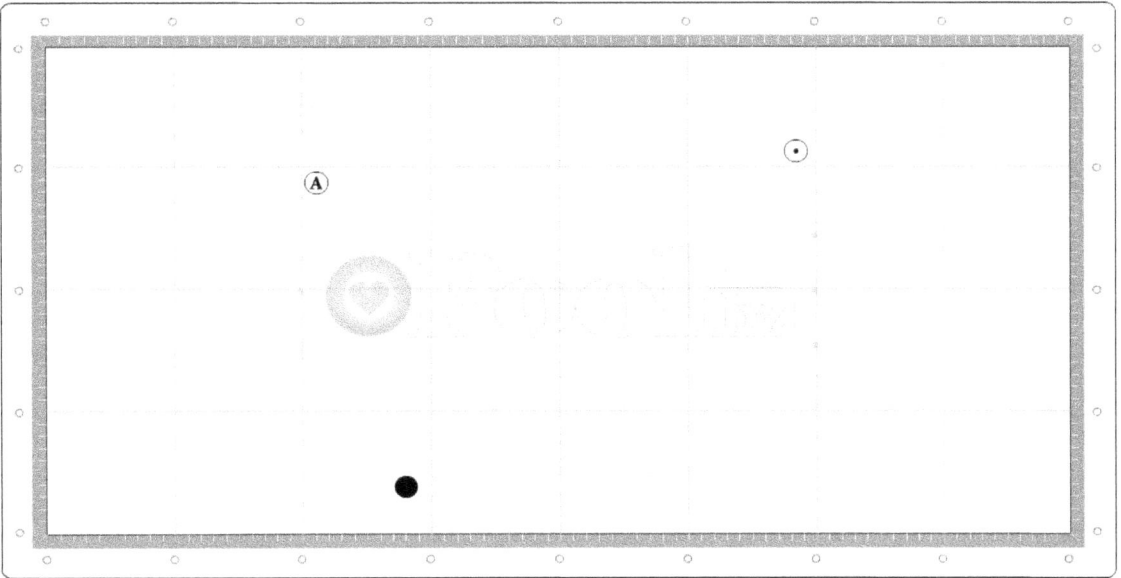

Noter og ideer:

Afspilning mønster

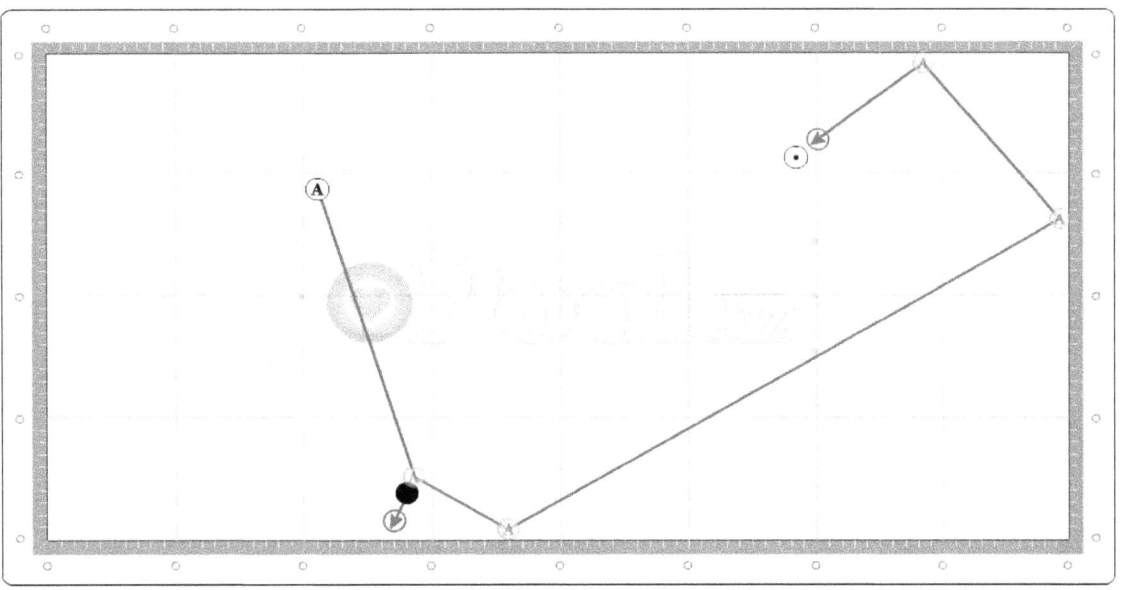

B:4c – Setup

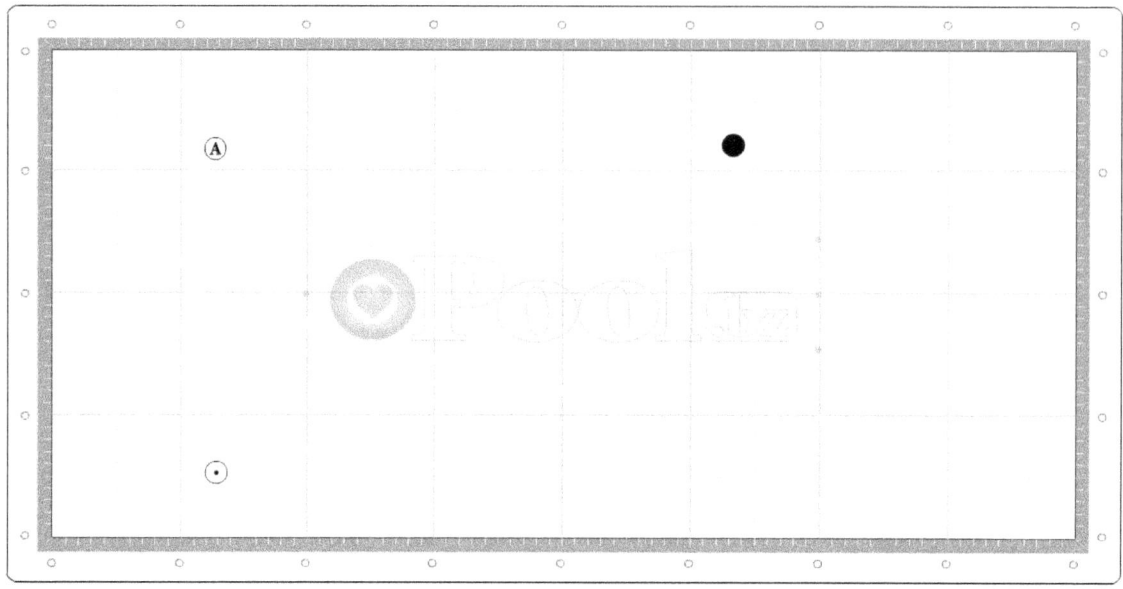

Noter og ideer:

Afspilning mønster

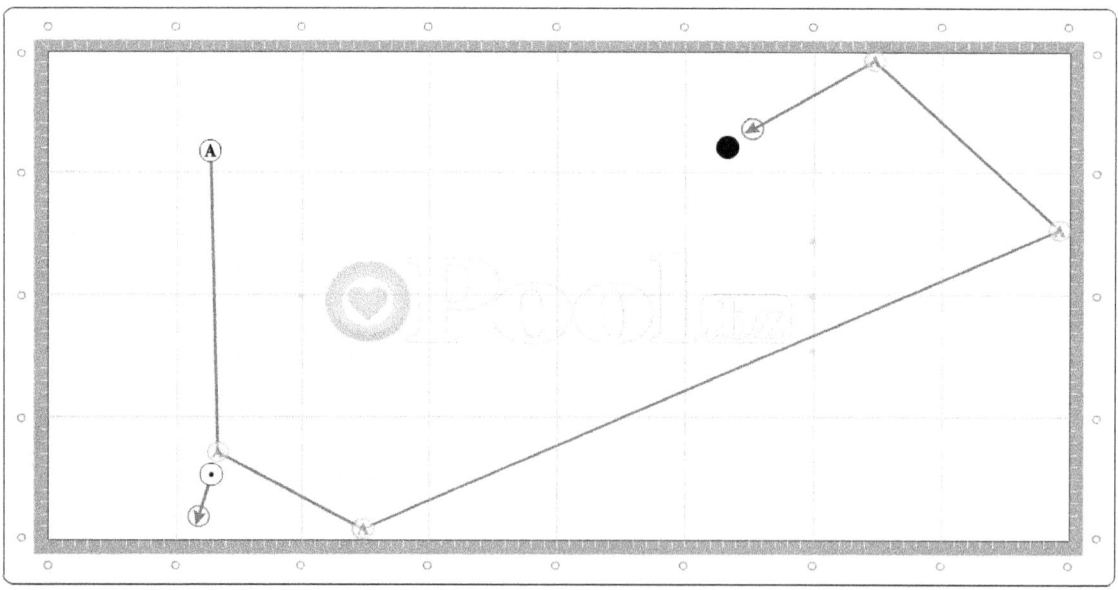

B:4d – Setup

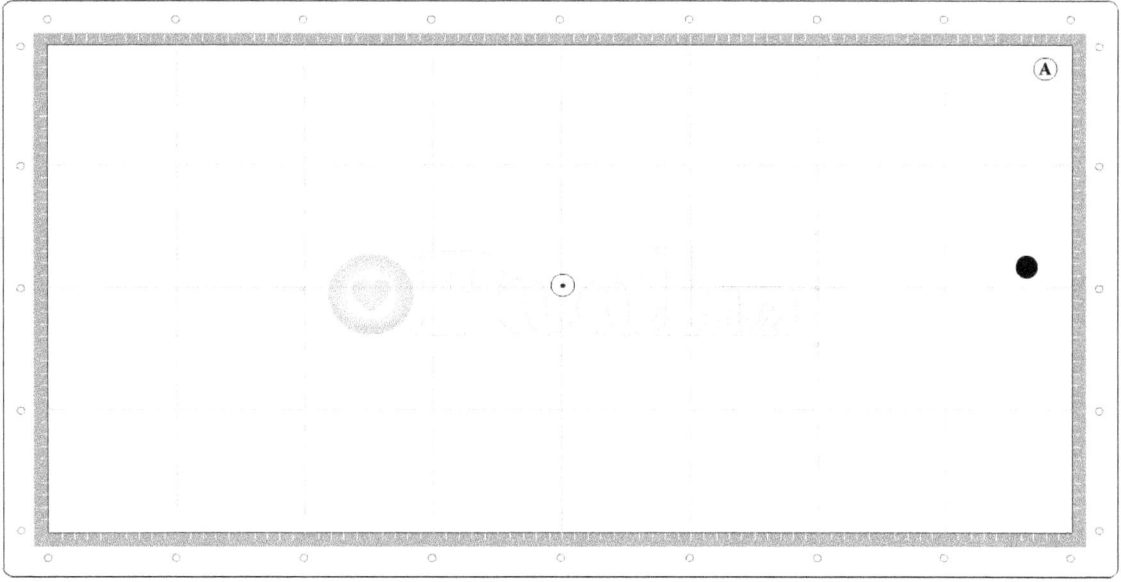

Noter og ideer:

Afspilning mønster

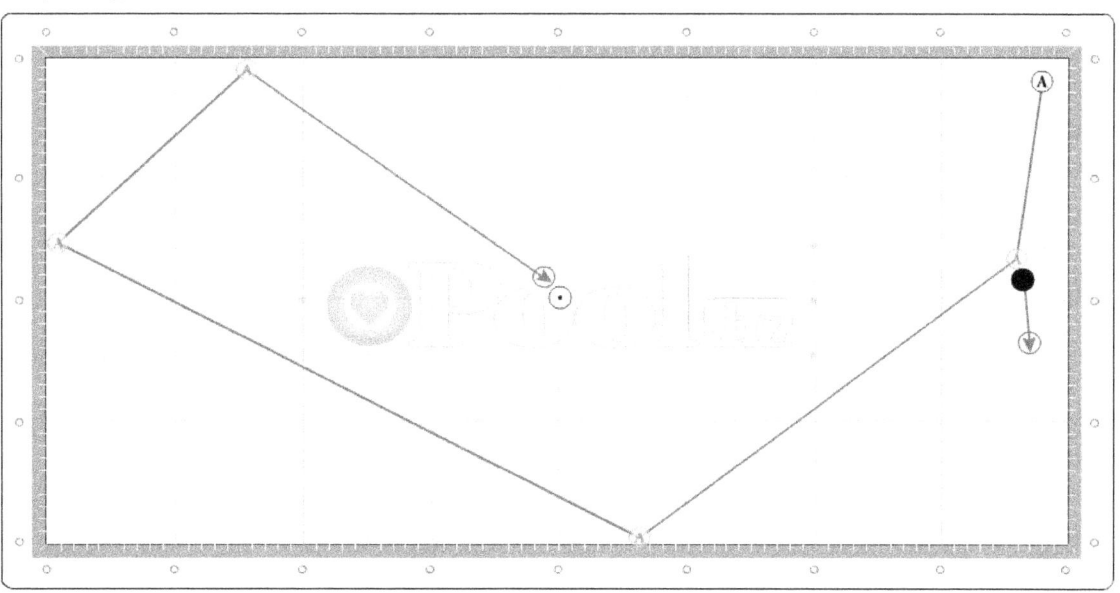

C: Fuld bord (kort bande)

Den (CB) kommer ud første (OB) og ind i den korte bande. Derefter går (CB) over til midten af den modsatte lange bande. Den (CB) rejser ind i det andet hjørne, kort bande først. På vej ud rammer den (CB) den anden (OB).

Ⓐ (CB) (din billardkugle) – ⊙ (OB) (modstander billardkugle) – ● (OB) (rød billardkugle)

C: Gruppe 1

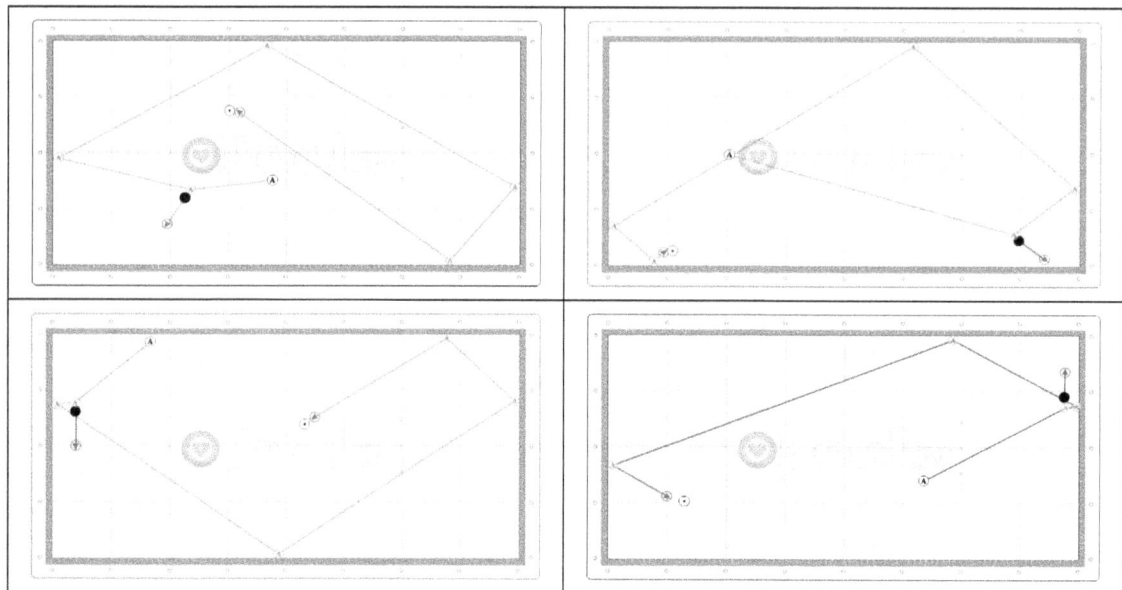

Analyse:

C:1a. _____

C:1b. _____

C:1c. _____

C:1d. _____

C:1a – Setup

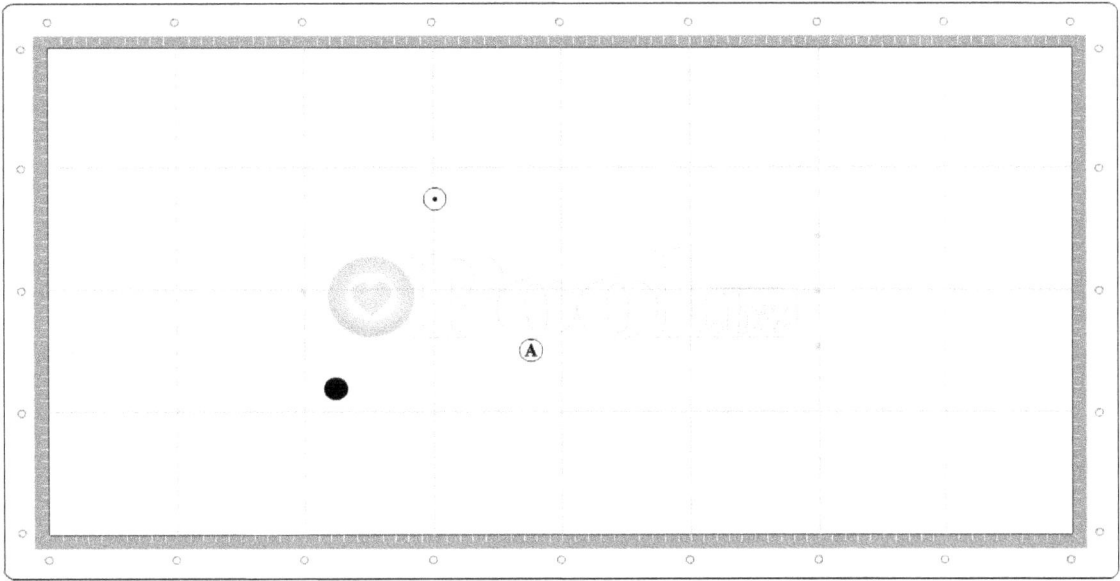

Noter og ideer:

Afspilning mønster

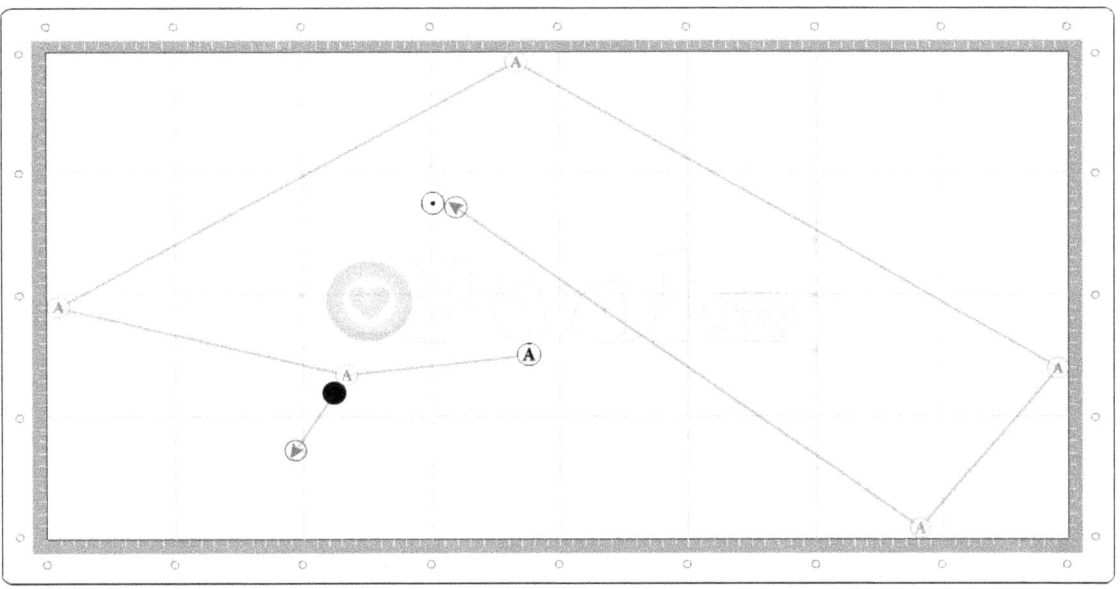

C:1b – Setup

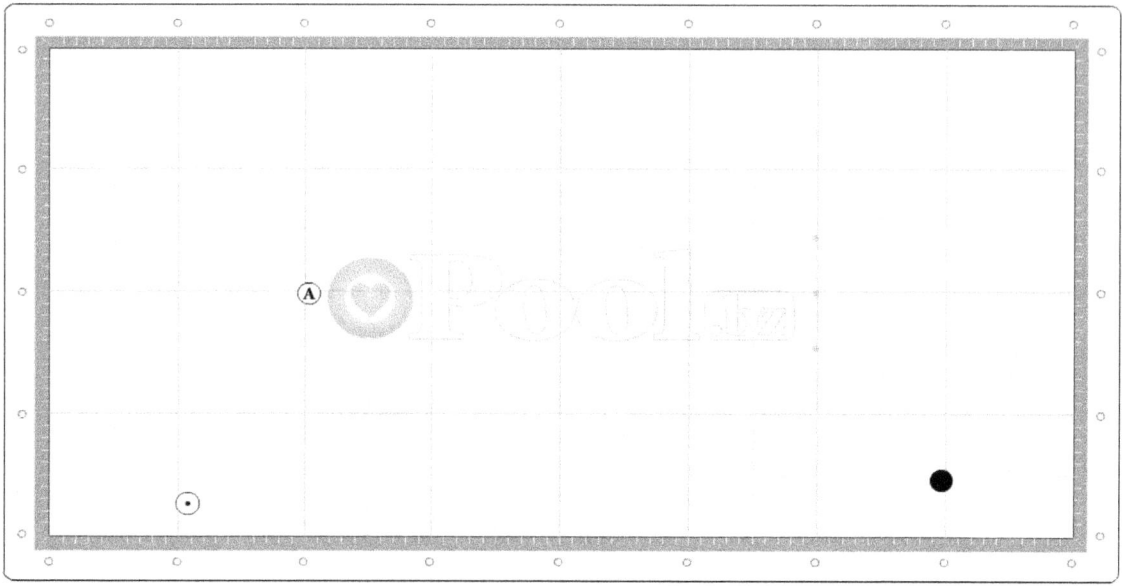

Noter og ideer:

Afspilning mønster

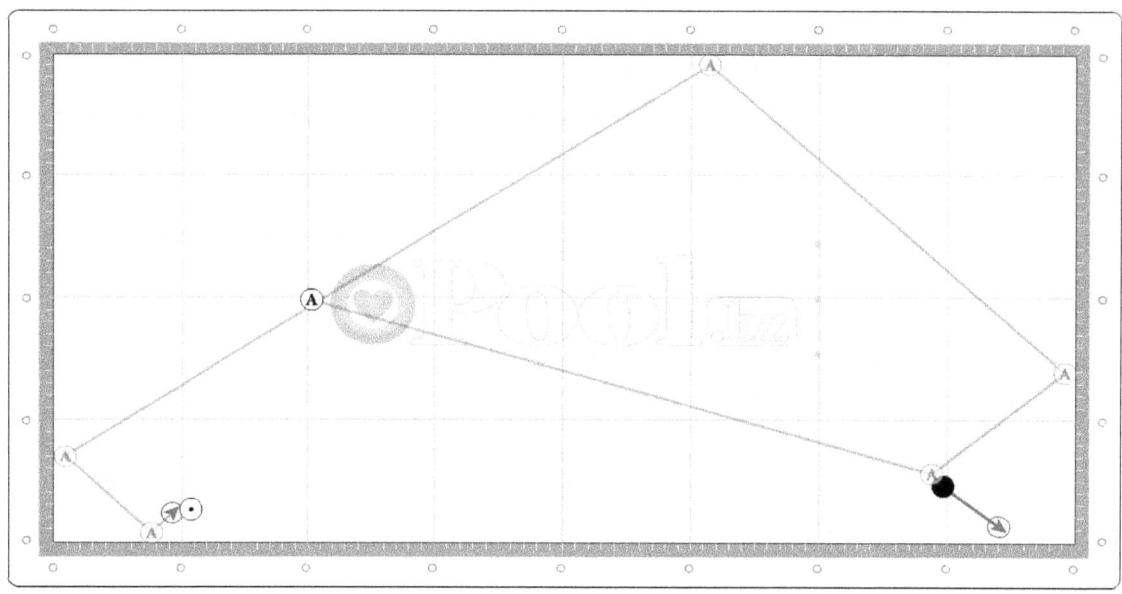

C:1c – Setup

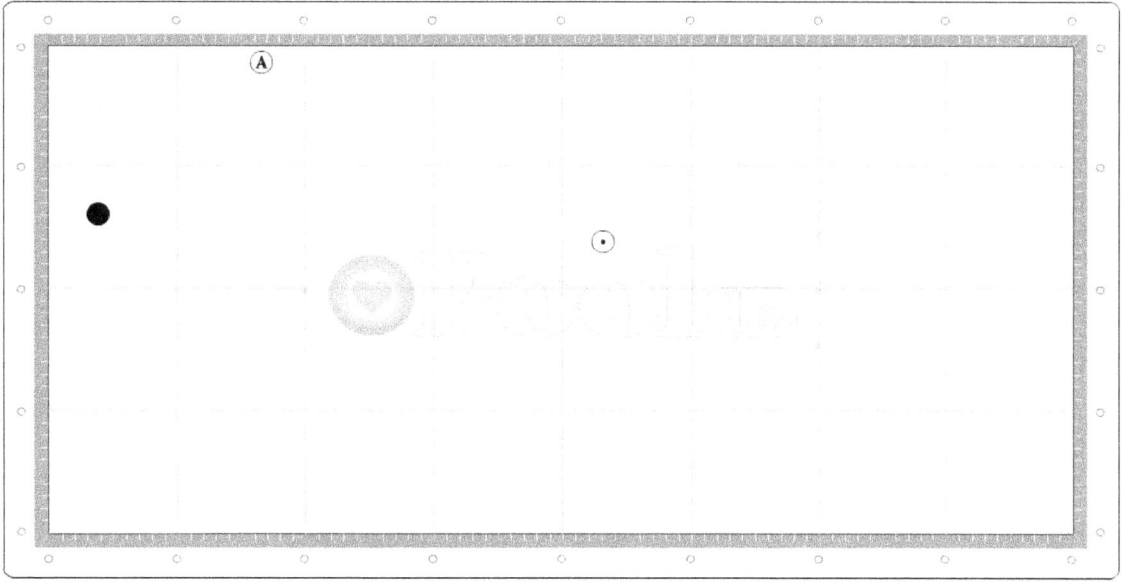

Noter og ideer:

Afspilning mønster

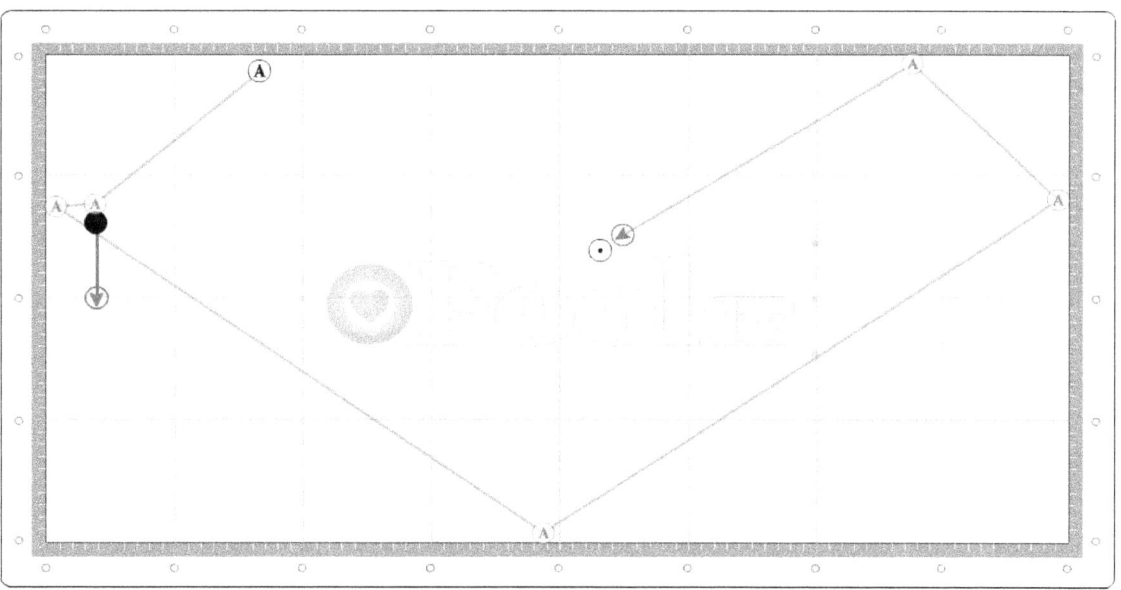

C:1d – Setup

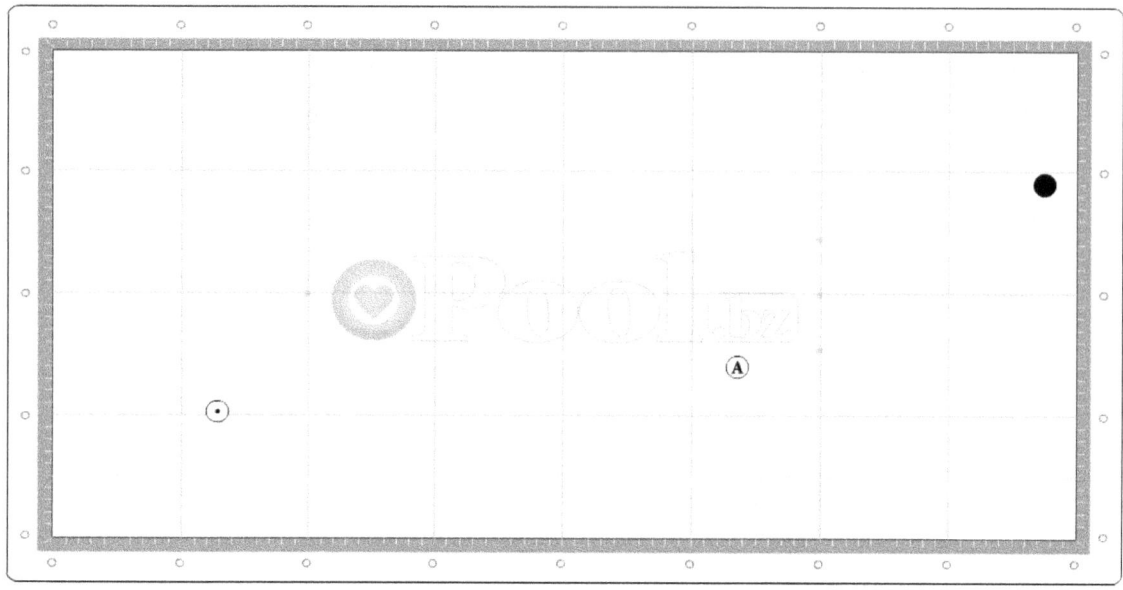

Noter og ideer:

Afspilning mønster

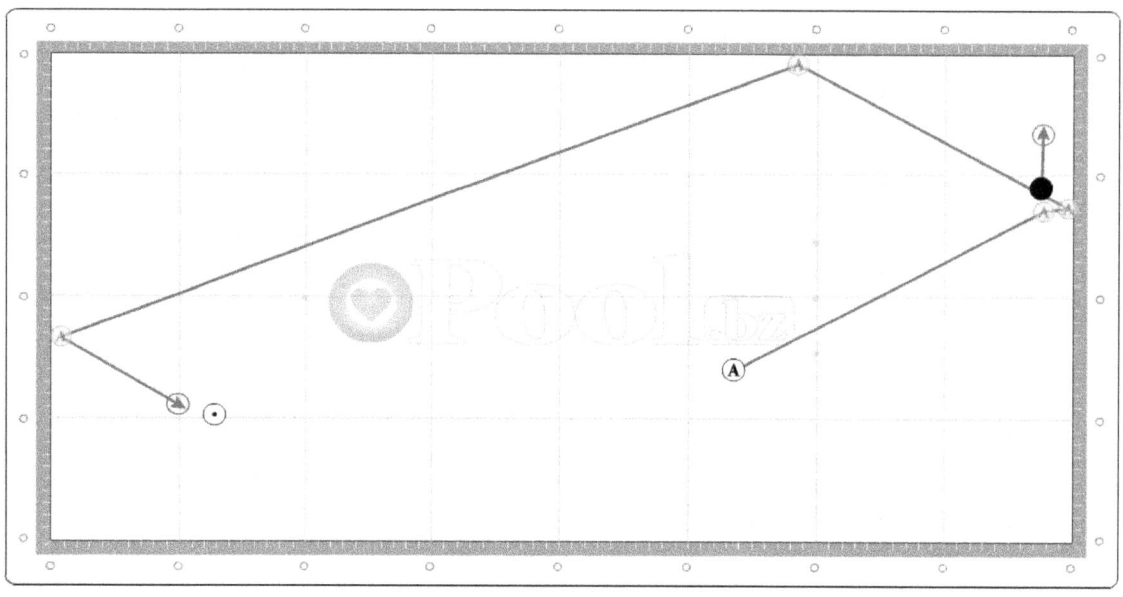

C: Gruppe 2

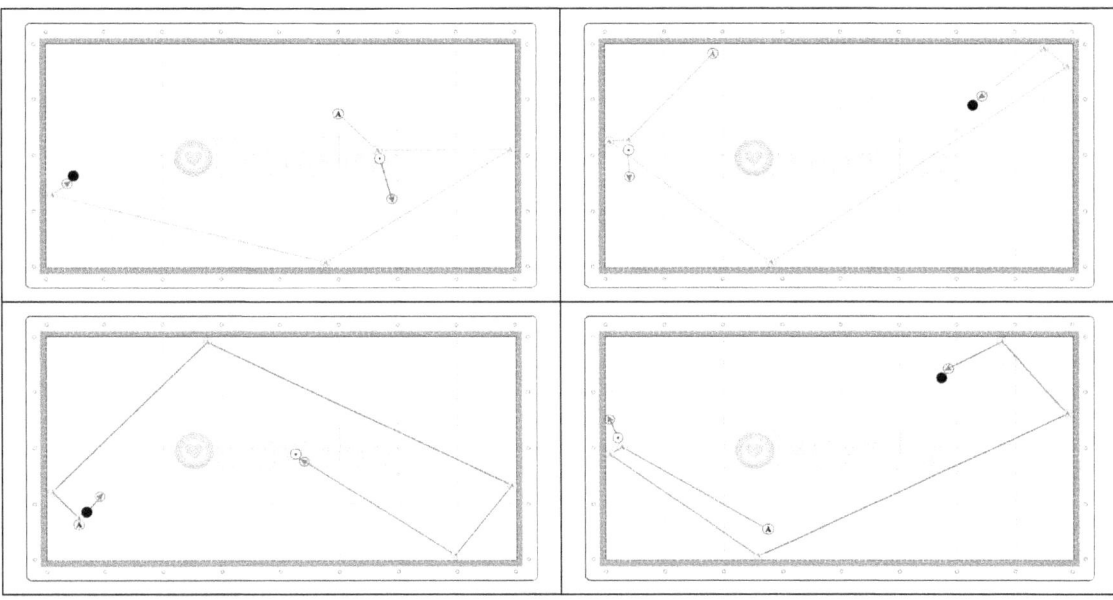

Analyse:

C:2a. _____

C:2b. _____

C:2c. _____

C:2d. _____

C:2a – Setup

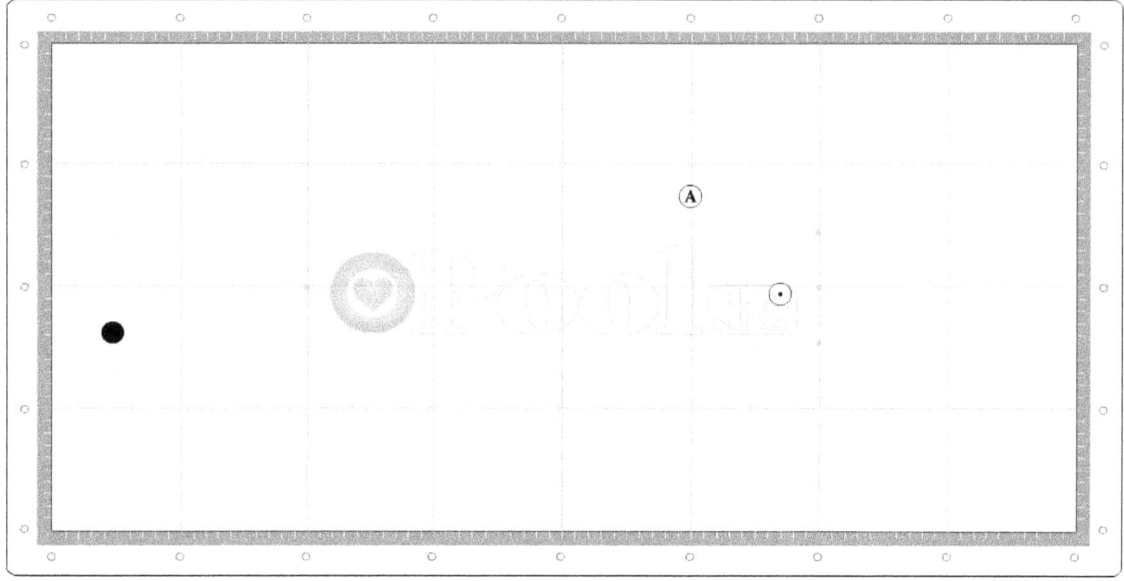

Noter og ideer:

Afspilning mønster

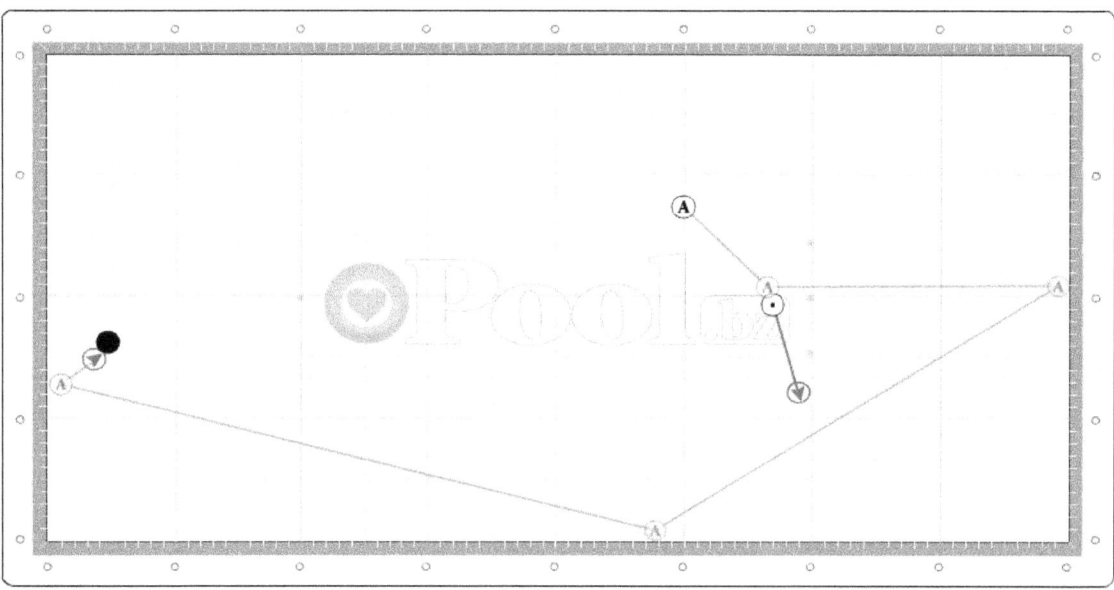

C:2b – Setup

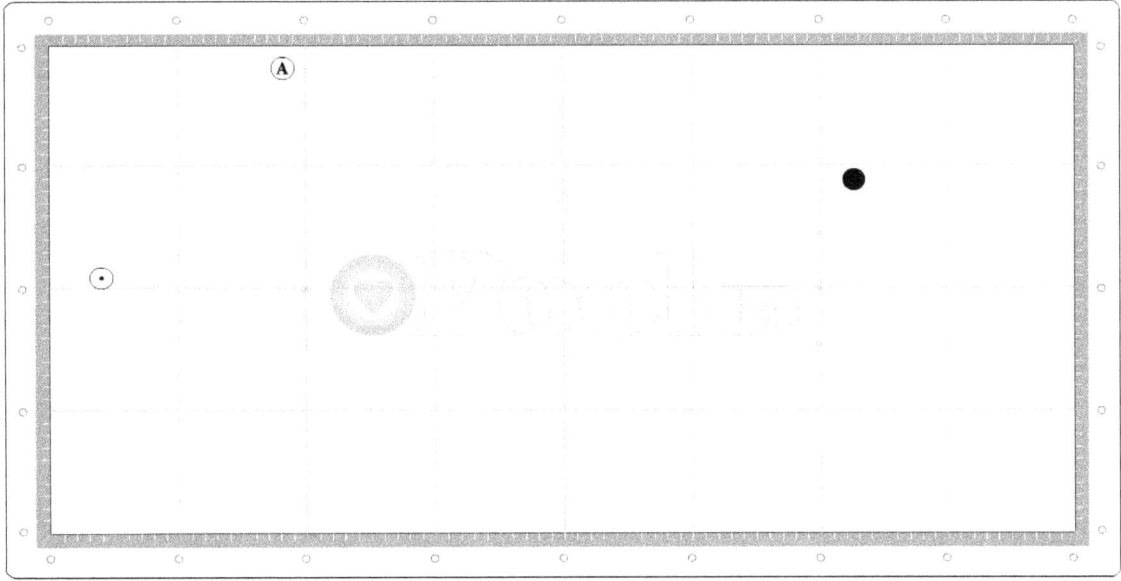

Noter og ideer:

Afspilning mønster

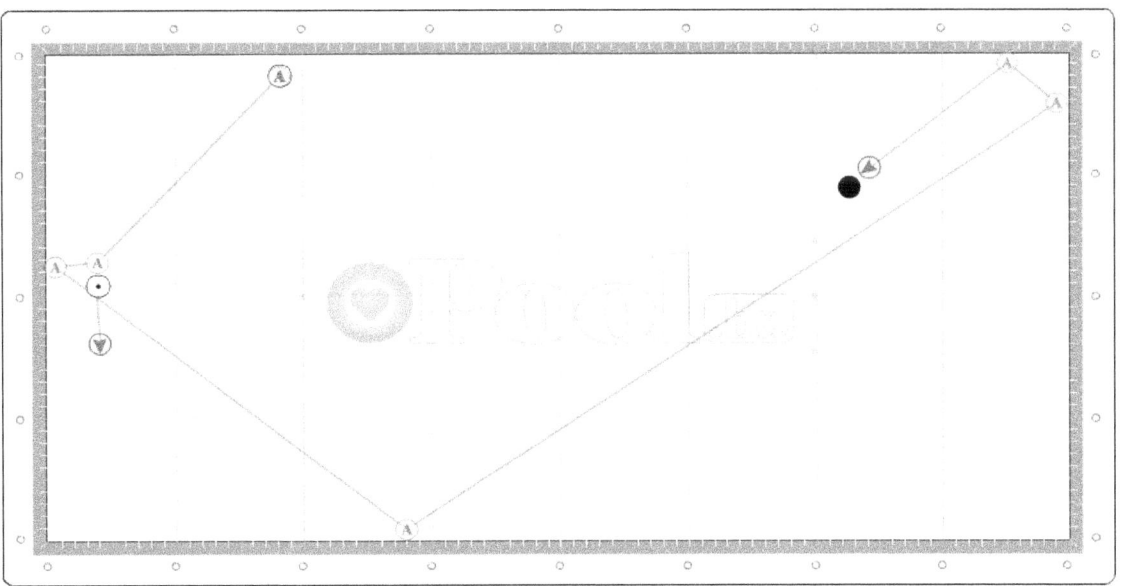

C:2c – Setup

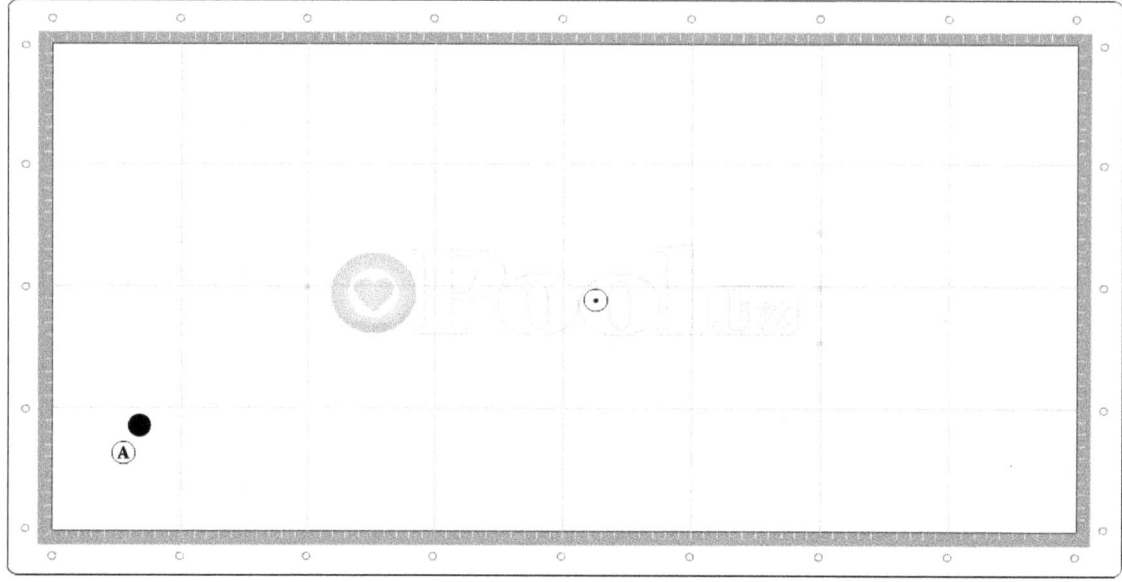

Noter og ideer:

Afspilning mønster

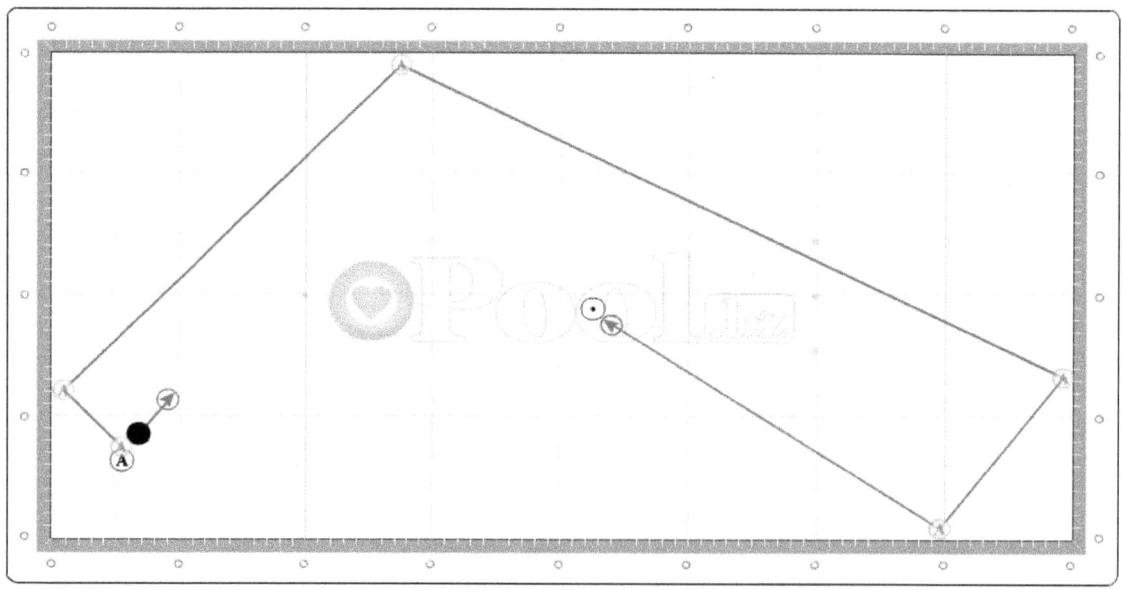

C:2d – Setup

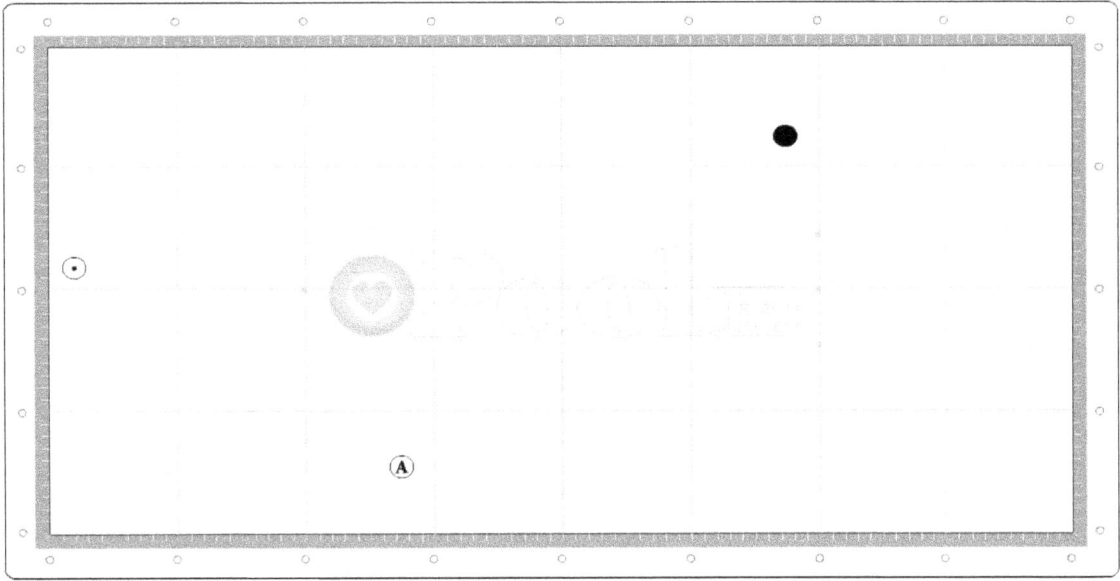

Noter og ideer:

Afspilning mønster

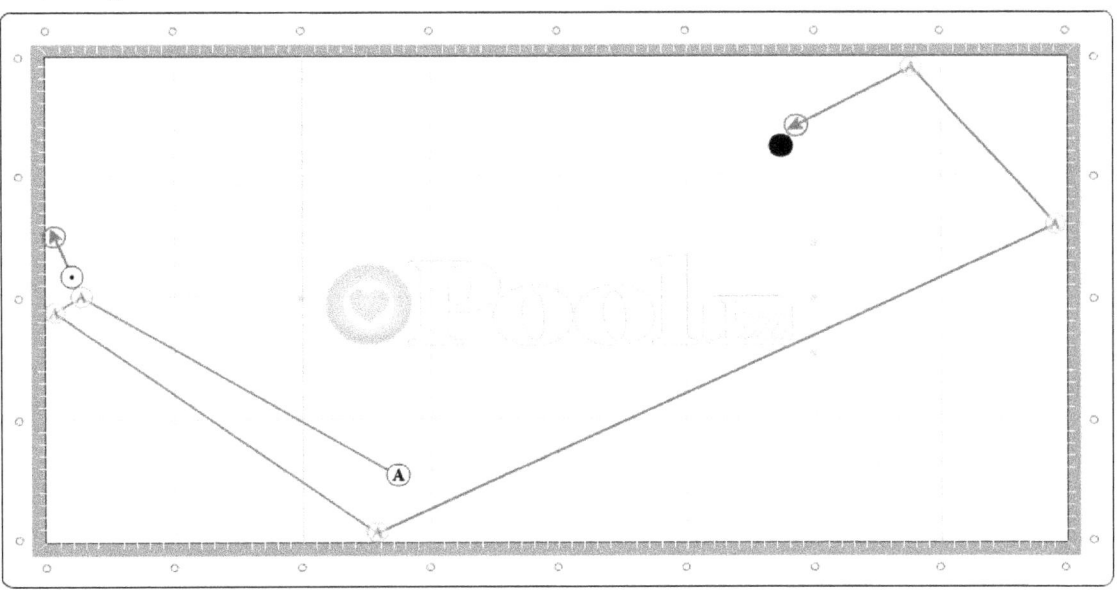

C: Gruppe 3

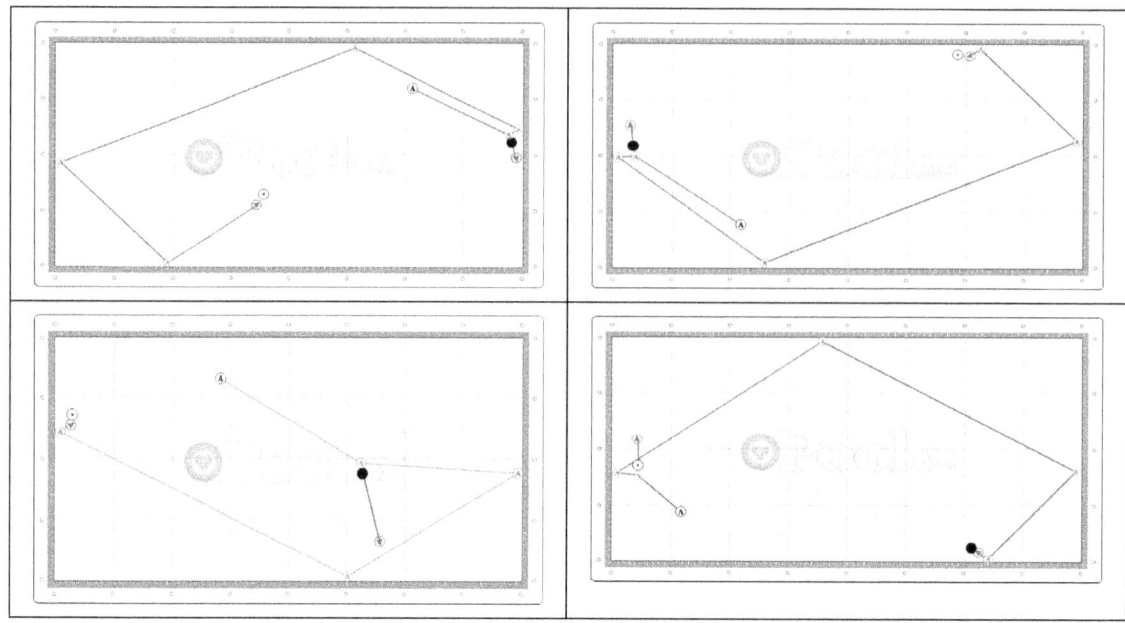

Analyse:

C:3a. _____

C:3b. _____

C:3c. _____

C:3d. _____

C:3a – Setup

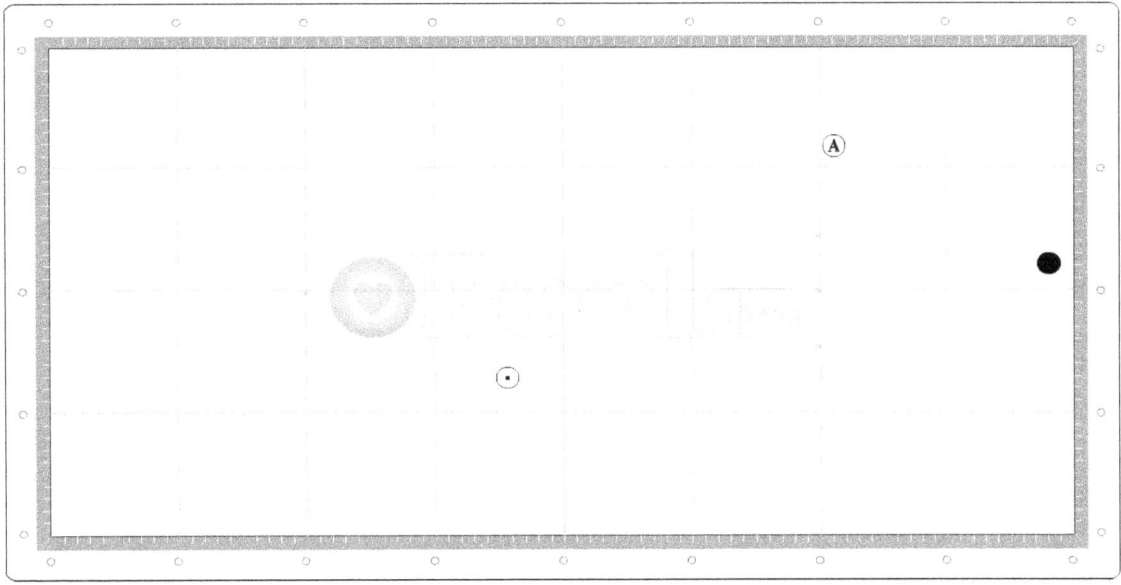

Noter og ideer:

Afspilning mønster

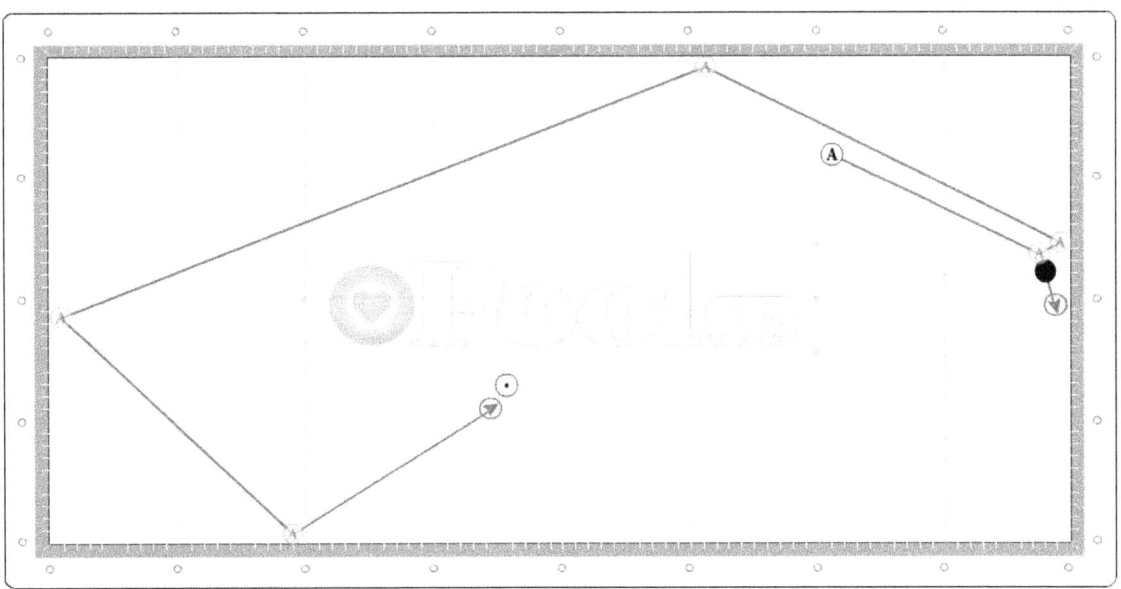

C:3b – Setup

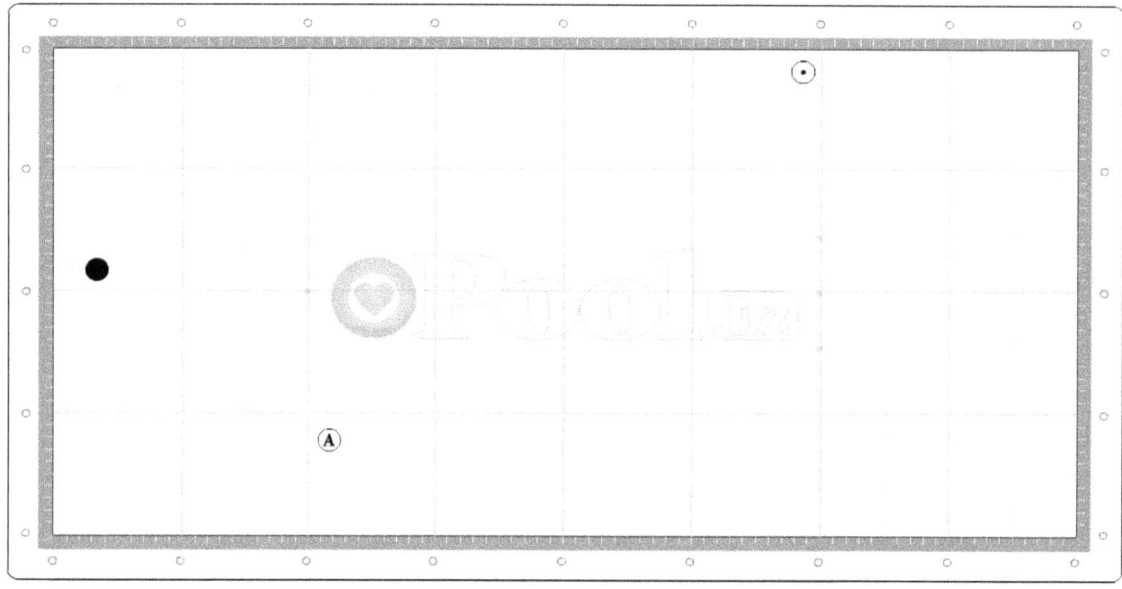

Noter og ideer:

Afspilning mønster

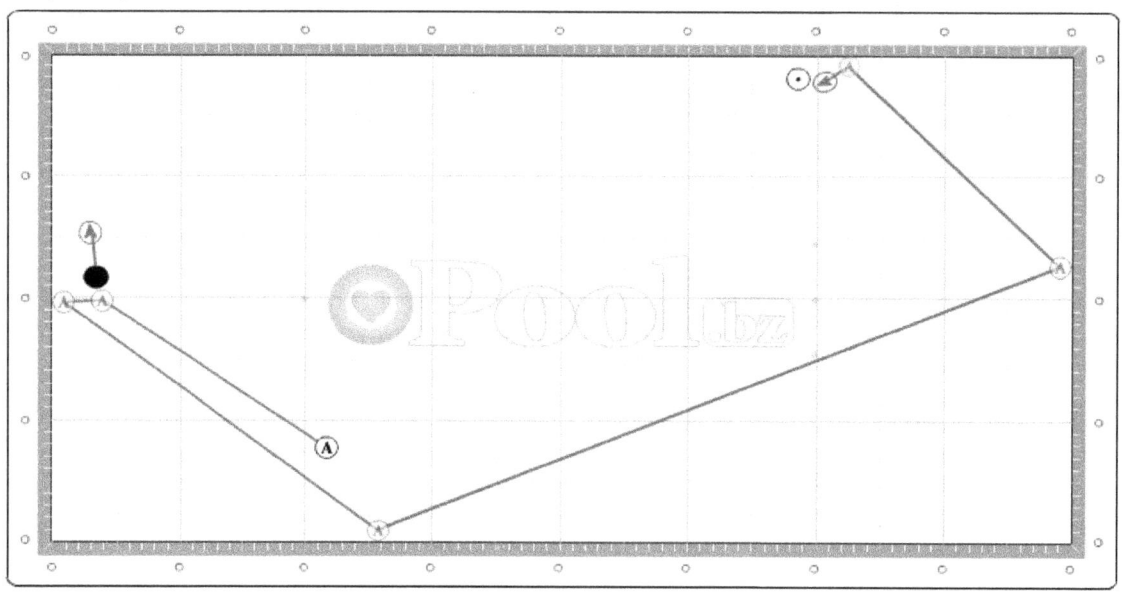

C:3c – Setup

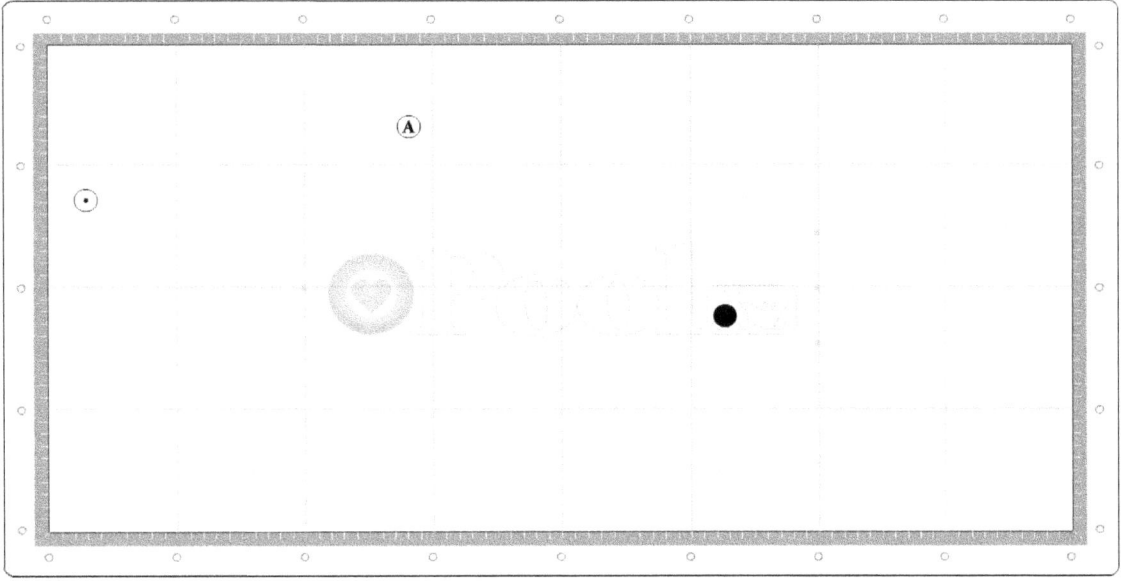

Noter og ideer:

Afspilning mønster

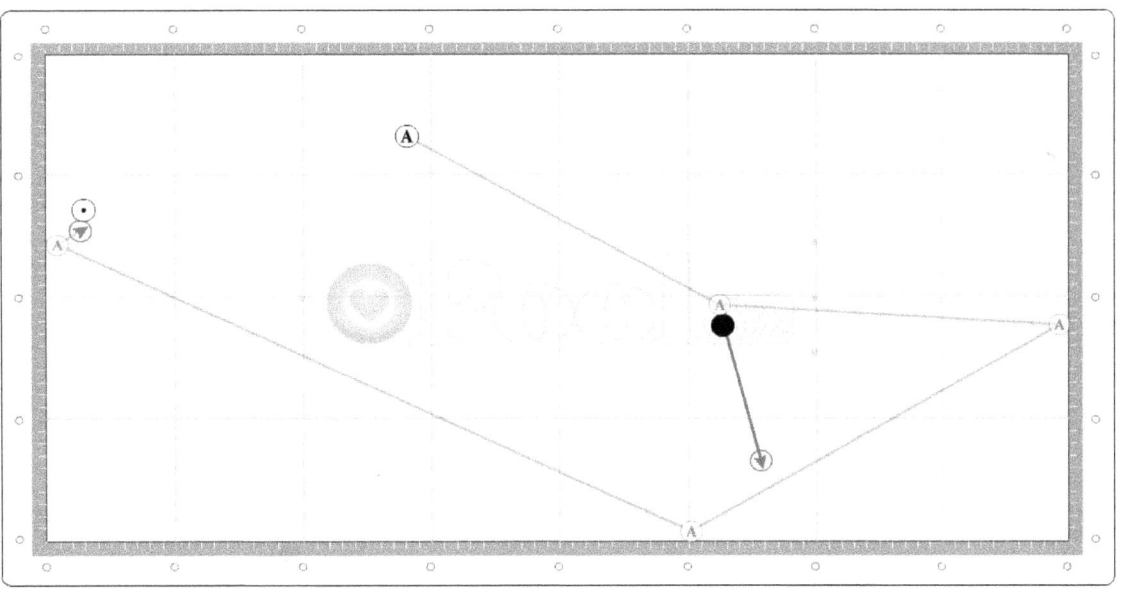

C:3d – Setup

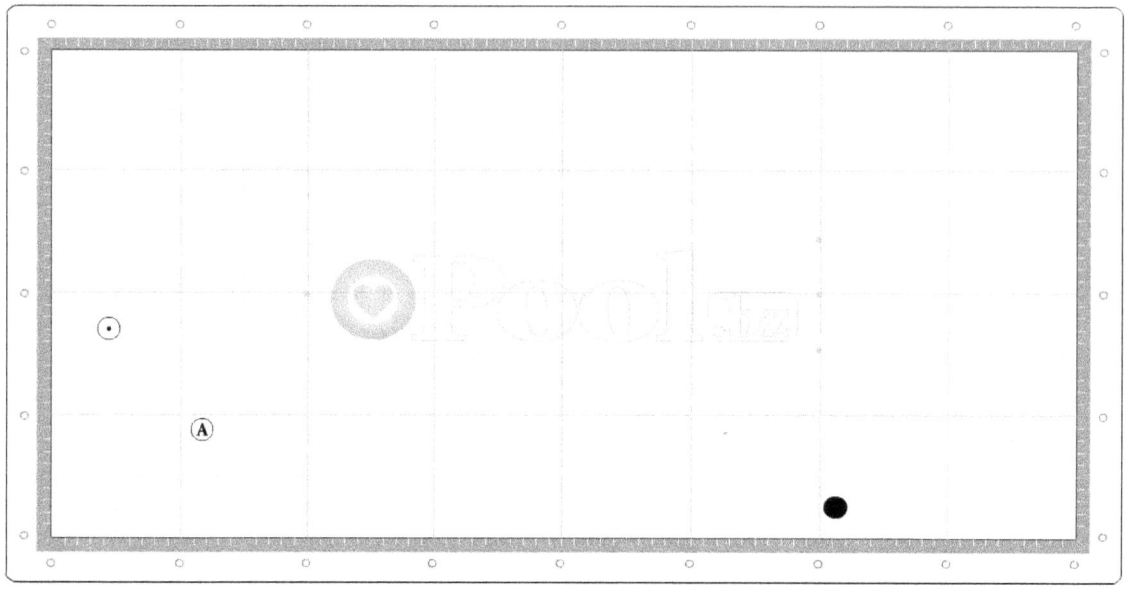

Noter og ideer:

Afspilning mønster

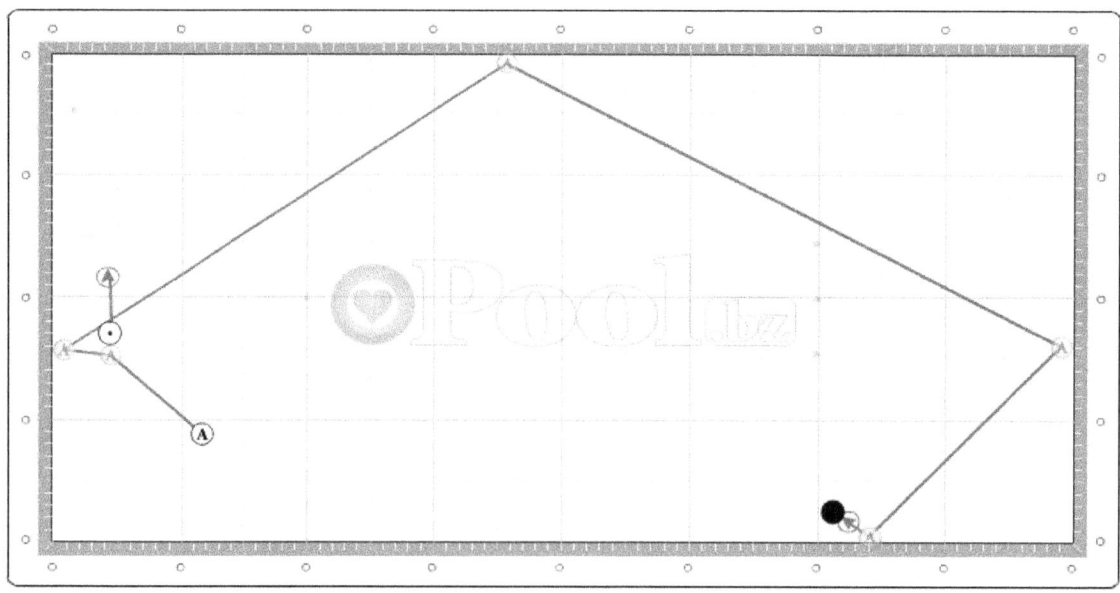

D: Grundlæggende hjørneregulering (lang bande)

Den (CB) kommer ud af den første (OB) og går ind i hjørnet. Det kommer ud af hjørnet fra den korte bande. Den (CB) går derefter ind i midten af den modsatte lange bande. Derfra kontakter (CB) det andet (OB).

(A) (CB) (din billardkugle) – (·) (OB) (modstander billardkugle) – ● (OB) (rød billardkugle)

D: Gruppe 1

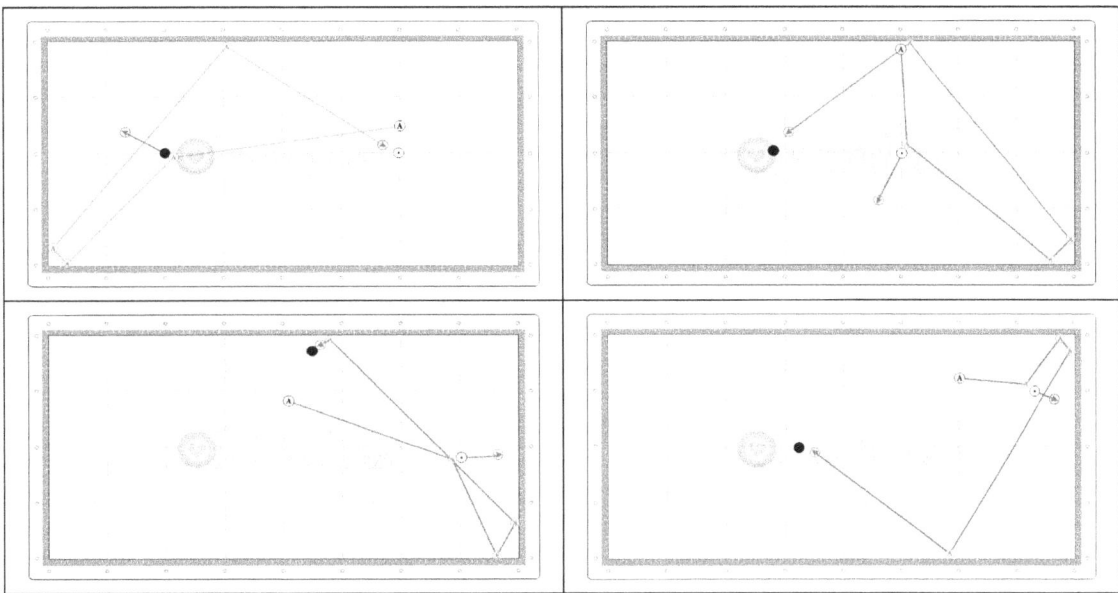

Analyse:

D:1a. _____

D:1b. _____

D:1c. _____

D:1d. _____

D:1a – Setup

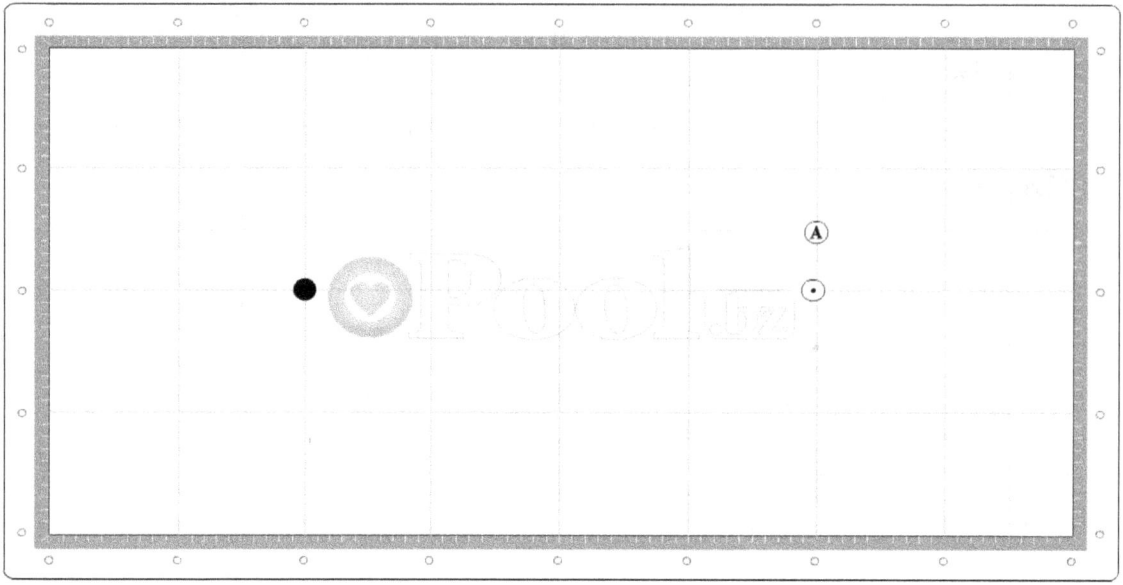

Noter og ideer:

Afspilning mønster

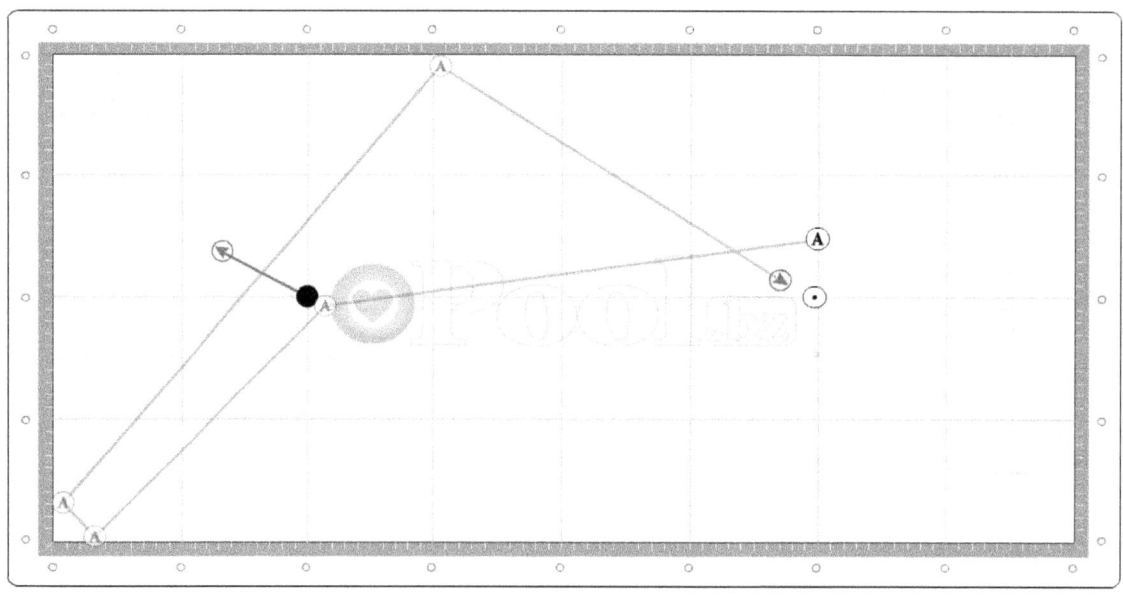

D:1b – Setup

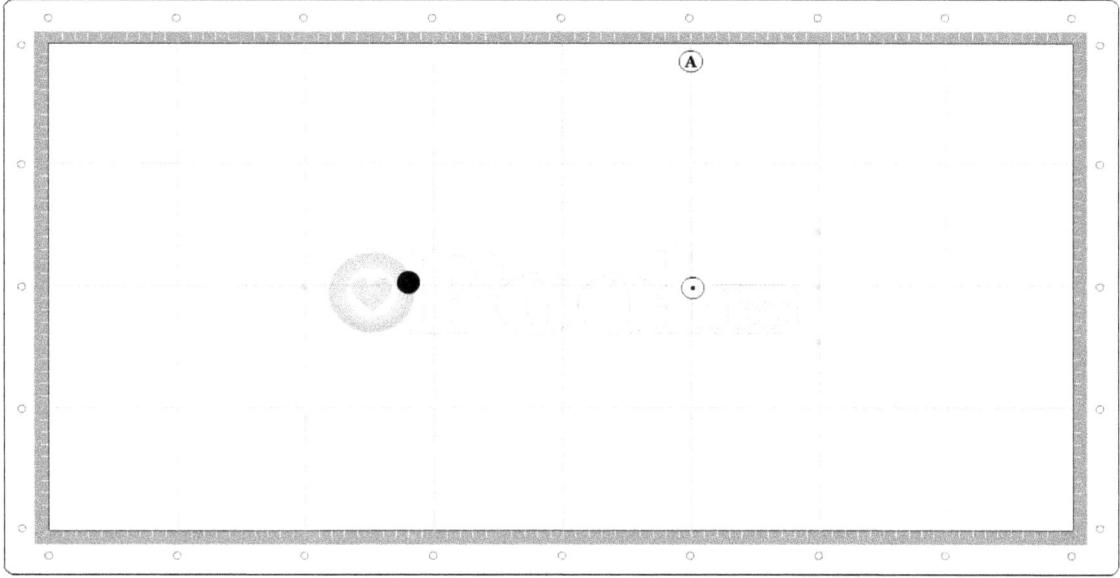

Noter og ideer:

Afspilning mønster

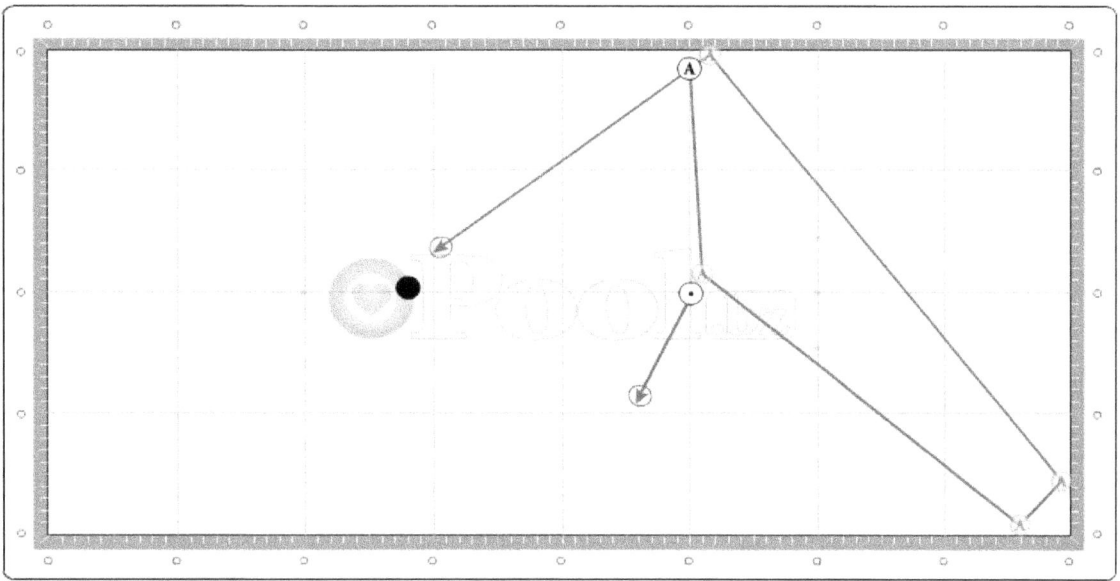

D:1c – Setup

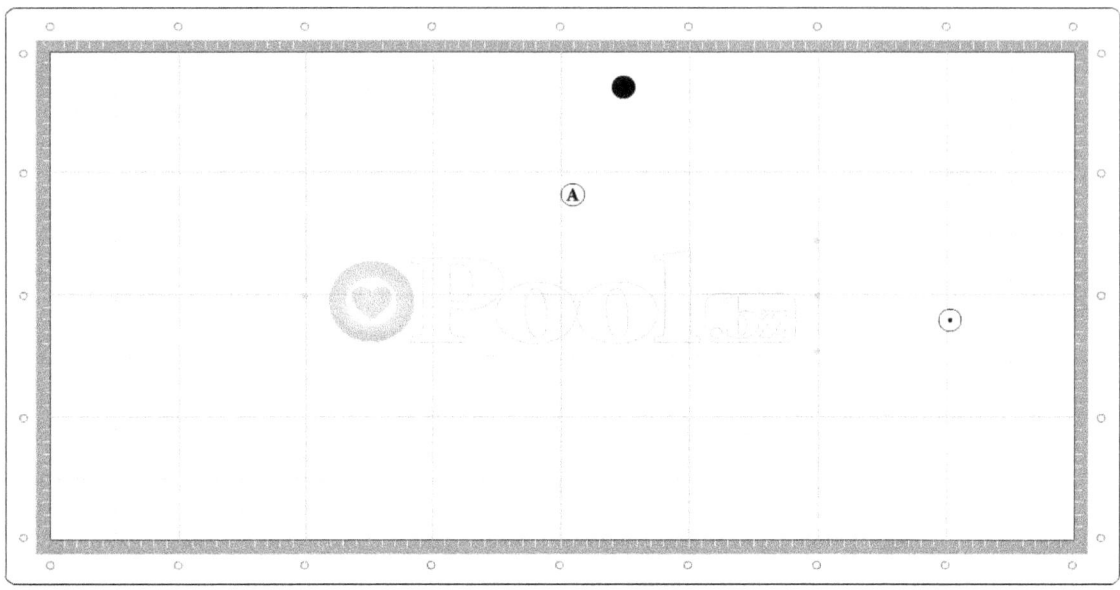

Noter og ideer:

Afspilning mønster

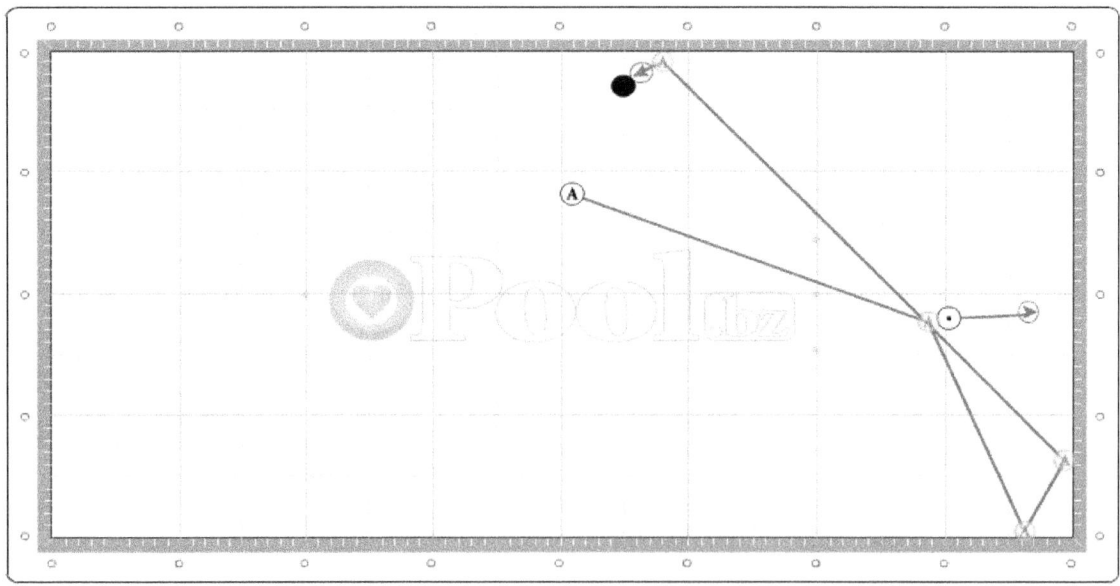

D:1d – Setup

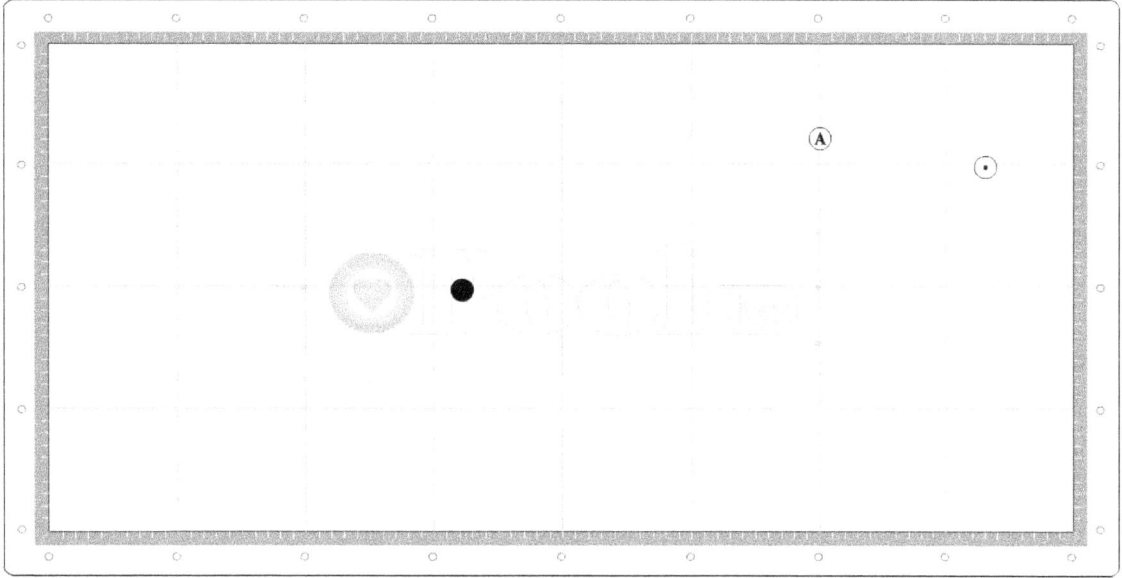

Noter og ideer:

Afspilning mønster

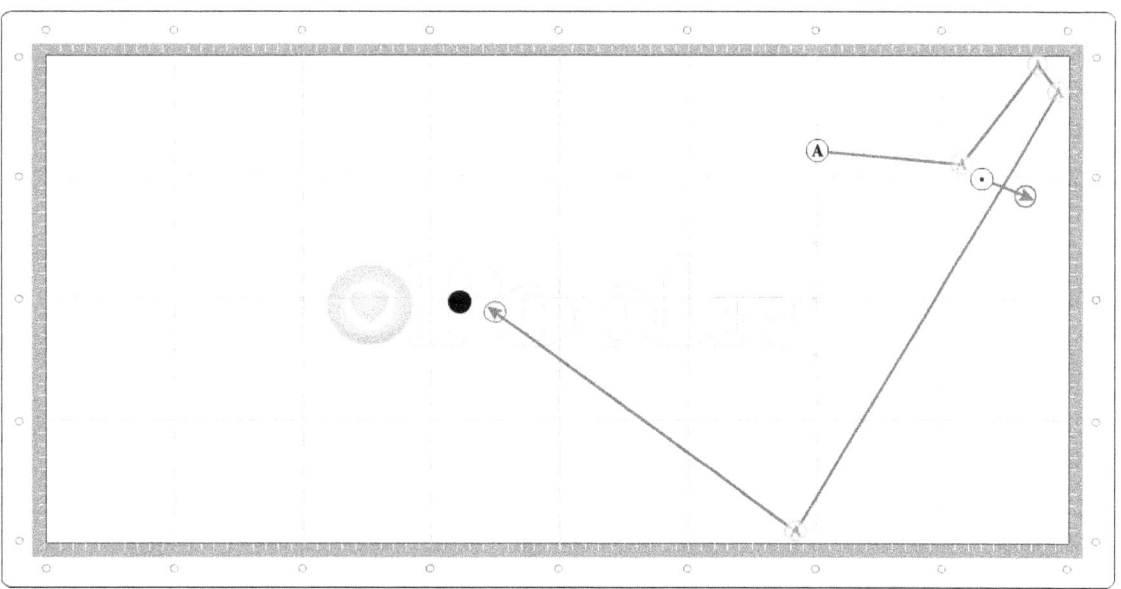

D: Gruppe 2

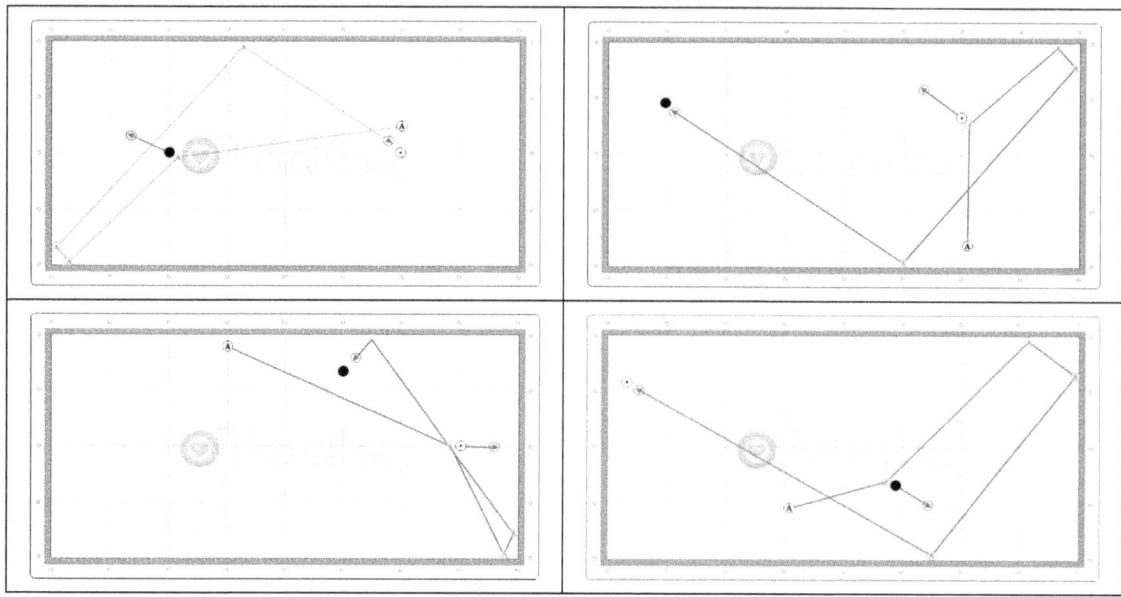

Analyse:

D:2a. _____

D:2b. _____

D:2c. _____

D:2d. _____

D:2a – Setup

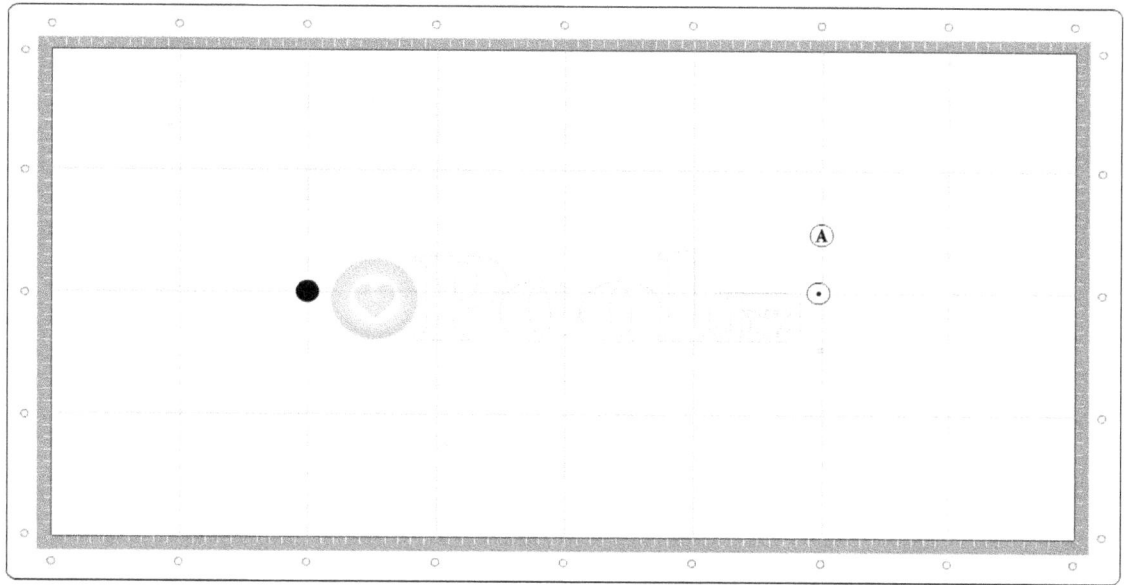

Noter og ideer:

Afspilning mønster

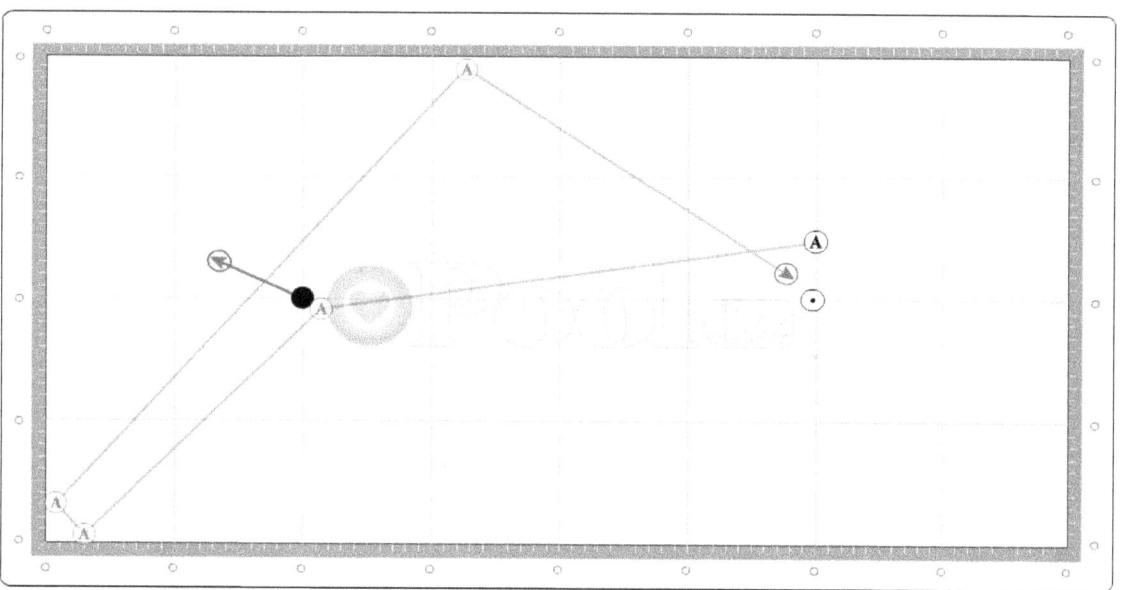

D:2b – Setup

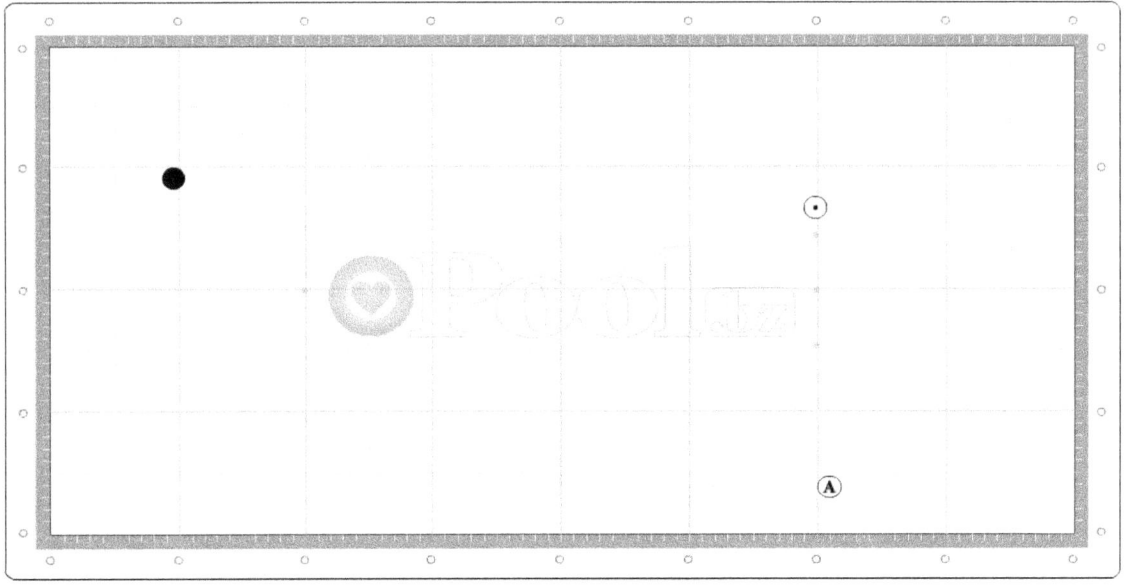

Noter og ideer:

Afspilning mønster

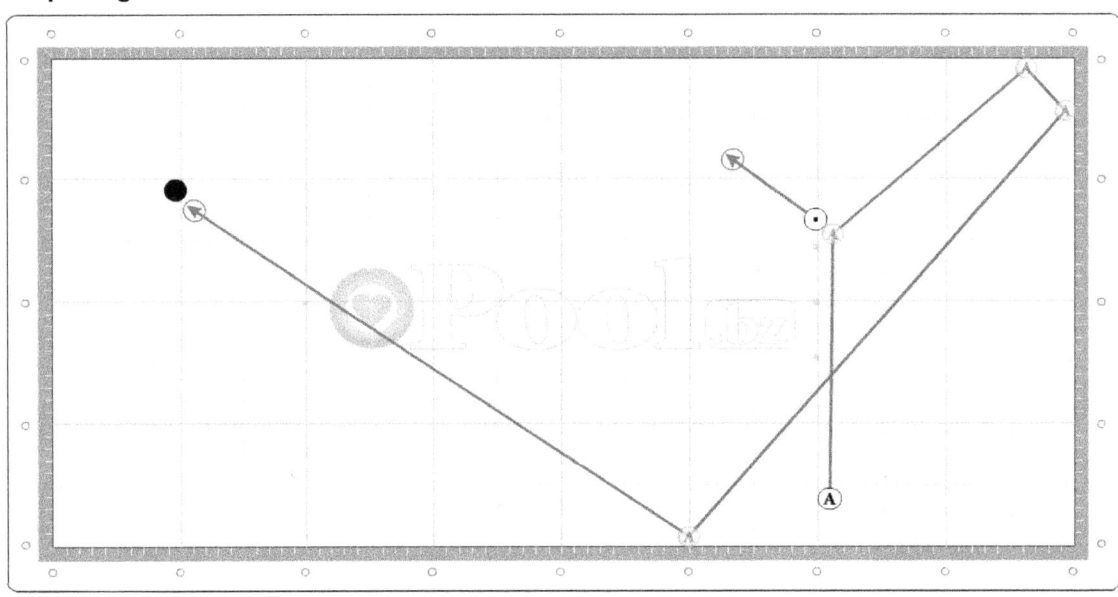

D:2c – Setup

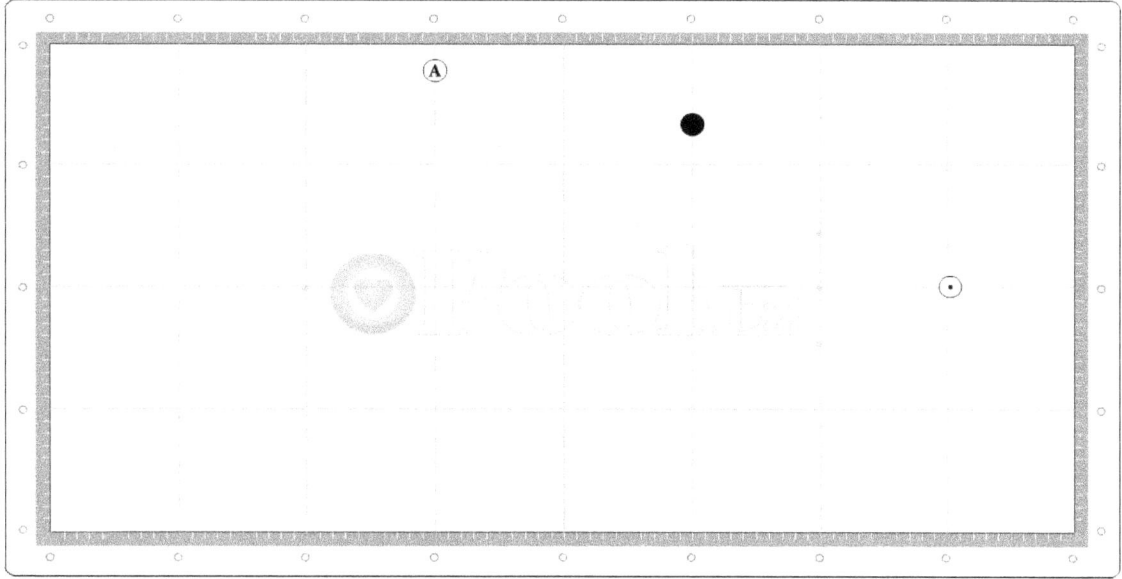

Noter og ideer:

Afspilning mønster

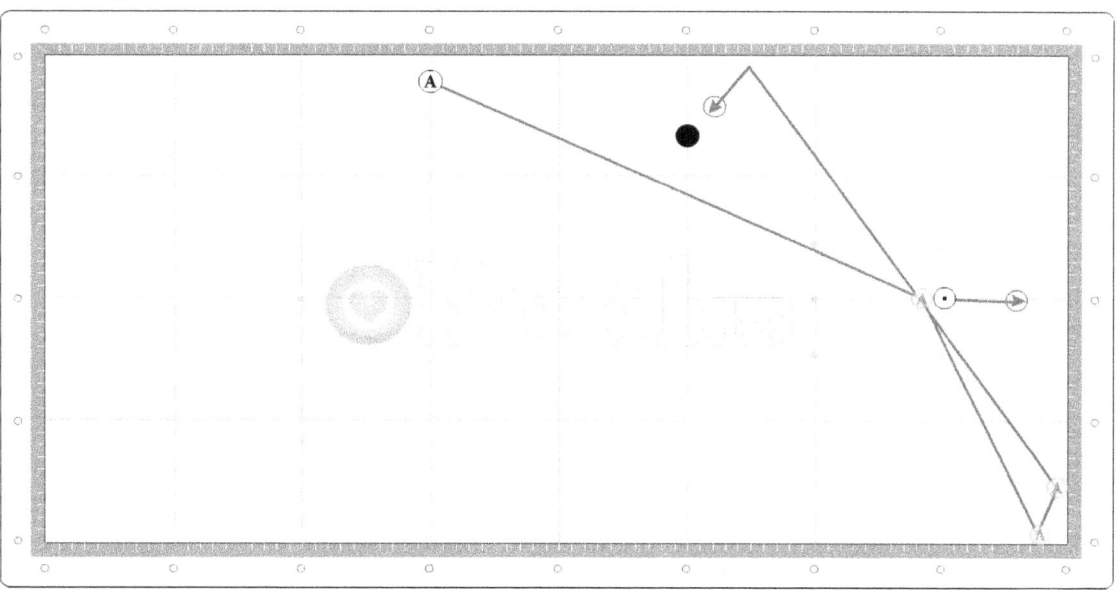

D:2d – Setup

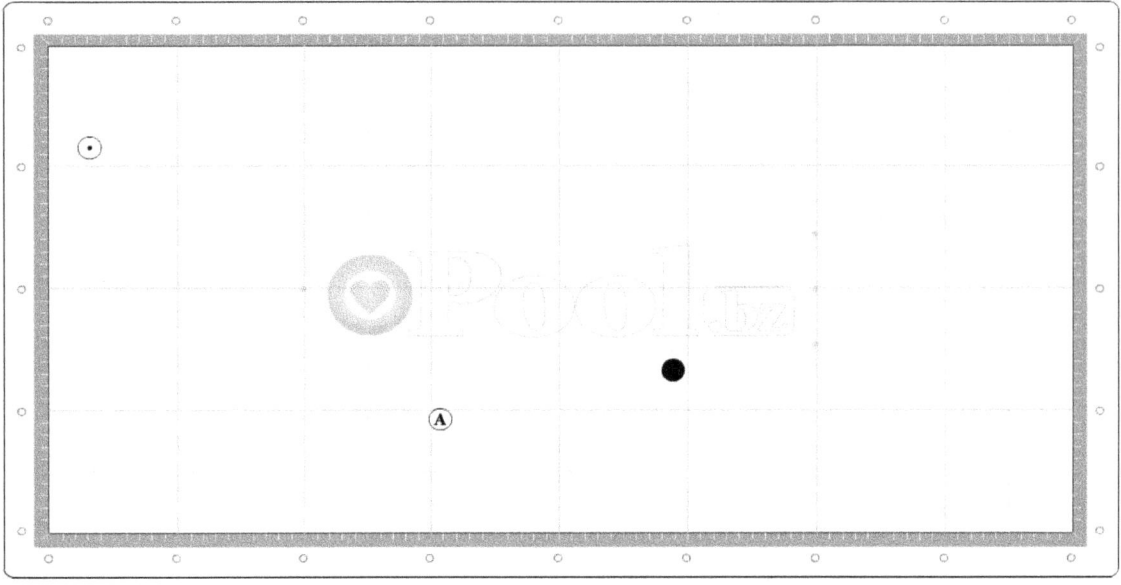

Noter og ideer:

Afspilning mønster

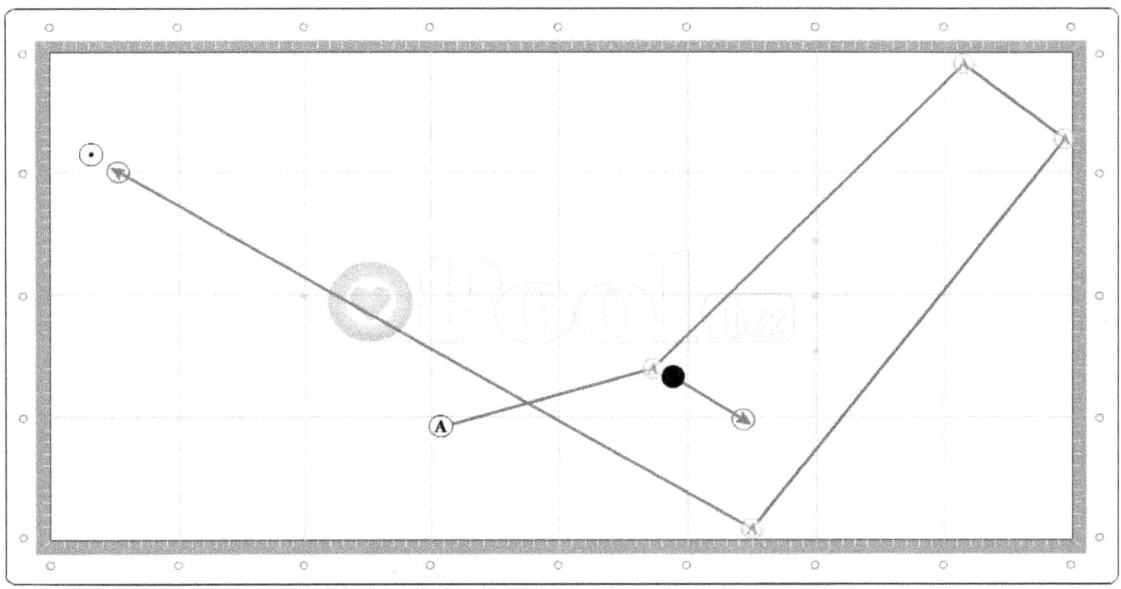

D: Gruppe 3

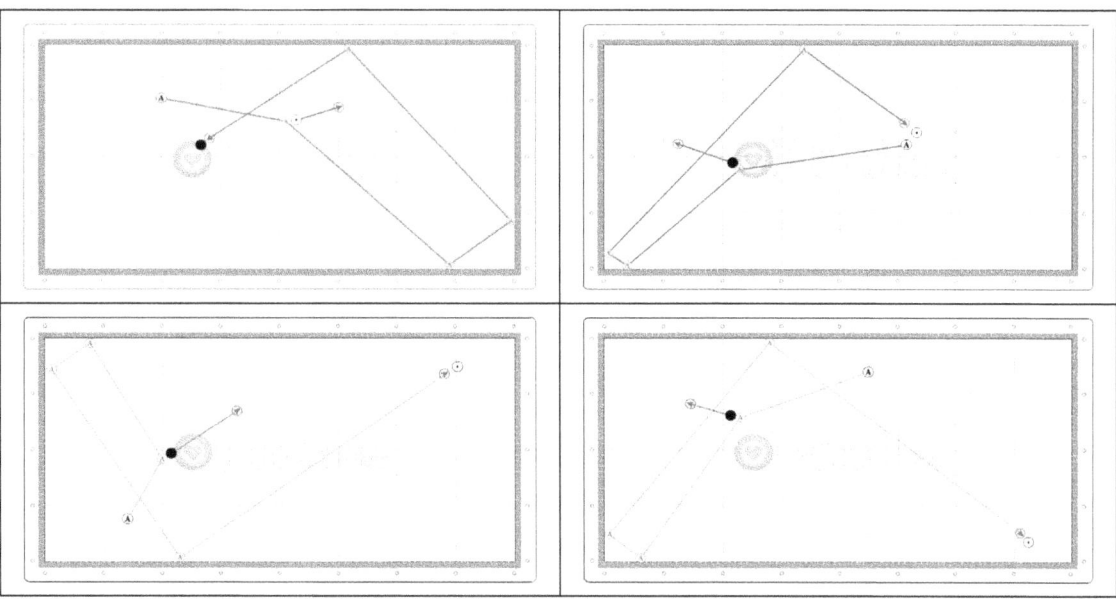

Analyse:

D:3a. _____

D:3b. _____

D:3c. _____

D:3d. _____

D:3a – Setup

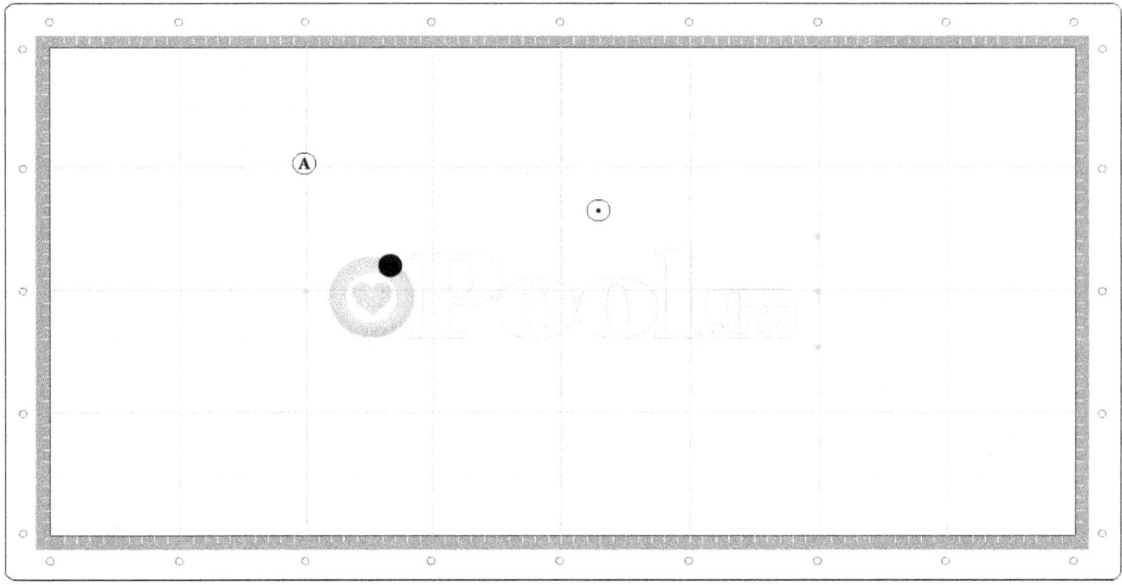

Noter og ideer:

Afspilning mønster

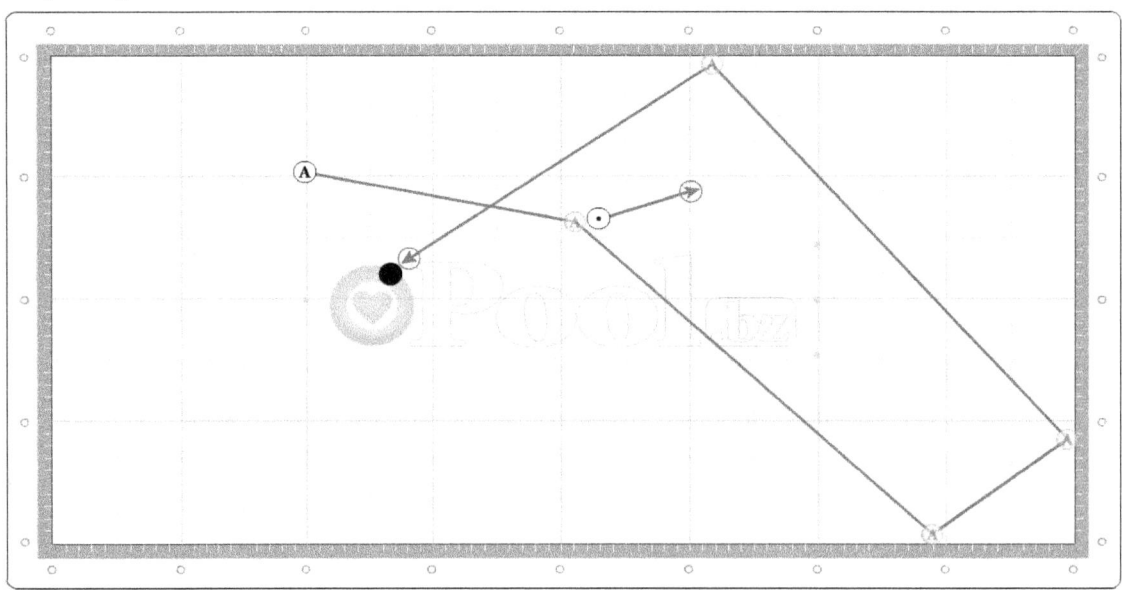

D:3b – Setup

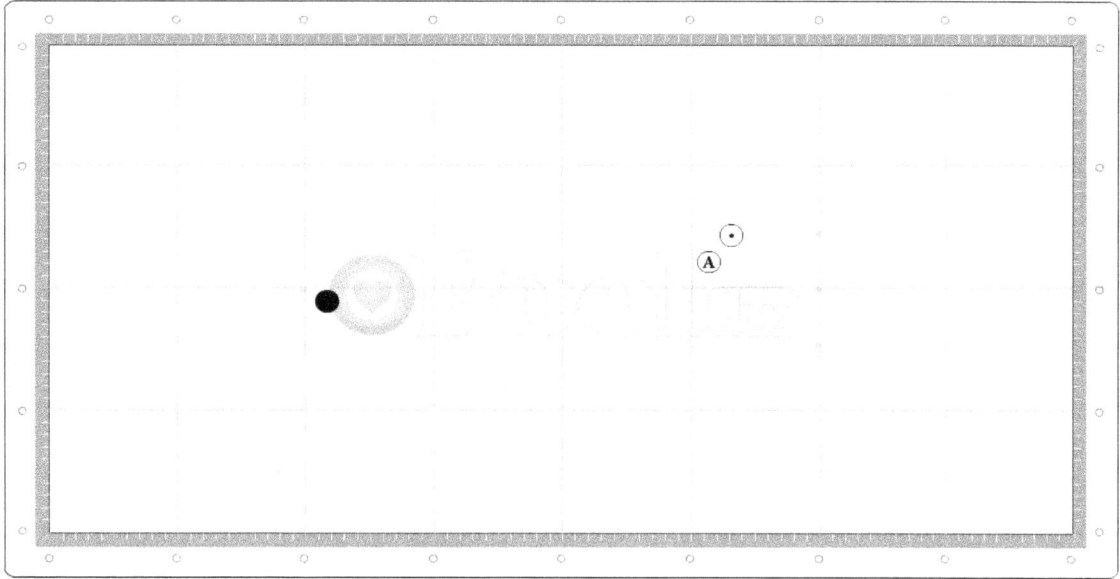

Noter og ideer:

Afspilning mønster

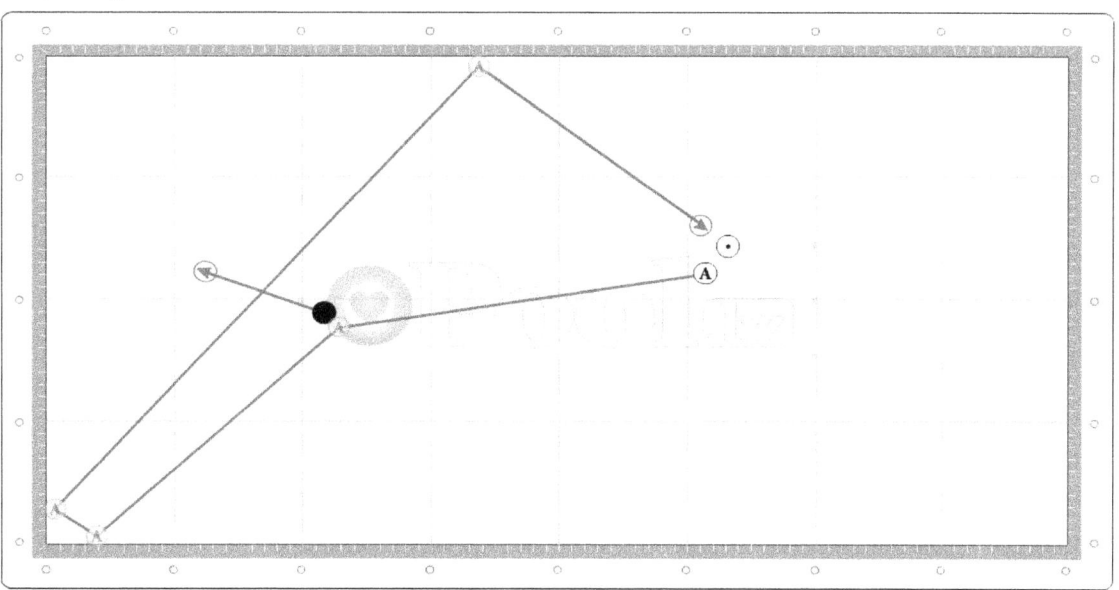

D:3c – Setup

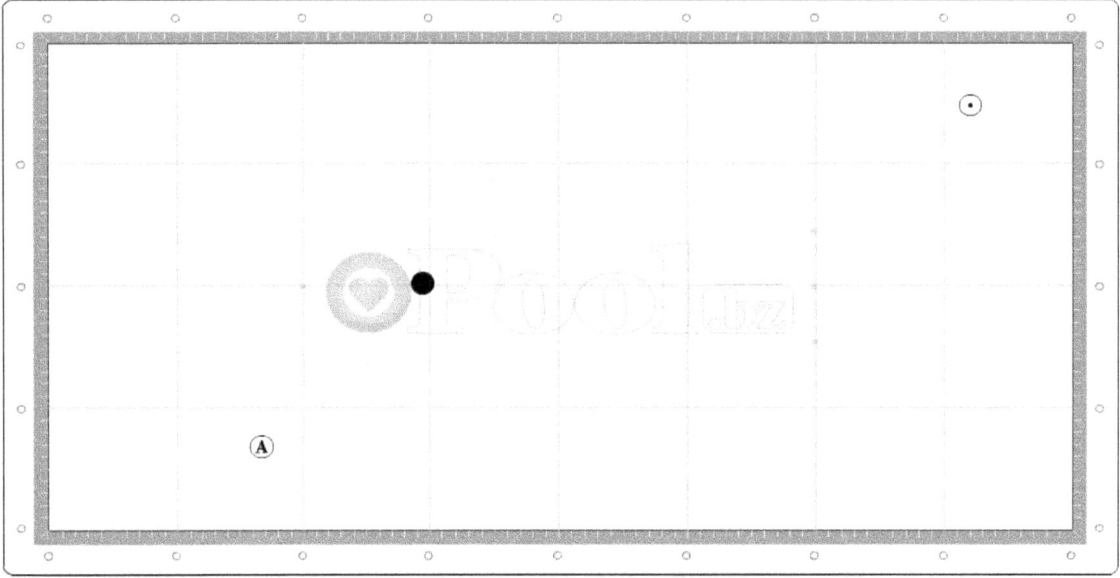

Noter og ideer:

Afspilning mønster

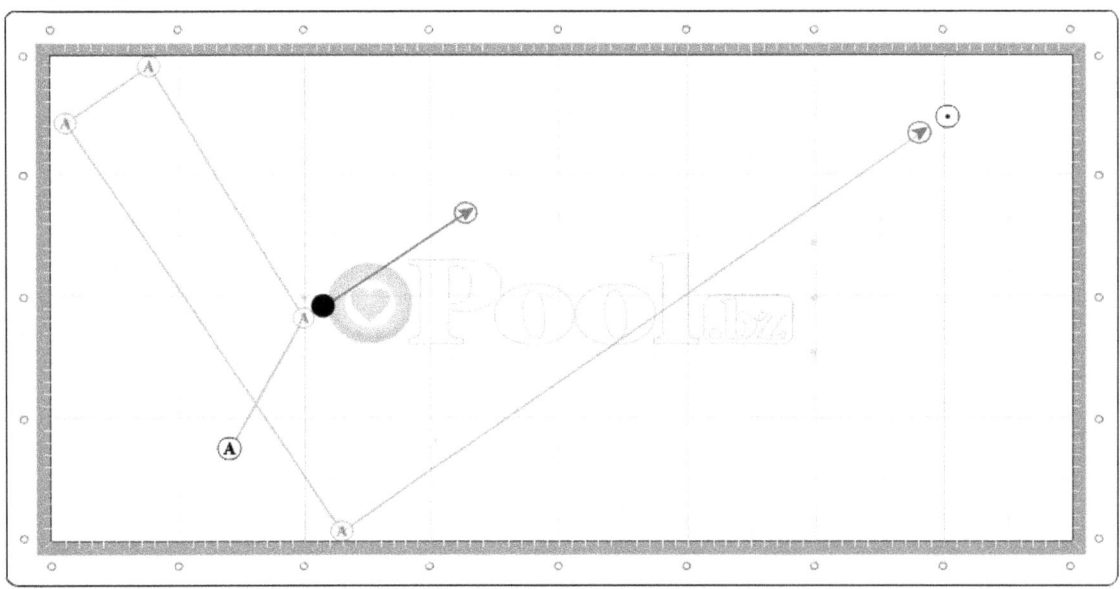

D:3d – Setup

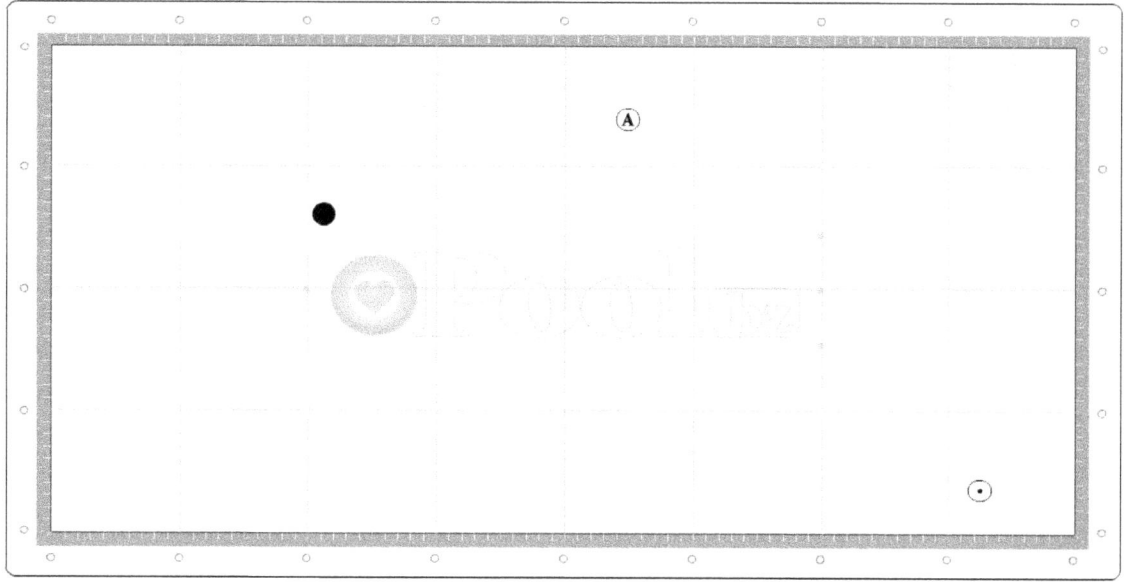

Noter og ideer:

Afspilning mønster

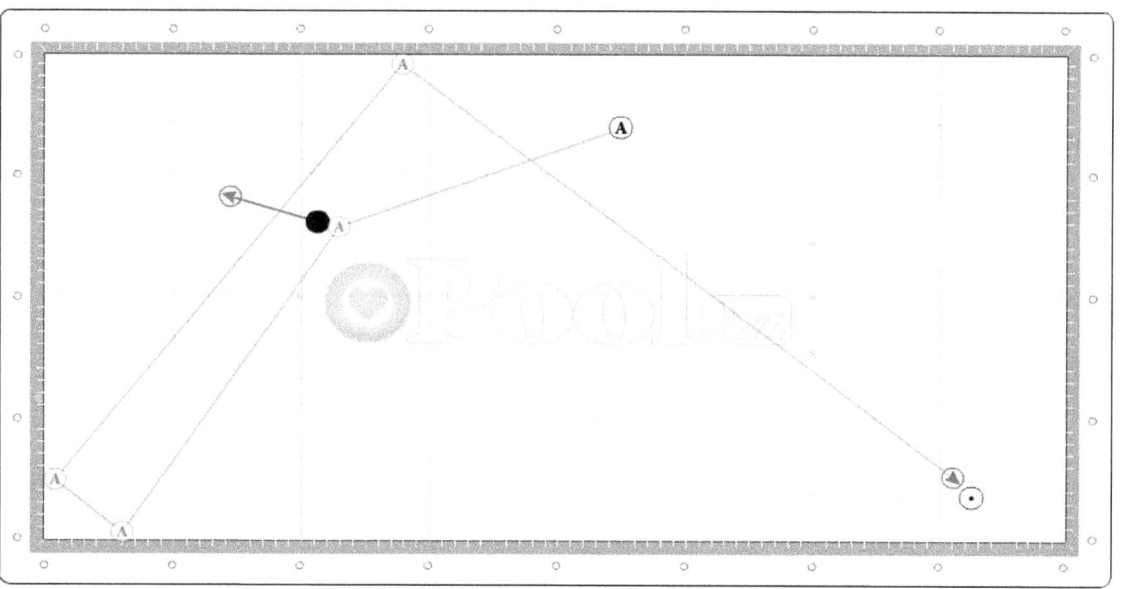

D: Gruppe 4

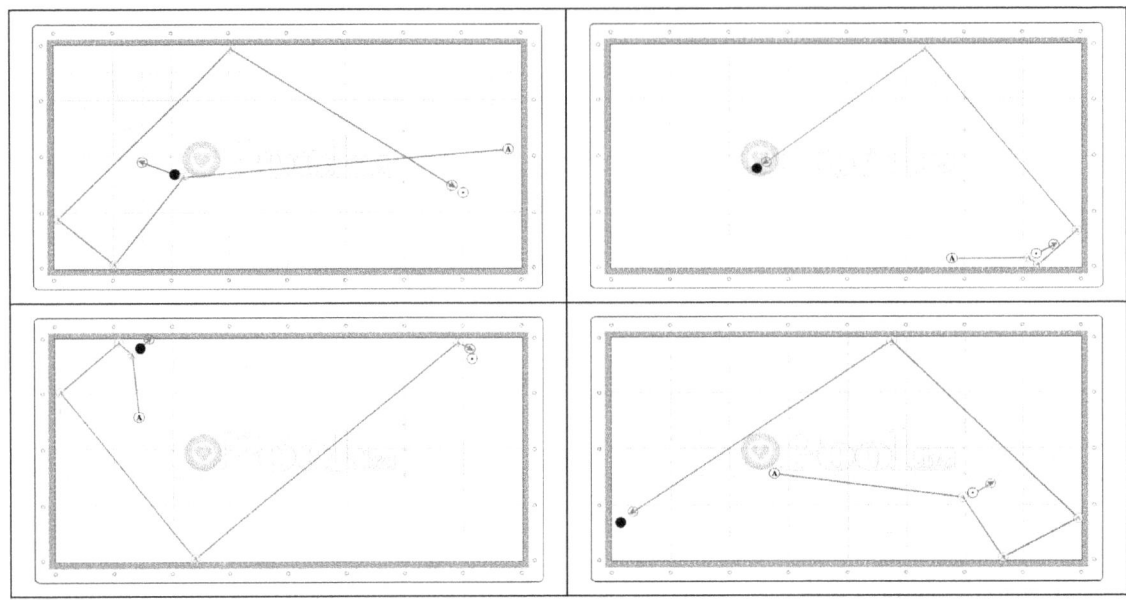

Analyse:

D:4a. _____

D:4b. _____

D:4c. _____

D:4d. _____

D:4a – Setup

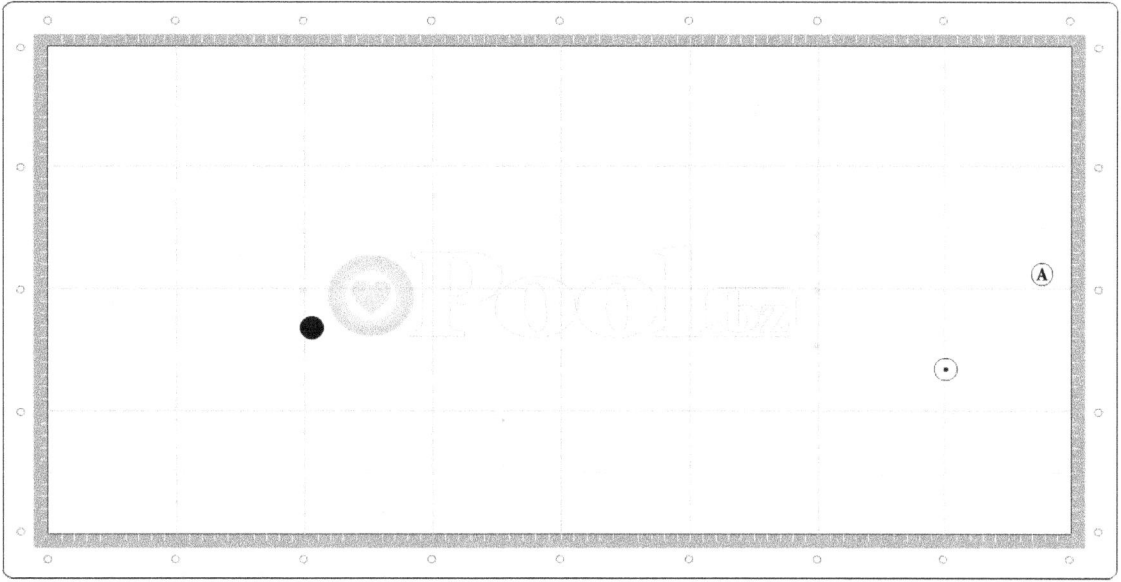

Noter og ideer:

Afspilning mønster

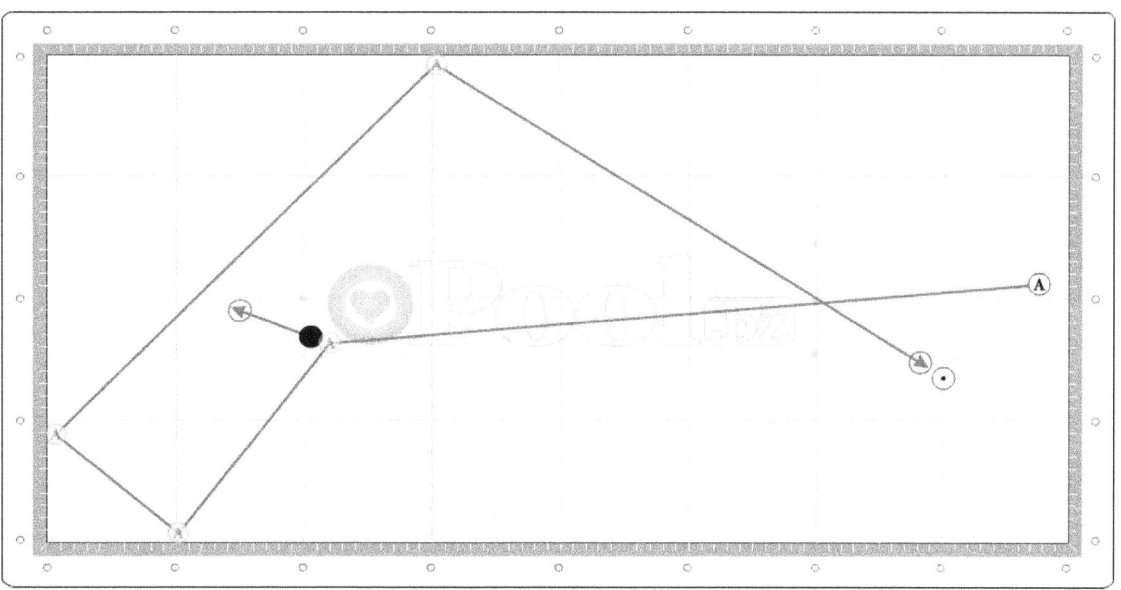

D:4b – Setup

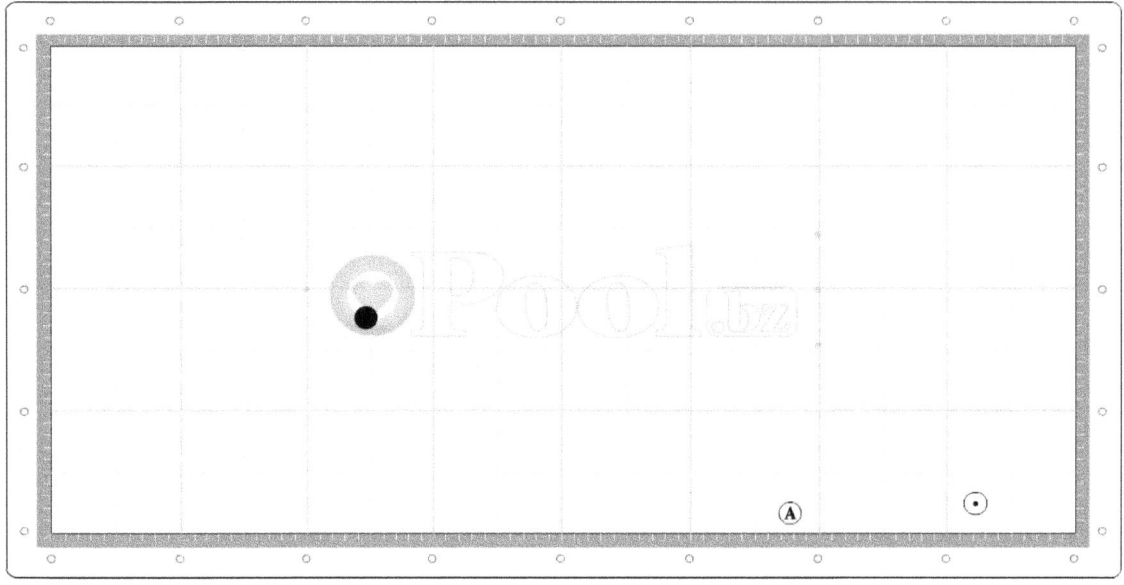

Noter og ideer:

Afspilning mønster

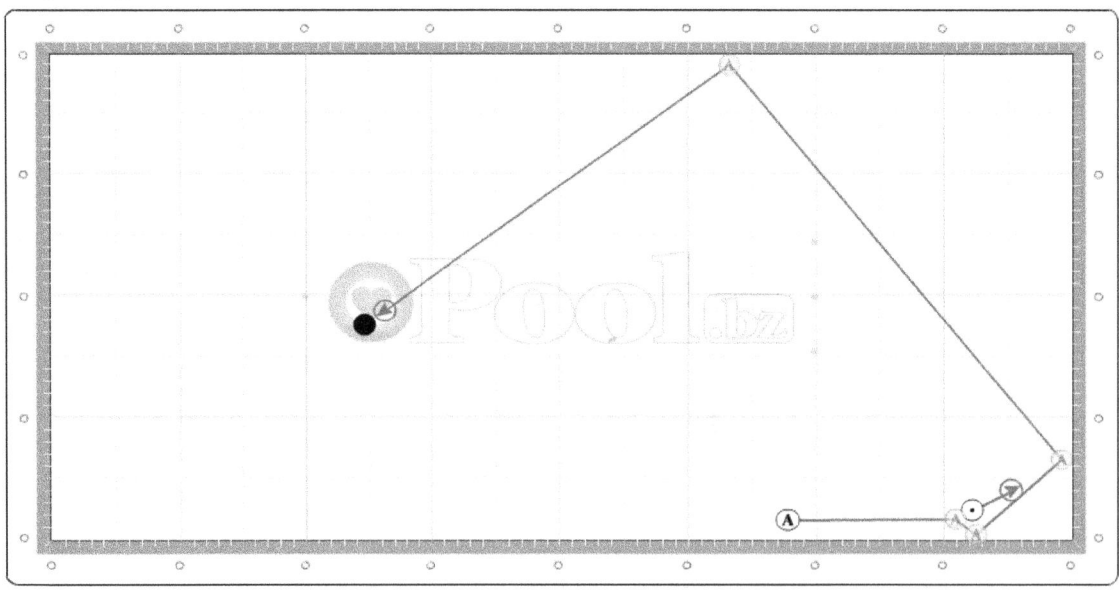

D:4c – Setup

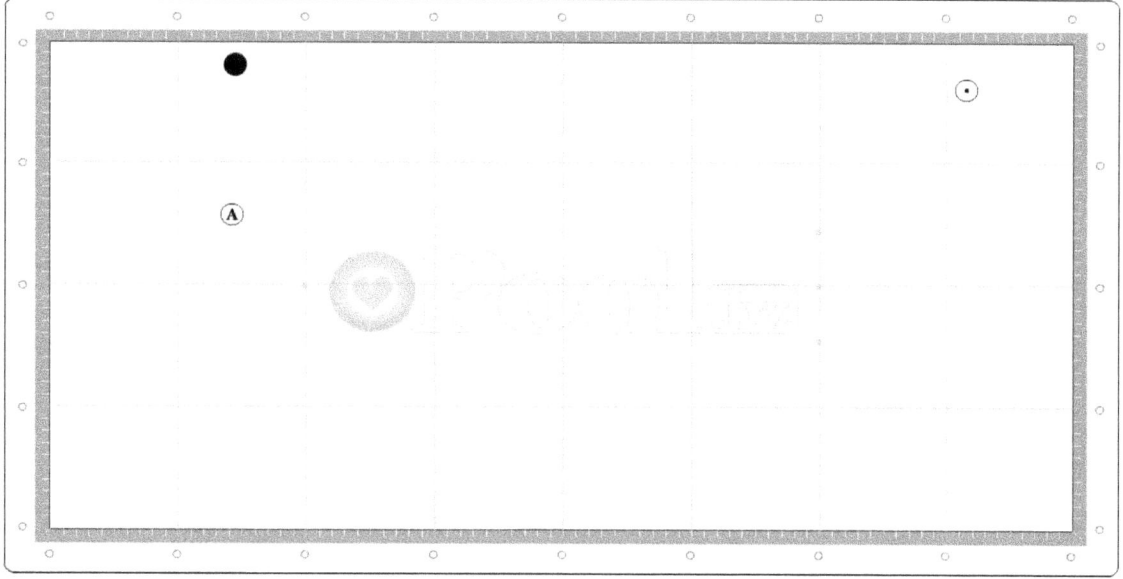

Noter og ideer:

Afspilning mønster

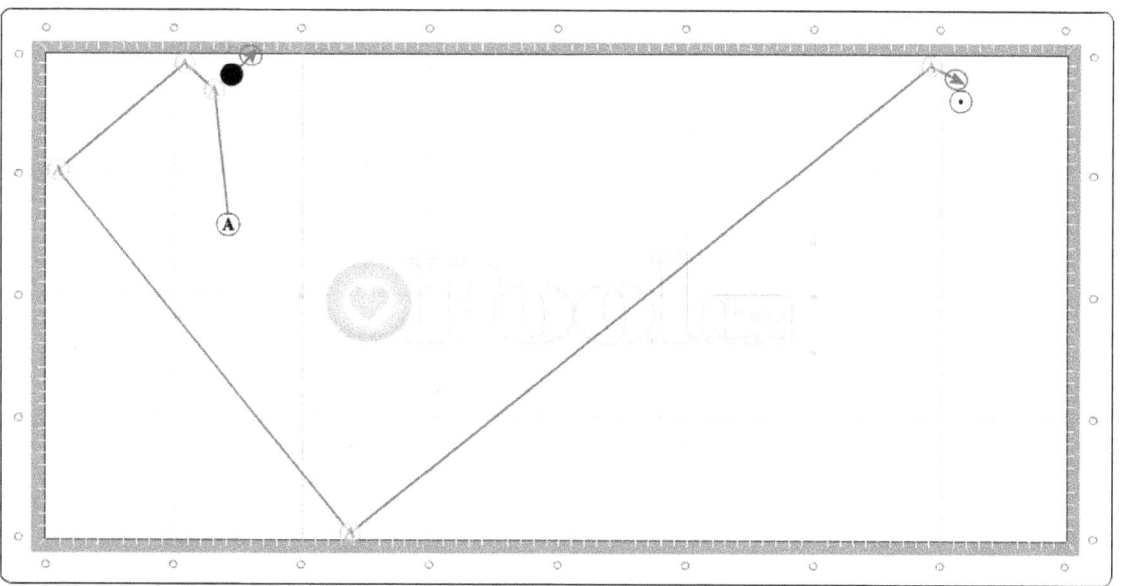

D:4d – Setup

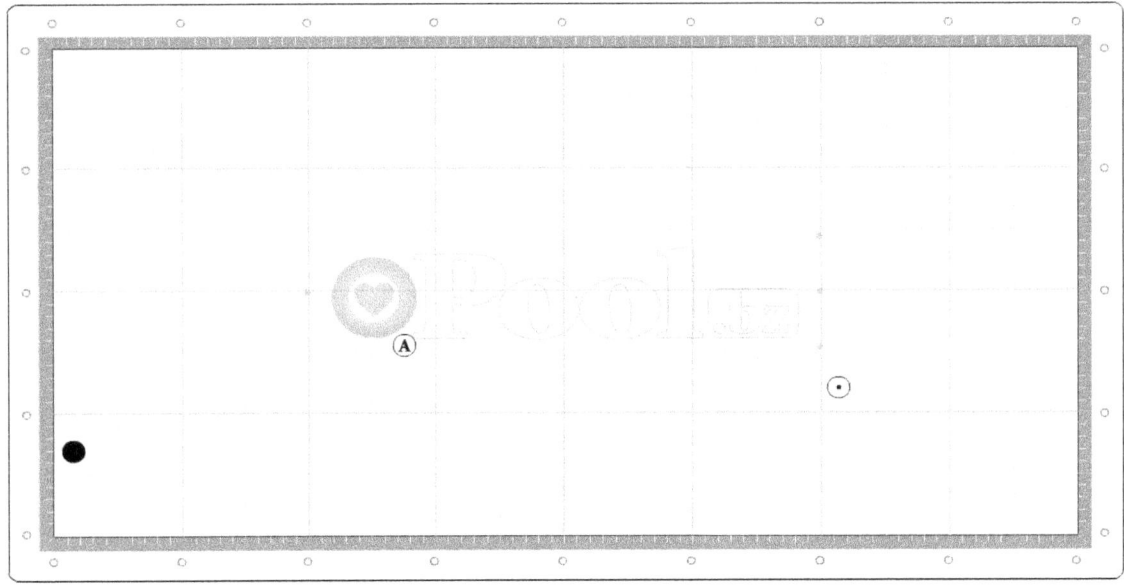

Noter og ideer:

Afspilning mønster

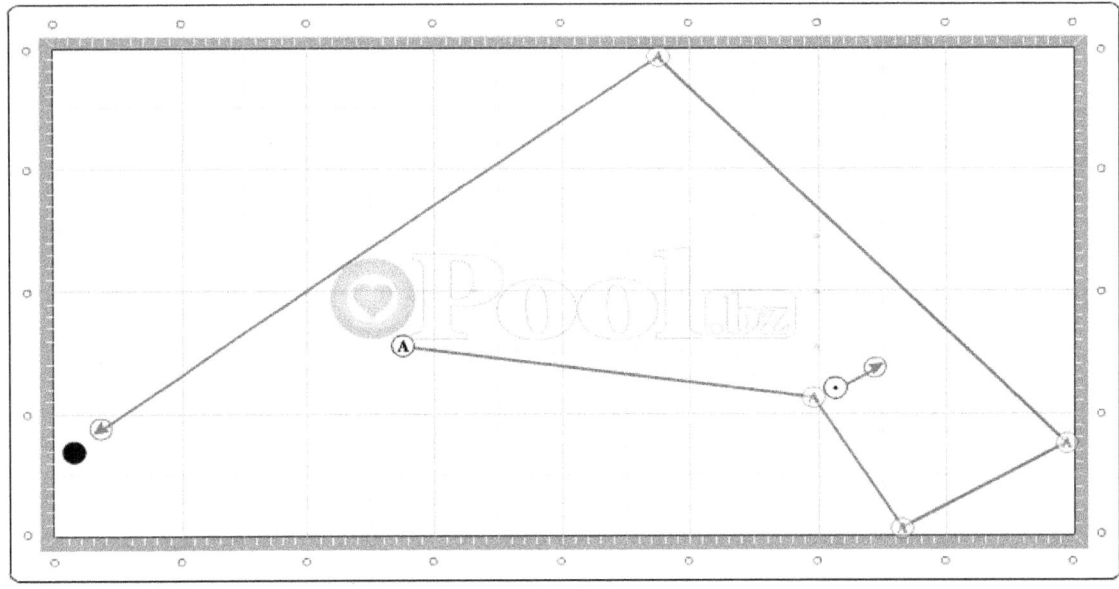

E: Udvidet hjørneregulering (lang bande)

Den (CB) befordrer en lang afstand til den første (OB). Derefter går (CB) ind i hjørnet, lang bande først. Den (CB) krydser bordet i midten af den lange bande. Endelig kontakter (CB) den anden (OB).

Ⓐ (CB) (din billardkugle) – ⊙ (OB) (modstander billardkugle) – ● (OB) (rød billardkugle)

E: Gruppe 1

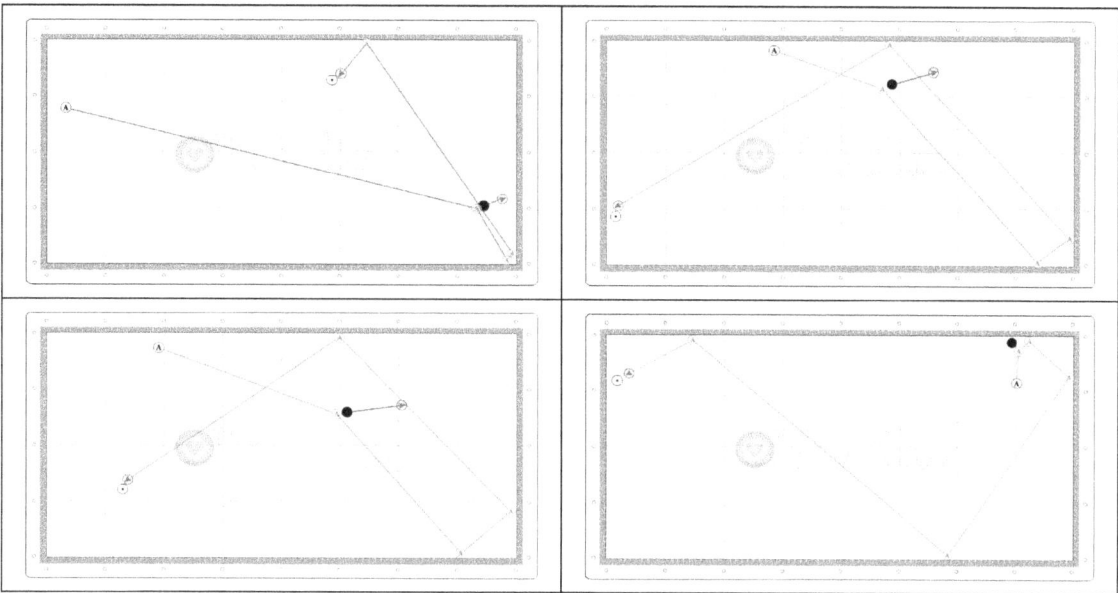

Analyse:

E:1a. _____

E:1b. _____

E:1c. _____

E:1d. _____

E:1a – Setup

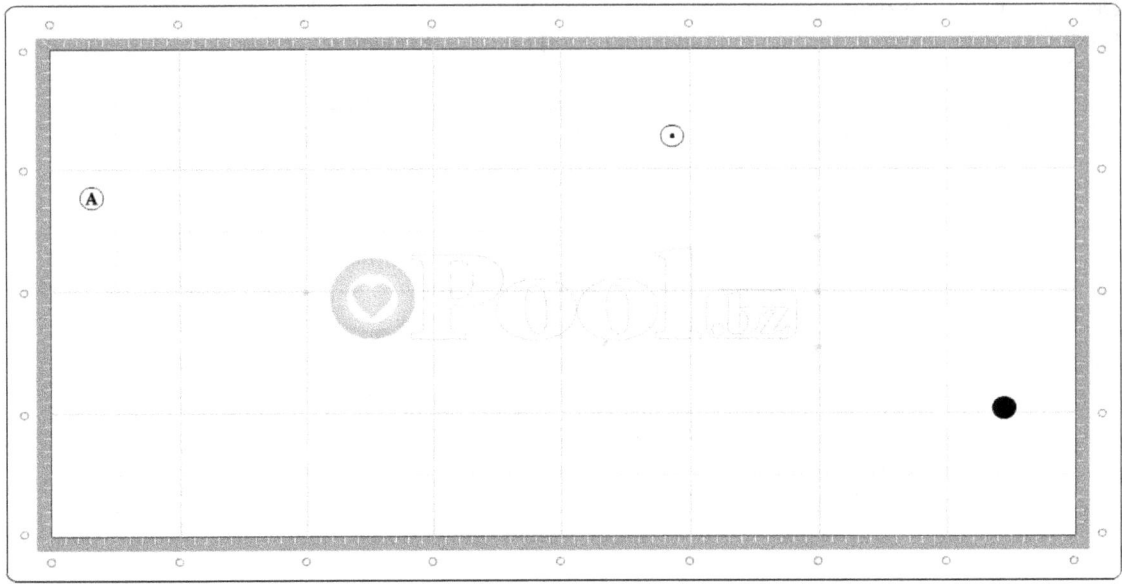

Noter og ideer:

Afspilning mønster

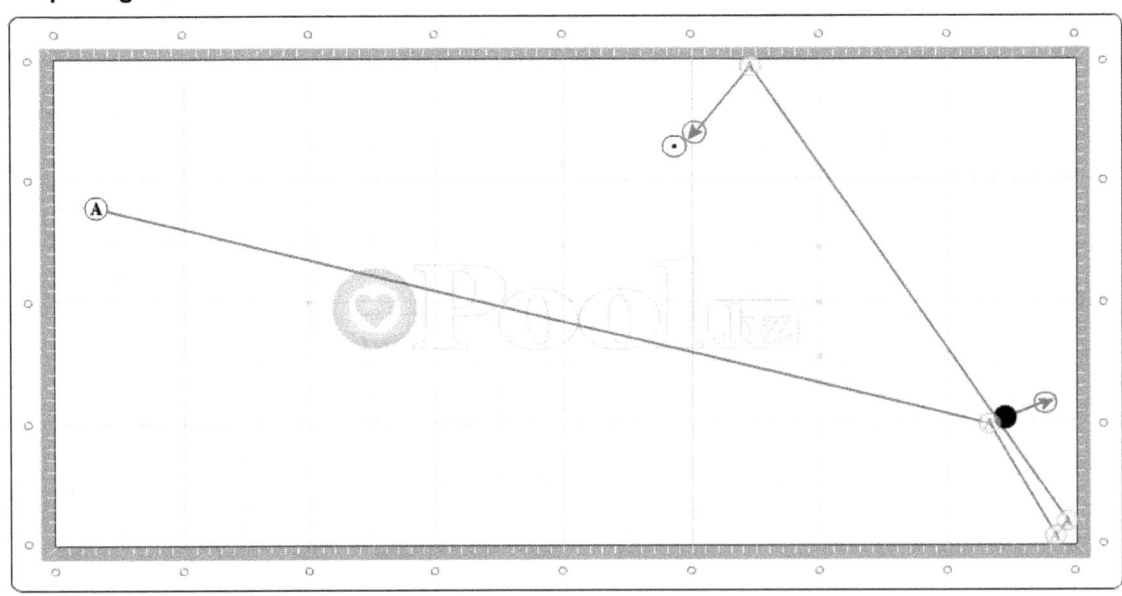

E:1b – Setup

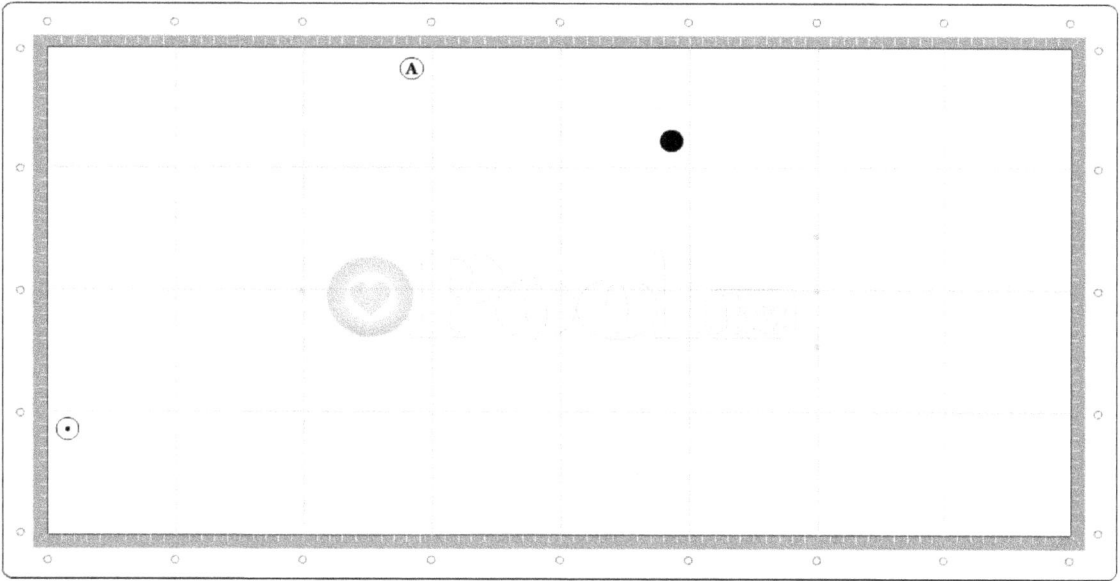

Noter og ideer:

Afspilning mønster

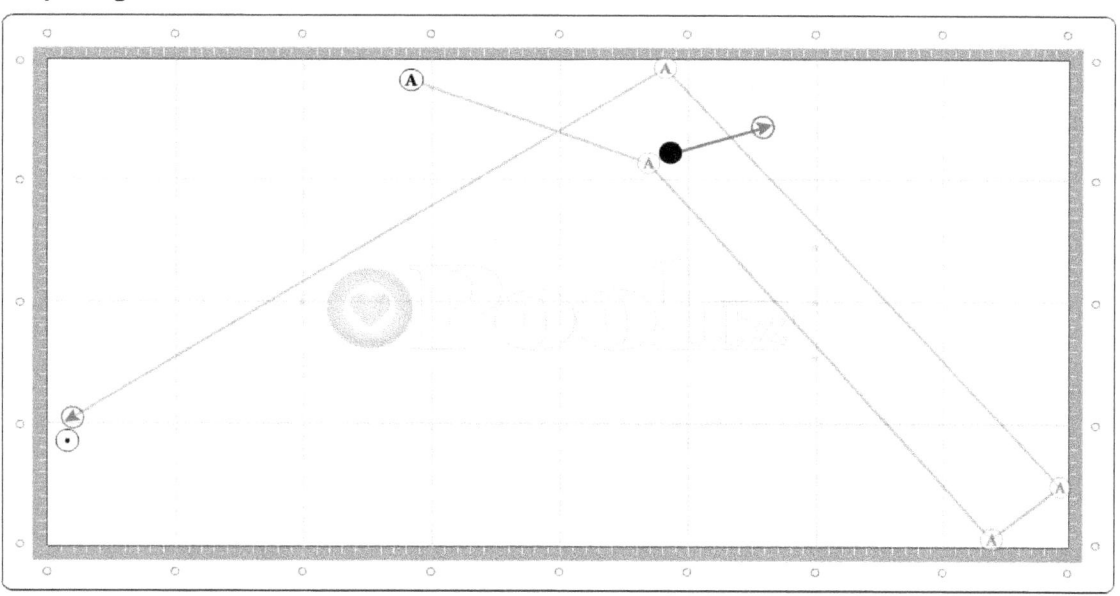

E:1c – Setup

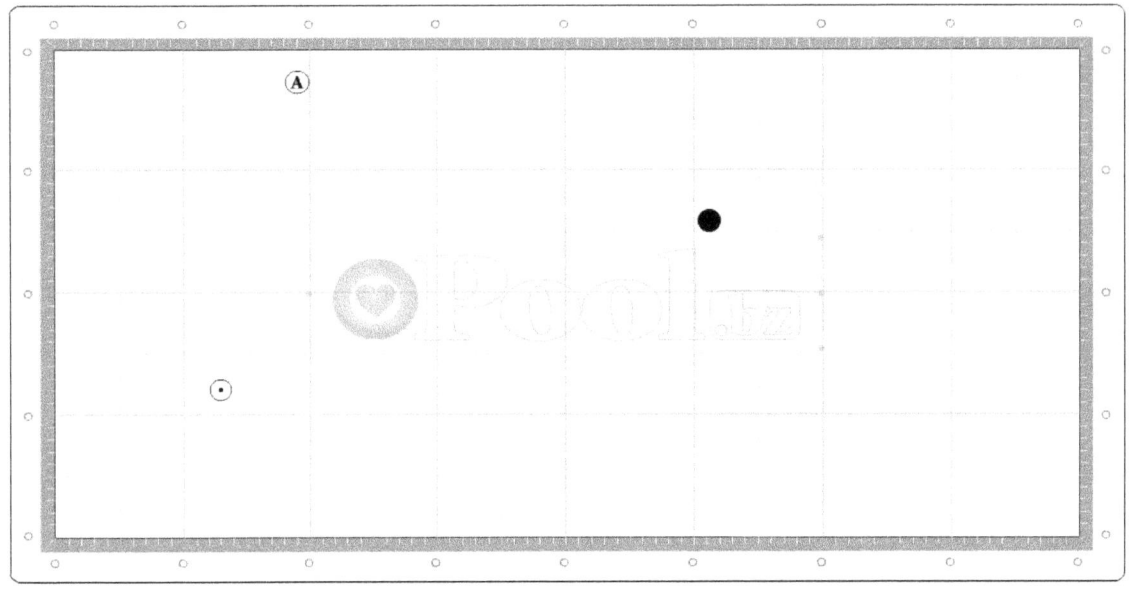

Noter og ideer:

Afspilning mønster

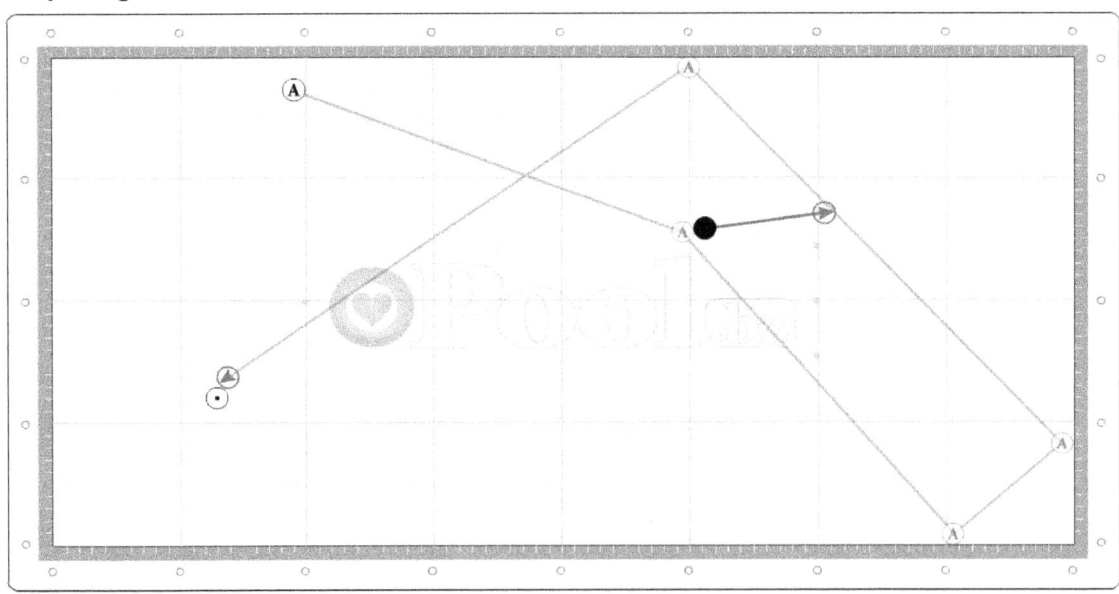

E:1d – Setup

Noter og ideer:

Afspilning mønster

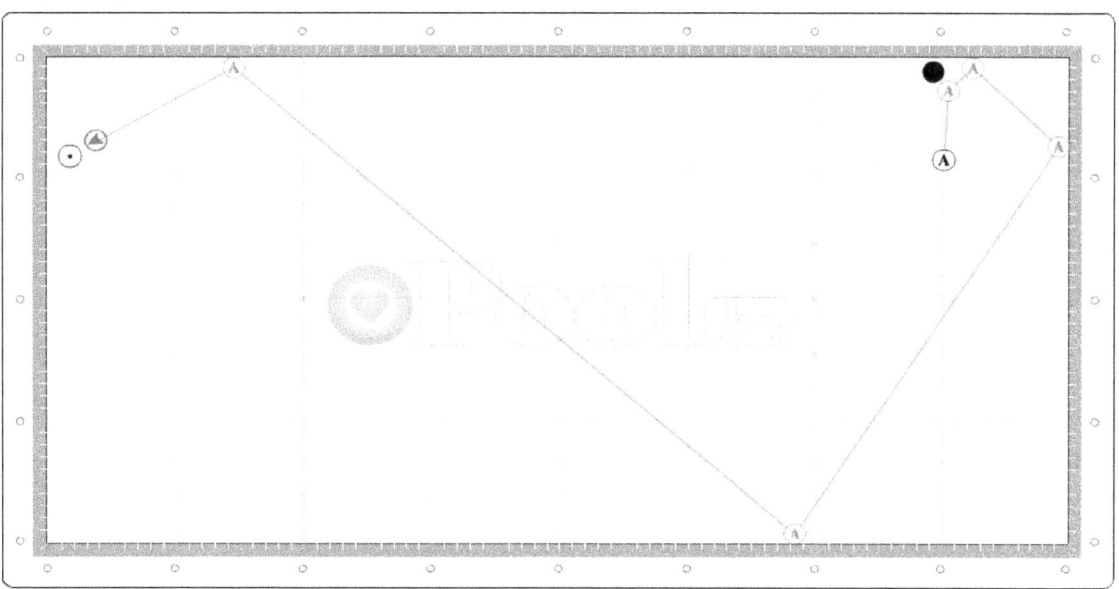

E: Gruppe 2

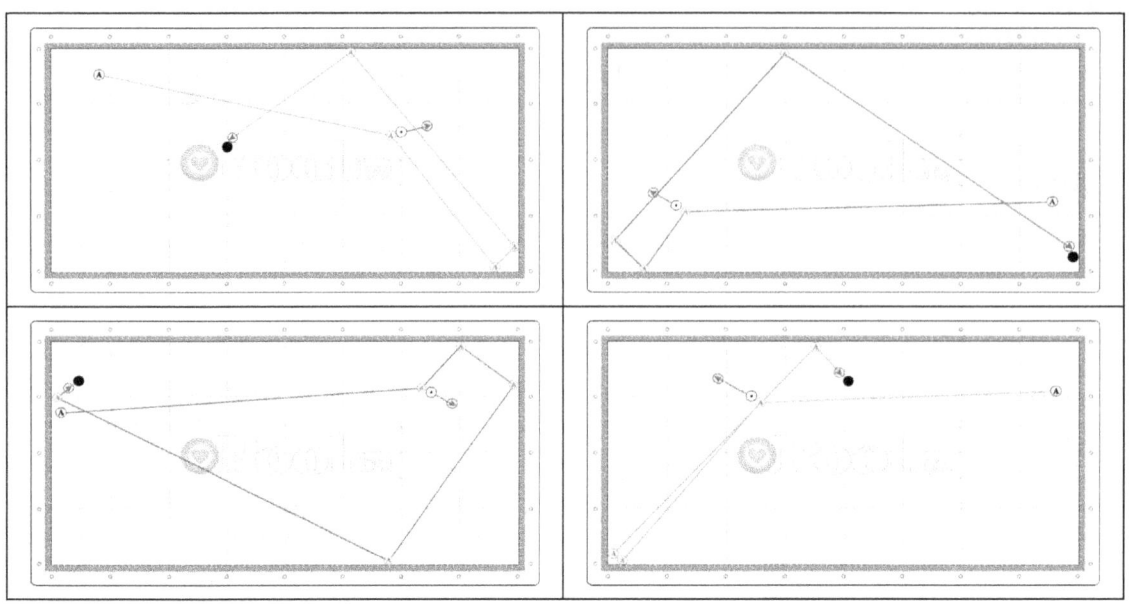

Analyse:

E:2a. _____

E:2b. _____

E:2c. _____

E:2d. _____

E:2a – Setup

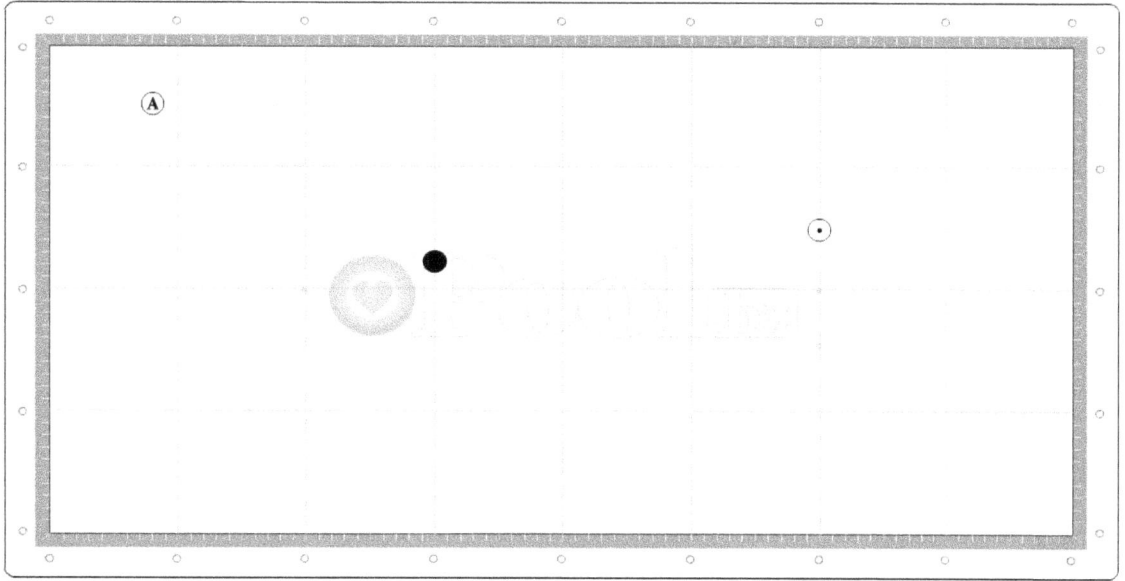

Noter og ideer:

Afspilning mønster

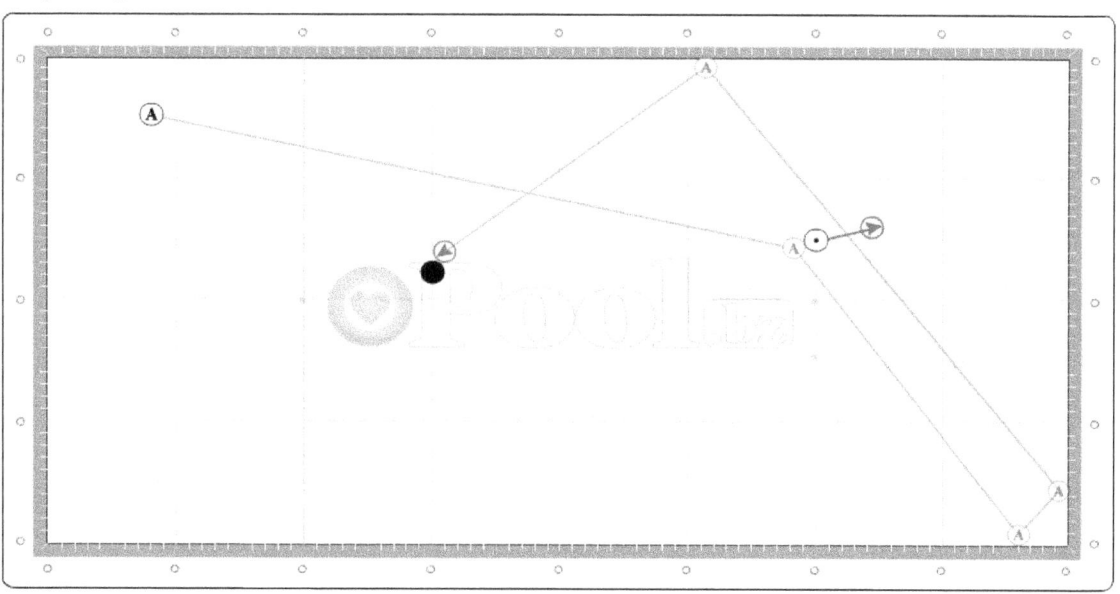

E:2b – Setup

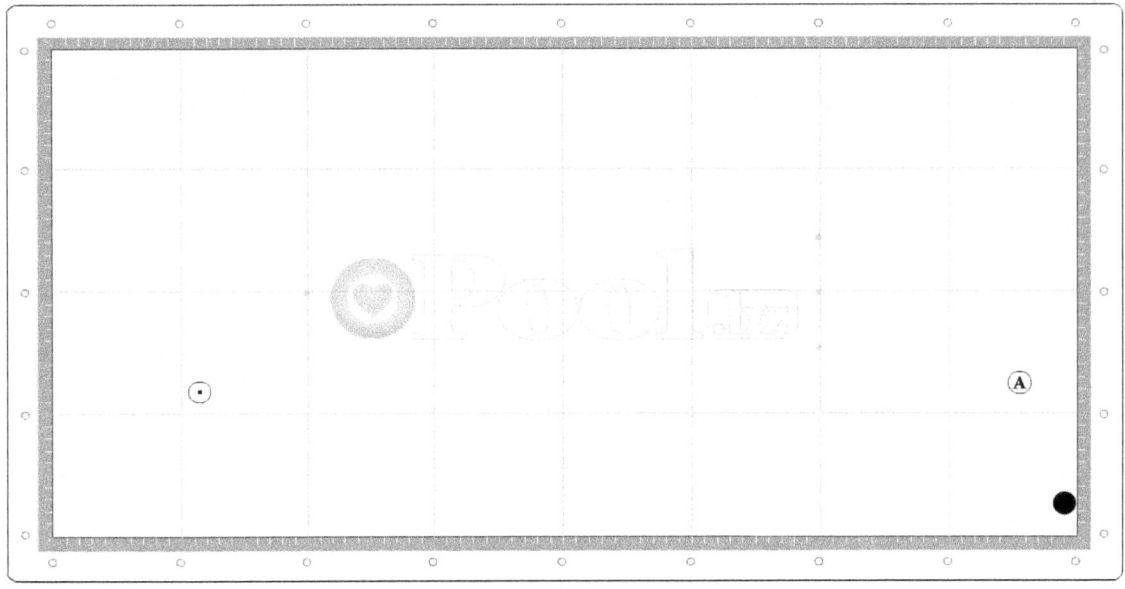

Noter og ideer:

Afspilning mønster

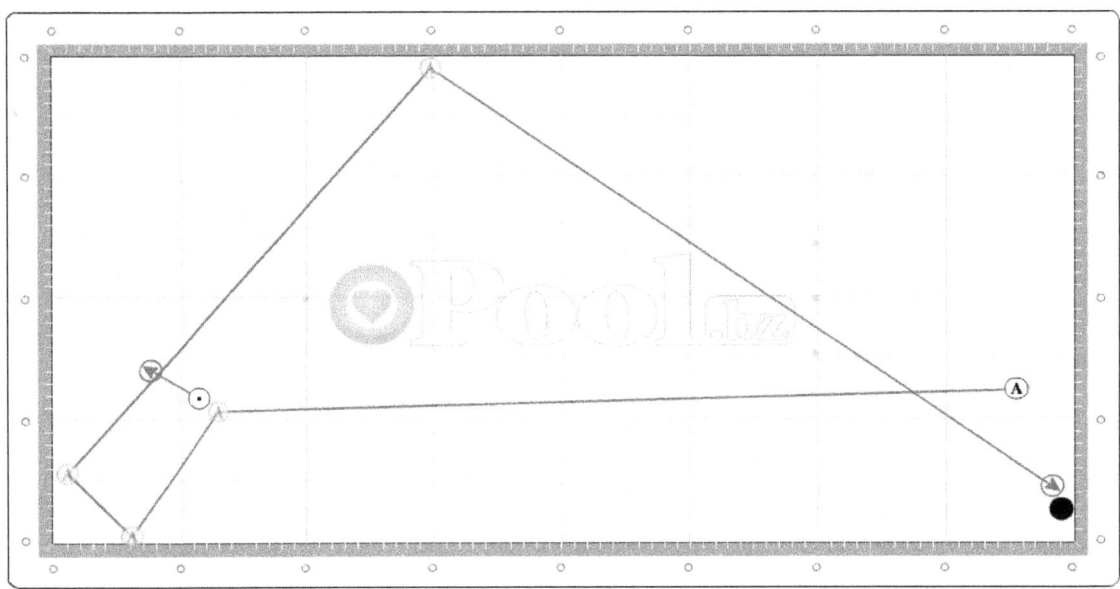

E:2c – Setup

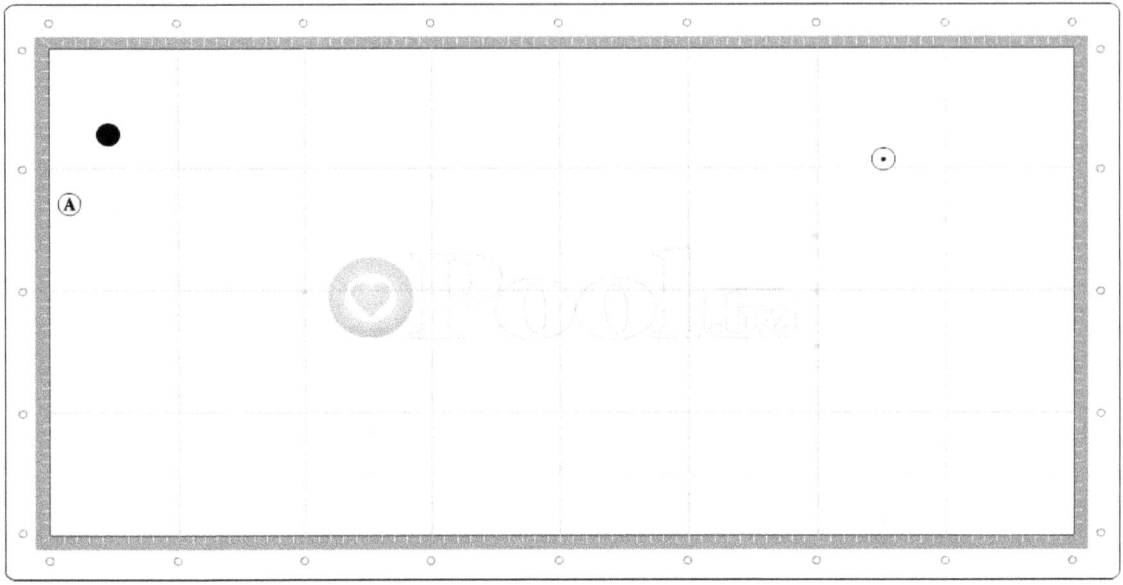

Noter og ideer:

Afspilning mønster

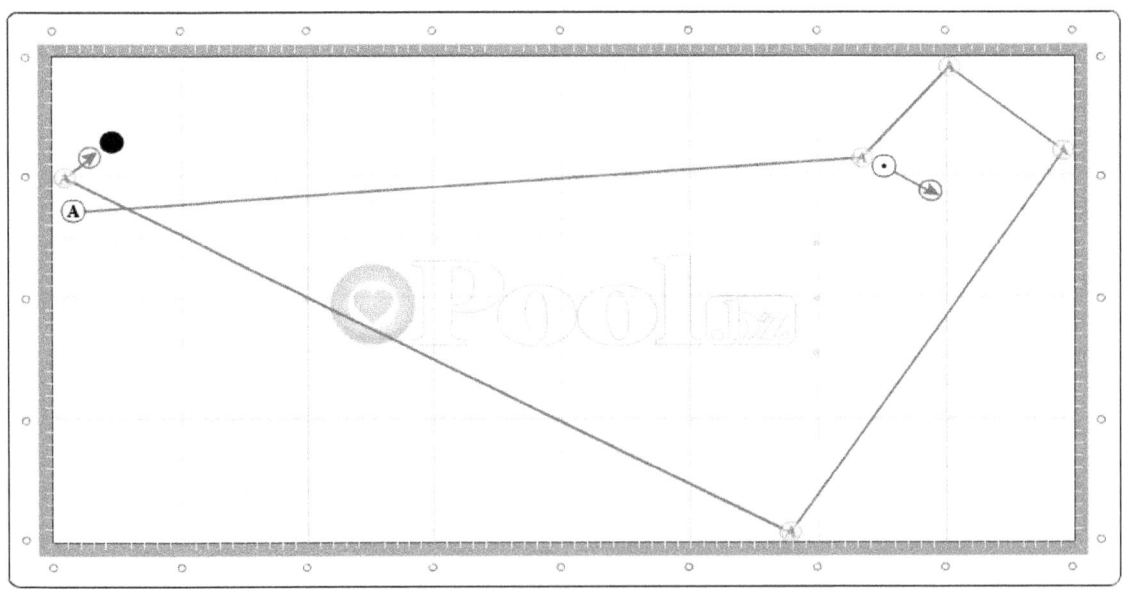

E:2d – Setup

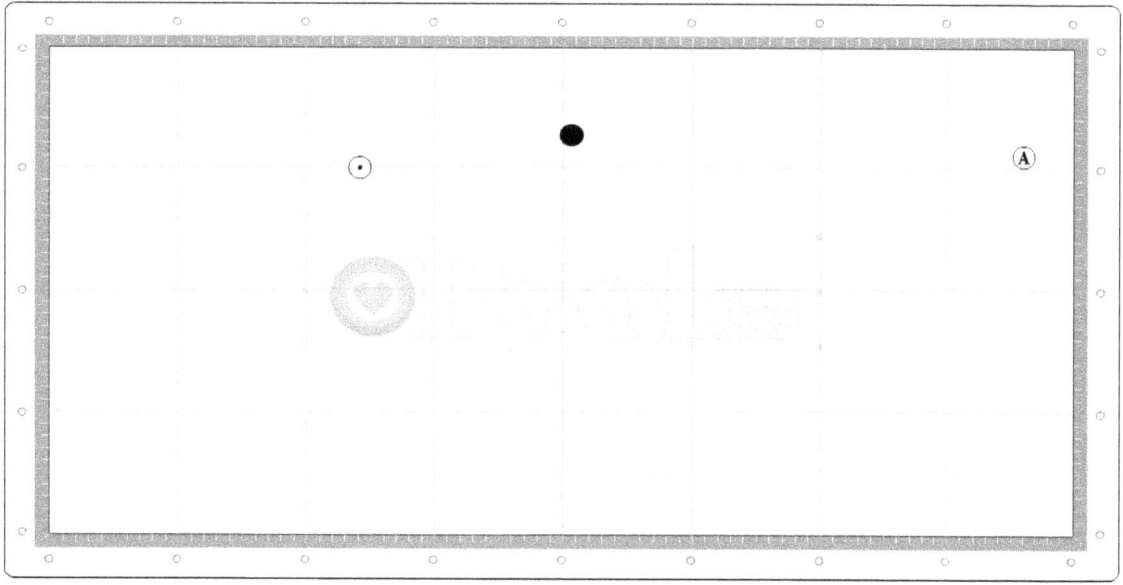

Noter og ideer:

Afspilning mønster

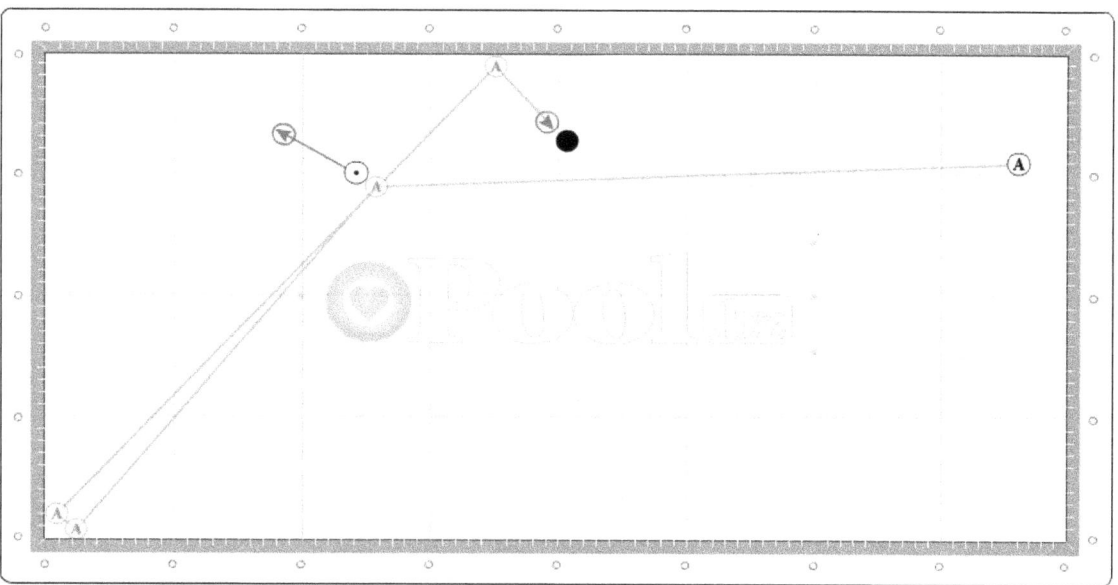

E: Gruppe 3

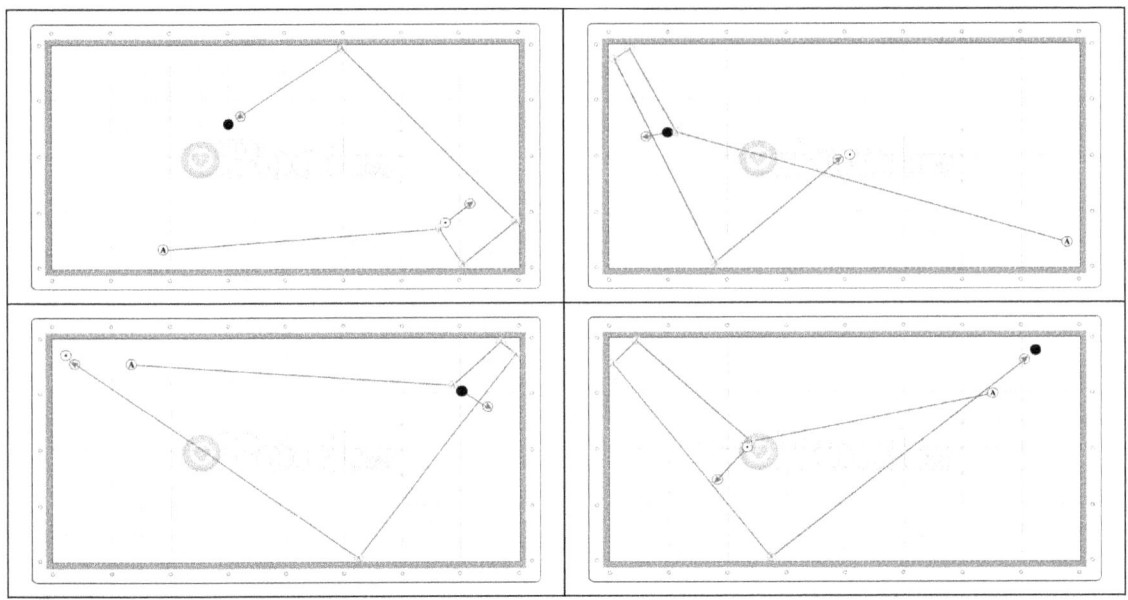

Analyse:

E:3a. _____

E:3b. _____

E:3c. _____

E:3d. _____

E:3a – Setup

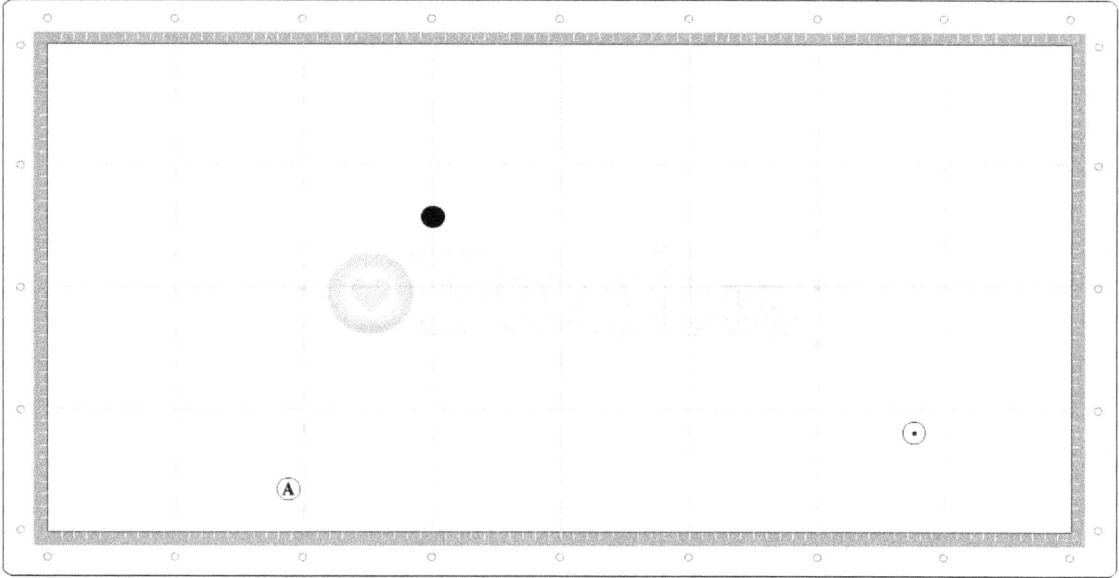

Noter og ideer:

Afspilning mønster

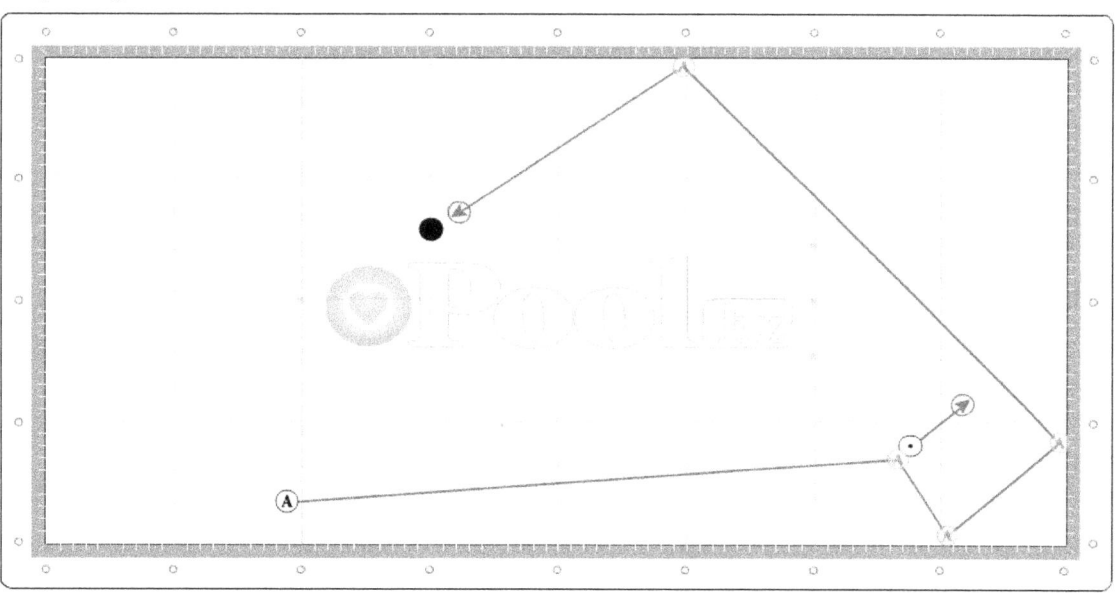

E:3b – Setup

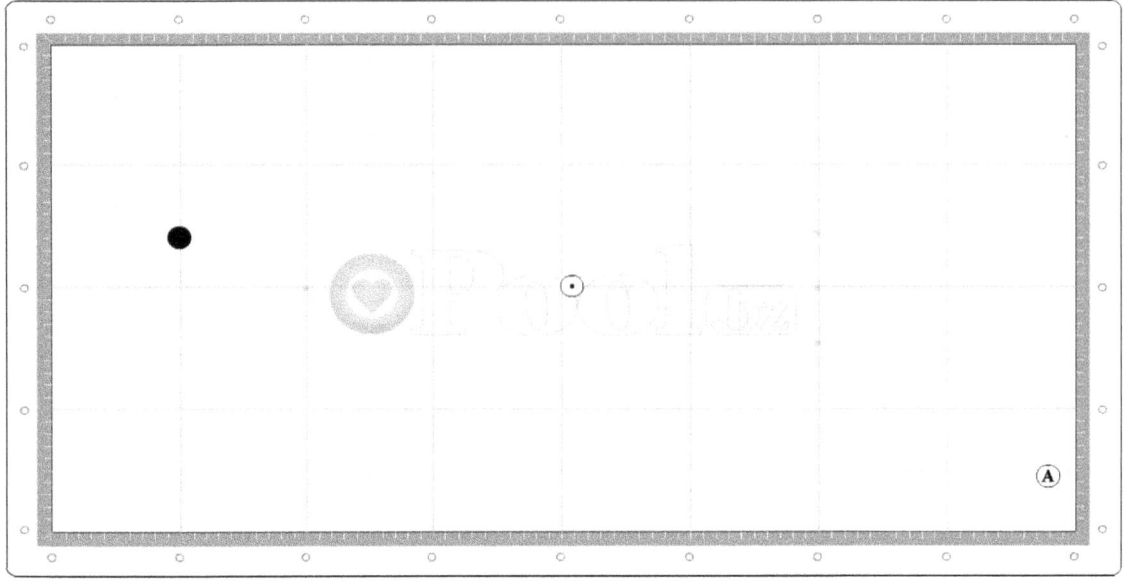

Noter og ideer:

Afspilning mønster

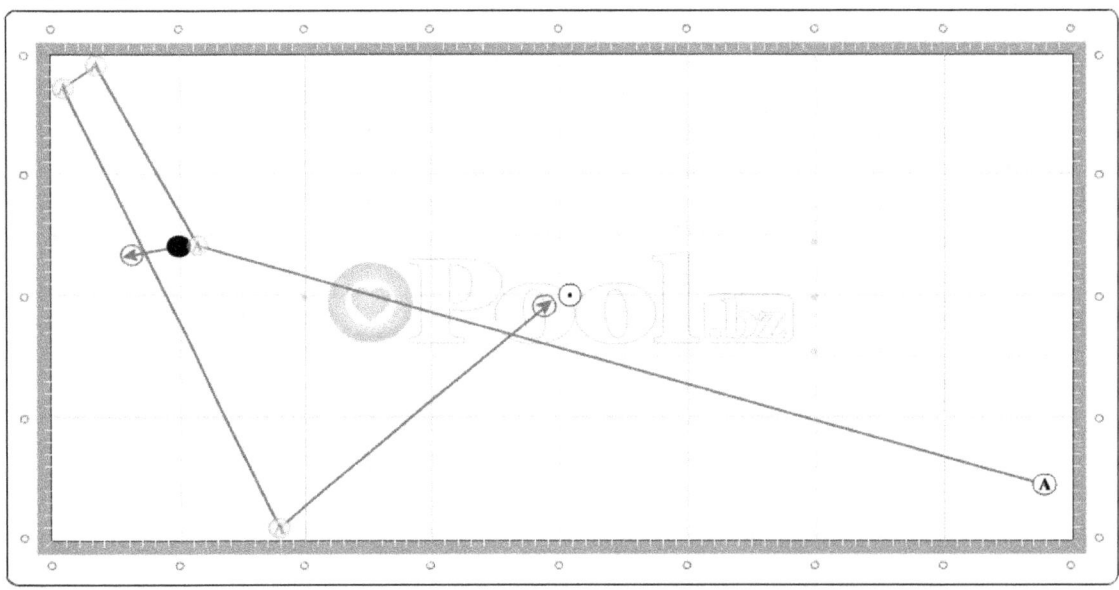

E:3c – Setup

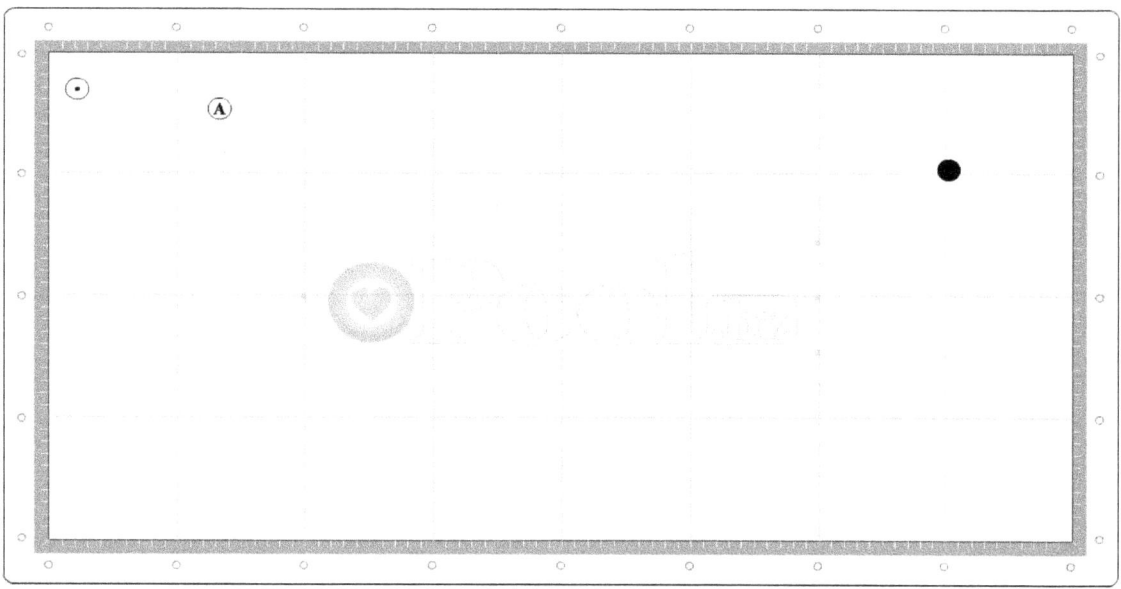

Noter og ideer:

Afspilning mønster

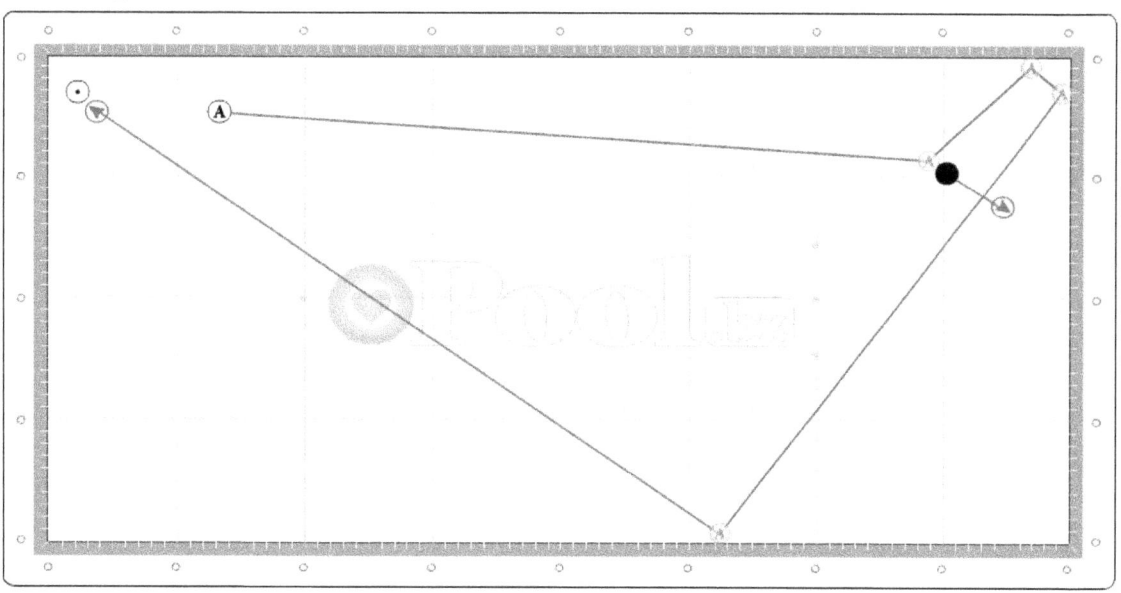

E:3d – Setup

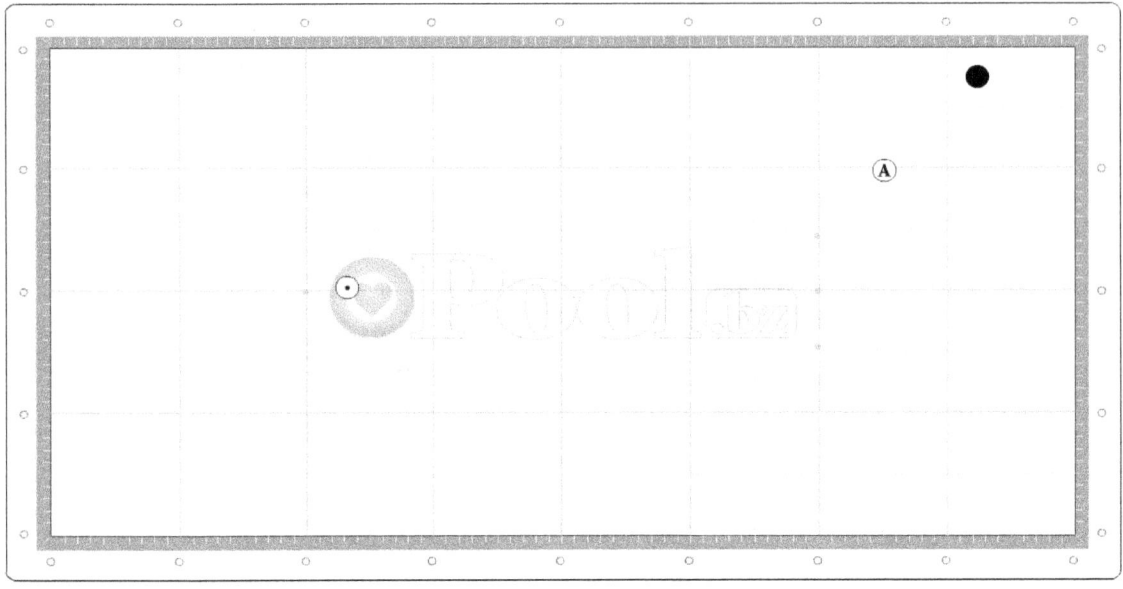

Noter og ideer:

Afspilning mønster

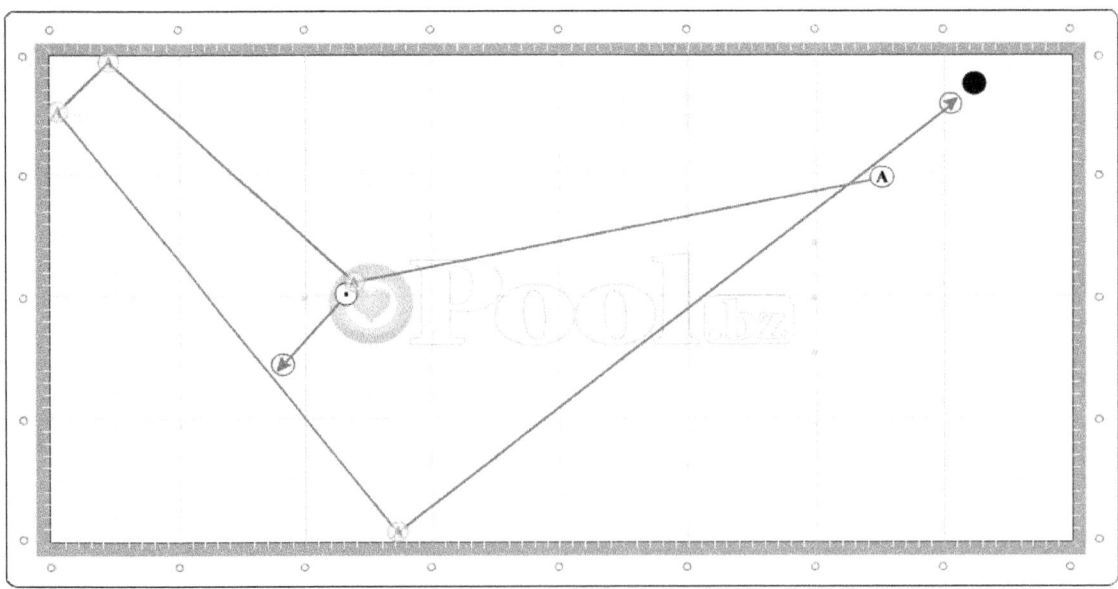

F: Lavvinklet ben, ned ad bakken

Den (CB) kontakter den første (OB), og går derefter ind i hjørnet, lang bande først. Den (CB) kommer ud til midten af den modsatte lange bande. Den (CB) kommer ud på en lavvinkel og kontakter den anden (OB).

Ⓐ (CB) (din billardkugle) – ⊙ (OB) (modstander billardkugle) – ● (OB) (rød billardkugle)

F: Gruppe 1

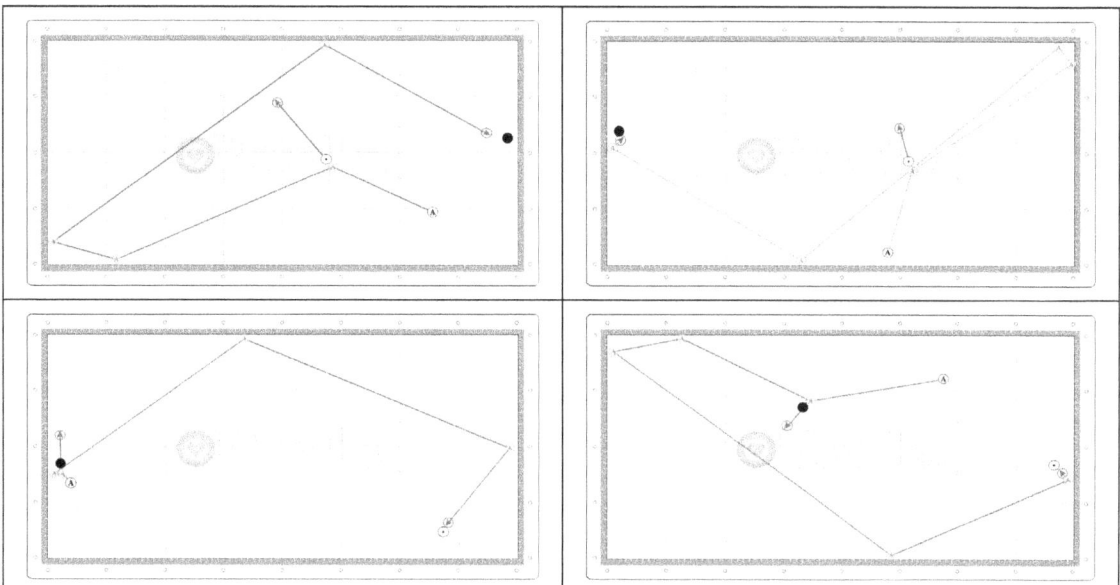

Analyse:

F:1a. _____

F:1b. _____

F:1c. _____

F:1d. _____

F:1a – Setup

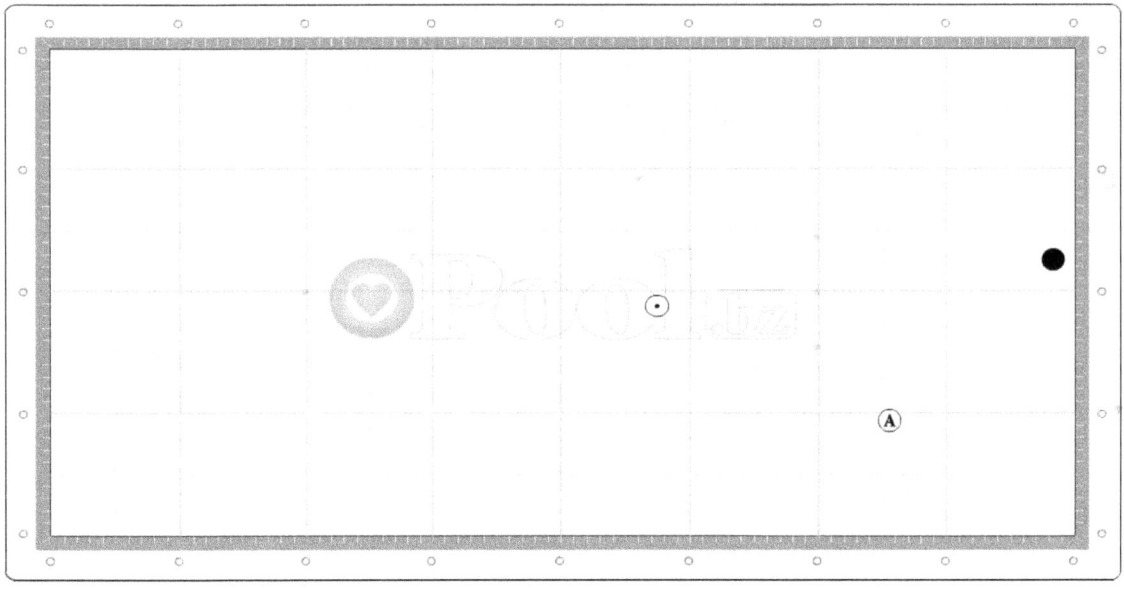

Noter og ideer:

Afspilning mønster

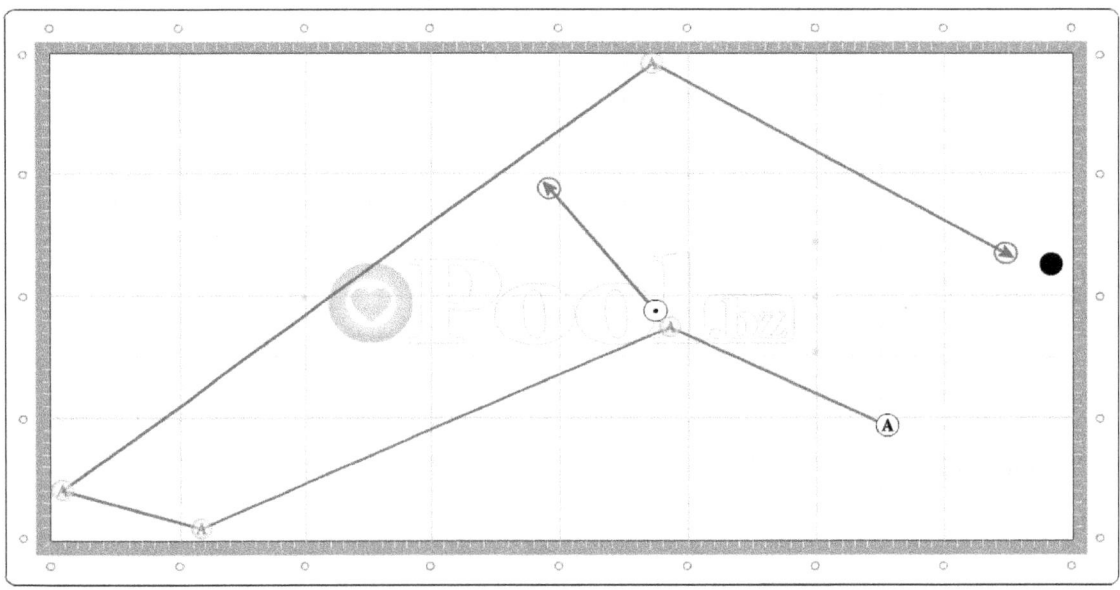

F:1b – Setup

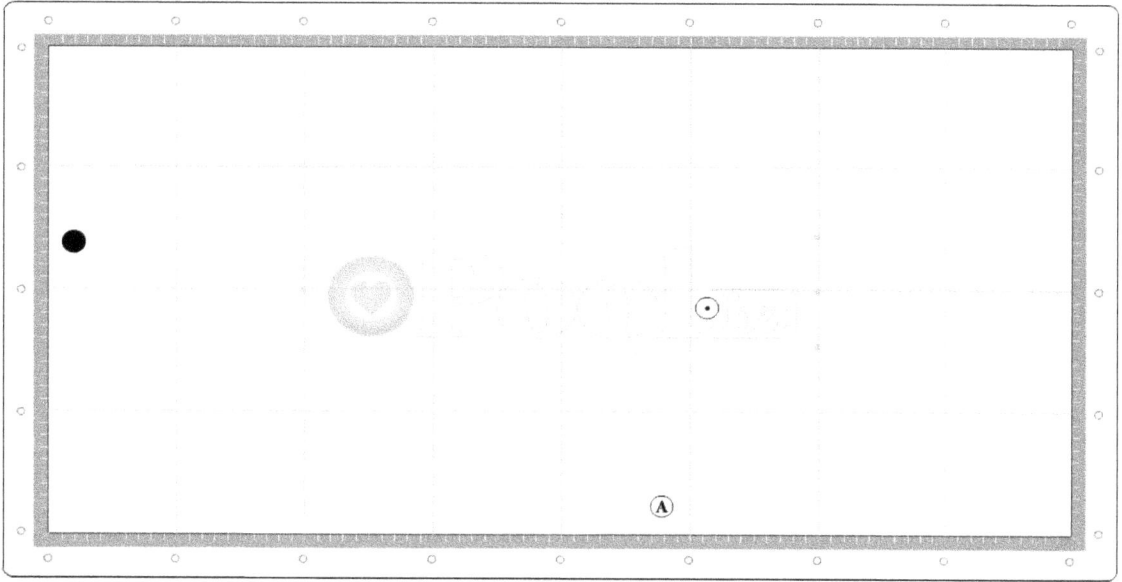

Noter og ideer:

Afspilning mønster

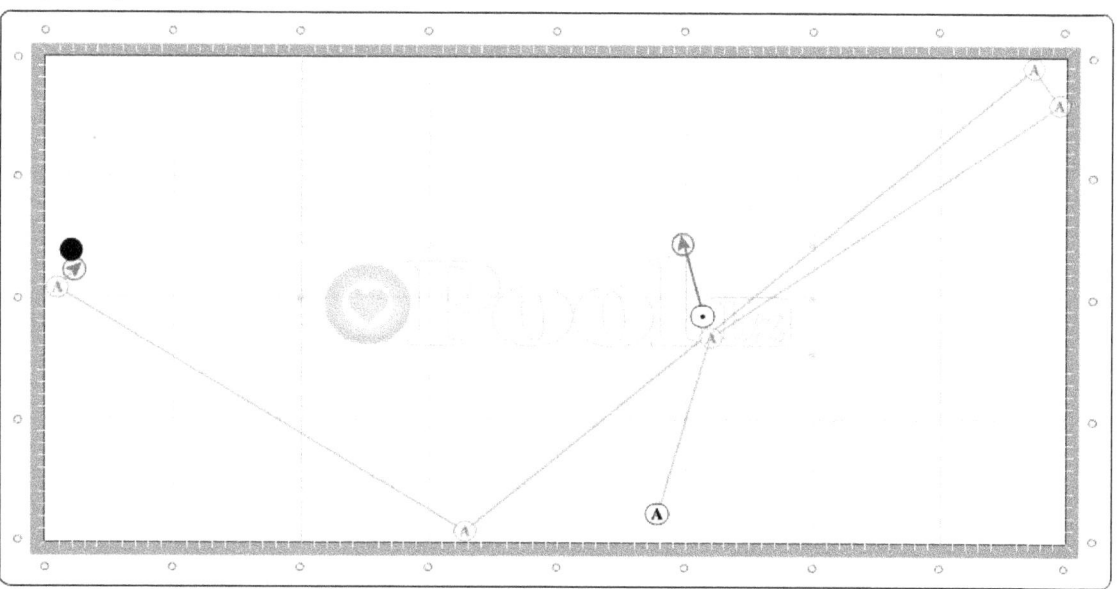

F:1c – Setup

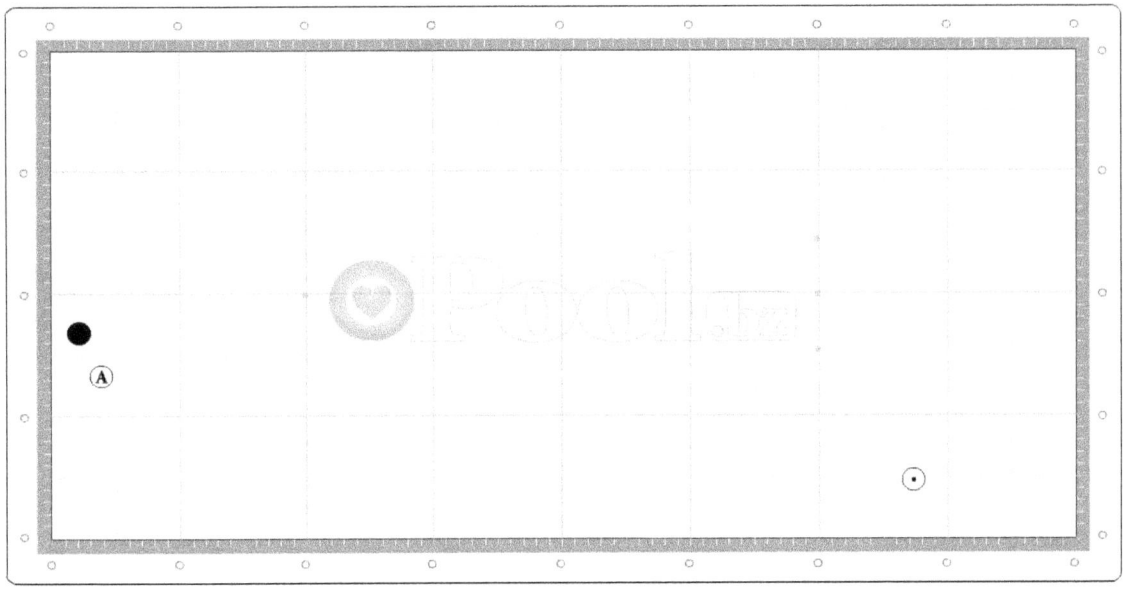

Noter og ideer:

Afspilning mønster

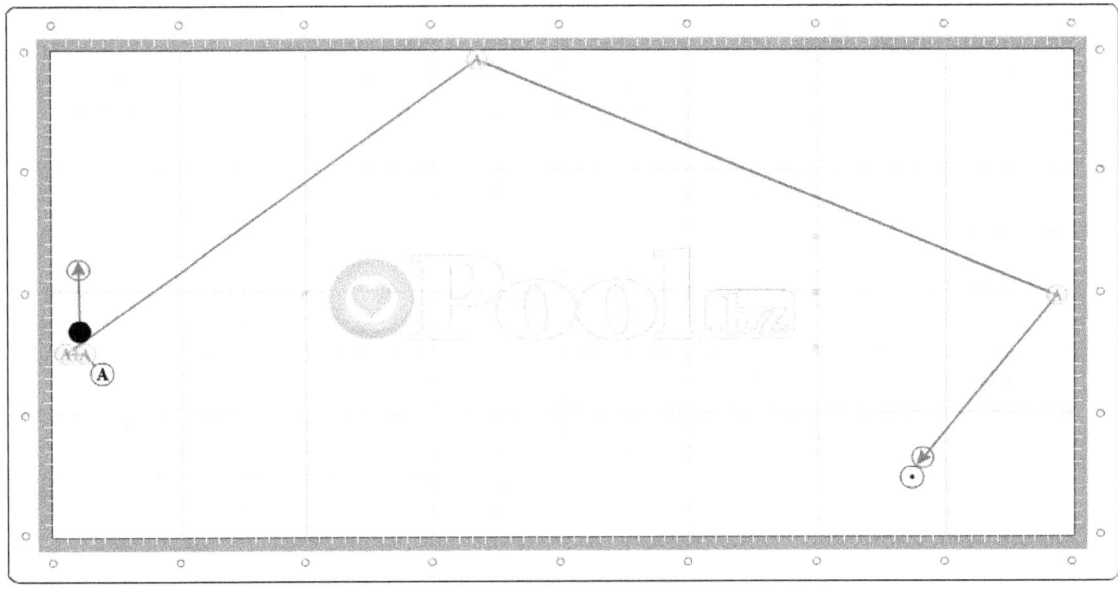

F:1d – Setup

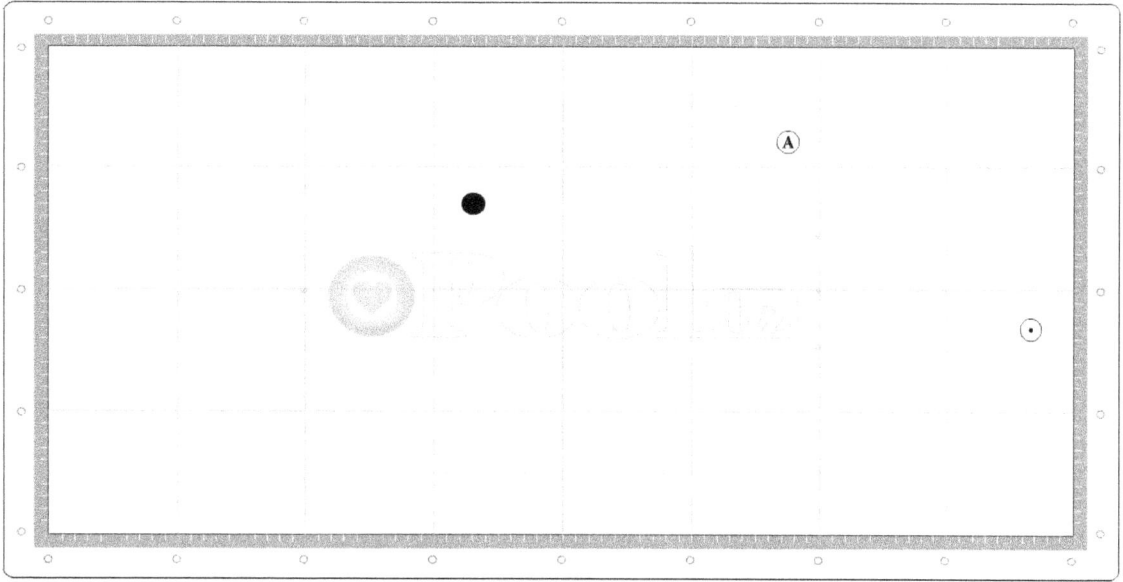

Noter og ideer:

Afspilning mønster

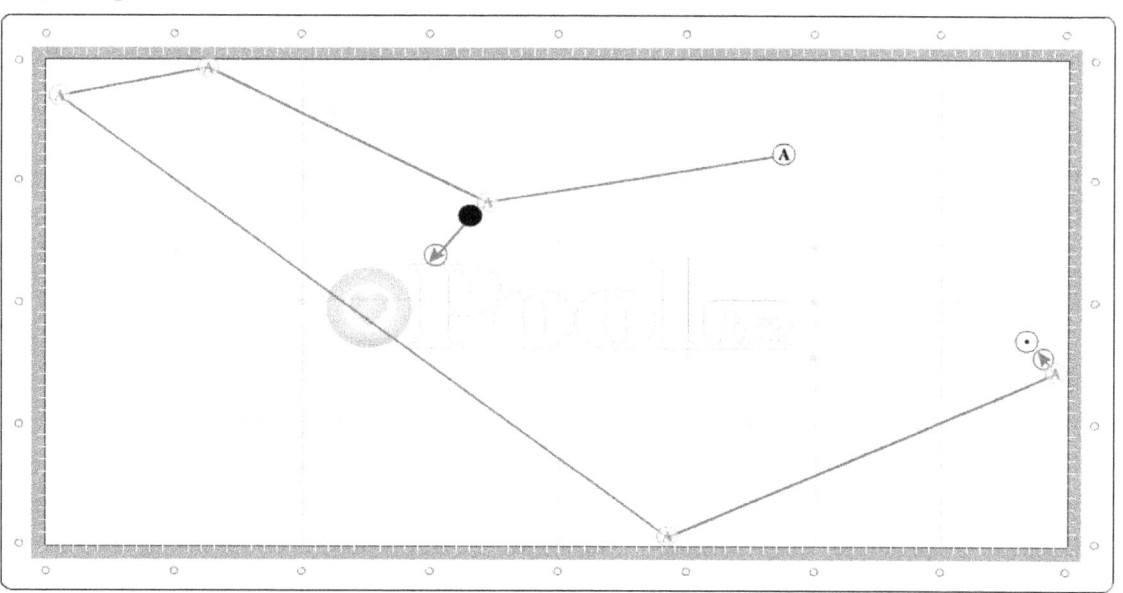

F: Gruppe 2

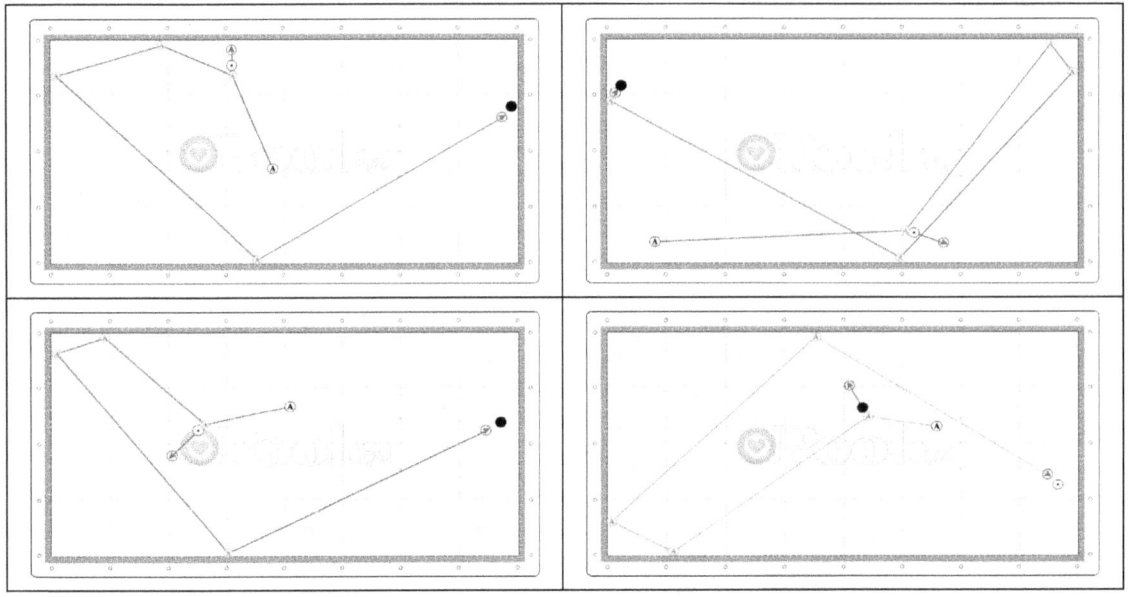

Analyse:

F:2a. _____

F:2b. _____

F:2c. _____

F:2d. _____

F:2a – Setup

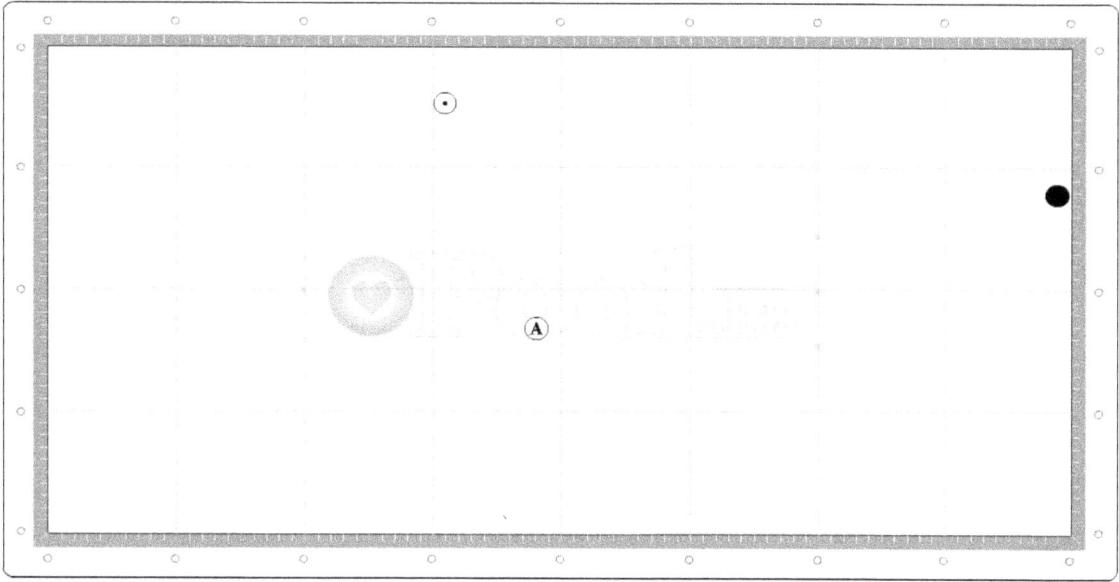

Noter og ideer:

Afspilning mønster

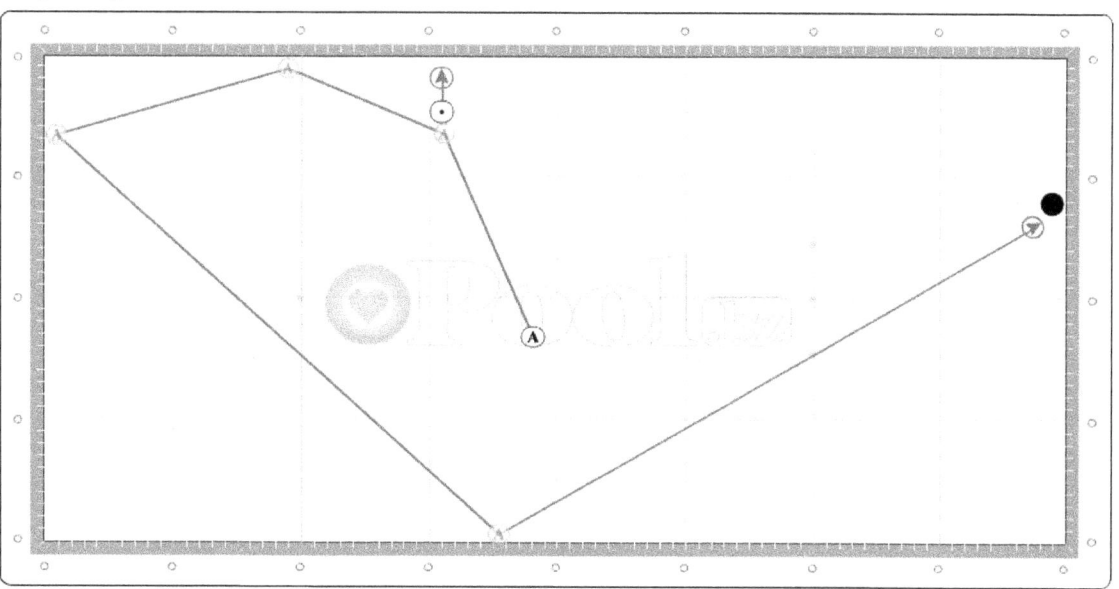

F:2b – Setup

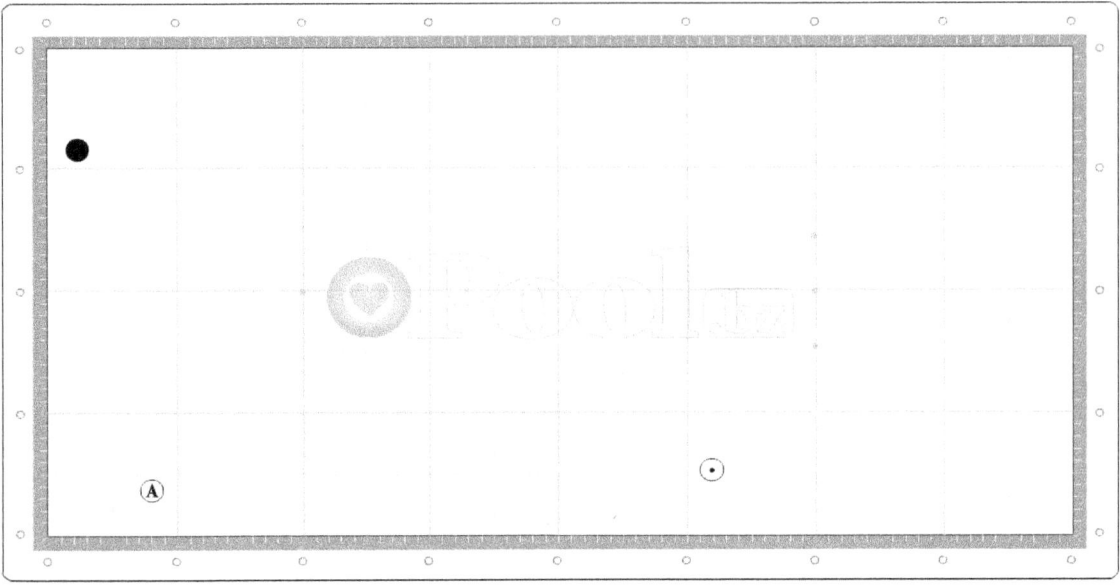

Noter og ideer:

Afspilning mønster

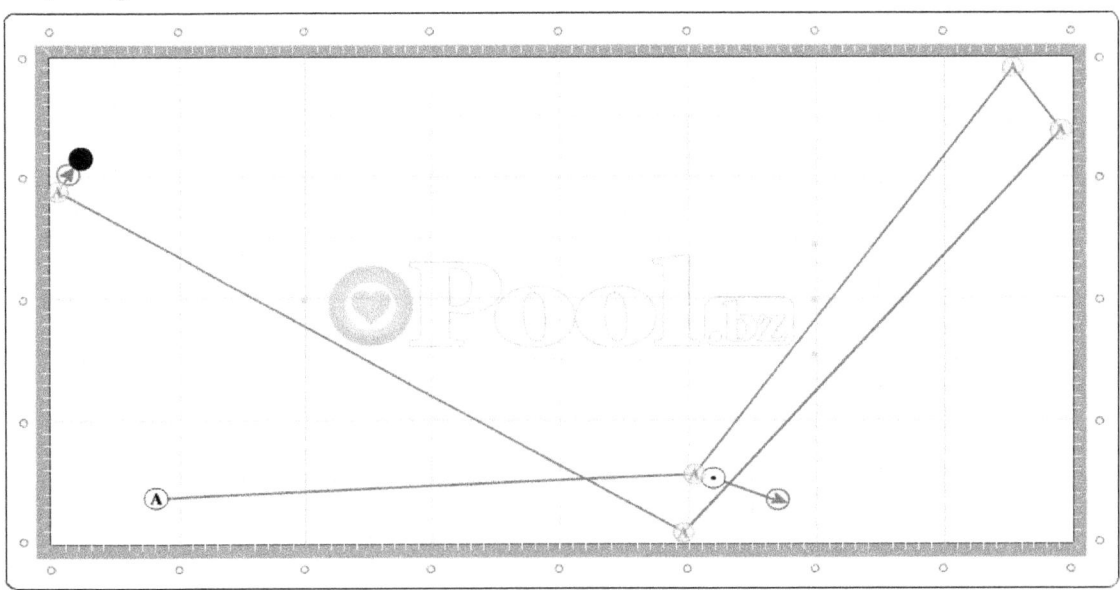

F:2c – Setup

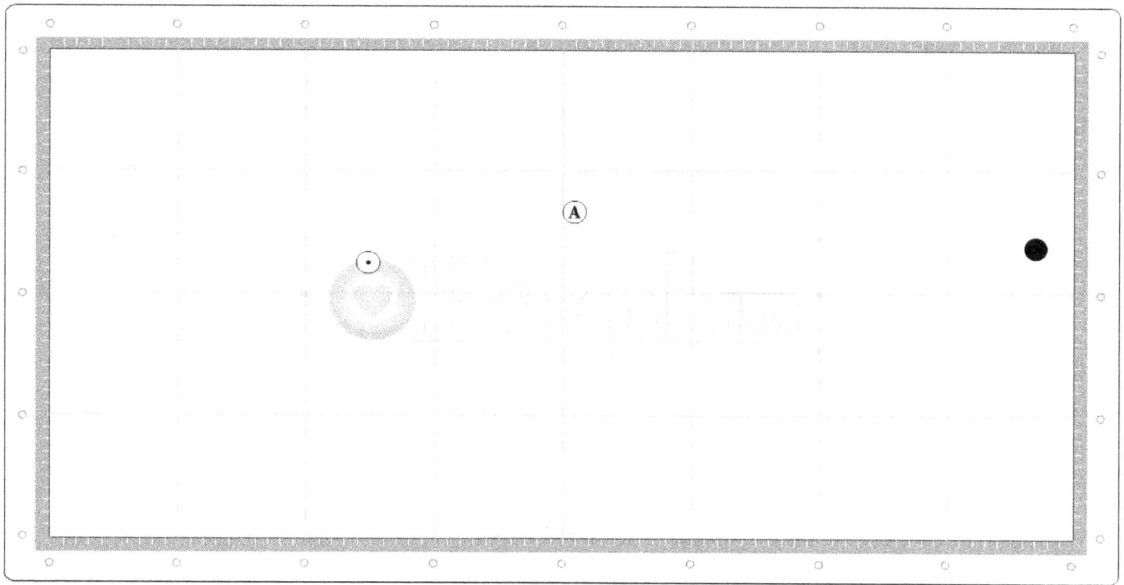

Noter og ideer:

Afspilning mønster

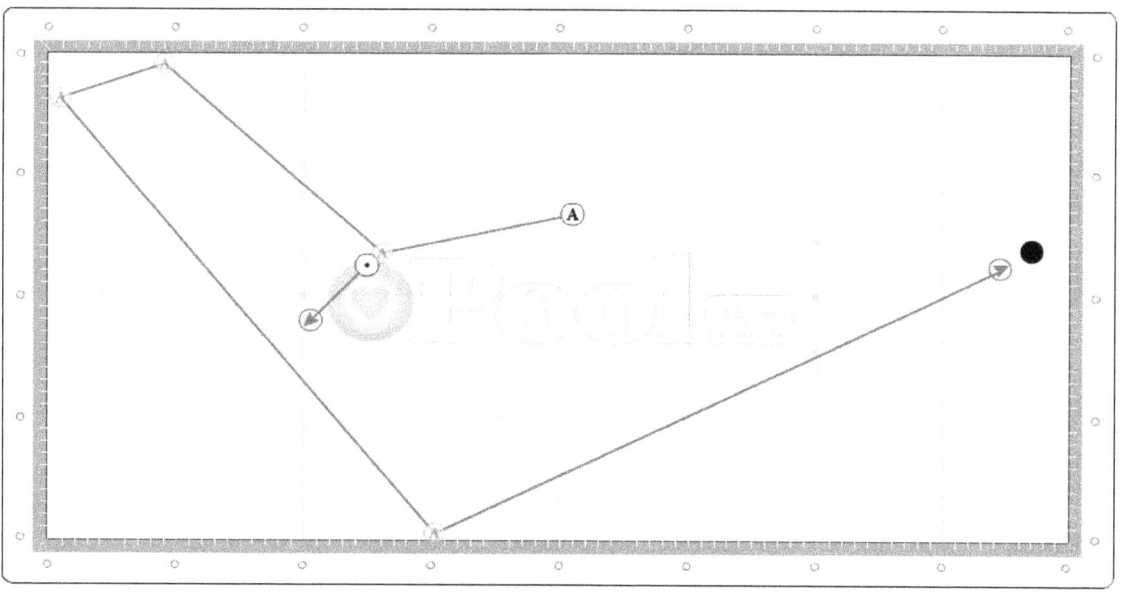

F:2d – Setup

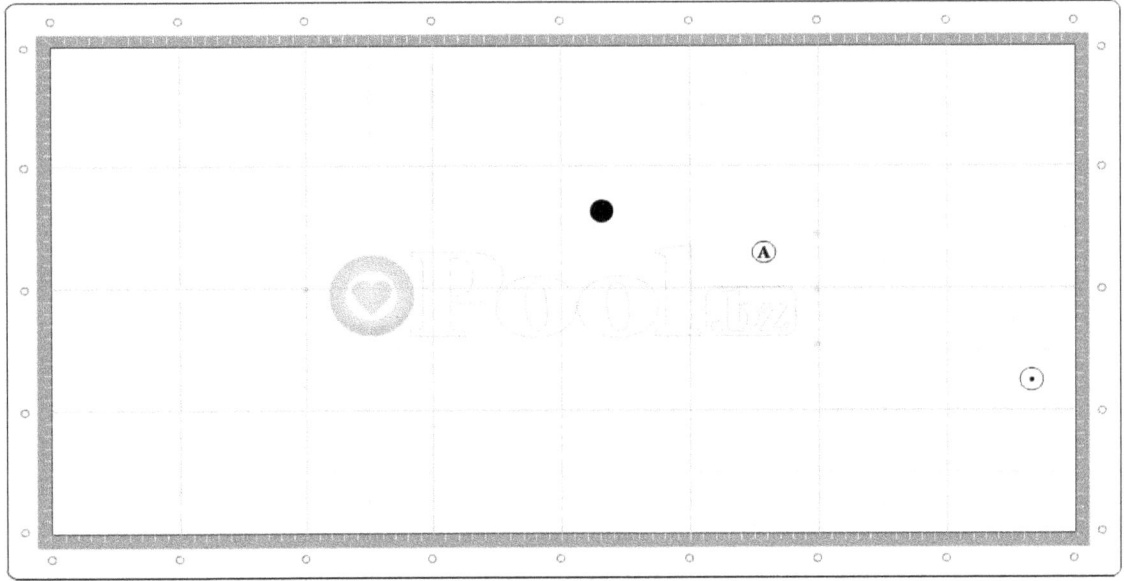

Noter og ideer:

Afspilning mønster

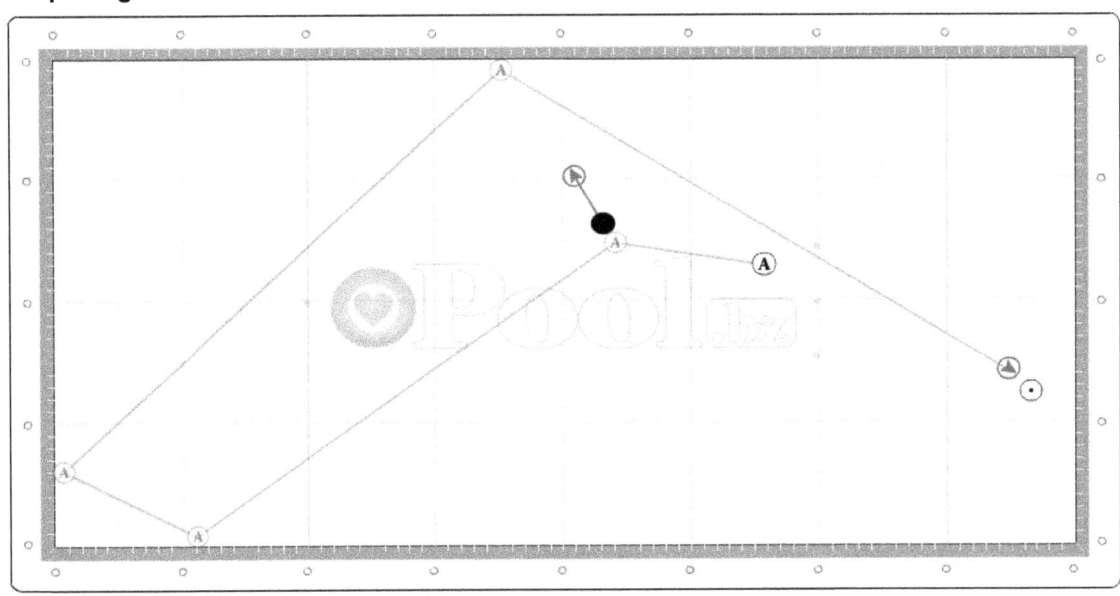

F: Gruppe 3

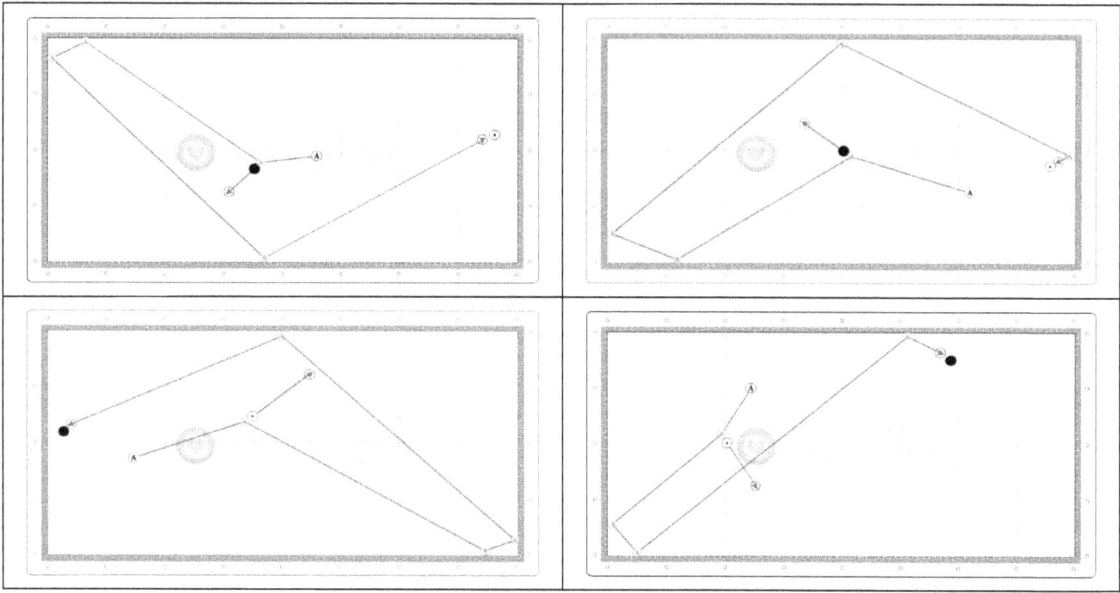

Analyse:

F:3a. _____

F:3b. _____

F:3c. _____

F:3d. _____

F:3a – Setup

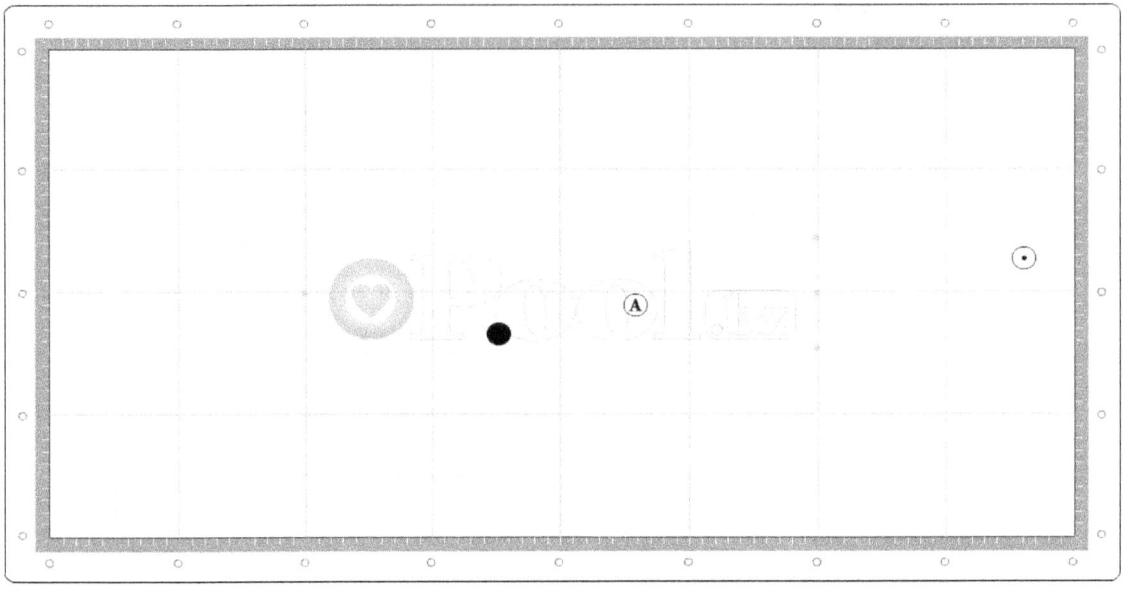

Noter og ideer:

Afspilning mønster

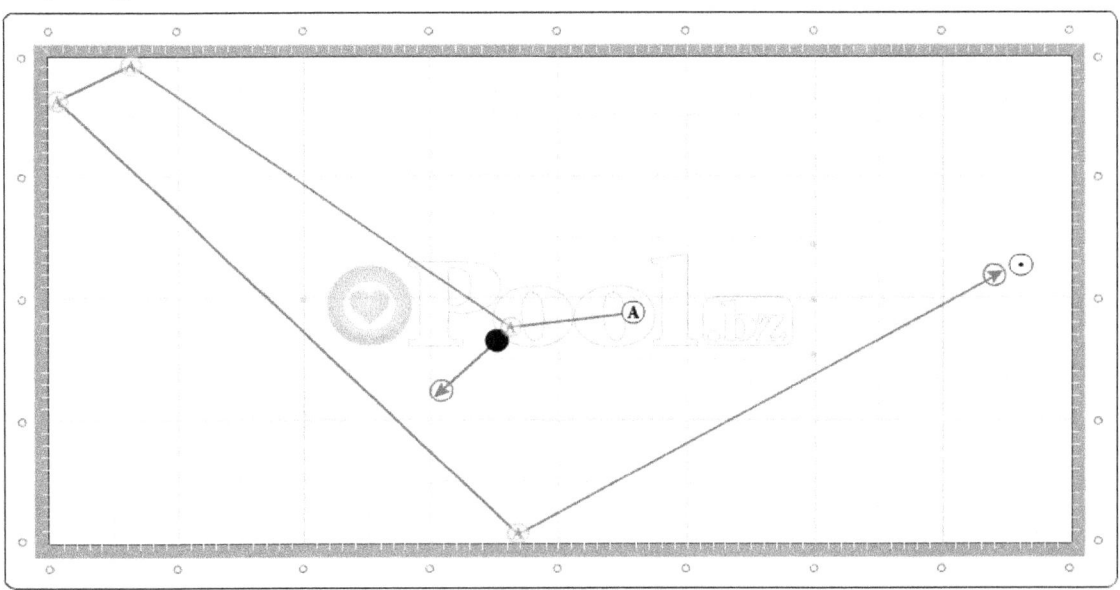

F:3b – Setup

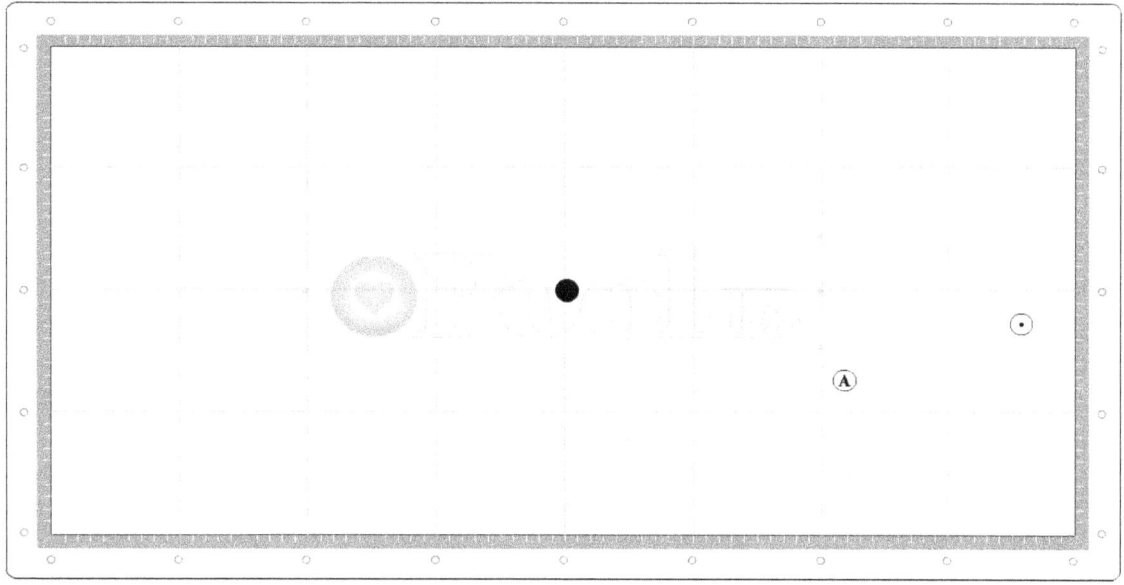

Noter og ideer:

Afspilning mønster

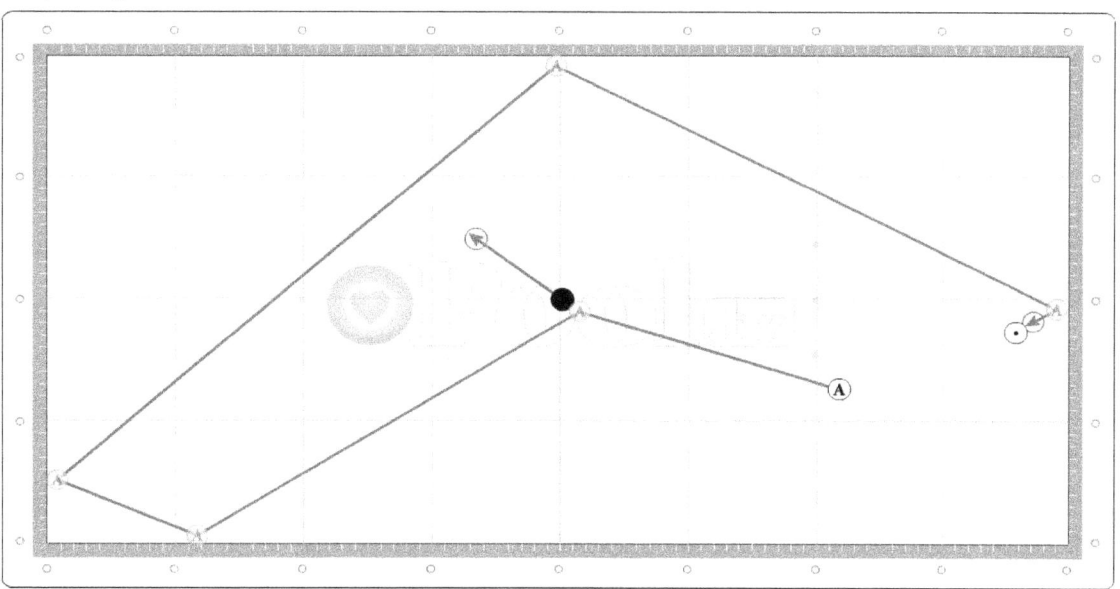

F:3c – Setup

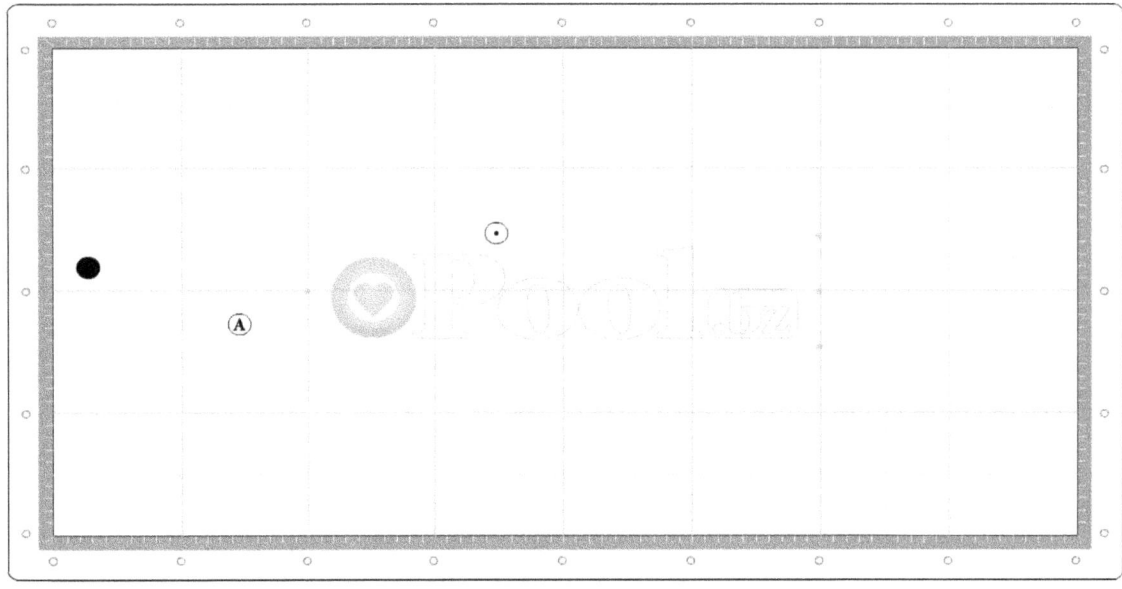

Noter og ideer:

Afspilning mønster

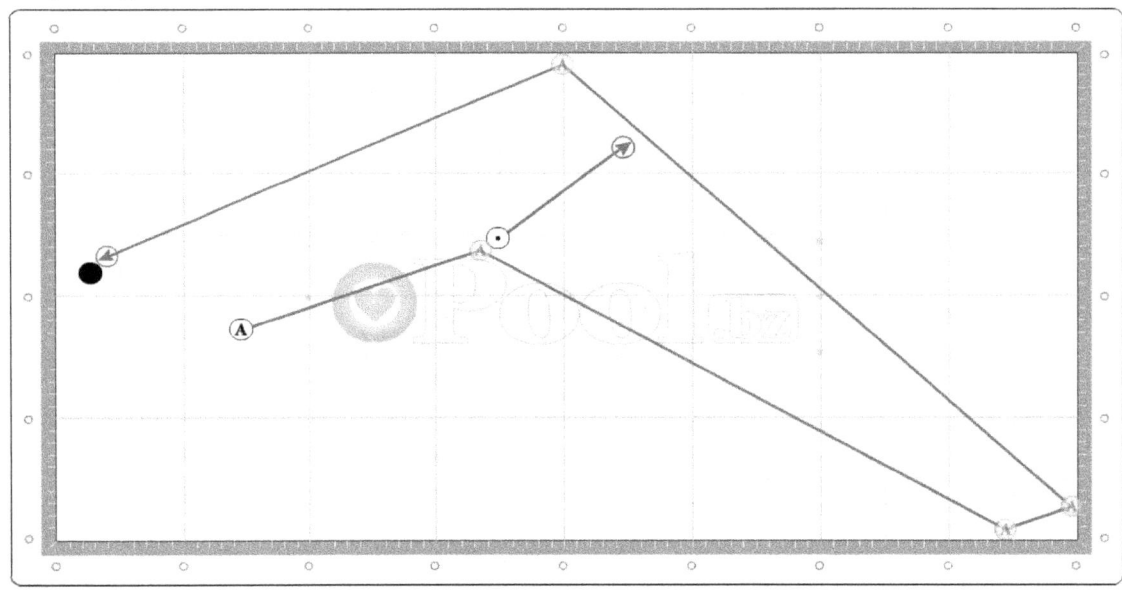

F:3d – Setup

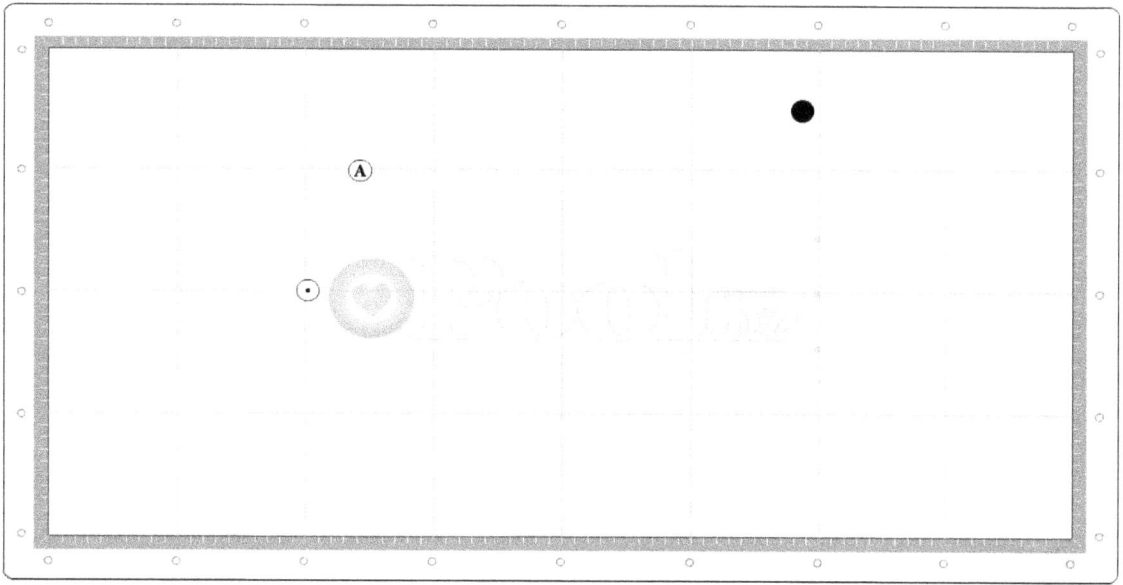

Noter og ideer:

Afspilning mønster

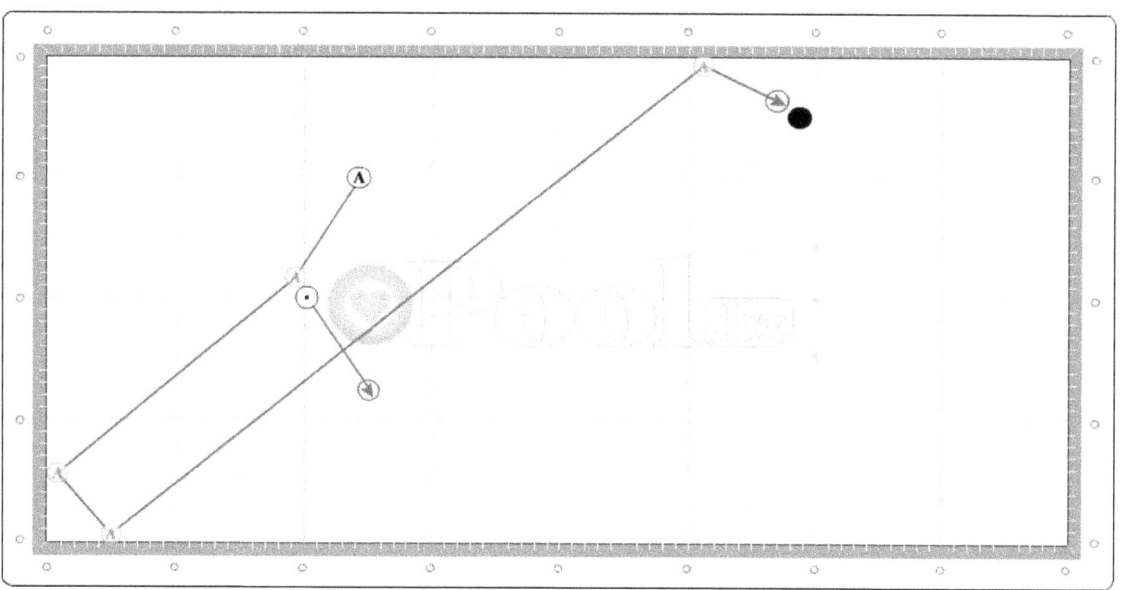

F: Gruppe 4

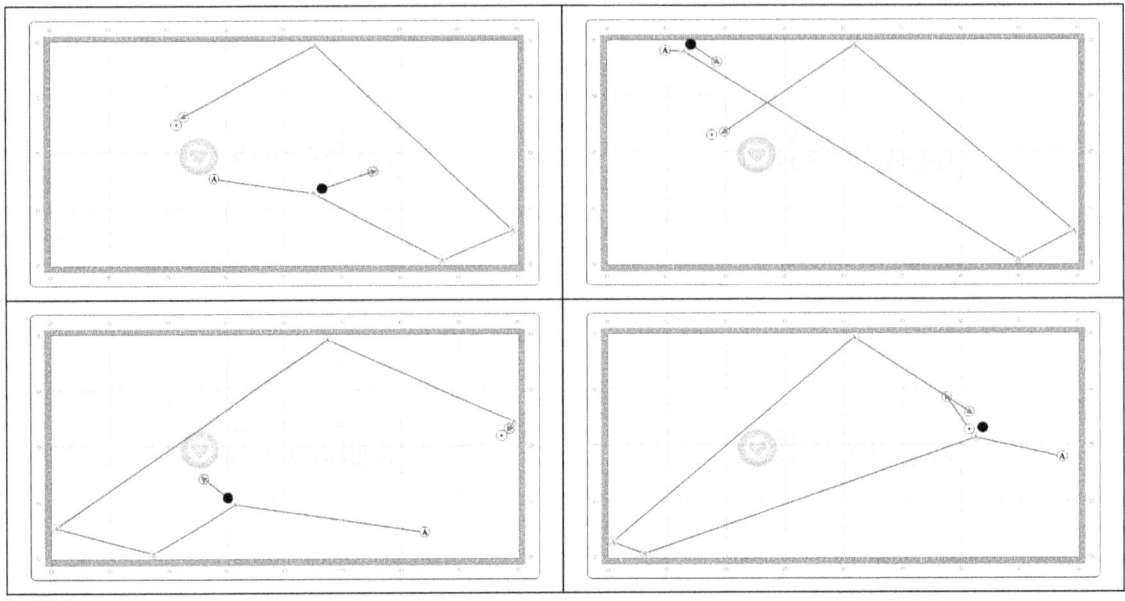

Analyse:

F:4a. _____

F:4b. _____

F:4c. _____

F:4d. _____

F:4a – Setup

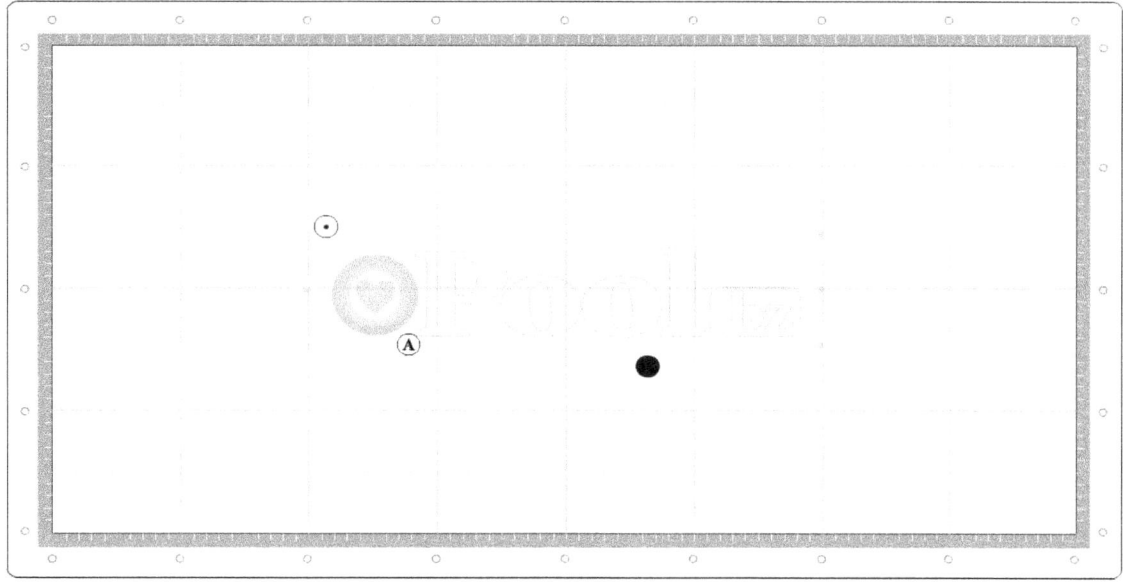

Noter og ideer:

Afspilning mønster

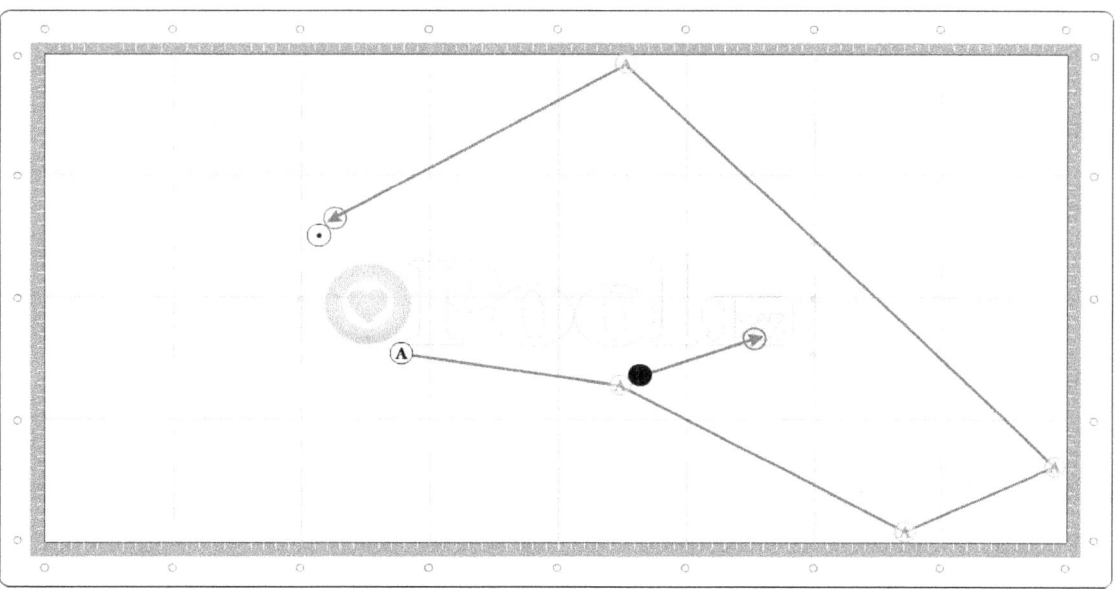

F:4b – Setup

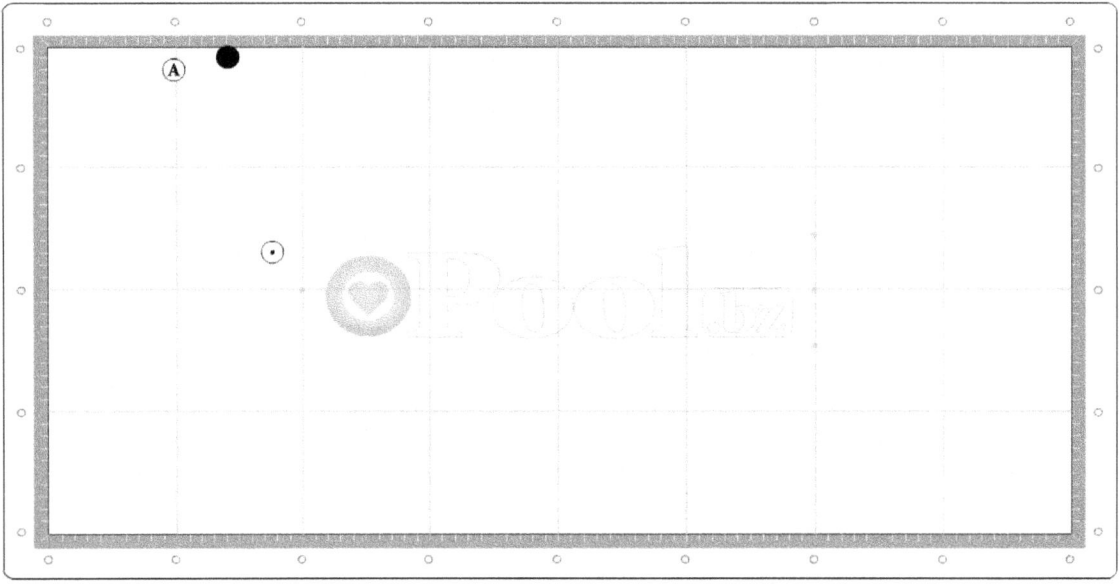

Noter og ideer:

Afspilning mønster

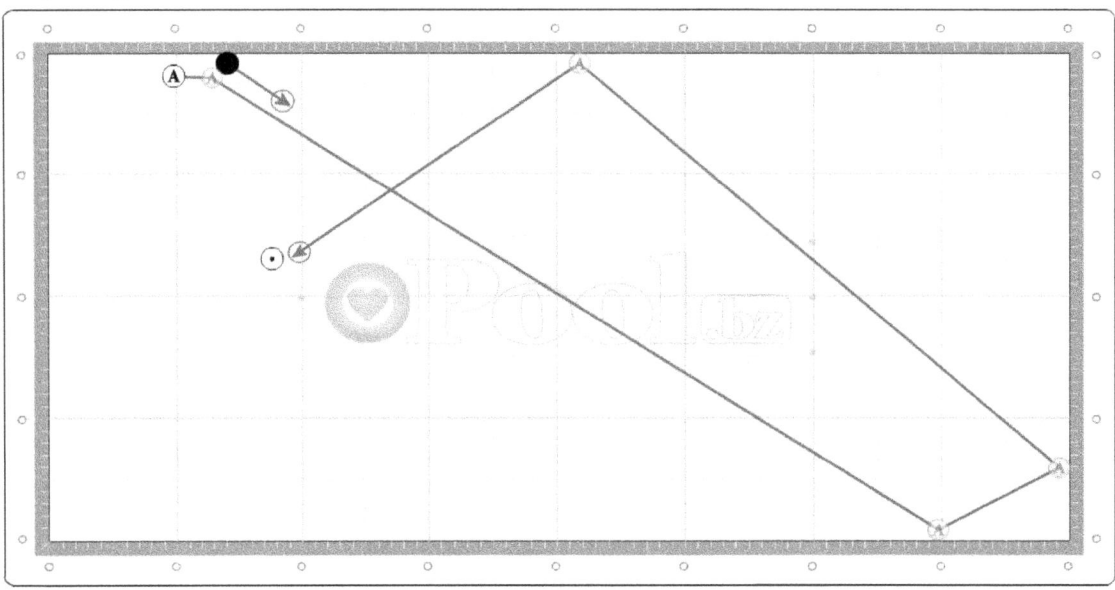

F:4c – Setup

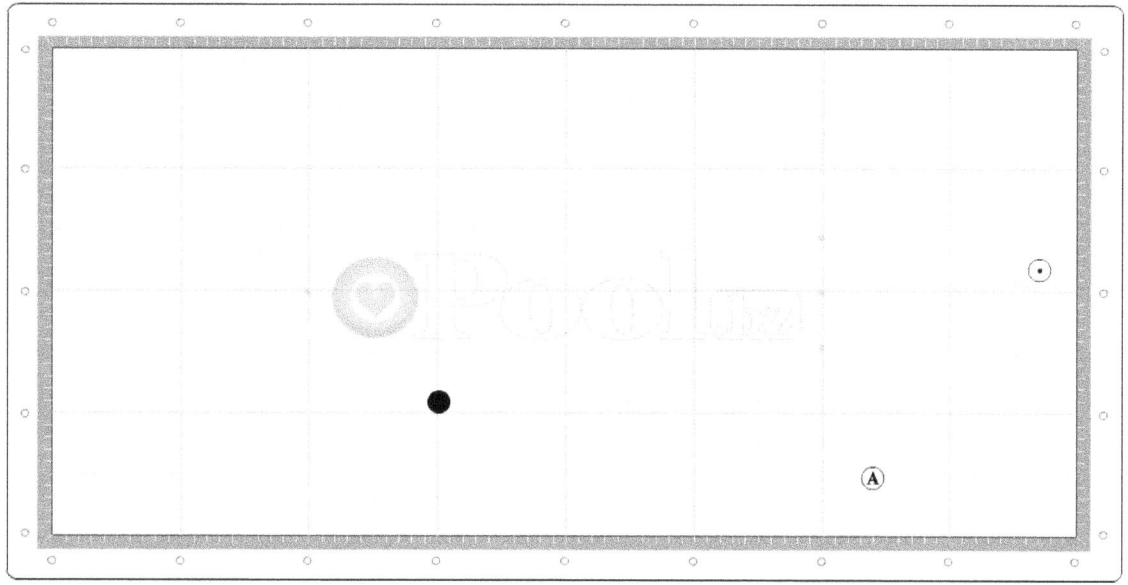

Noter og ideer:

Afspilning mønster

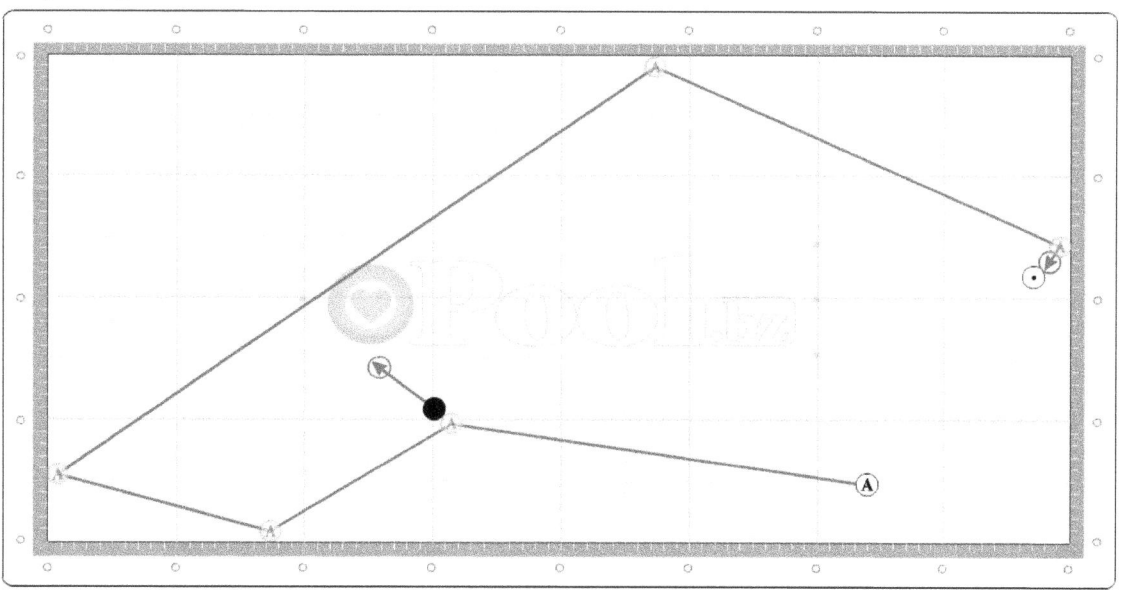

F:4d – Setup

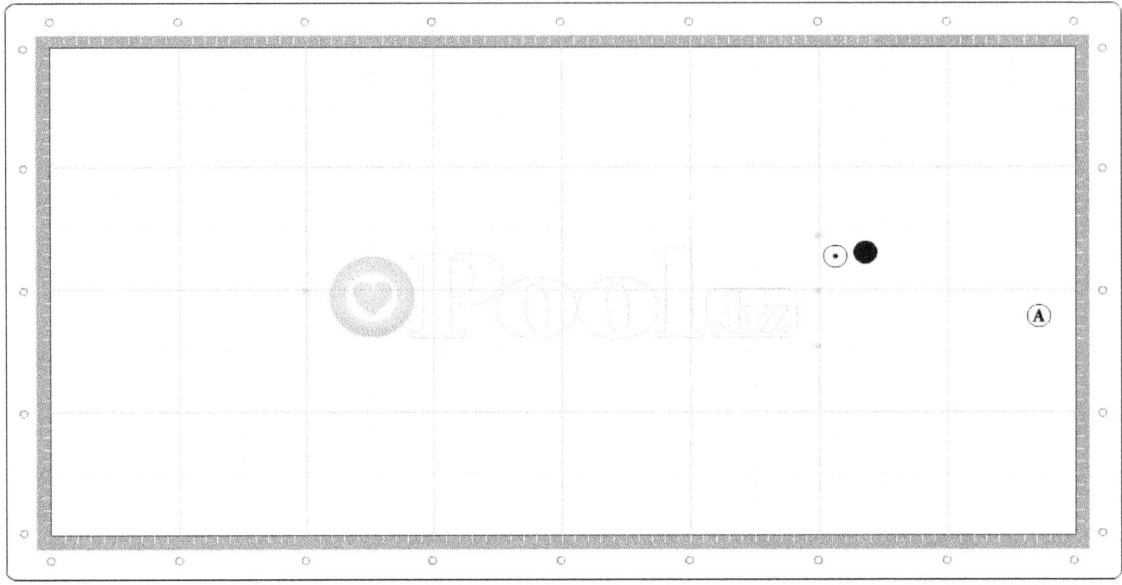

Noter og ideer:

Afspilning mønster

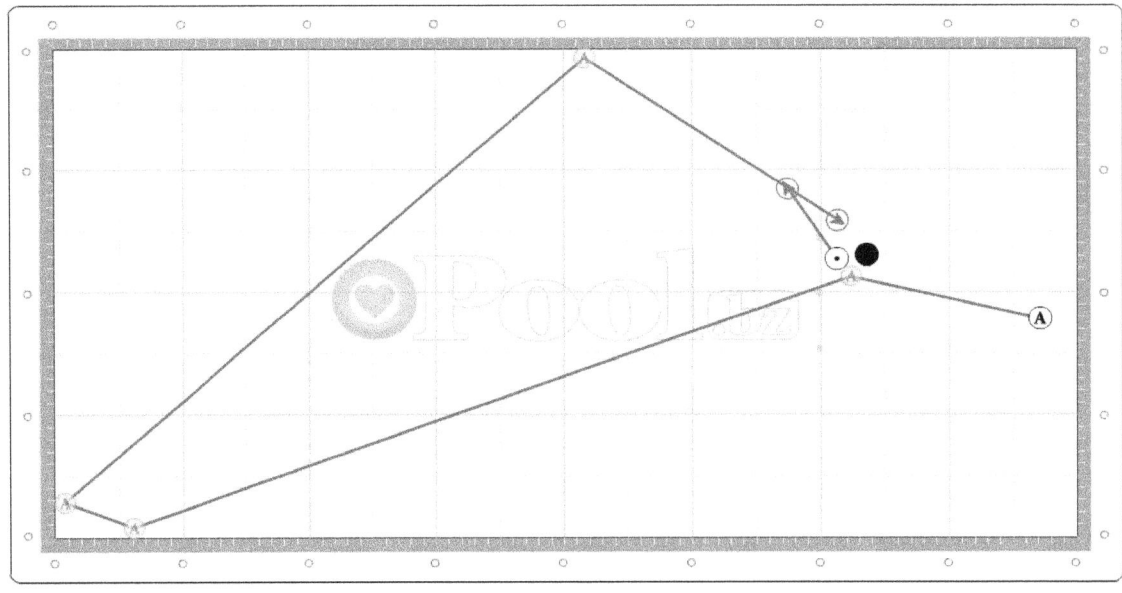

G: I hjørnet (kort bande)

Den (CB) forbinder med den første (OB). Den (CB) går ind i hjørnet, kort bande først. Derefter krydser (CB) bordet til midten af den lange bande. Derfra kontakter (CB) det andet (OB).

Ⓐ (CB) (din billardkugle) – ⊙ (OB) (modstander billardkugle) – ● (OB) (rød billardkugle)

G: Gruppe 1

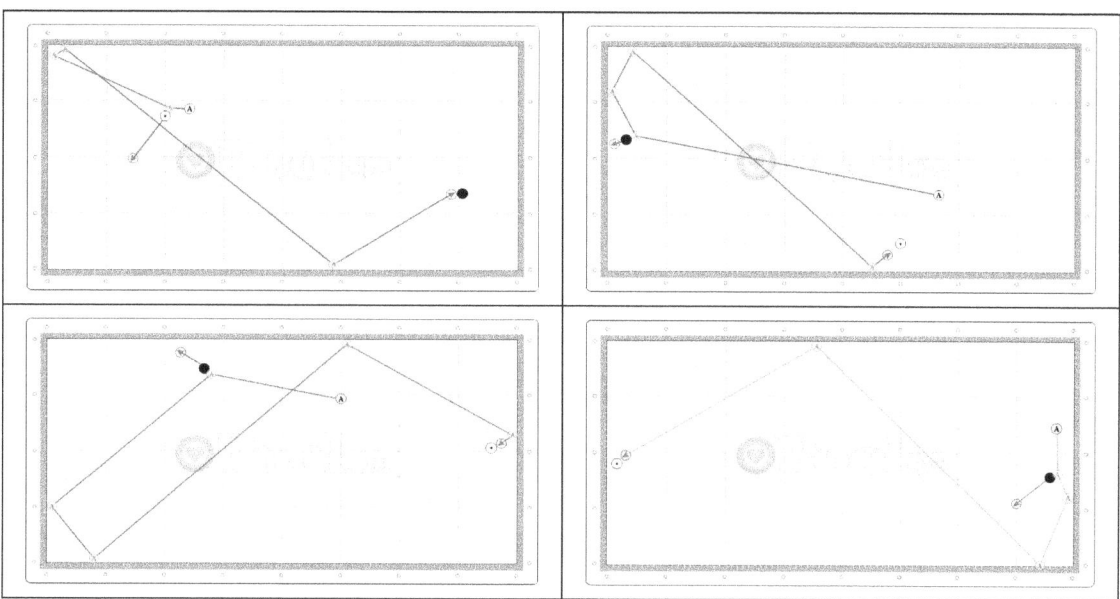

Analyse:

G:1a. _____

G:1b. _____

G:1c. _____

G:1d. _____

G:1a – Setup

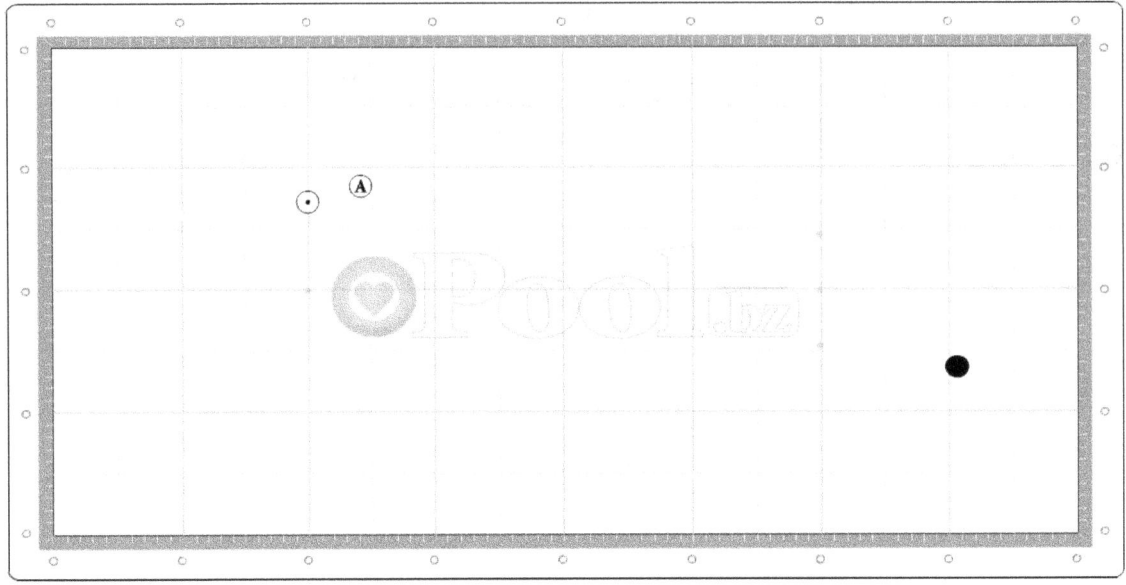

Noter og ideer:

Afspilning mønster

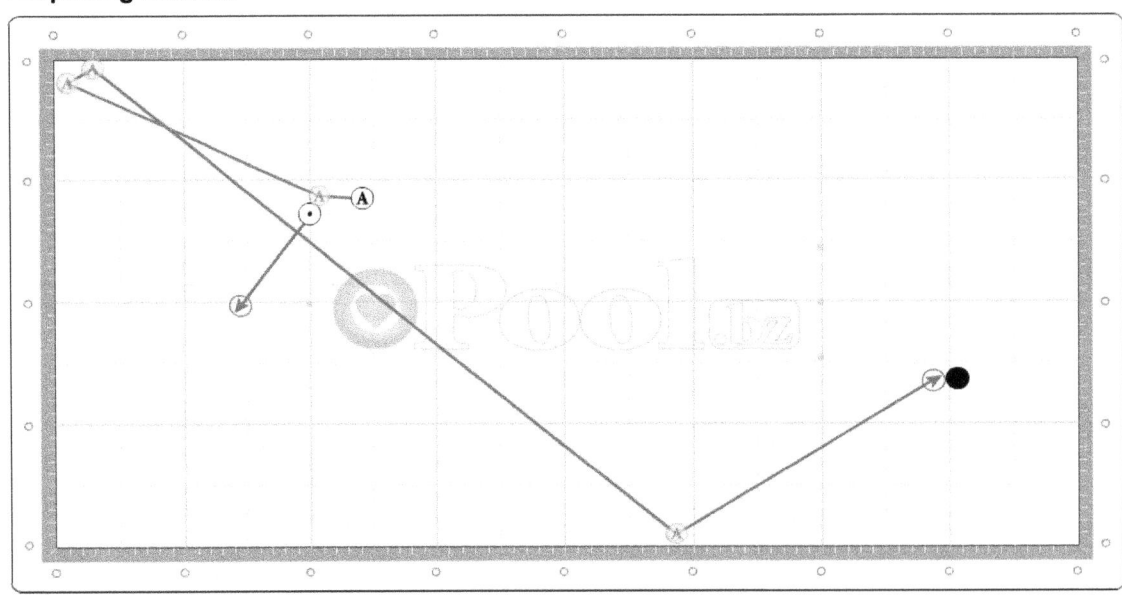

G:1b – Setup

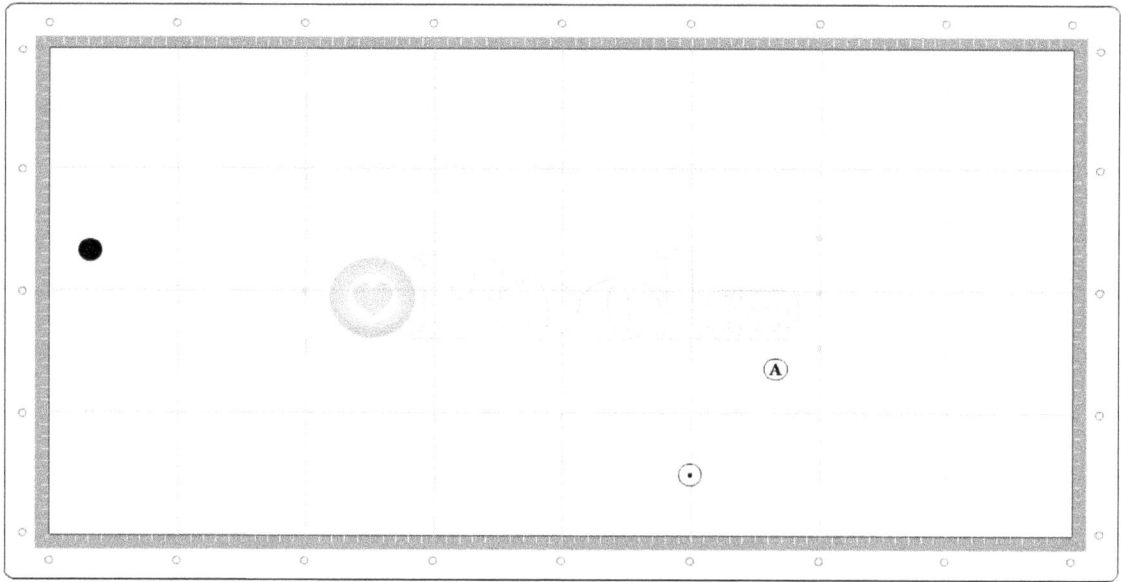

Noter og ideer:

Afspilning mønster

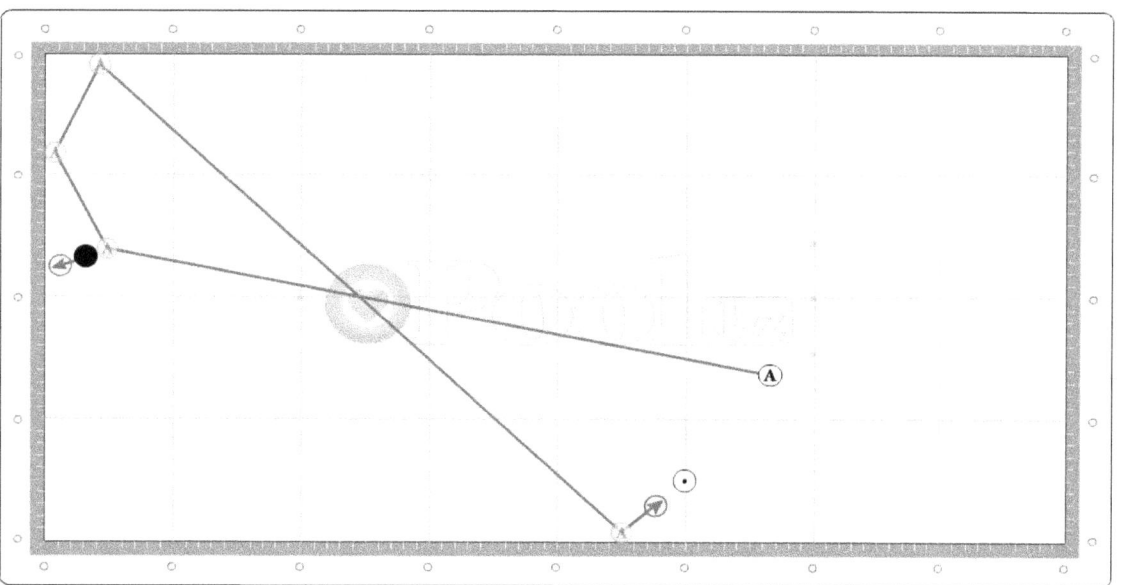

G:1c – Setup

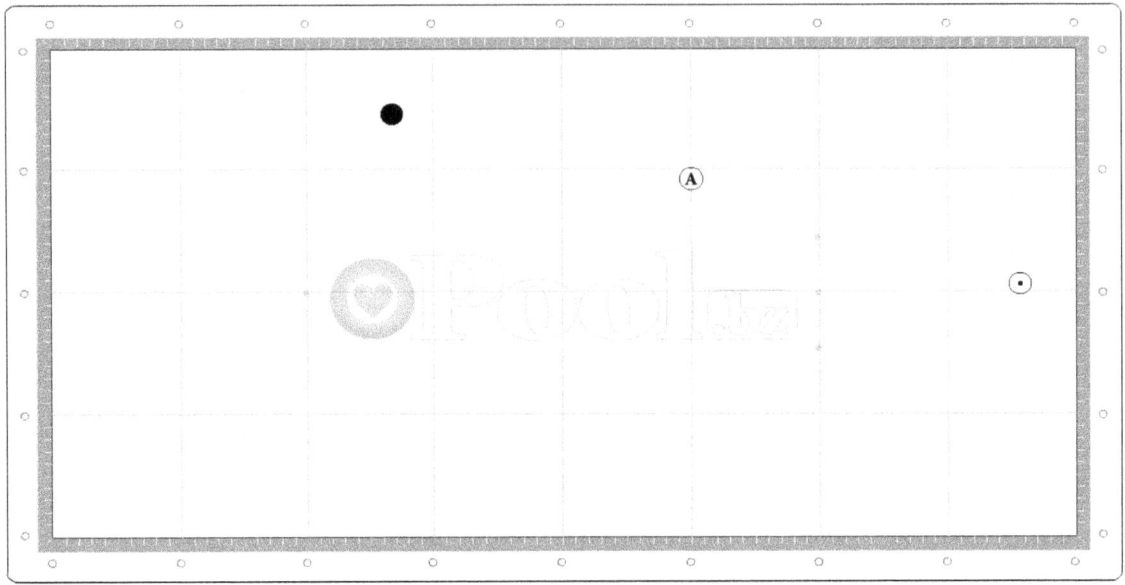

Noter og ideer:

Afspilning mønster

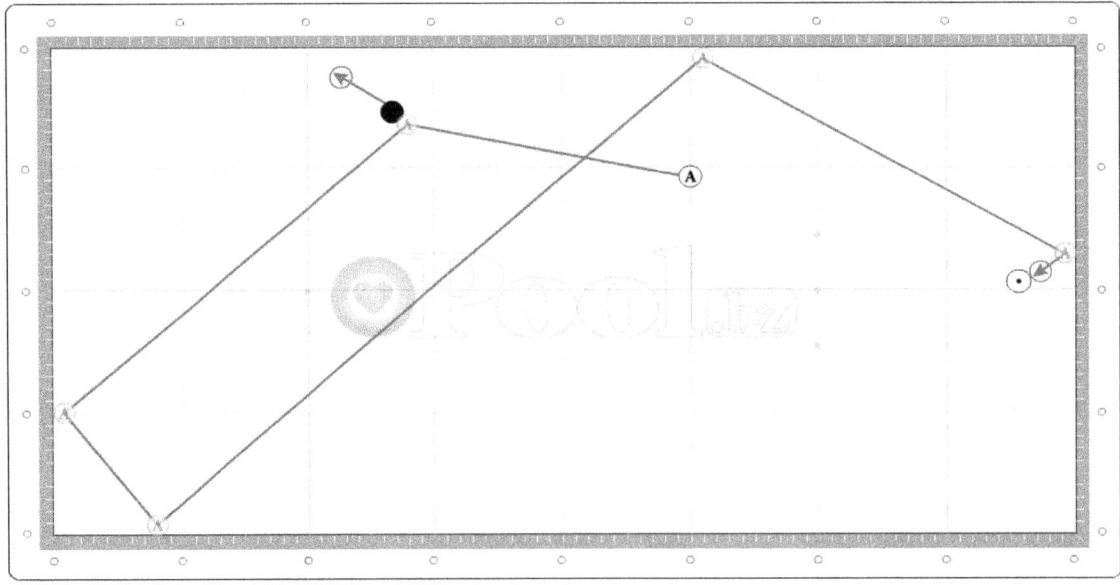

G:1d – Setup

Noter og ideer:

Afspilning mønster

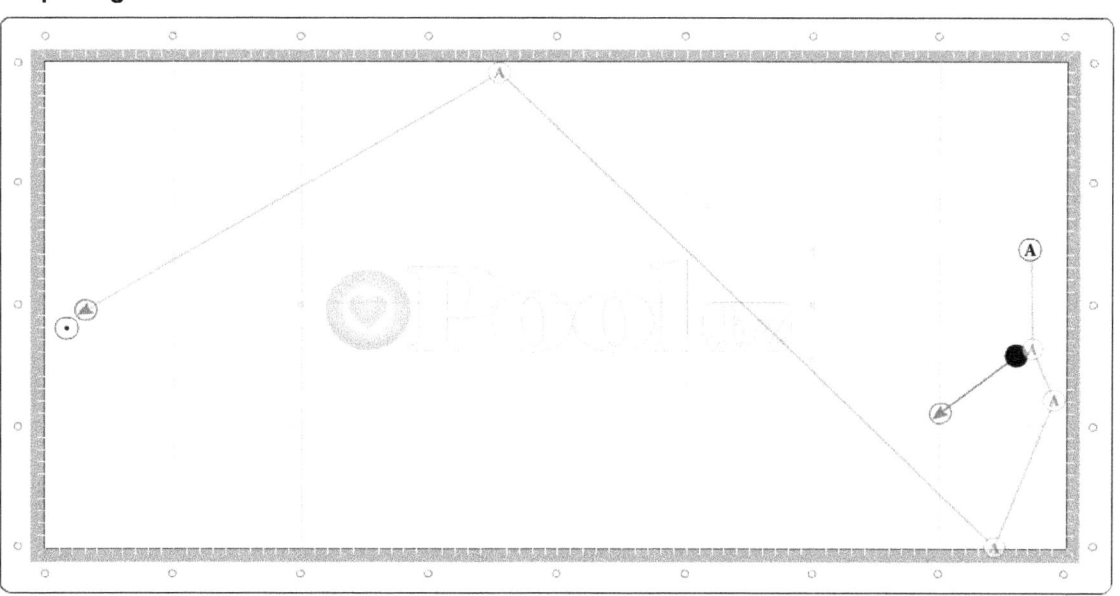

G: Gruppe 2

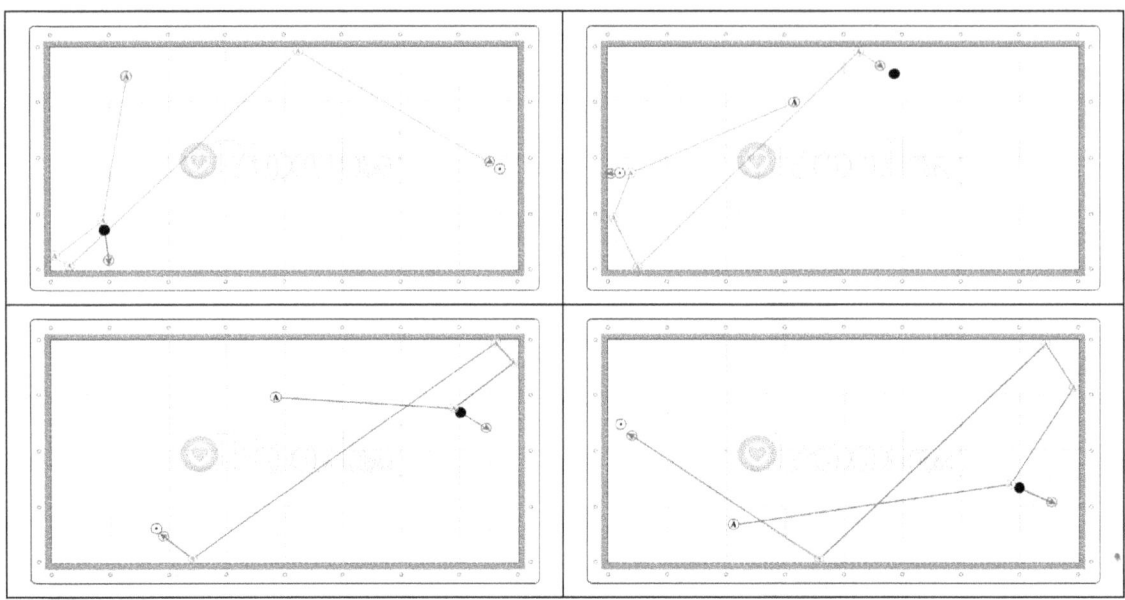

Analyse:

G:2a. _____

G:2b. _____

G:2c. _____

G:2d. _____

G:2a – Setup

Noter og ideer:

Afspilning mønster

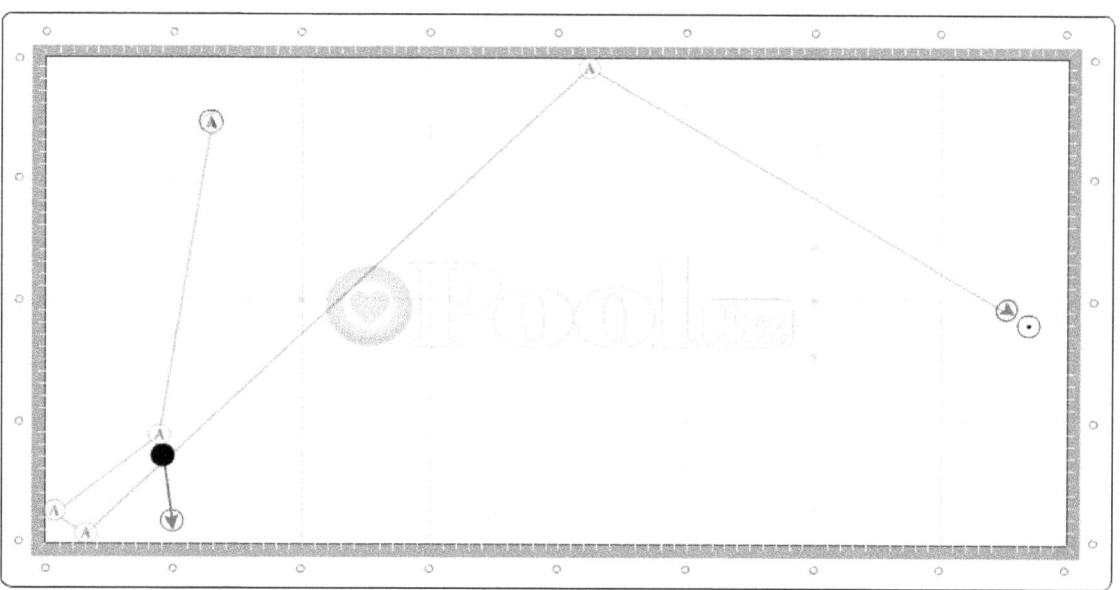

G:2b – Setup

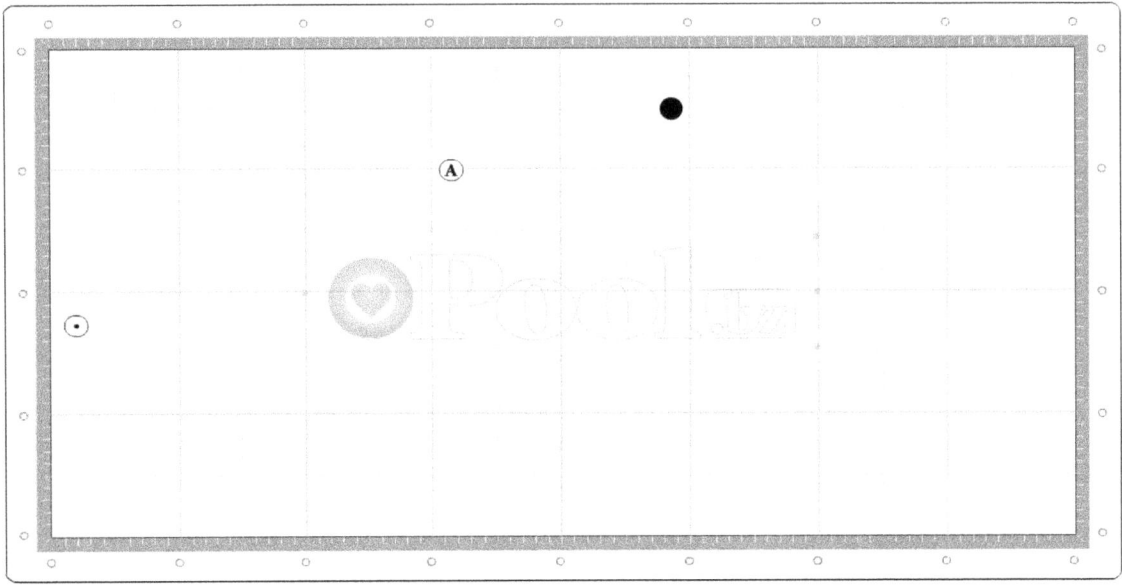

Noter og ideer:

Afspilning mønster

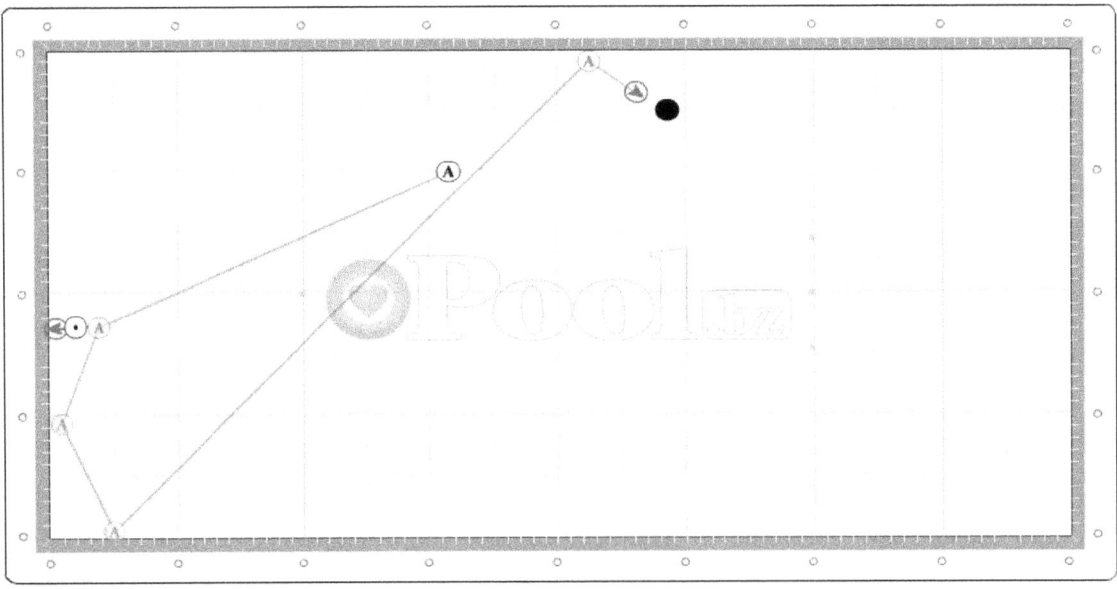

G:2c – Setup

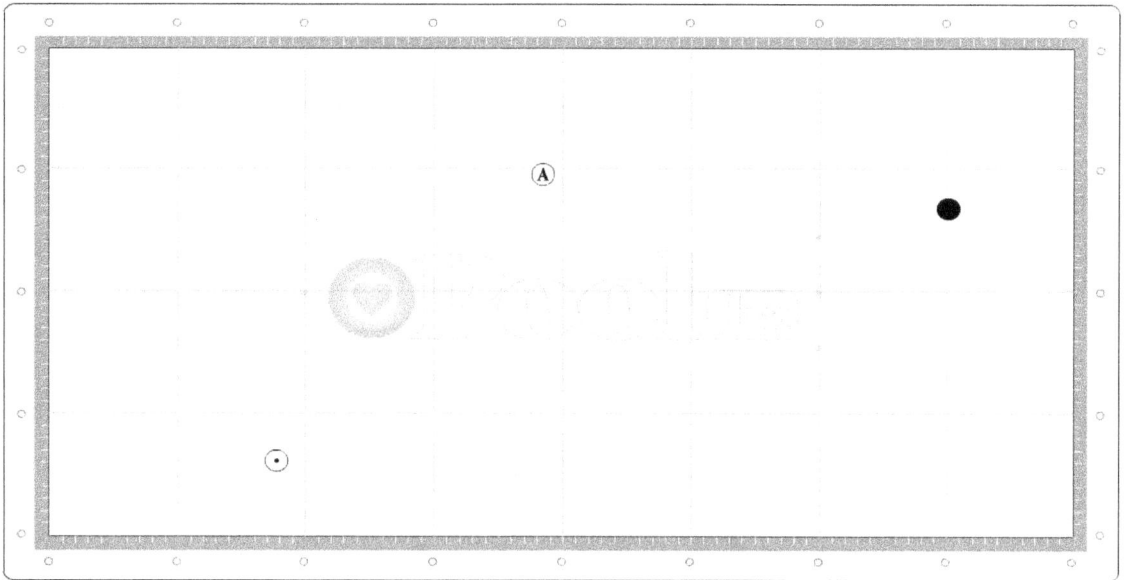

Noter og ideer:

Afspilning mønster

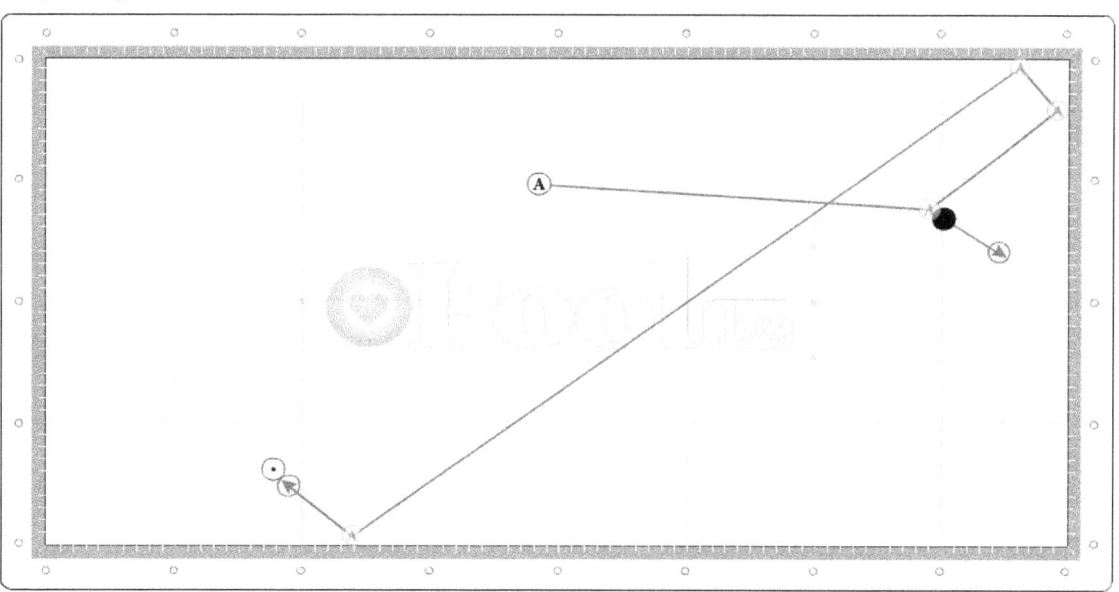

G:3d – Setup

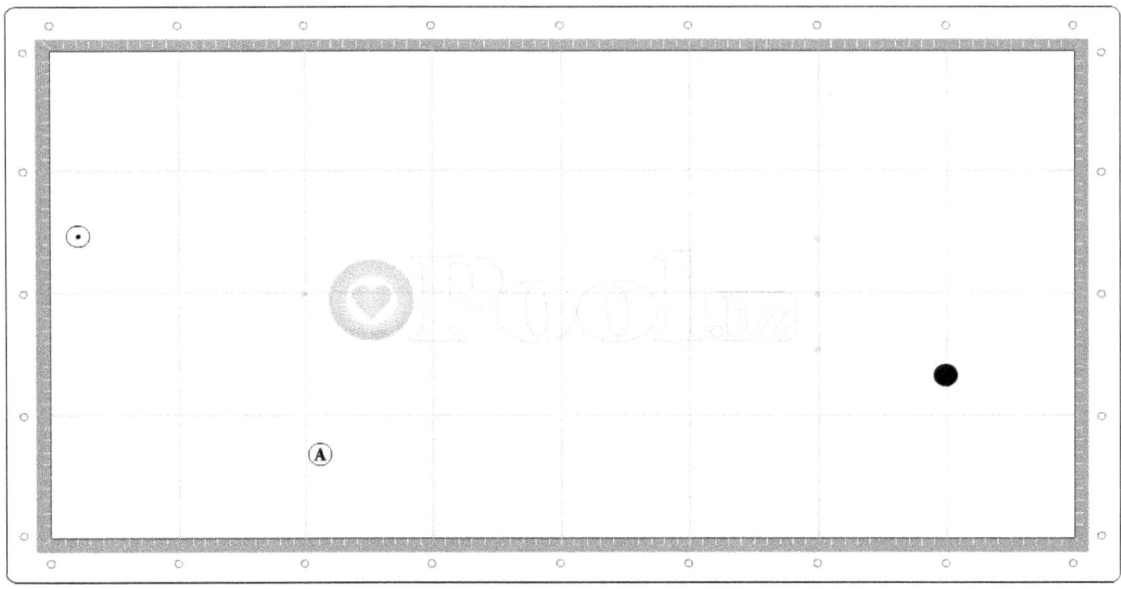

Noter og ideer:

Afspilning mønster

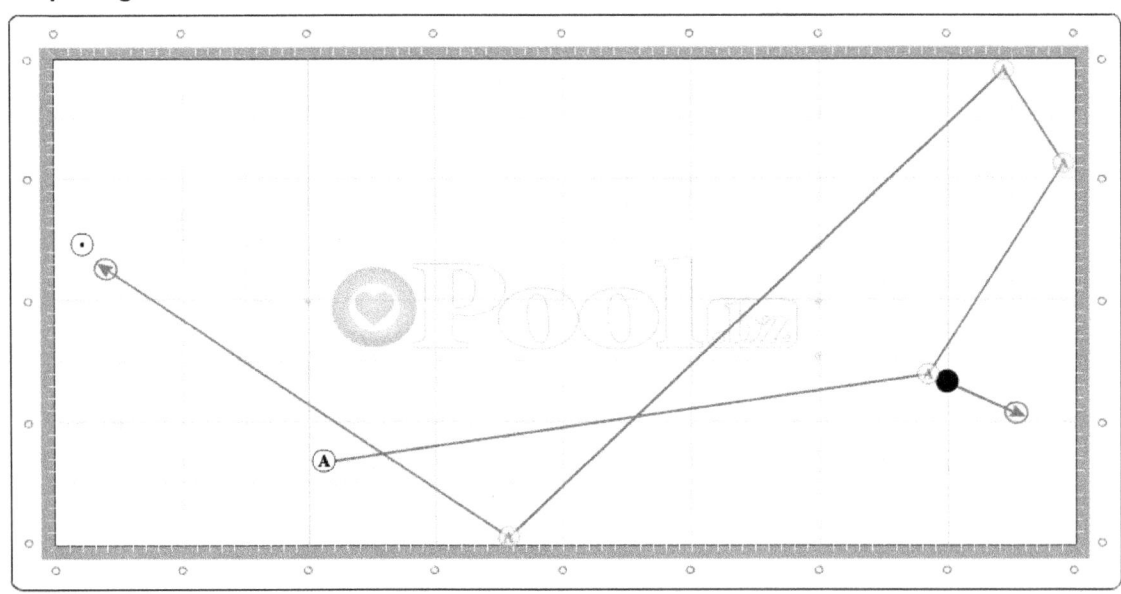

G: Gruppe 3

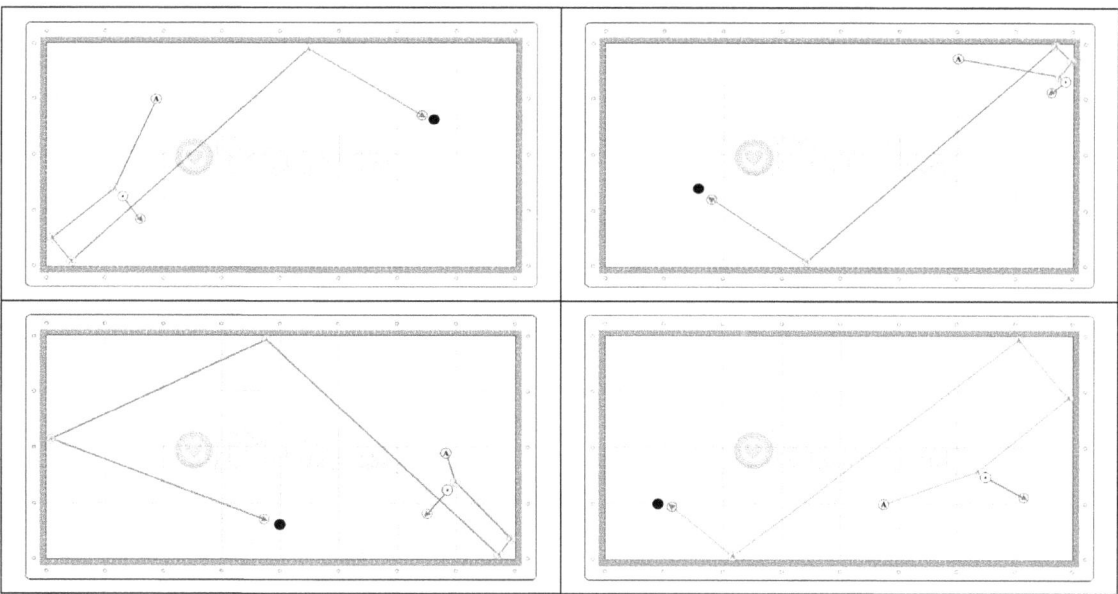

Analyse:

G:3a. _____

G:3b. _____

G:3c. _____

G:3d. _____

G:3a – Setup

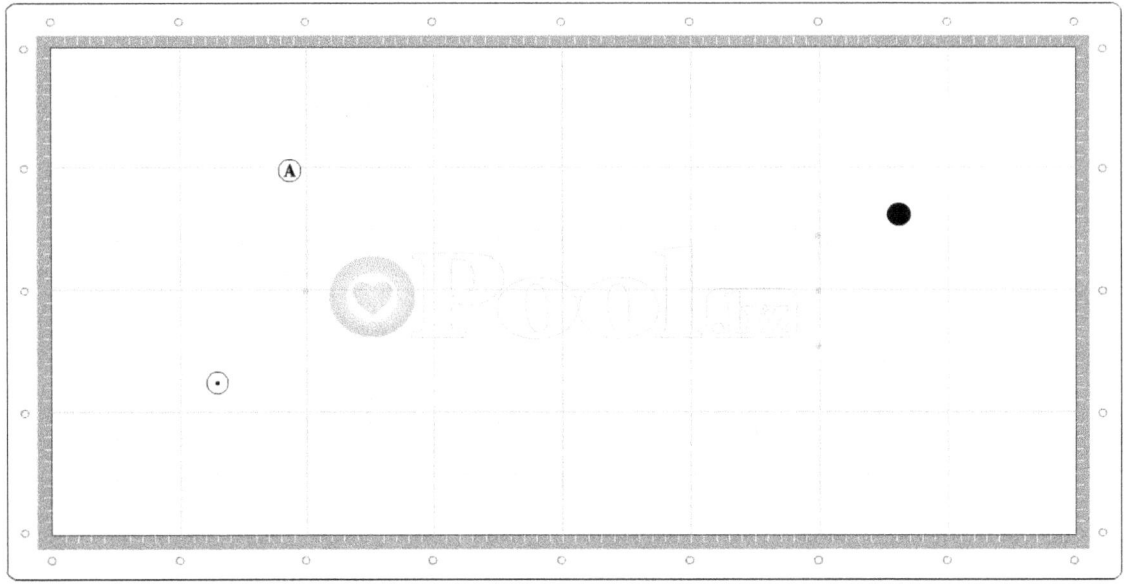

Noter og ideer:

Afspilning mønster

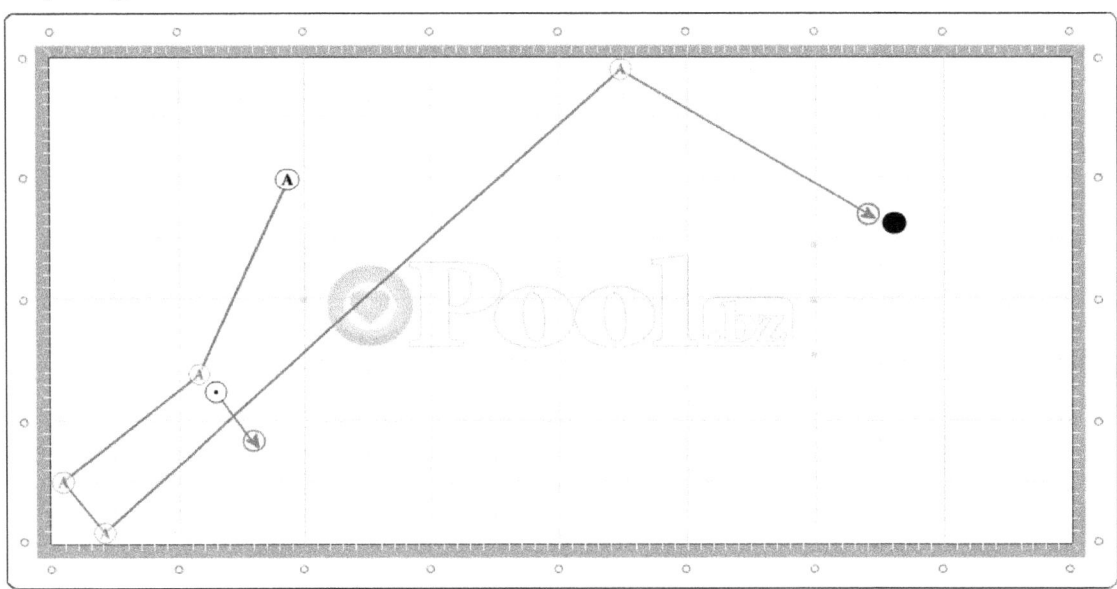

G:3b – Setup

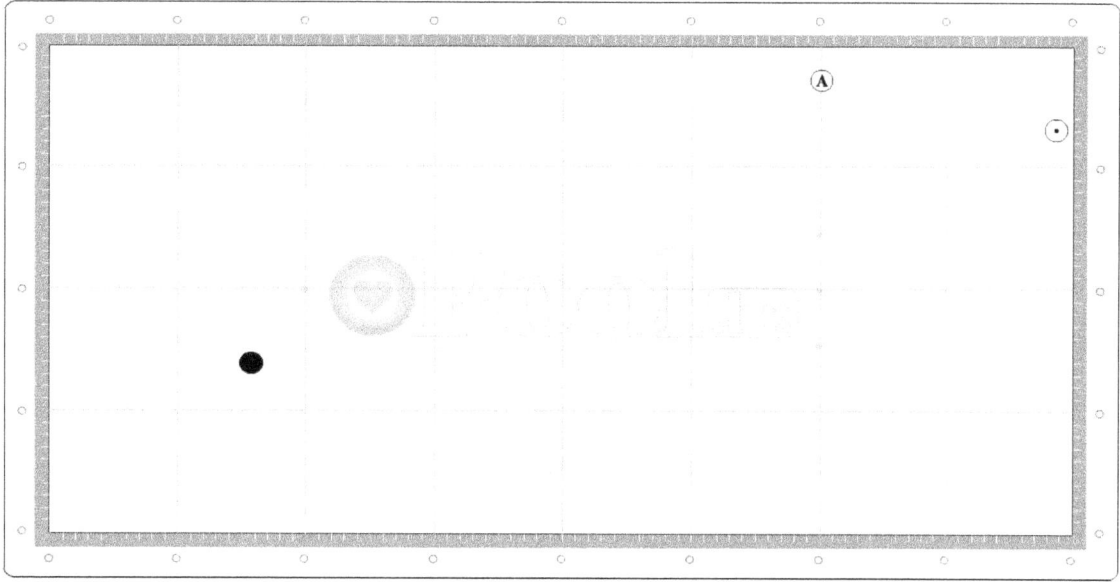

Noter og ideer:

Afspilning mønster

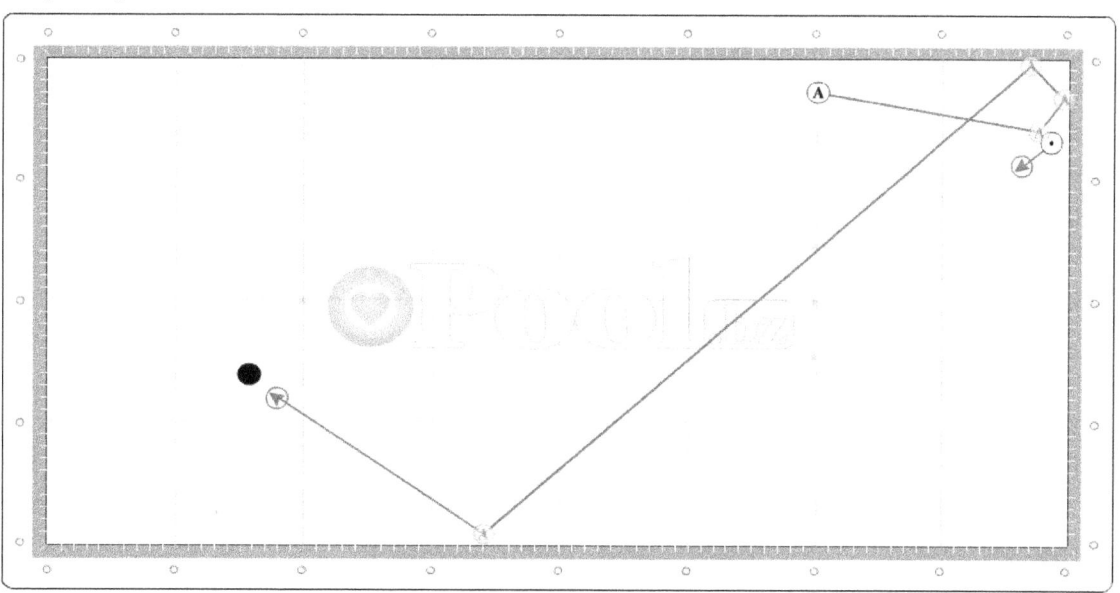

G:3c – Setup

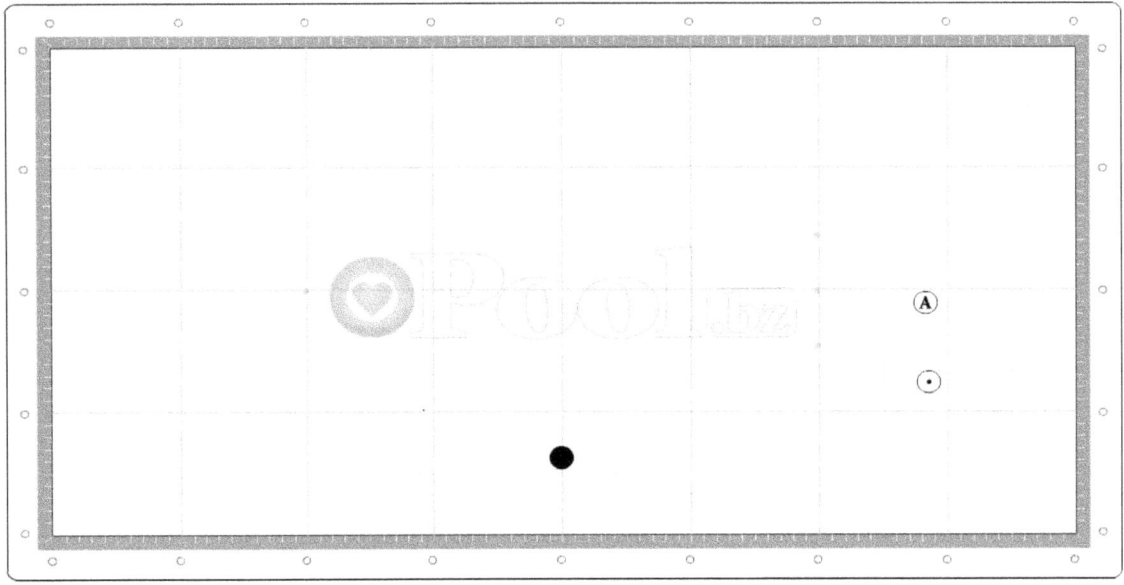

Noter og ideer:

Afspilning mønster

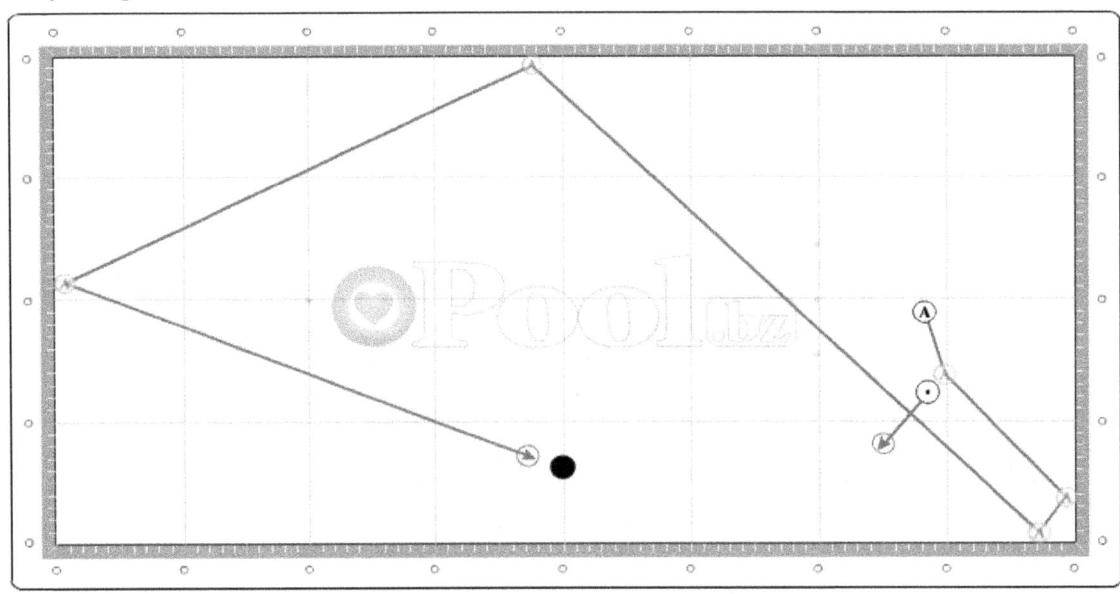

G:3d – Setup

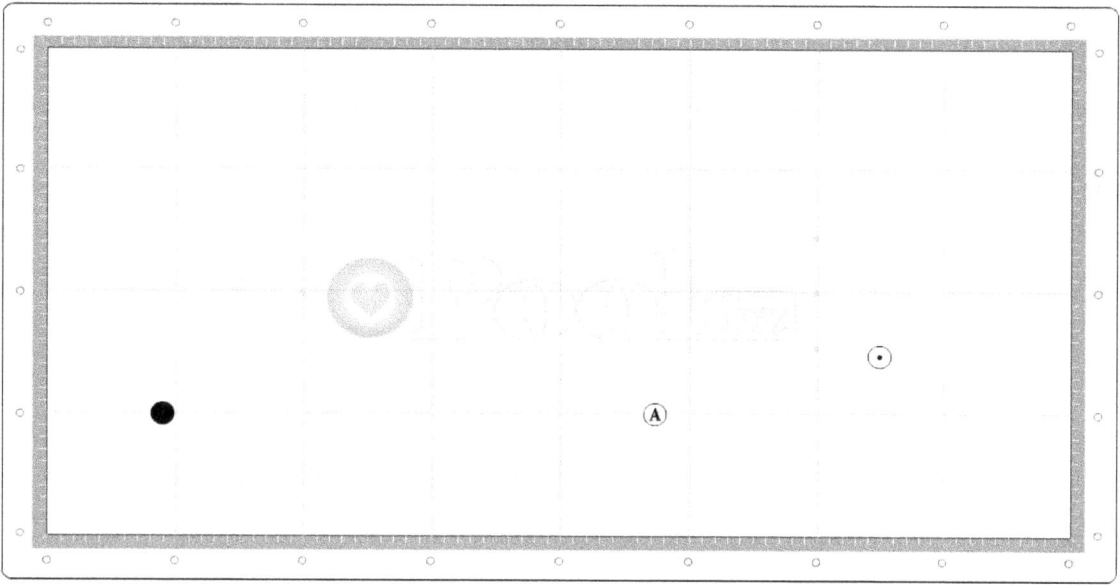

Noter og ideer:

Afspilning mønster

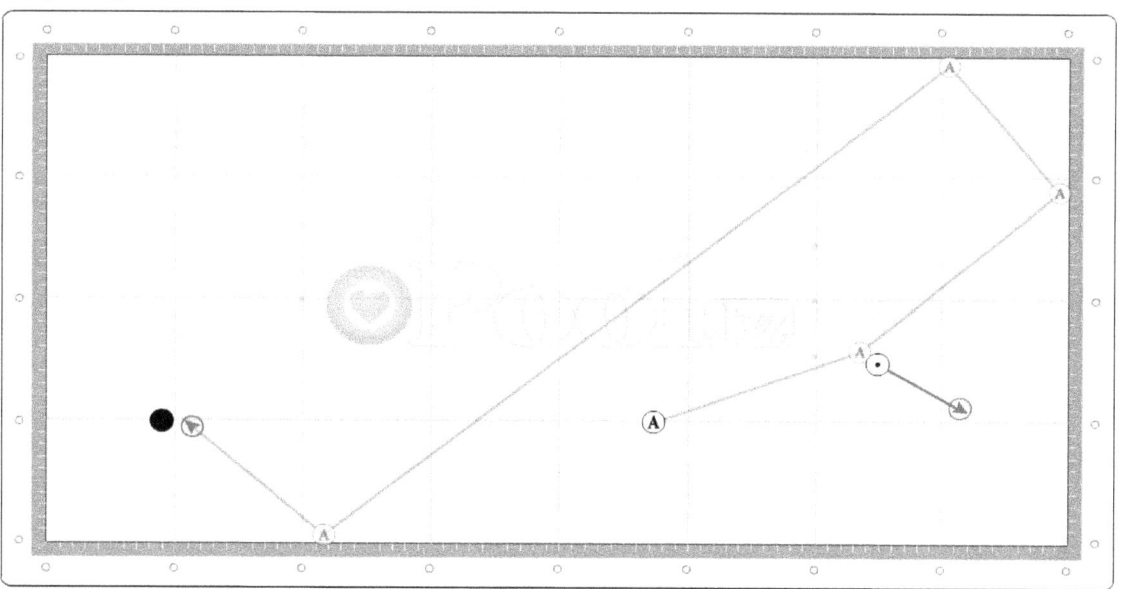

H: Grundlæggende dobbeltkrog

På disse bakke mønstre kommer (CB) fra den første (OB) ind i den hjørne - lange bande først og kommer op ad bakken til midten af den lange bande. På downhill side går (CB) ind og ud af det modsatte hjørne - en fem billardbande situation.

Ⓐ (CB) (din billardkugle) – ⊙ (OB) (modstander billardkugle) – ● (OB) (rød billardkugle)

H: Gruppe 1

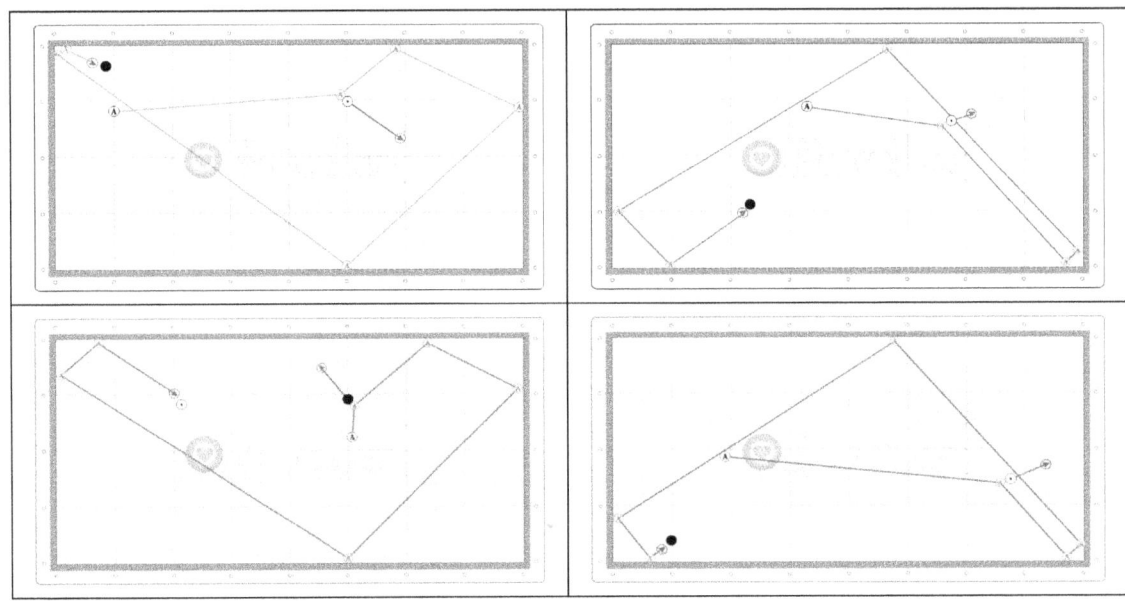

Analyse:

H:1a. _____

H:1b. _____

H:1c. _____

H:1d. _____

H:1a – Setup

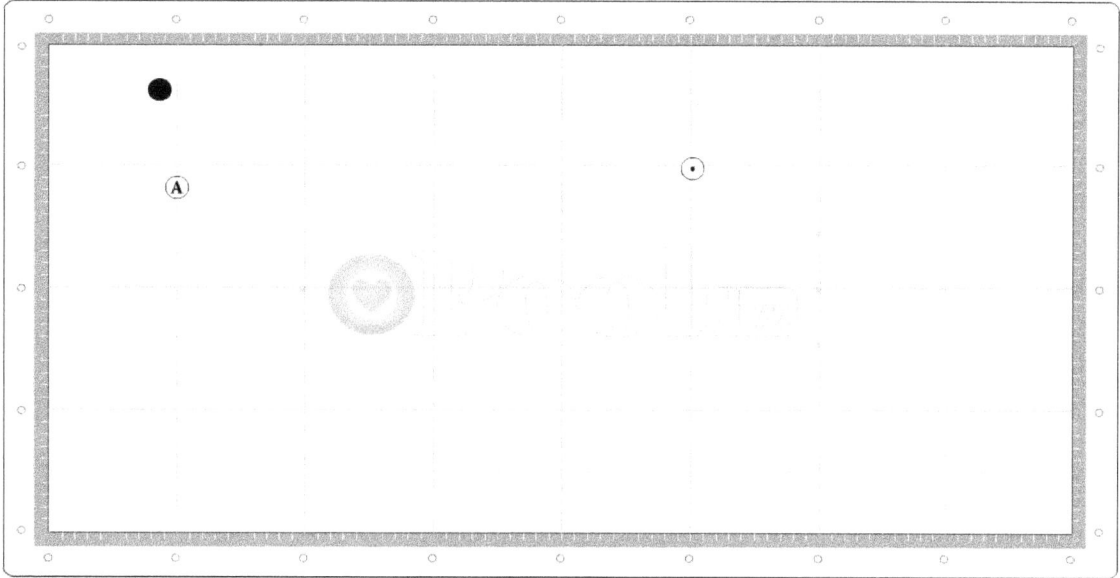

Noter og ideer:

Afspilning mønster

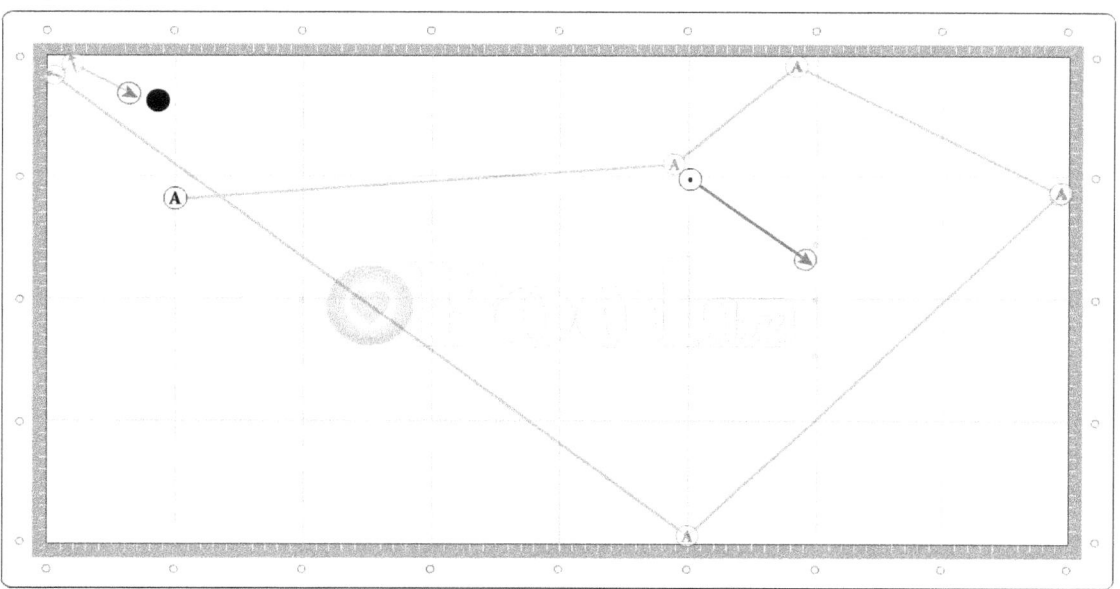

H:1b – Setup

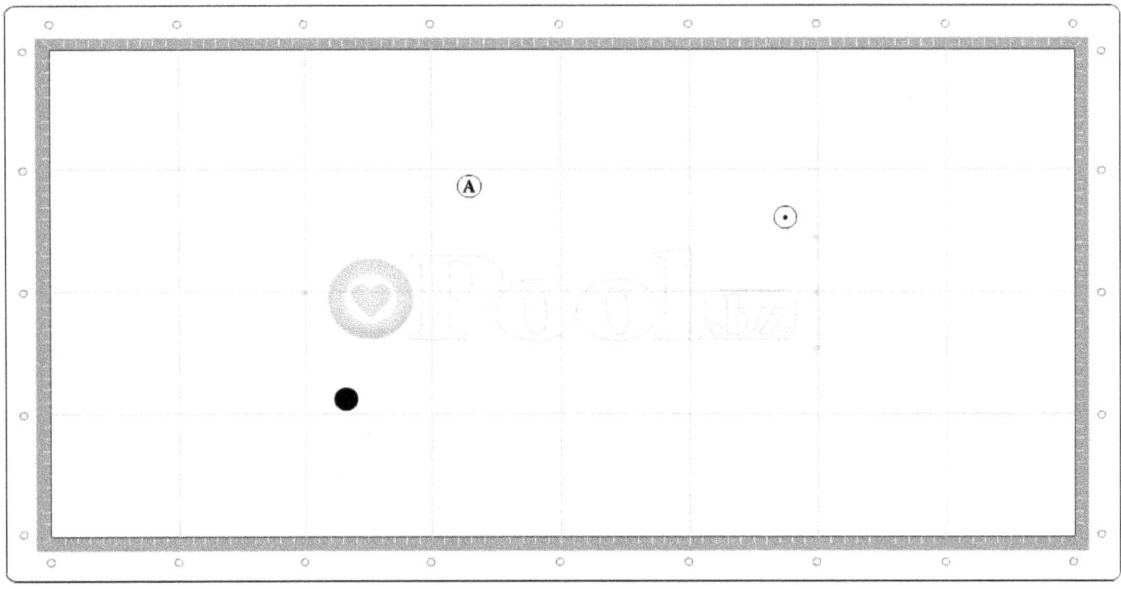

Noter og ideer:

Afspilning mønster

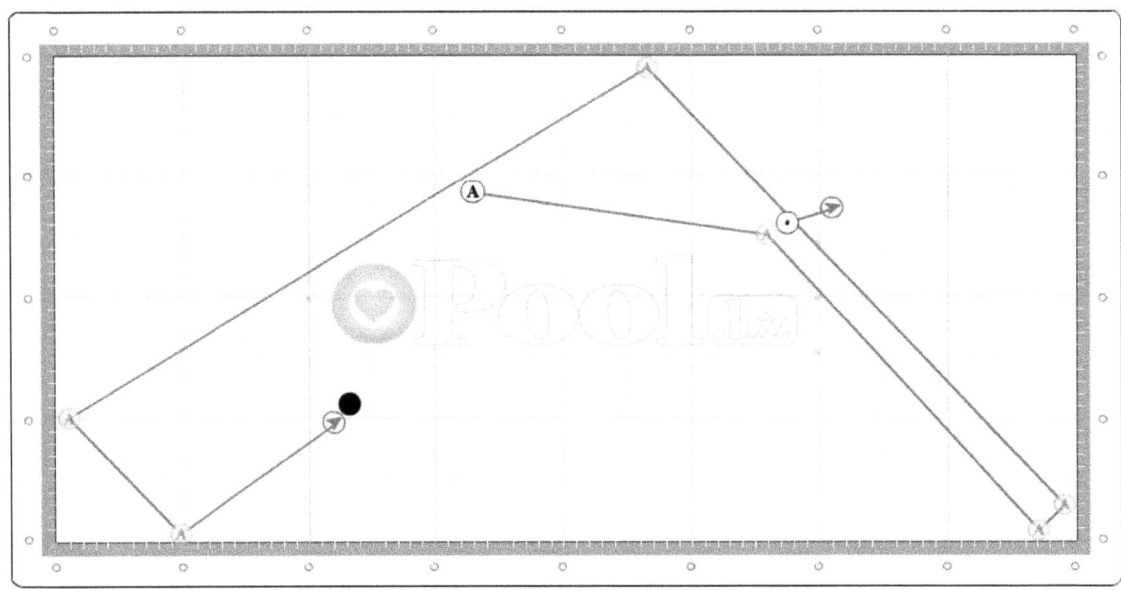

H:1c – Setup

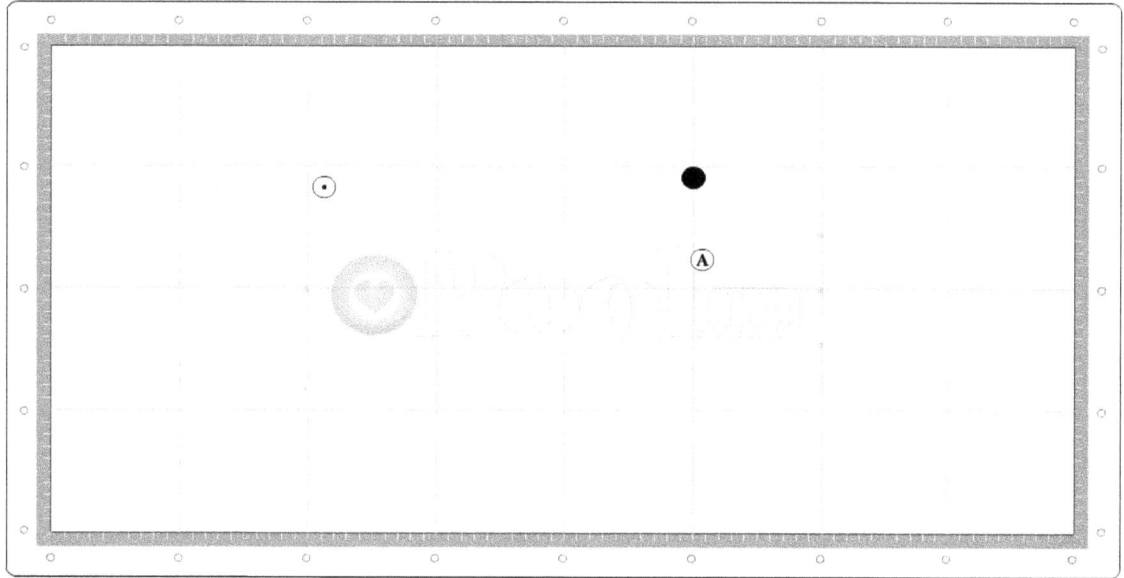

Noter og ideer:

Afspilning mønster

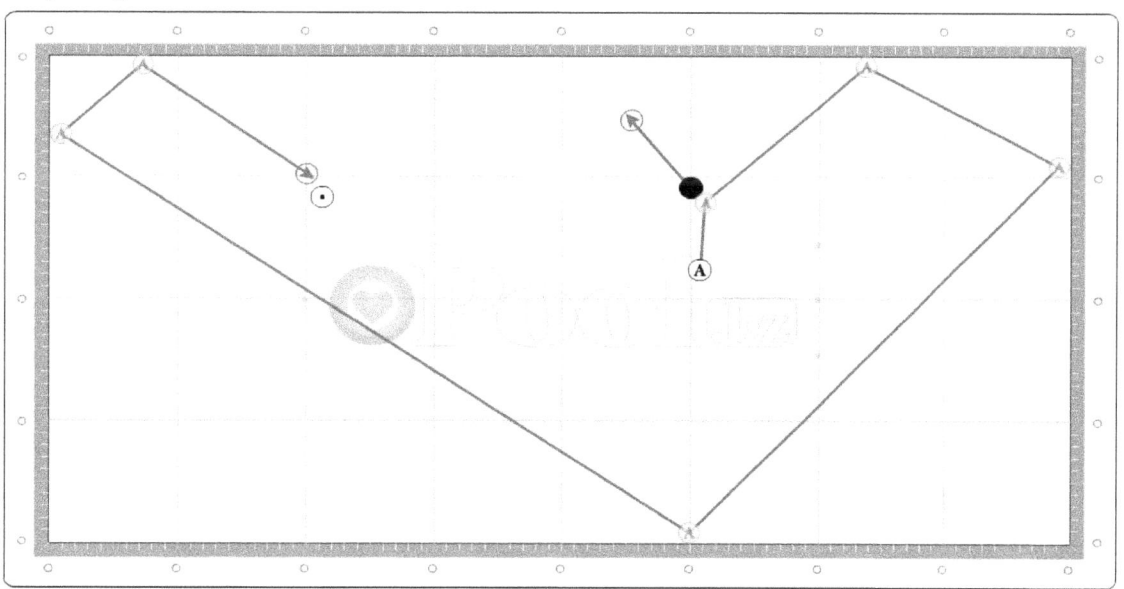

H:1d – Setup

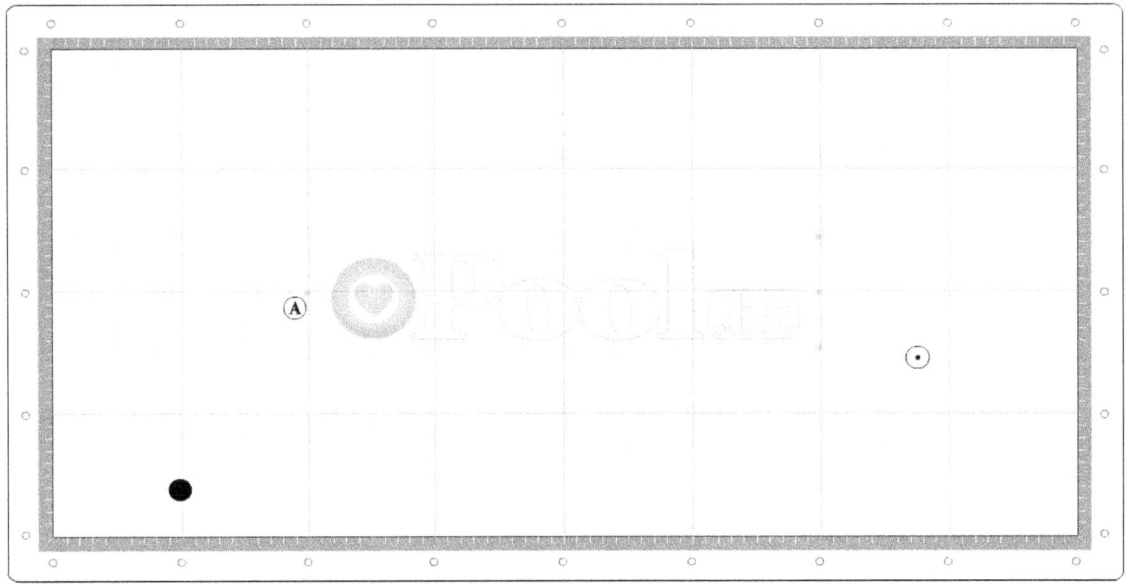

Noter og ideer:

Afspilning mønster

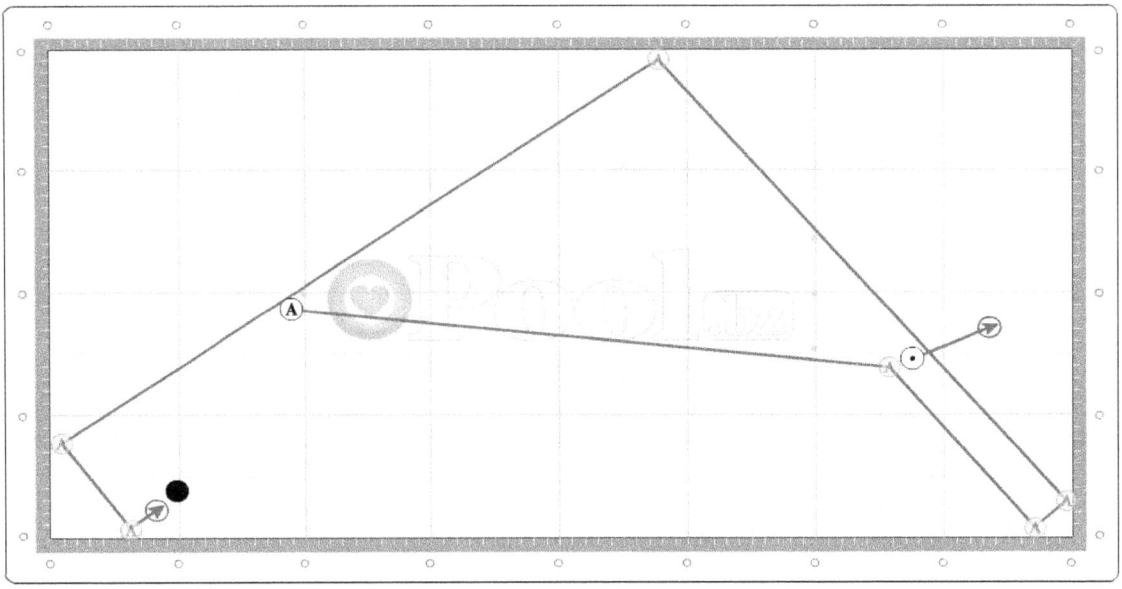

H: Gruppe 2

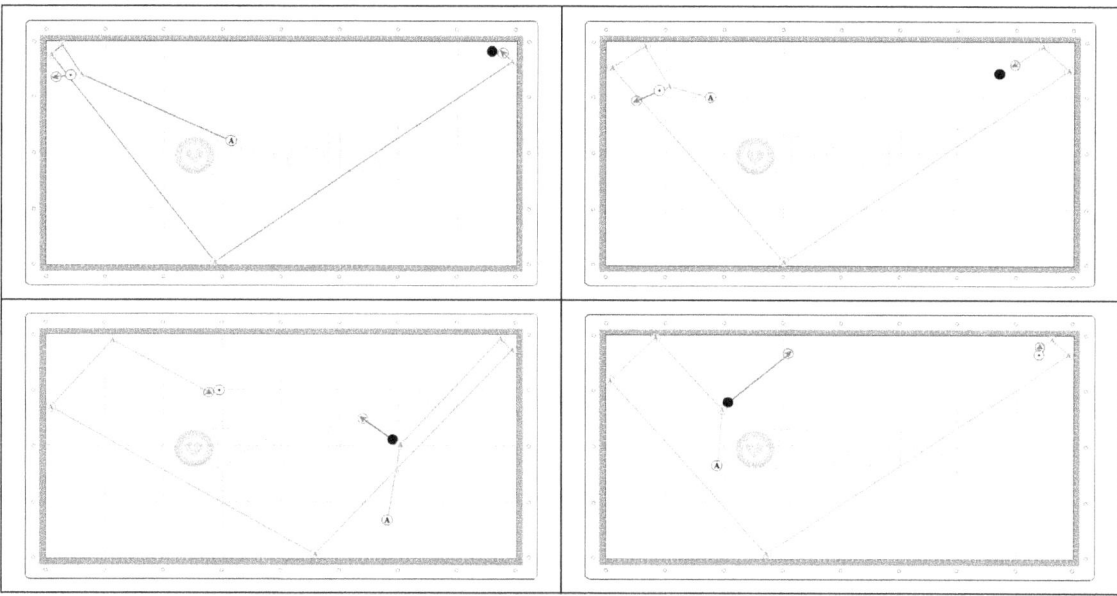

Analyse:

H:2a. _____

H:2b. _____

H:2c. _____

H:2d. _____

H:2a – Setup

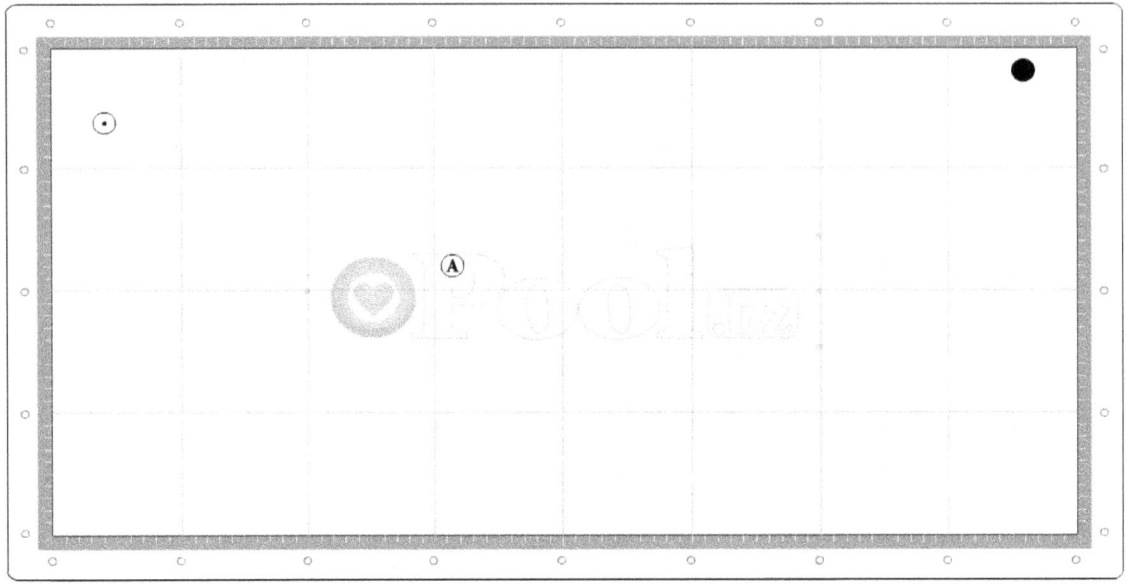

Noter og ideer:

Afspilning mønster

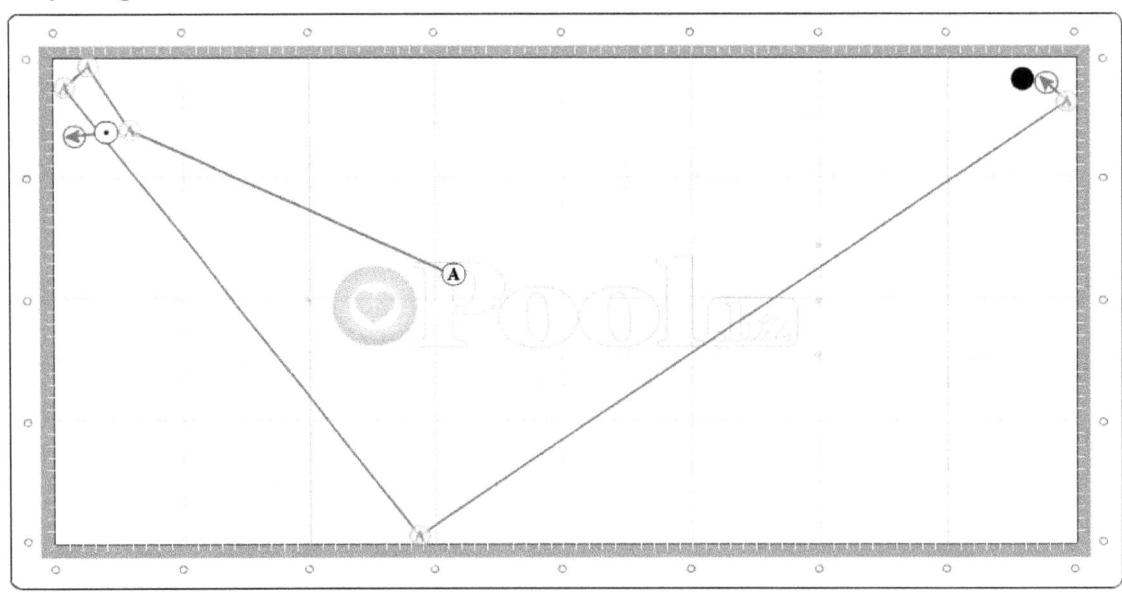

H:2b – Setup

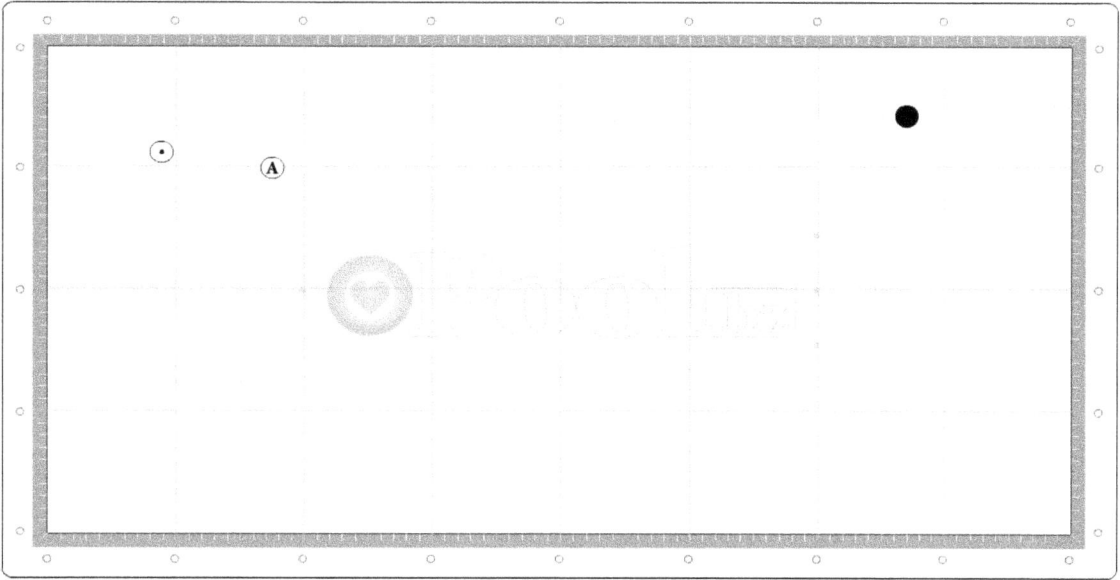

Noter og ideer:

Afspilning mønster

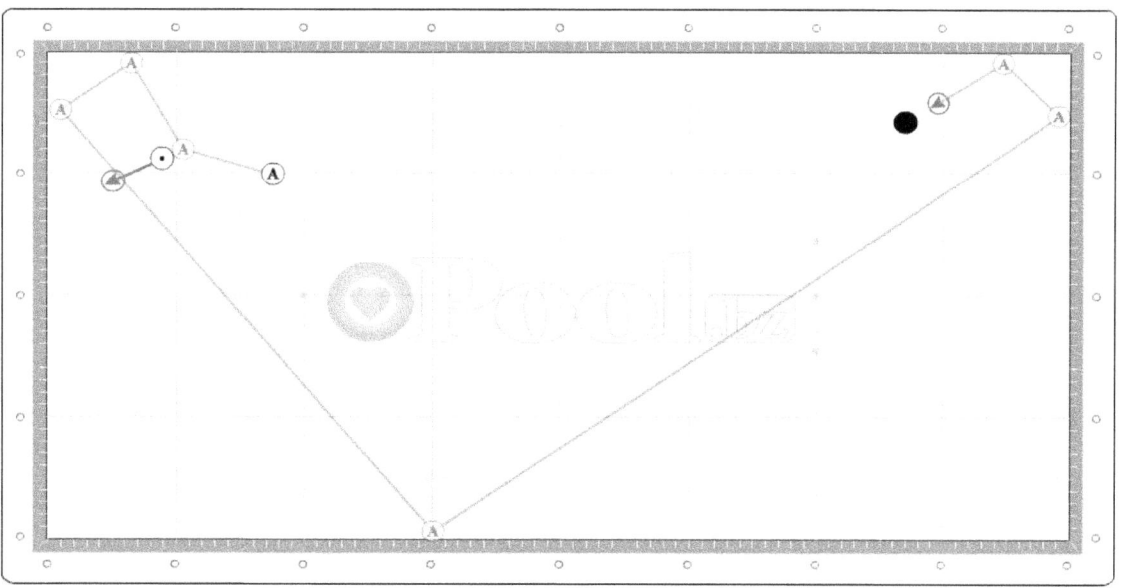

H:2c – Setup

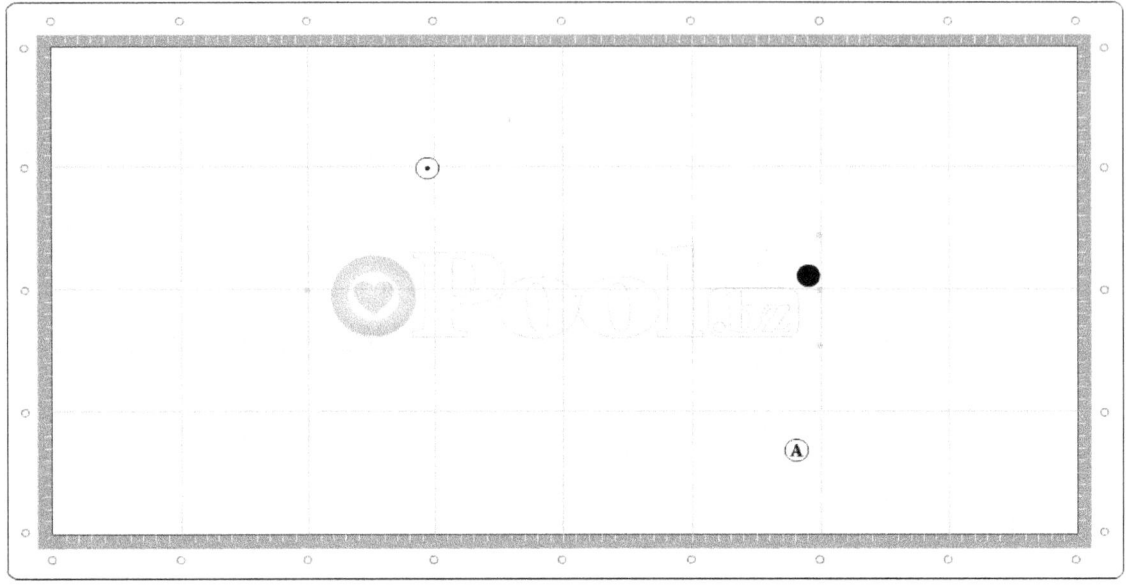

Noter og ideer:

Afspilning mønster

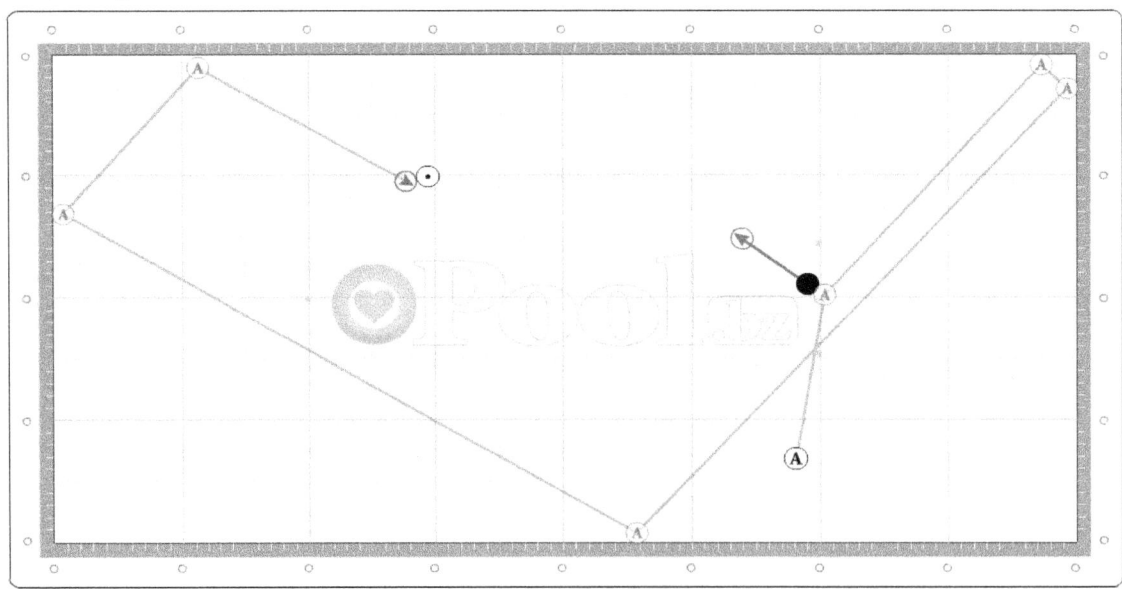

H:2d – Setup

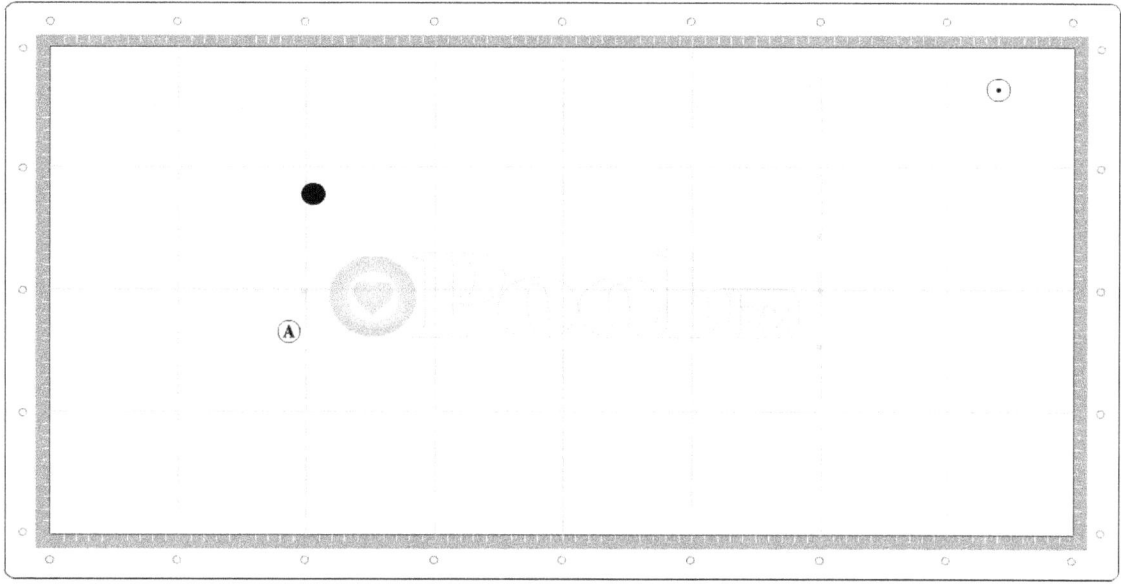

Noter og ideer:

Afspilning mønster

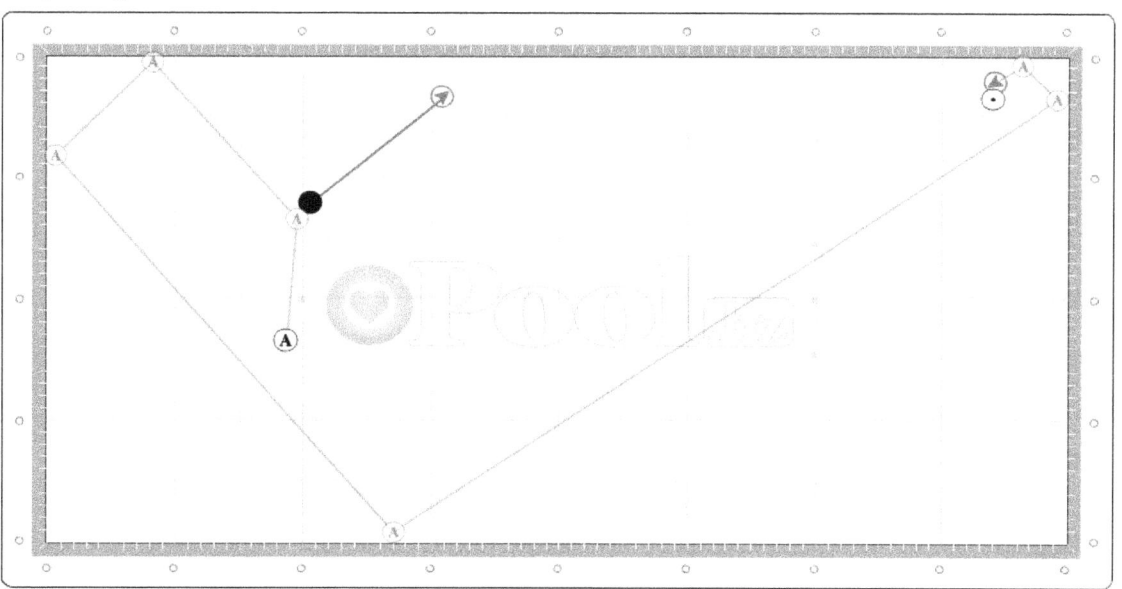

H: Gruppe 3

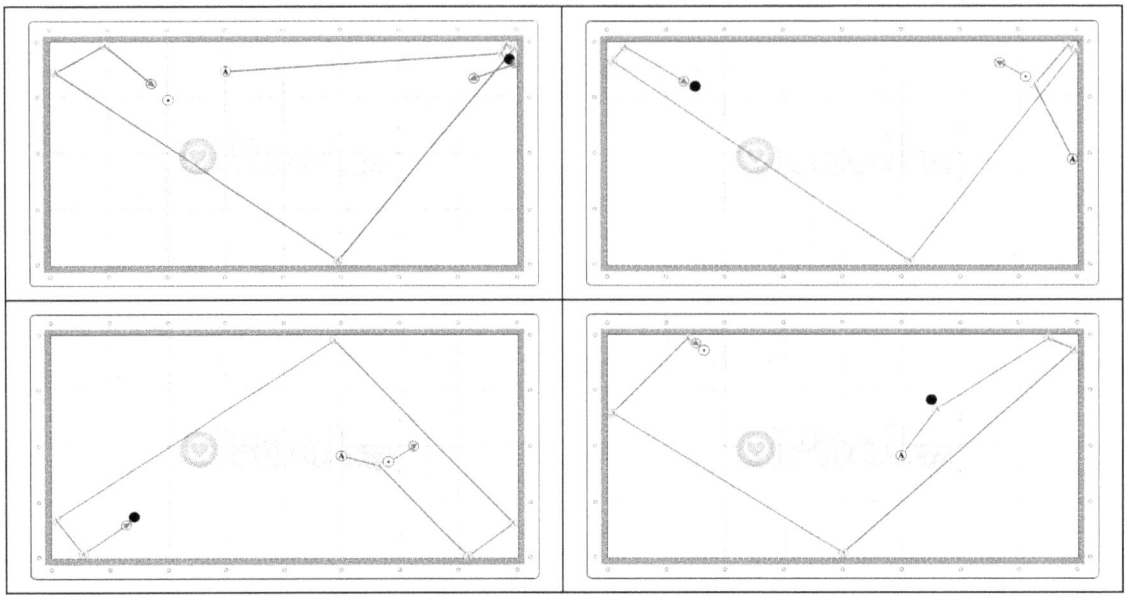

Analyse:

H:3a. _____

H:3b. _____

H:3c. _____

H:3d. _____

H:3a – Setup

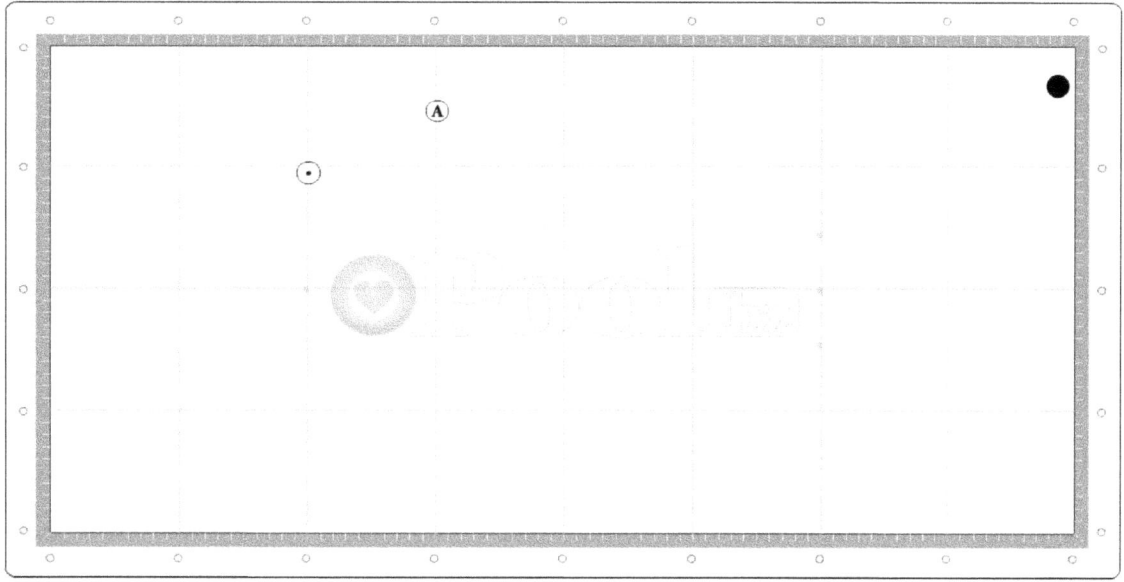

Noter og ideer:

Afspilning mønster

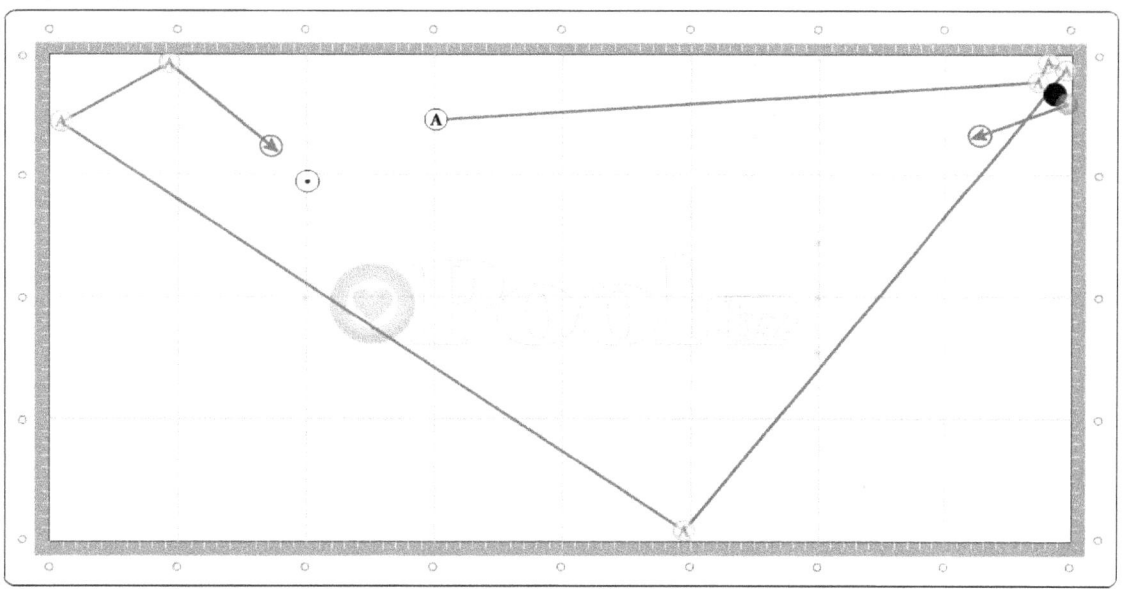

H:3b – Setup

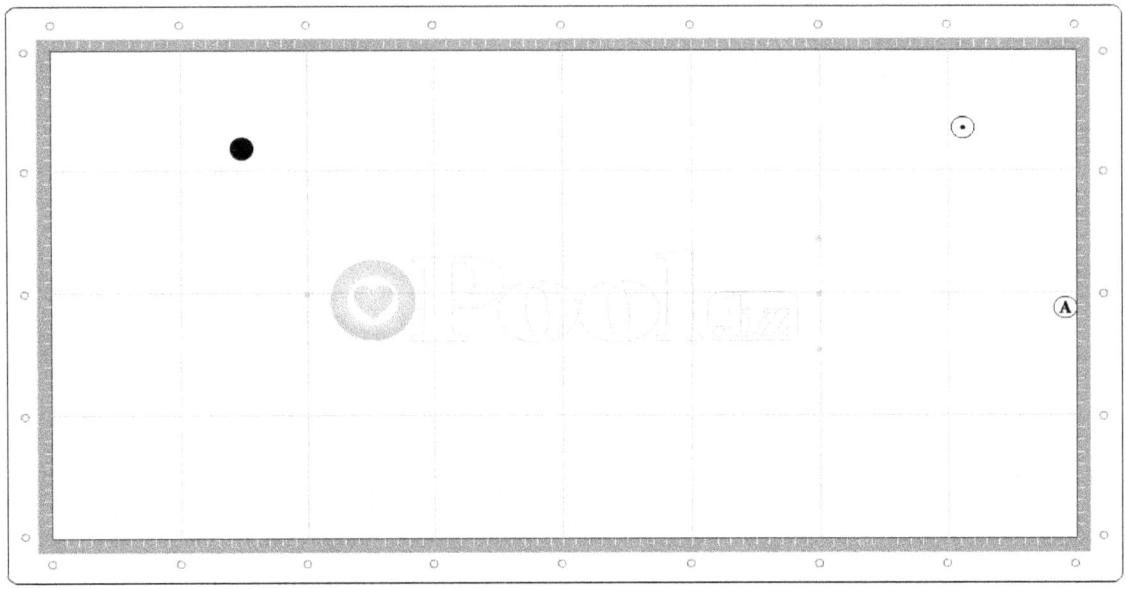

Noter og ideer:

Afspilning mønster

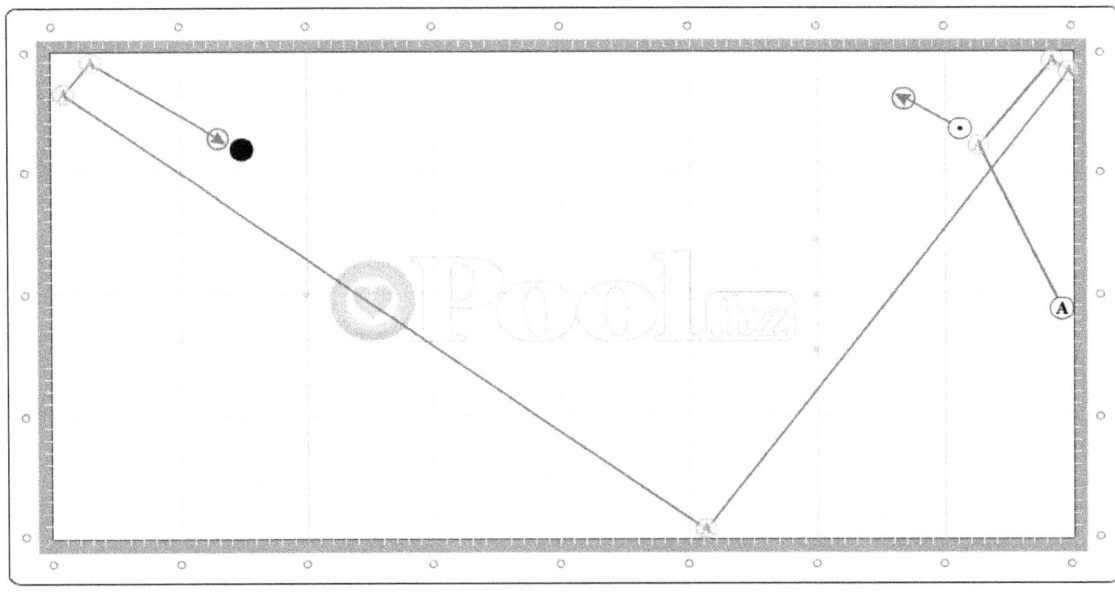

H:3c – Setup

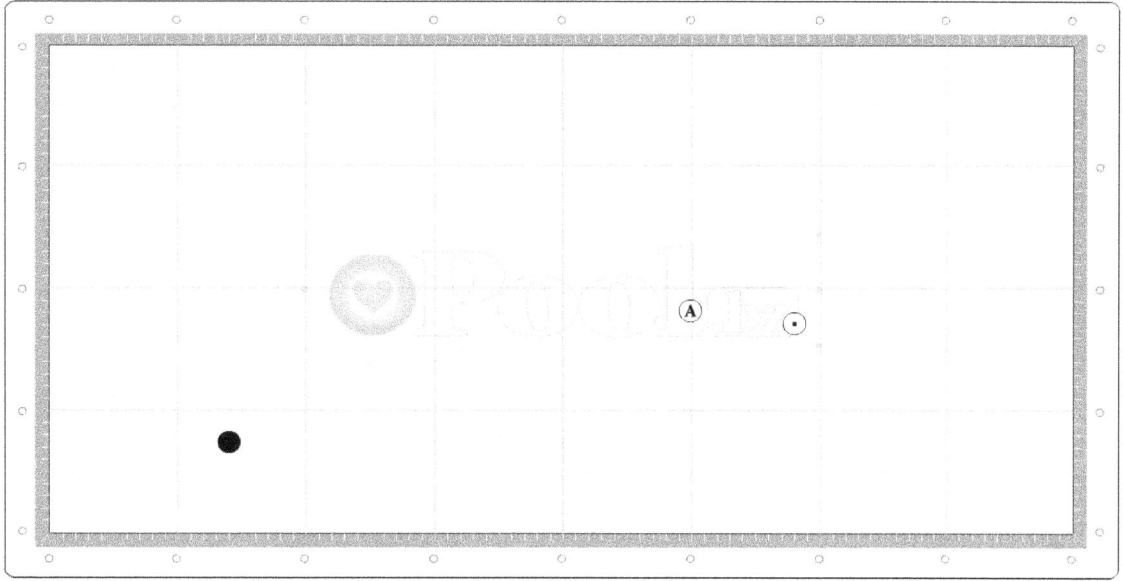

Noter og ideer:

Afspilning mønster

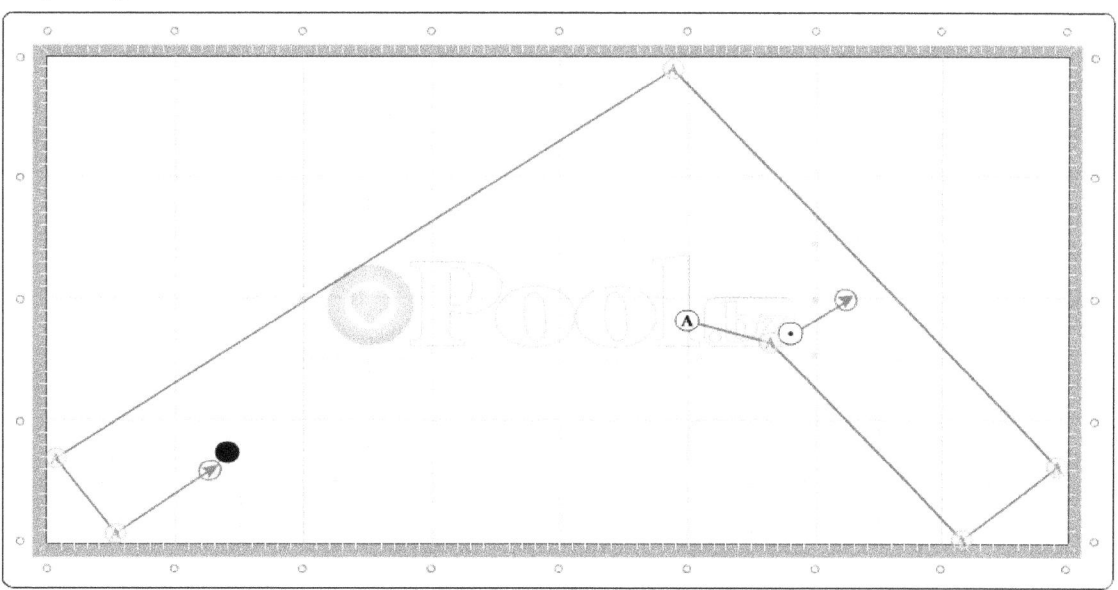

H:3d – Setup

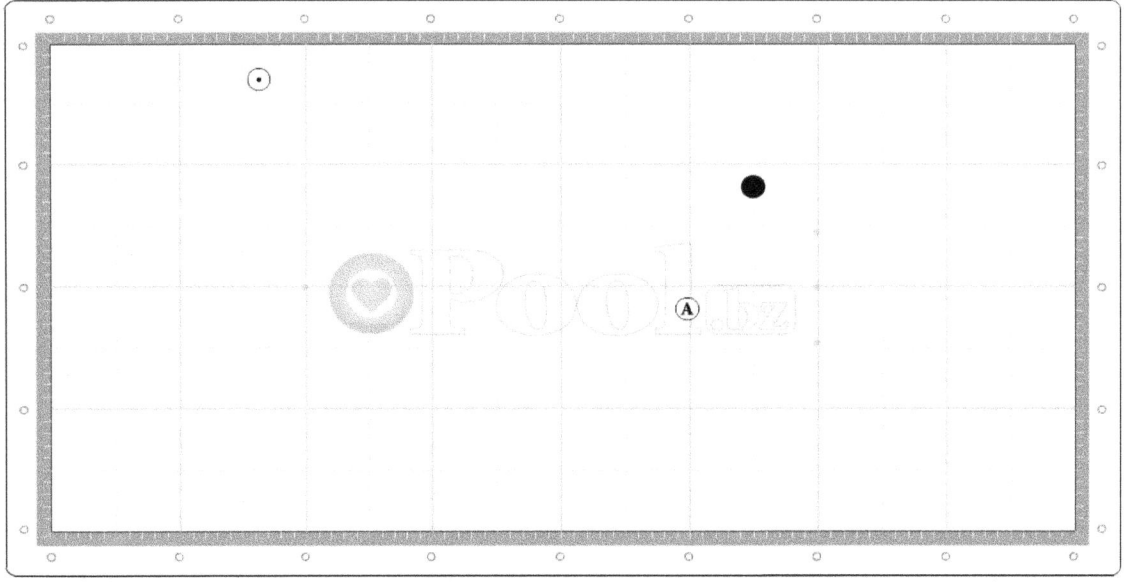

Noter og ideer:

Afspilning mønster

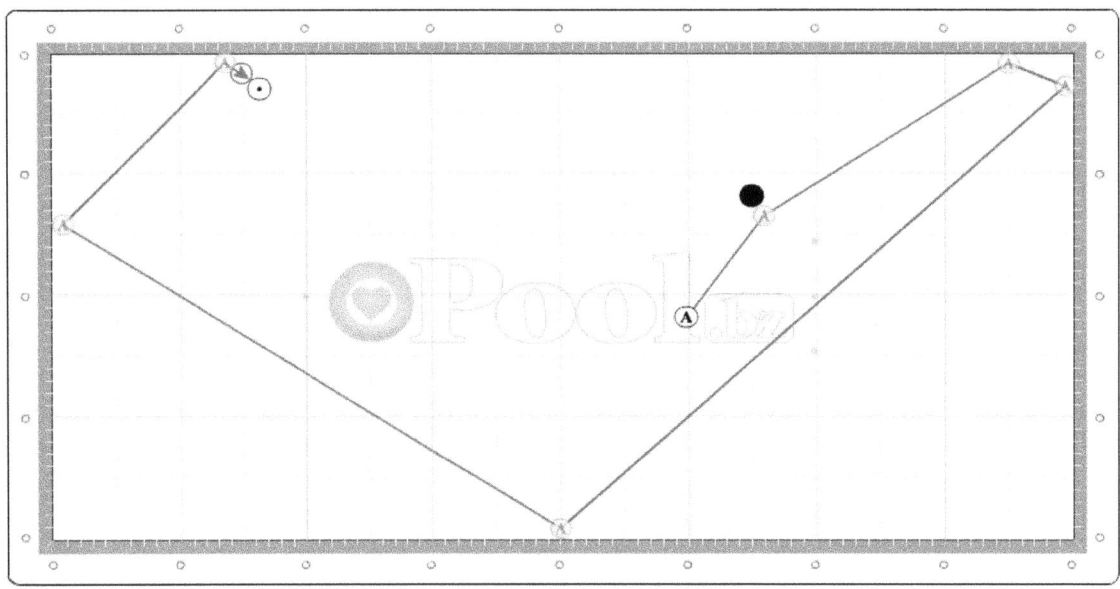

I: Udvidet dobbelt krog

På disse mønstre kommer (CB) ud af det første (OB) i hjørnet - lang bande først. Den (CB) går op ad bakken til midten af den modsatte lange bande. På downhill side går (CB) ind og ud af det modsatte hjørne for at kontakte det andet (OB).

(A) (CB) (din billardkugle) – (•) (OB) (modstander billardkugle) – ● (OB) (rød billardkugle)

I: Gruppe 1

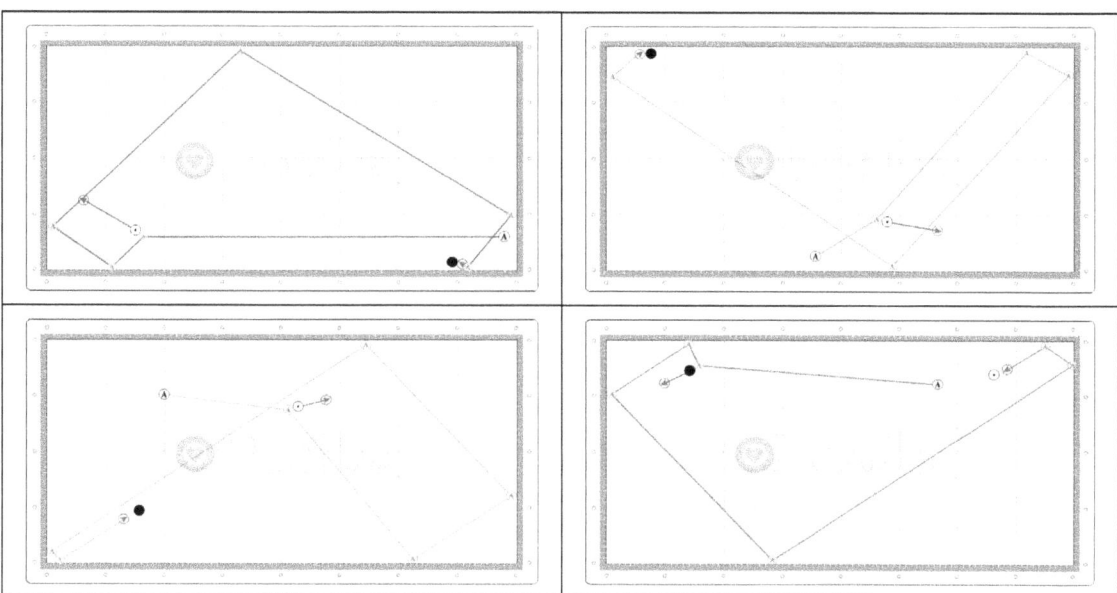

Analyse:

I:1a. _____

I:1b. _____

I:1c. _____

I:1d. _____

I:1a – Setup

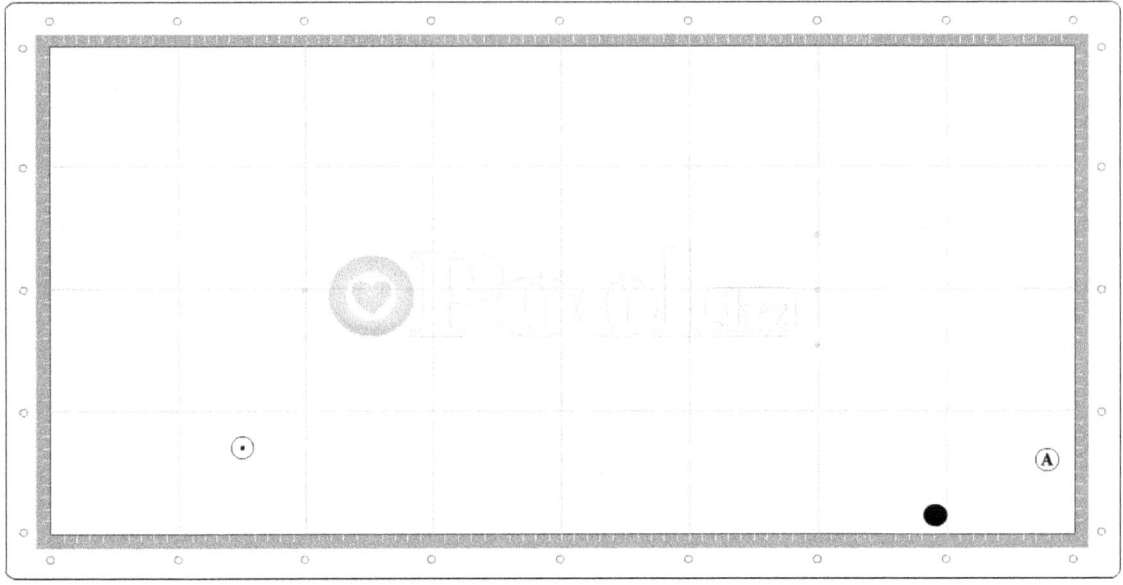

Noter og ideer:

Afspilning mønster

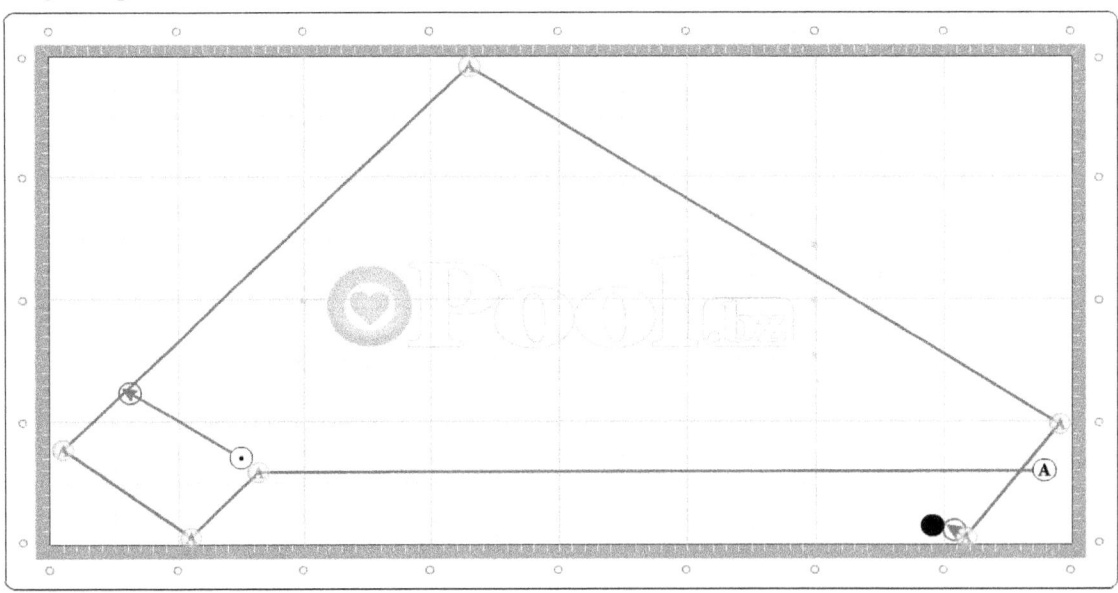

I:1b – Setup

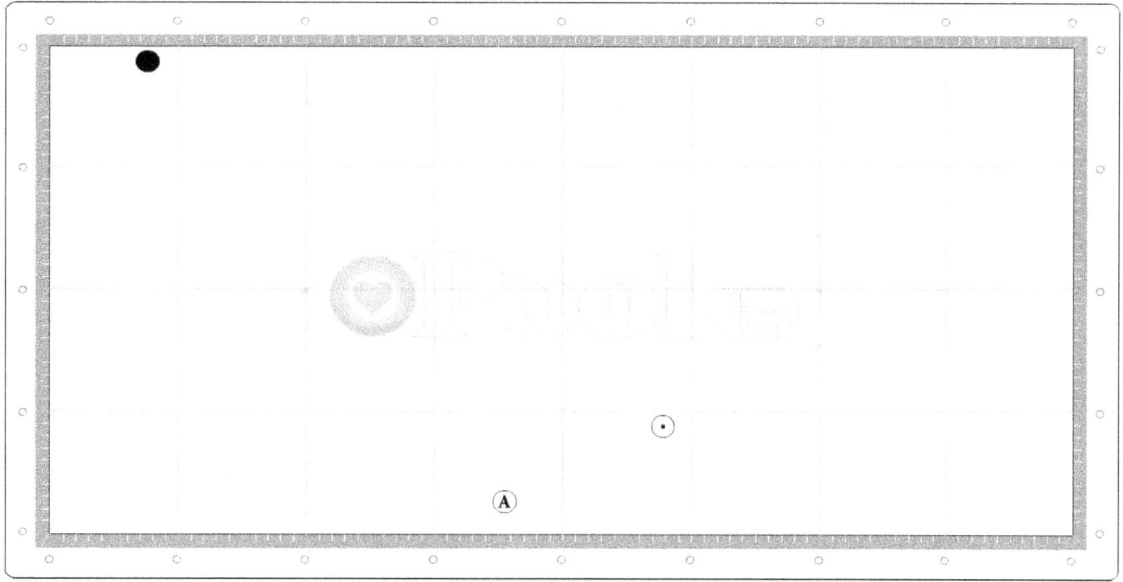

Noter og ideer:

Afspilning mønster

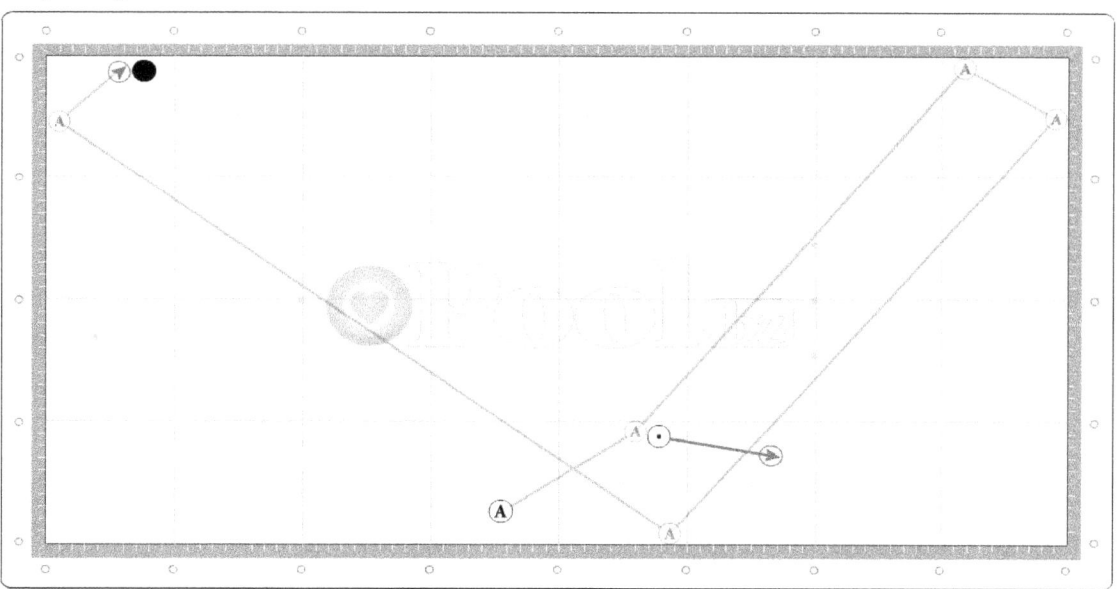

I:1c – Setup

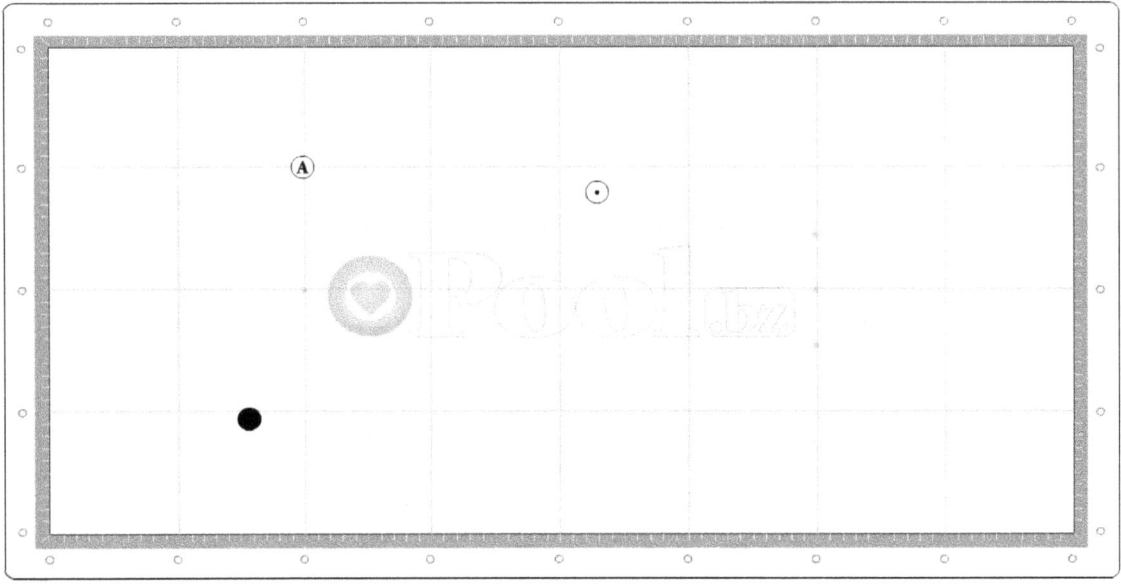

Noter og ideer:

Afspilning mønster

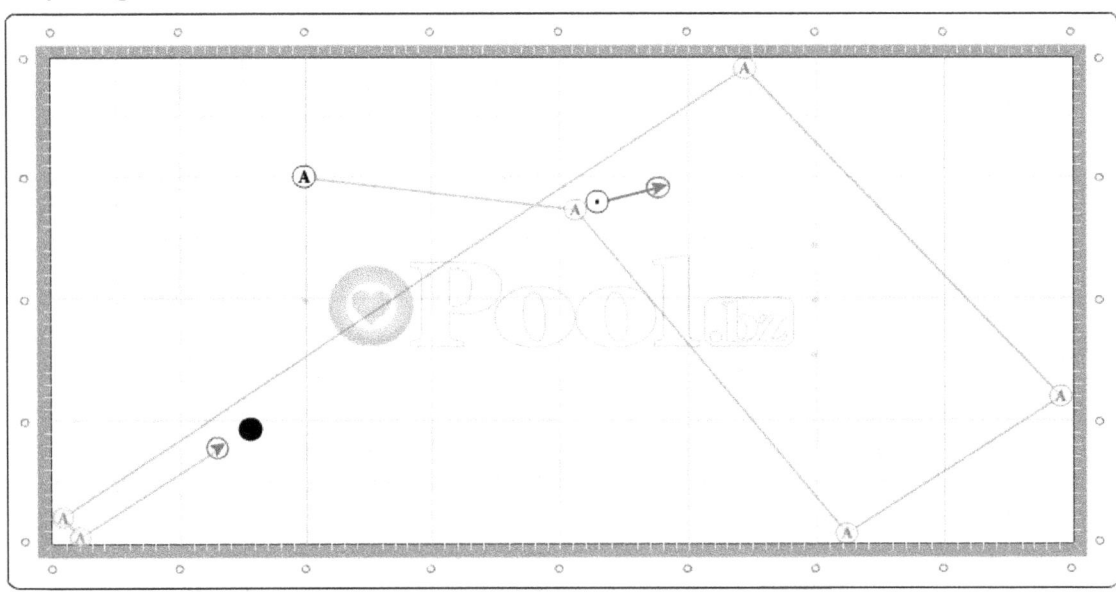

I:1d – Setup

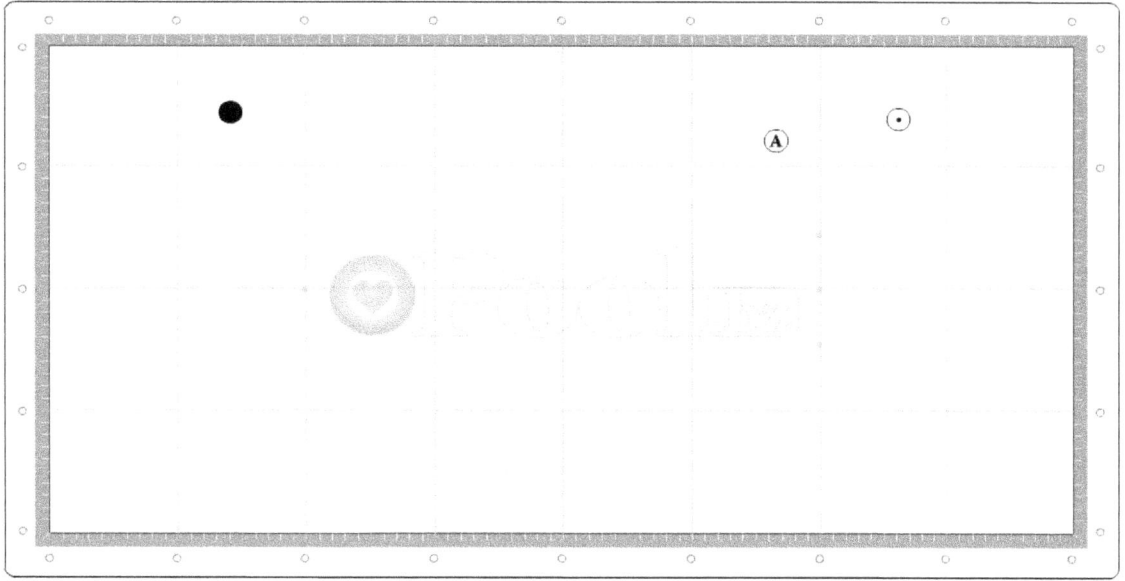

Noter og ideer:

Afspilning mønster

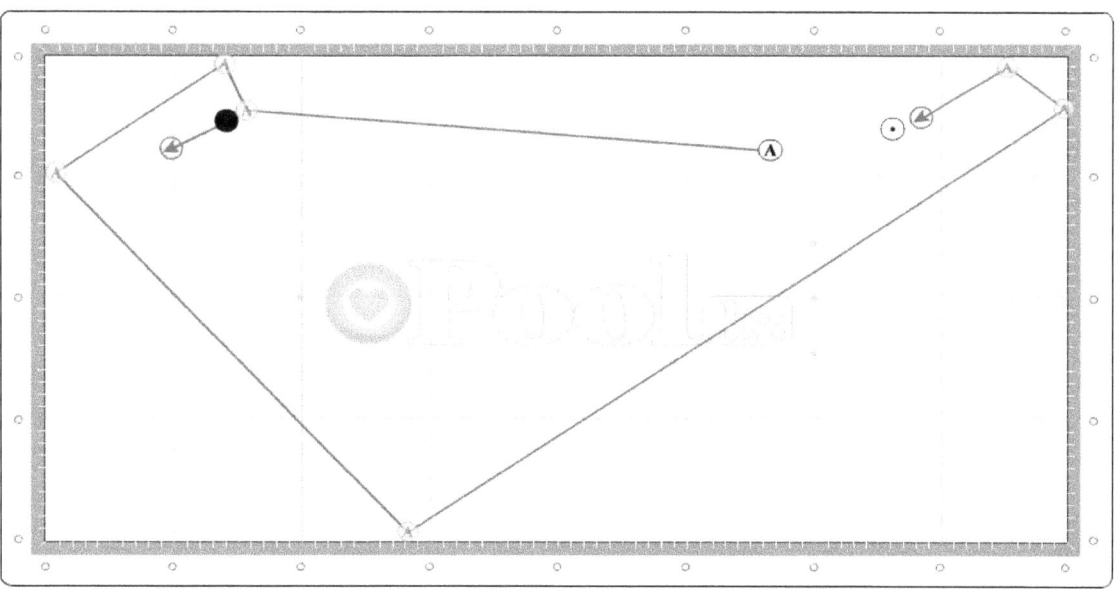

I: Gruppe 2

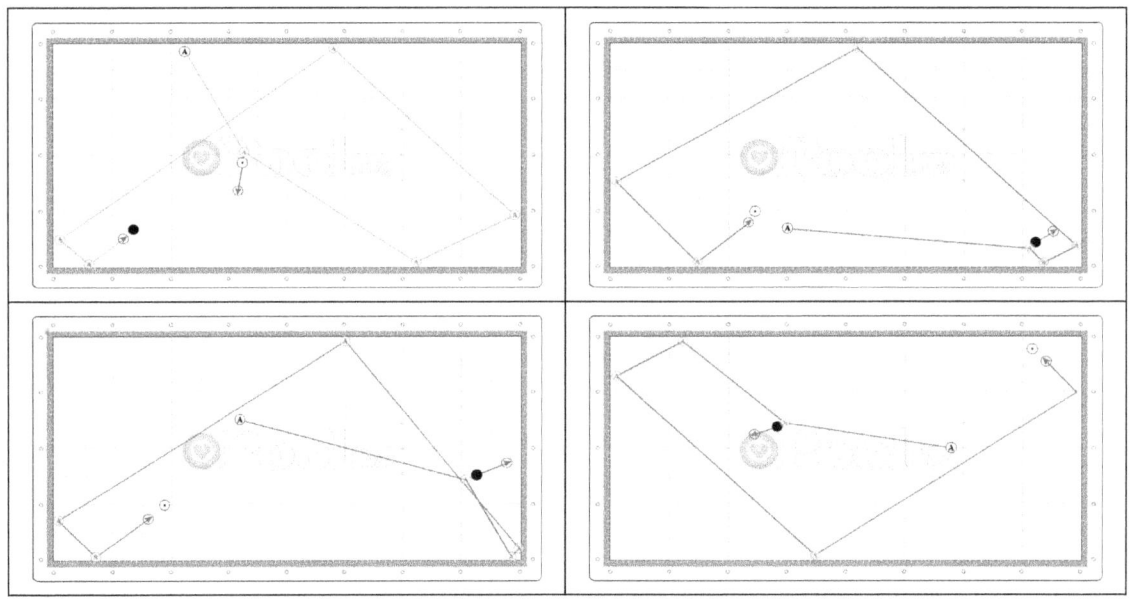

Analyse:

I:2a. _____

I:2b. _____

I:2c. _____

I:2d. _____

I:2a – Setup

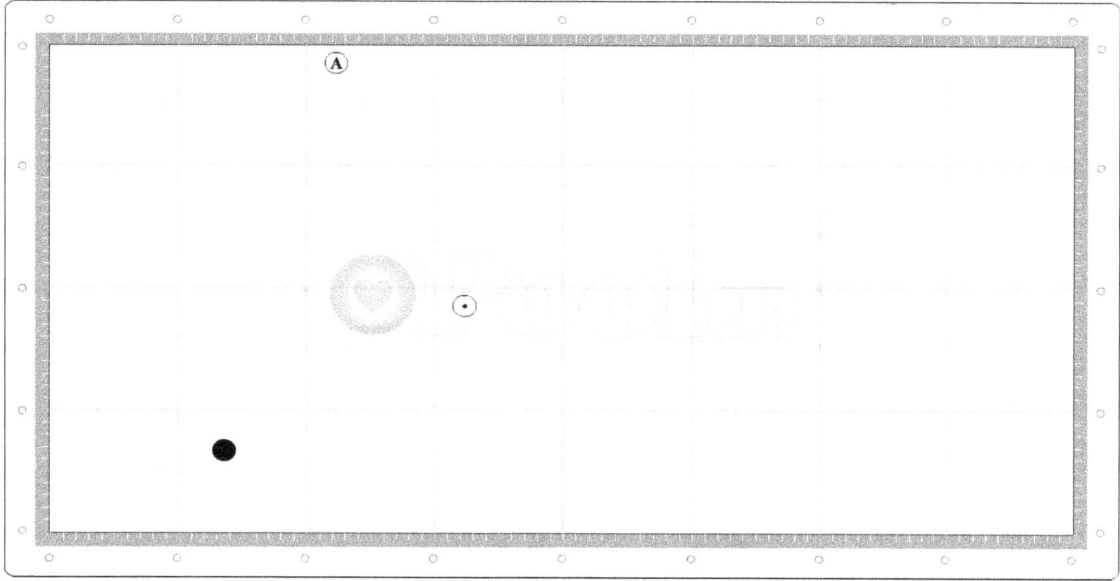

Noter og ideer:

Afspilning mønster

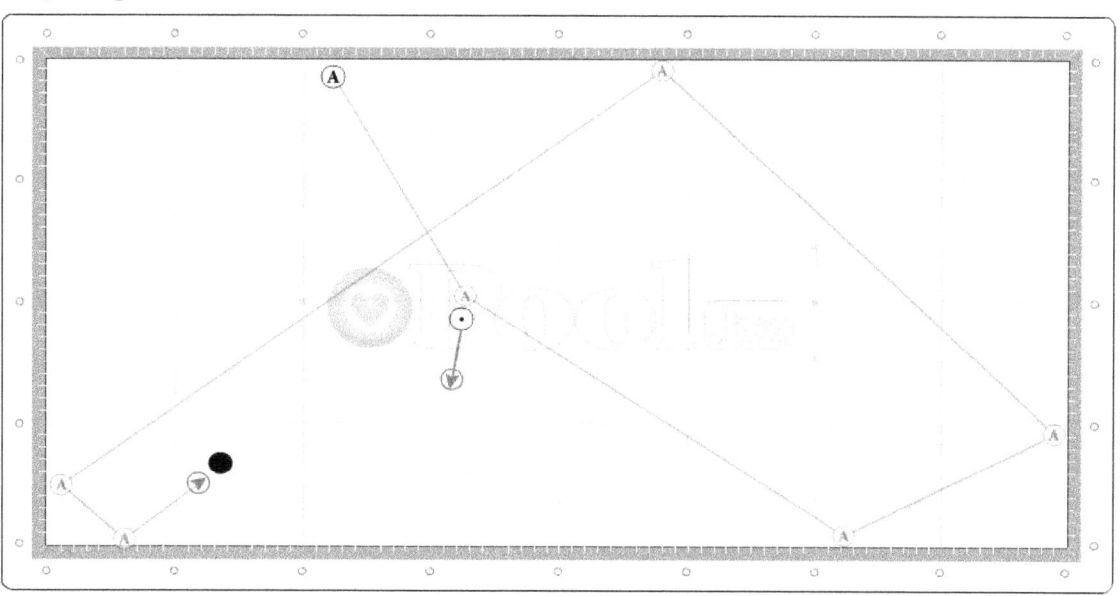

I:2b – Setup

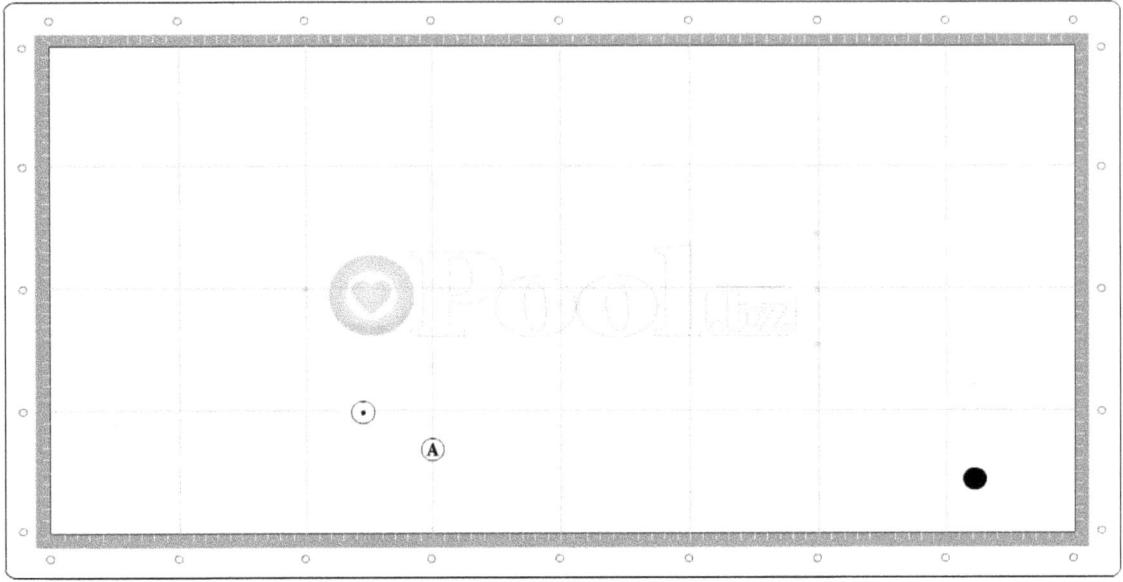

Noter og ideer:

Afspilning mønster

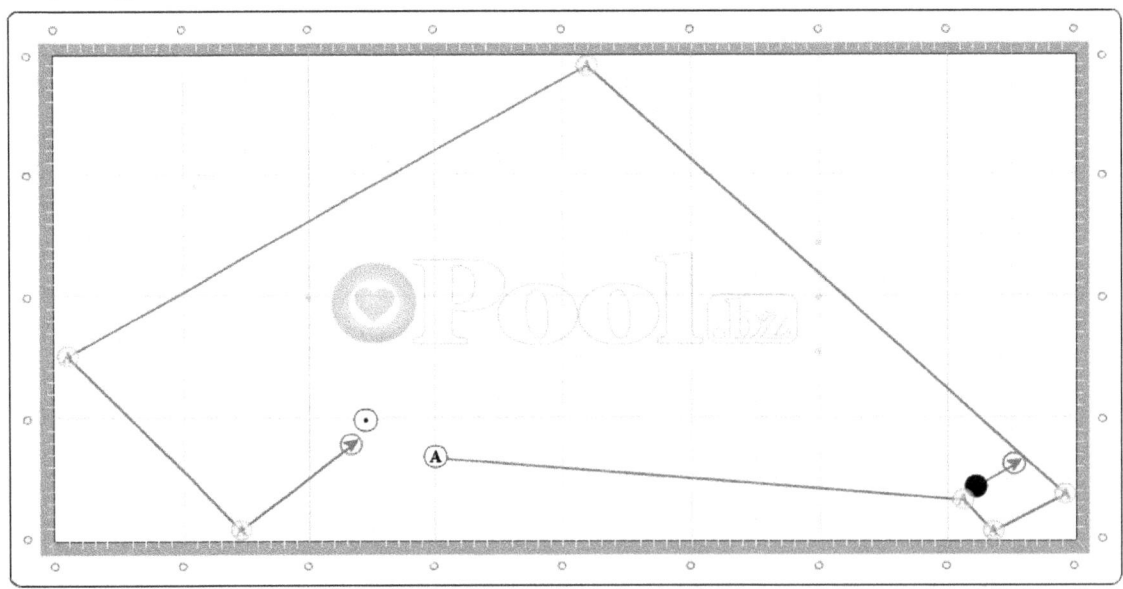

I:2c – Setup

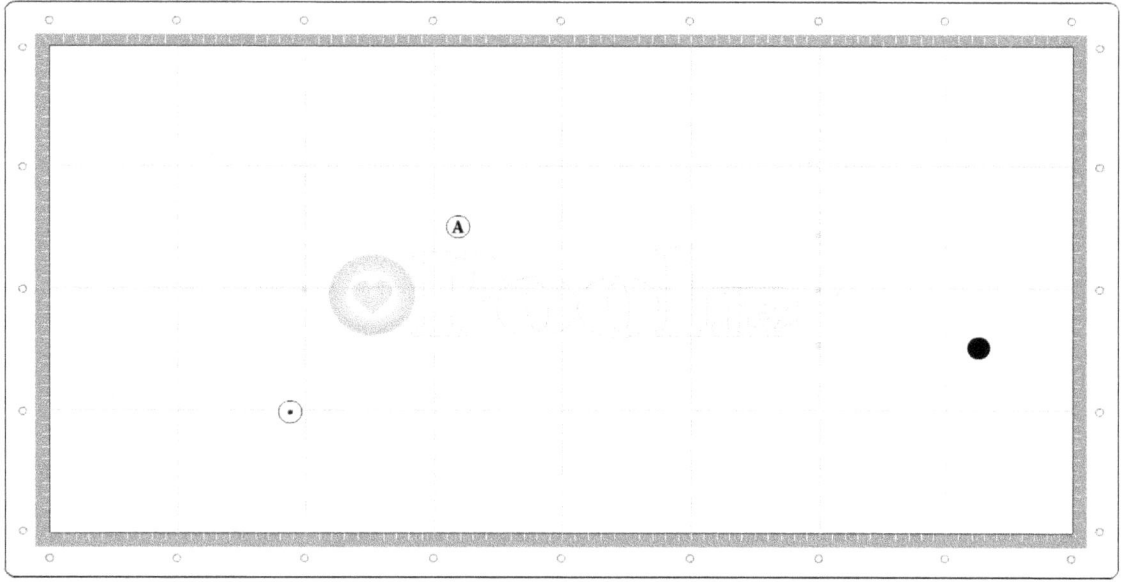

Noter og ideer:

Afspilning mønster

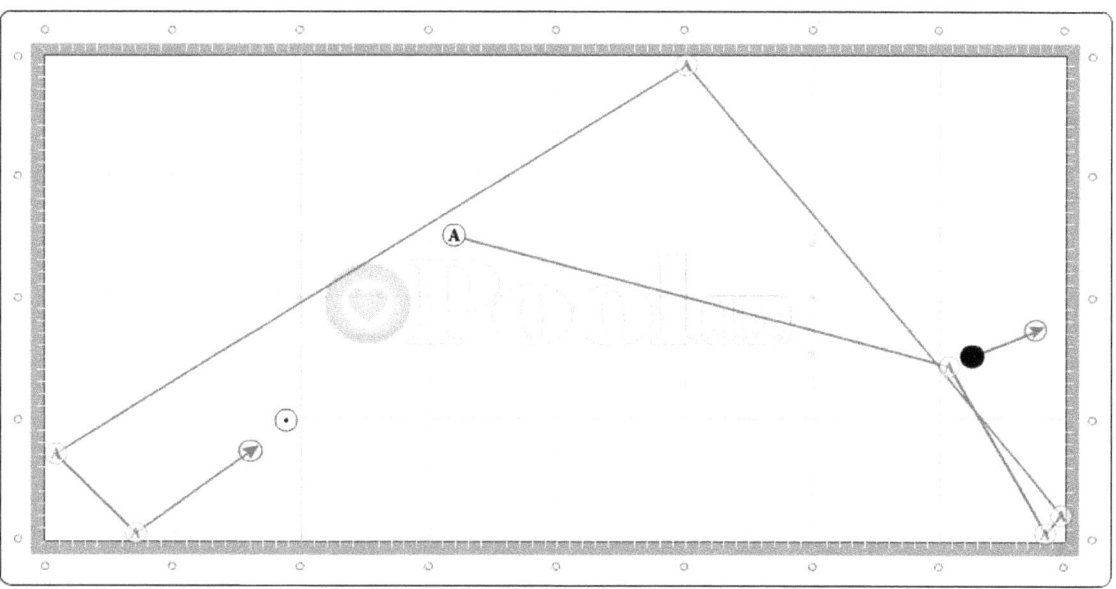

I:2d – Setup

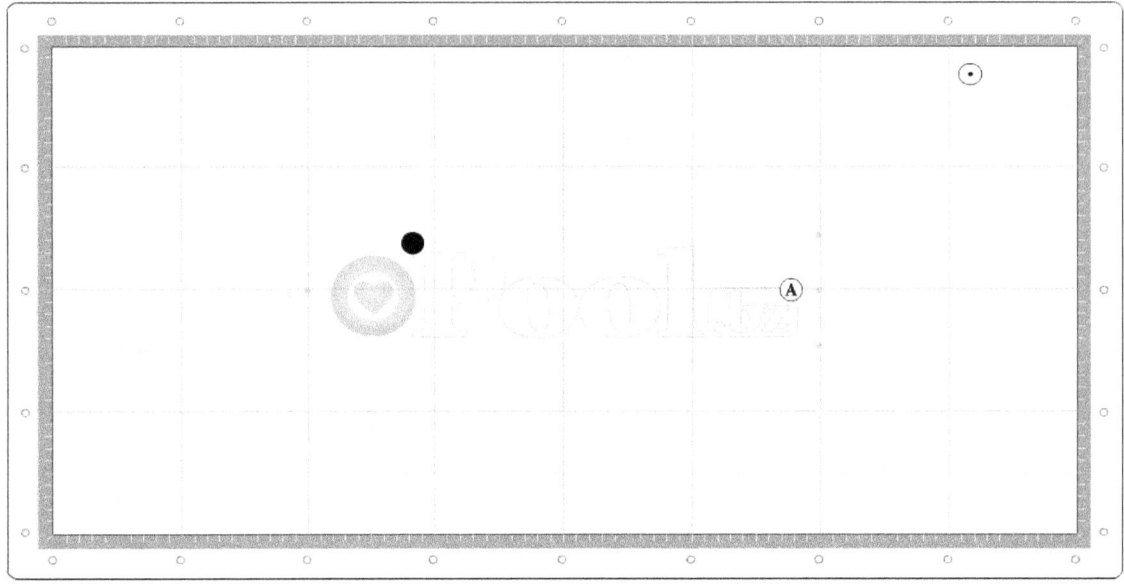

Noter og ideer:

Afspilning mønster

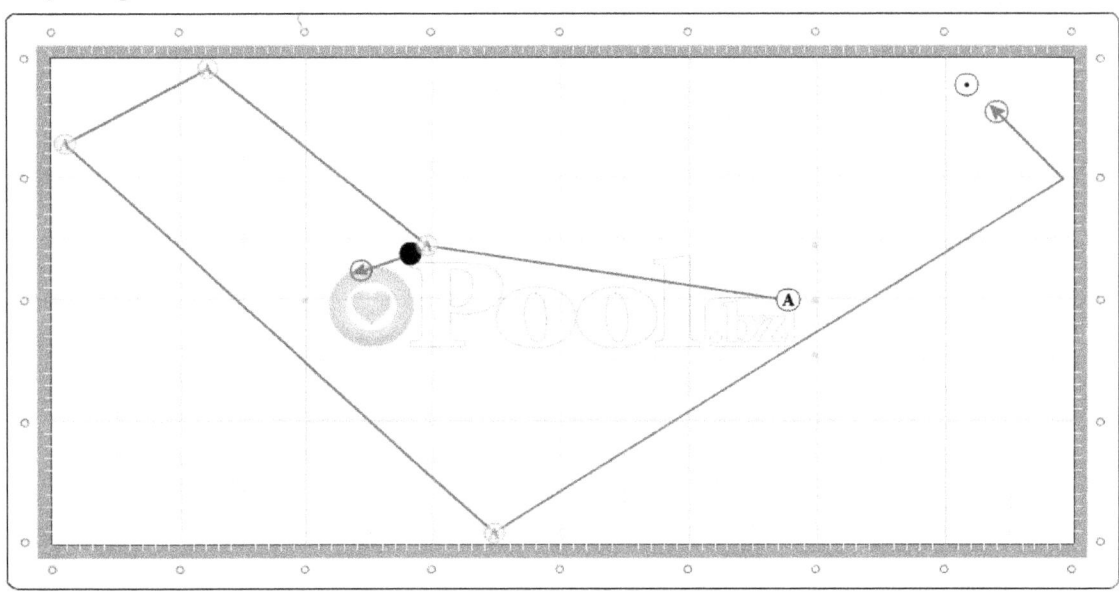

I: Gruppe 3

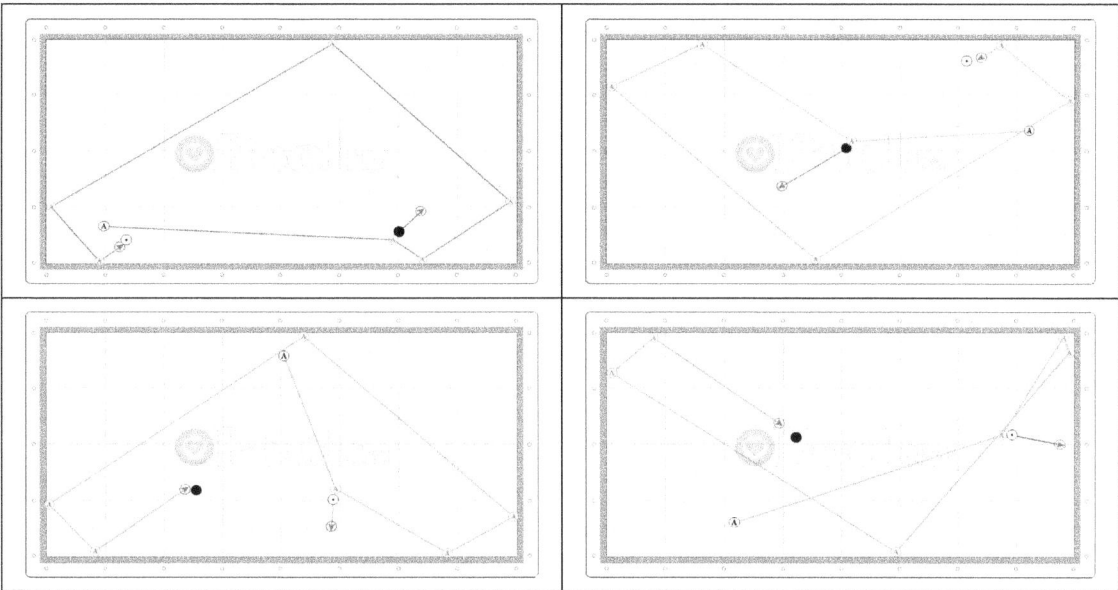

Analyse:

I:3a. _____

I:3b. _____

I:3c. _____

I:3d. _____

I:3a – Setup

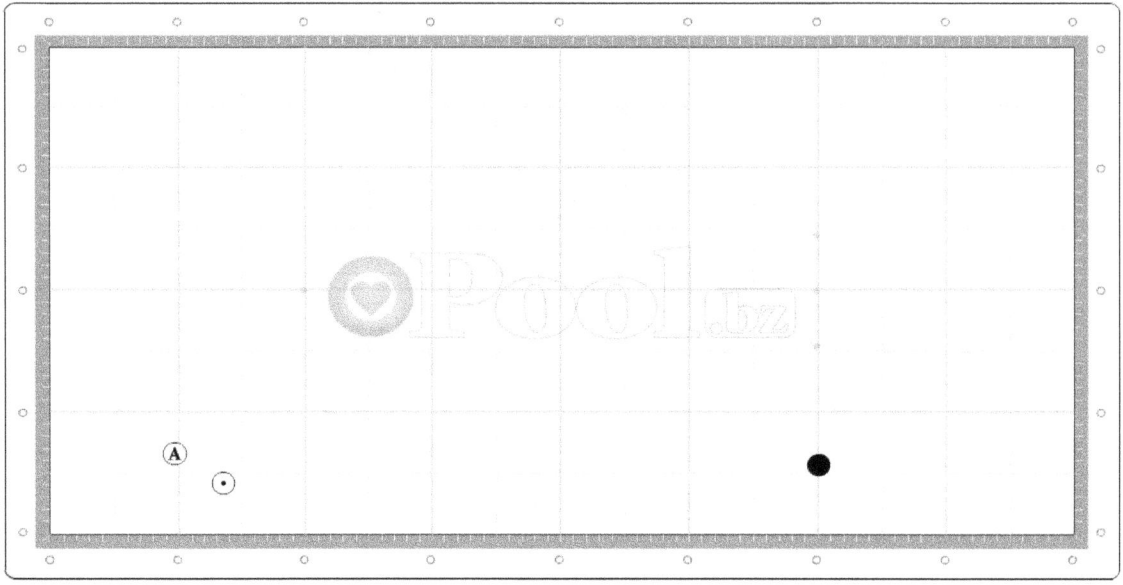

Noter og ideer:

Afspilning mønster

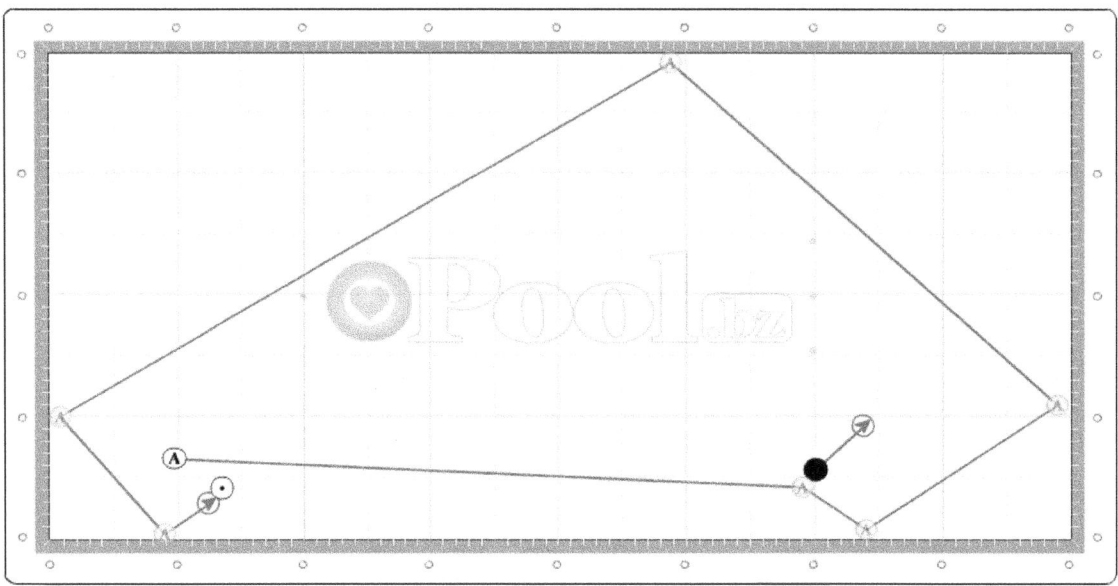

I:3b – Setup

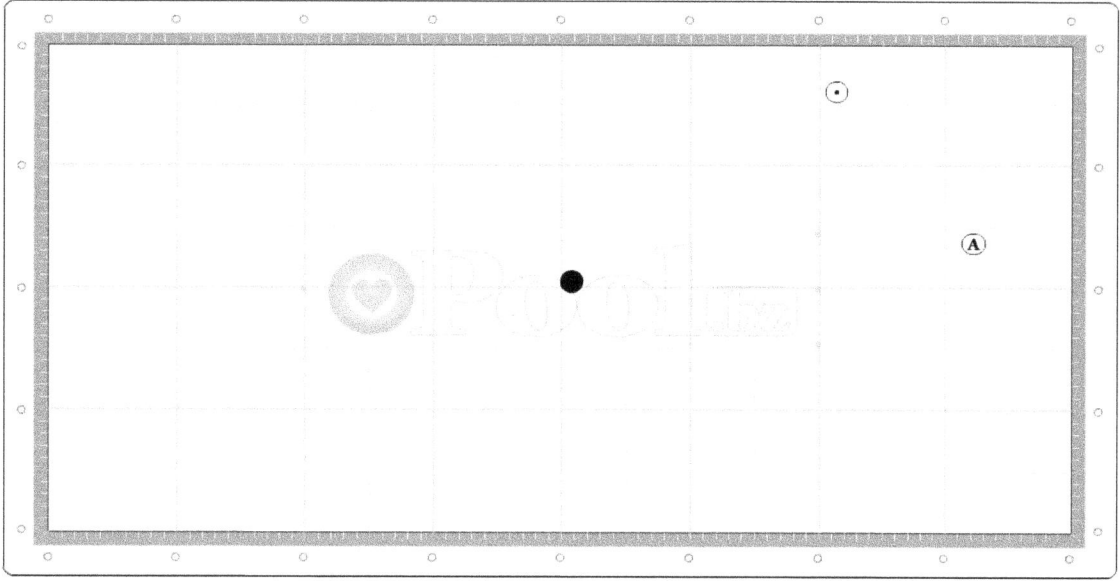

Noter og ideer:

Afspilning mønster

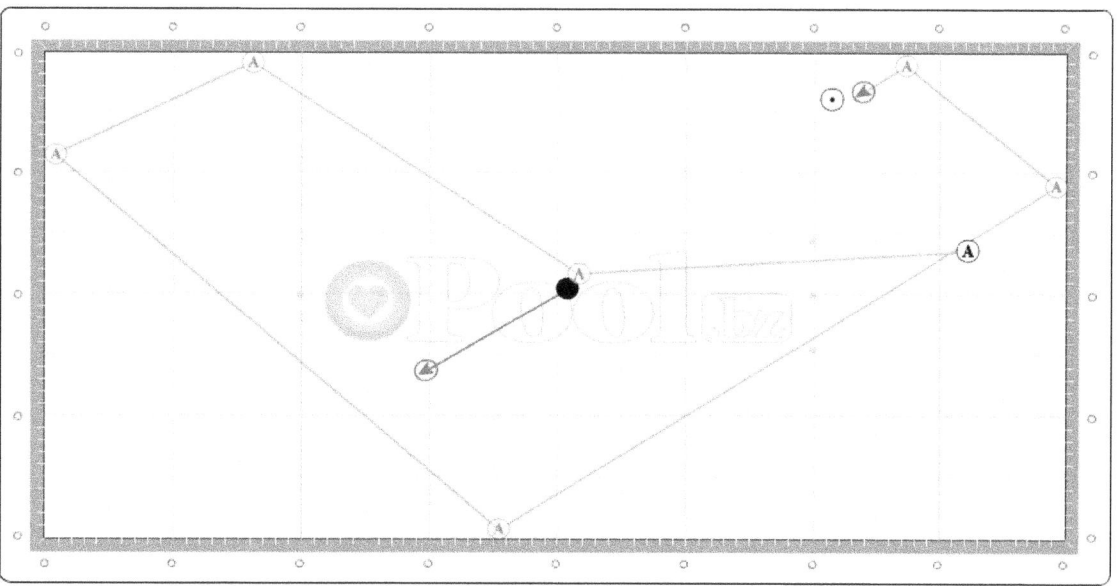

I:3c – Setup

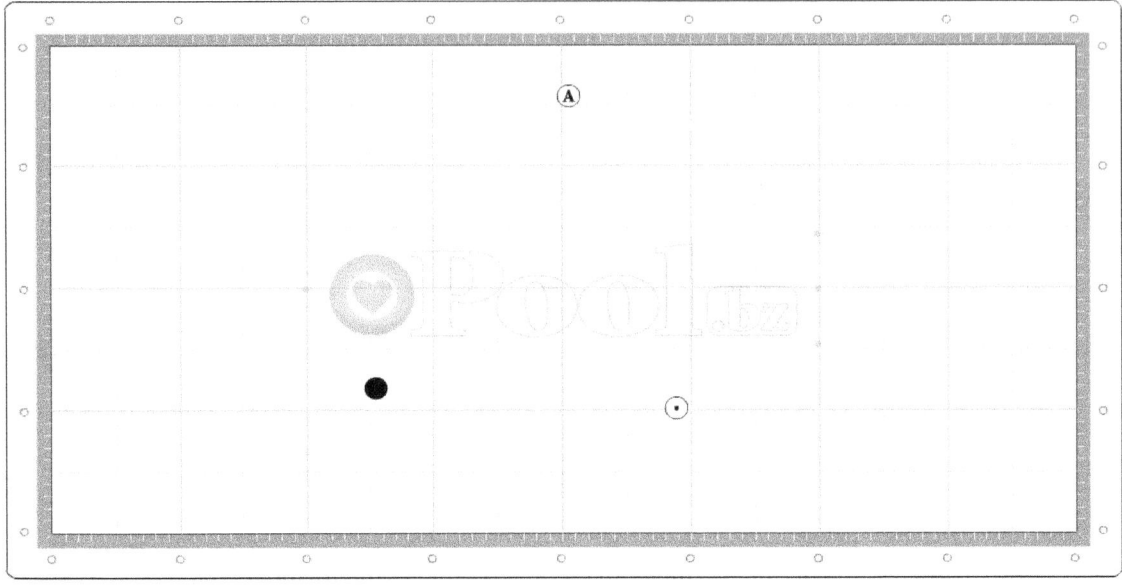

Noter og ideer:

Afspilning mønster

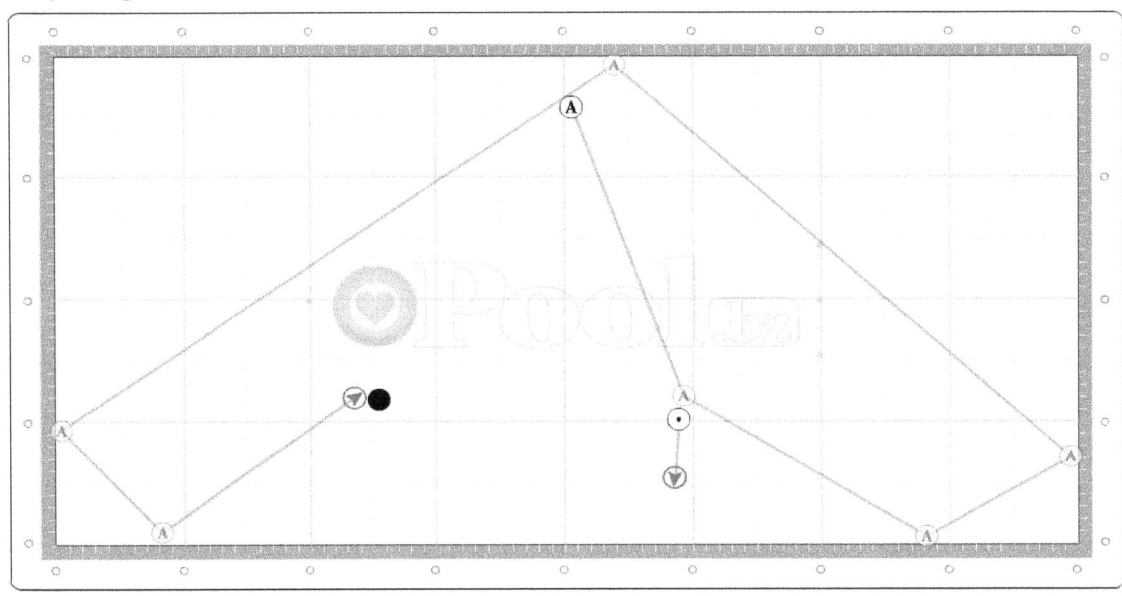

I:3d – Setup

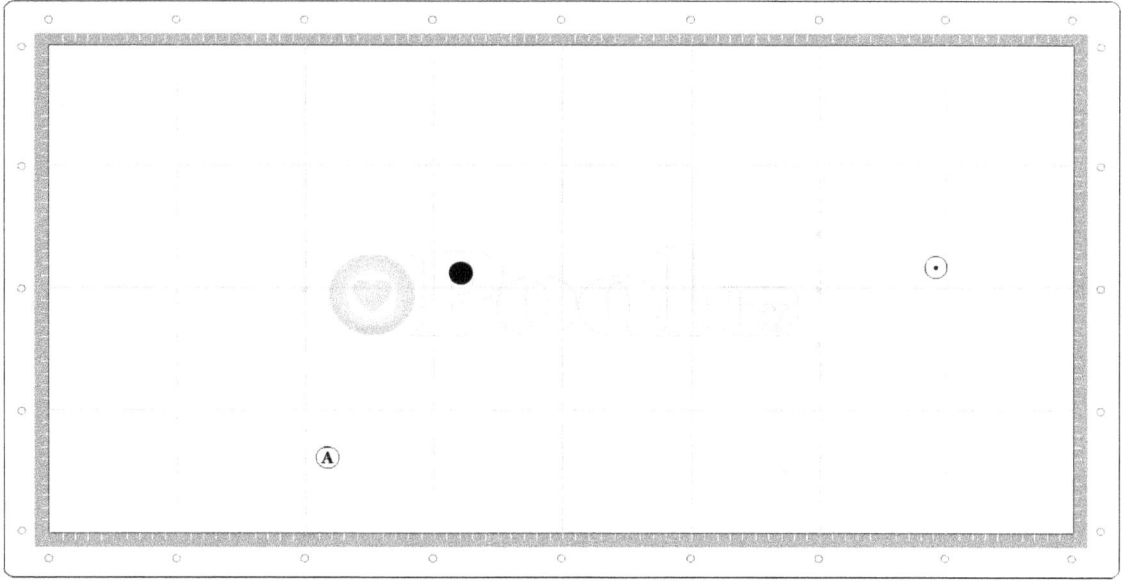

Noter og ideer:

Afspilning mønster

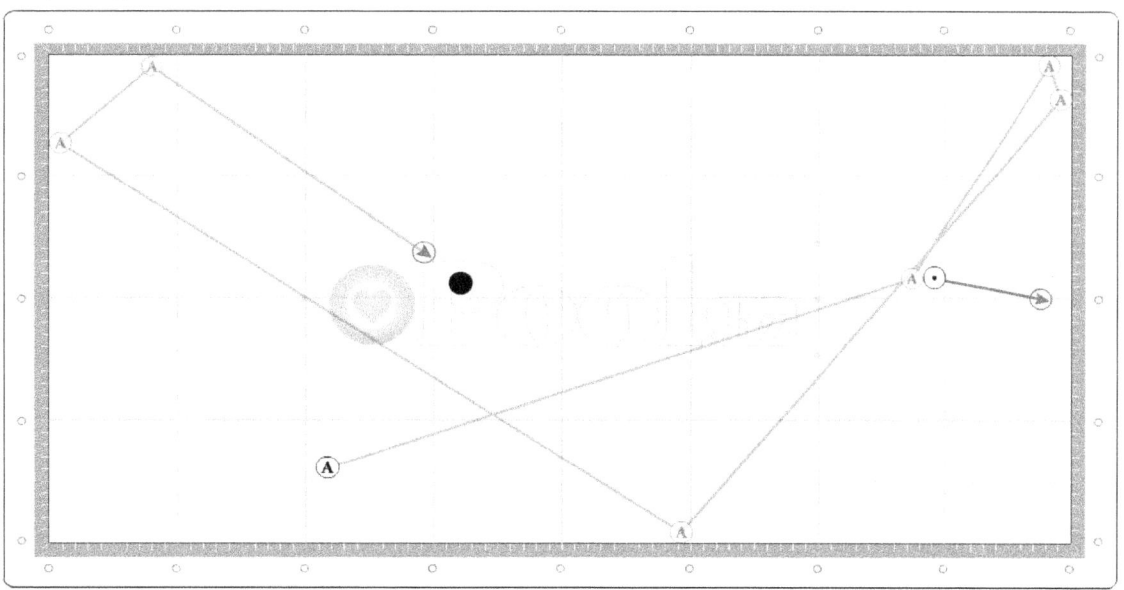

I: Gruppe 4

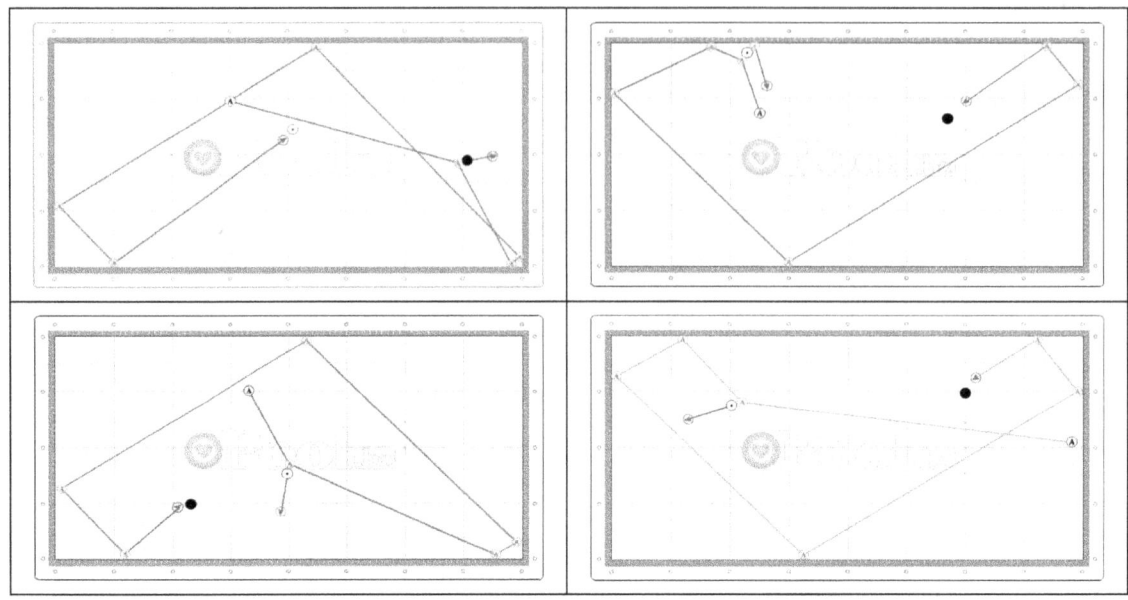

Analyse:

I:4a. _____

I:4b. _____

I:4c. _____

I:4d. _____

I:4a – Setup

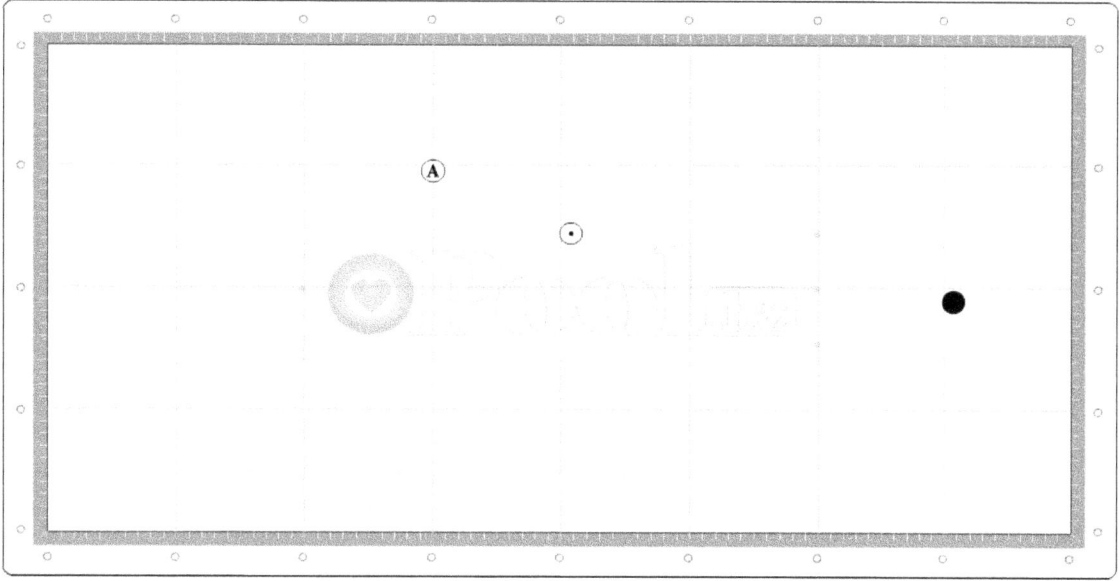

Noter og ideer:

Afspilning mønster

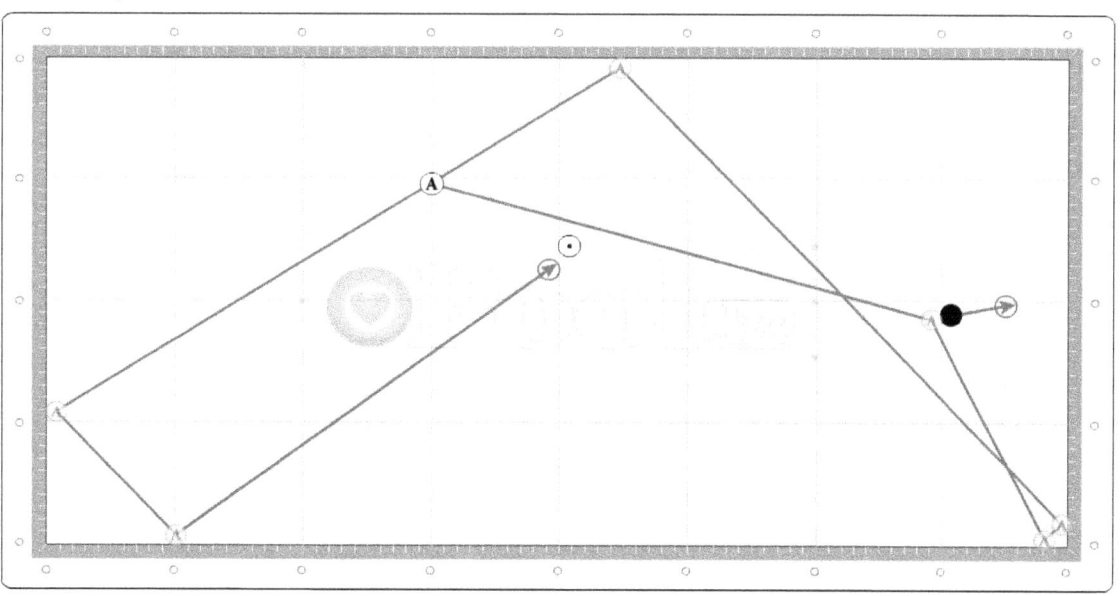

I:4b – Setup

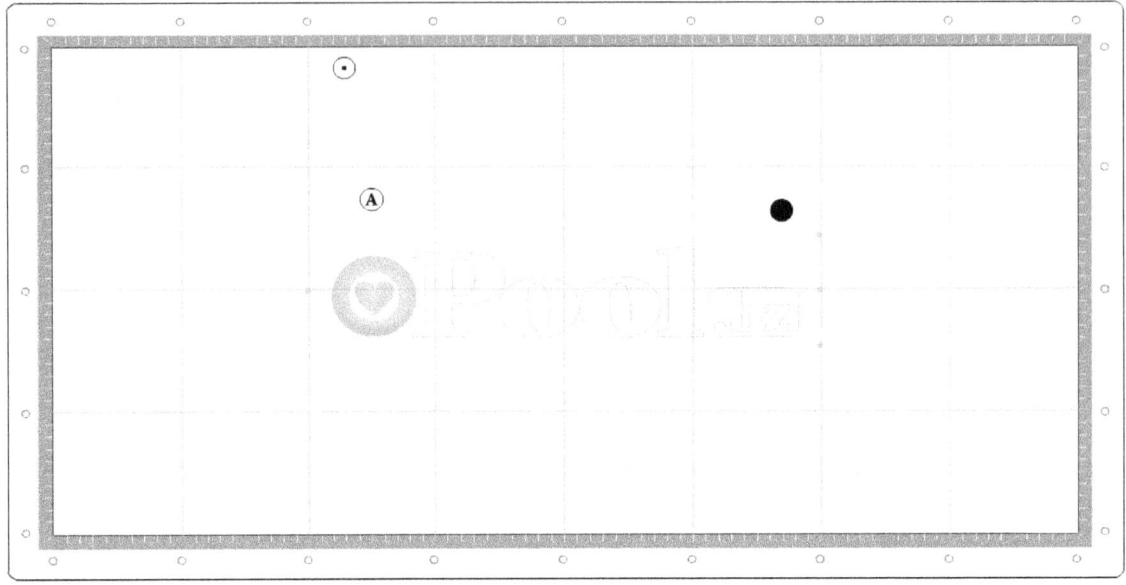

Noter og ideer:

Afspilning mønster

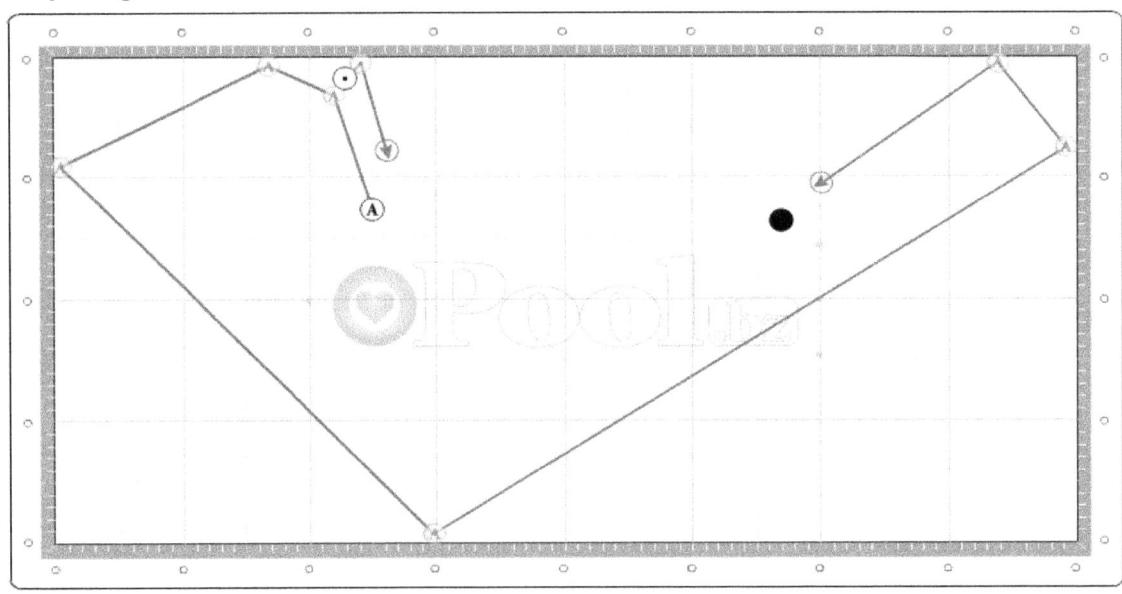

I:4c – Setup

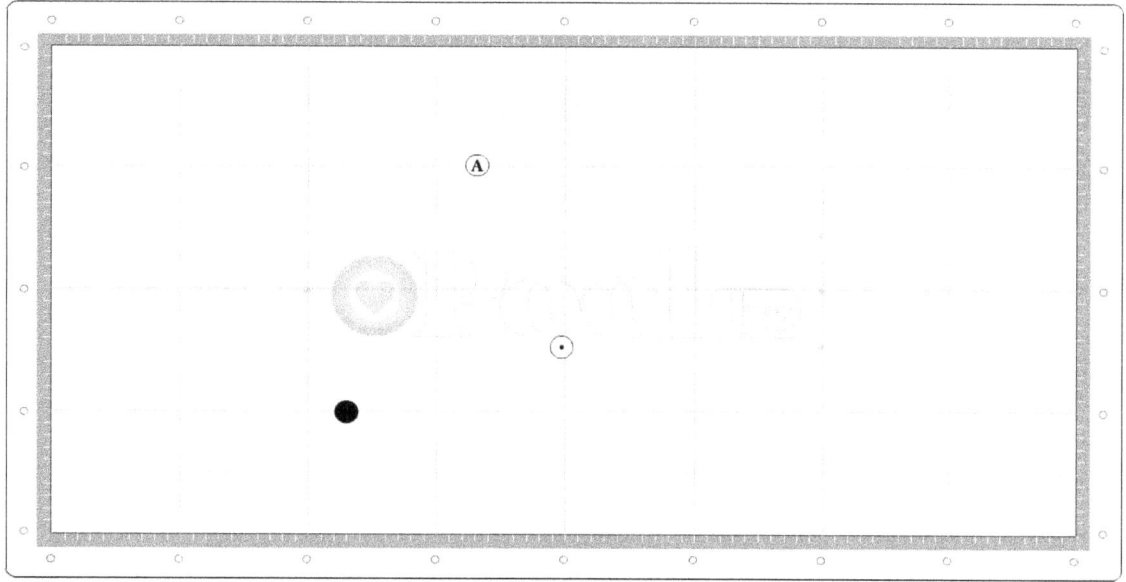

Noter og ideer:

Afspilning mønster

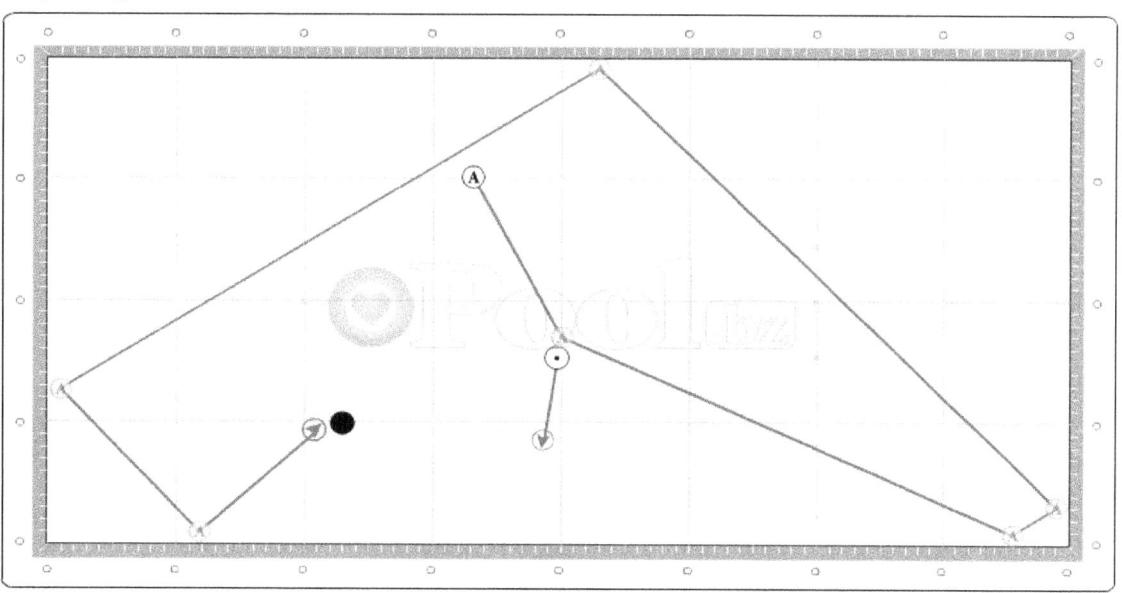

I:4d – Setup

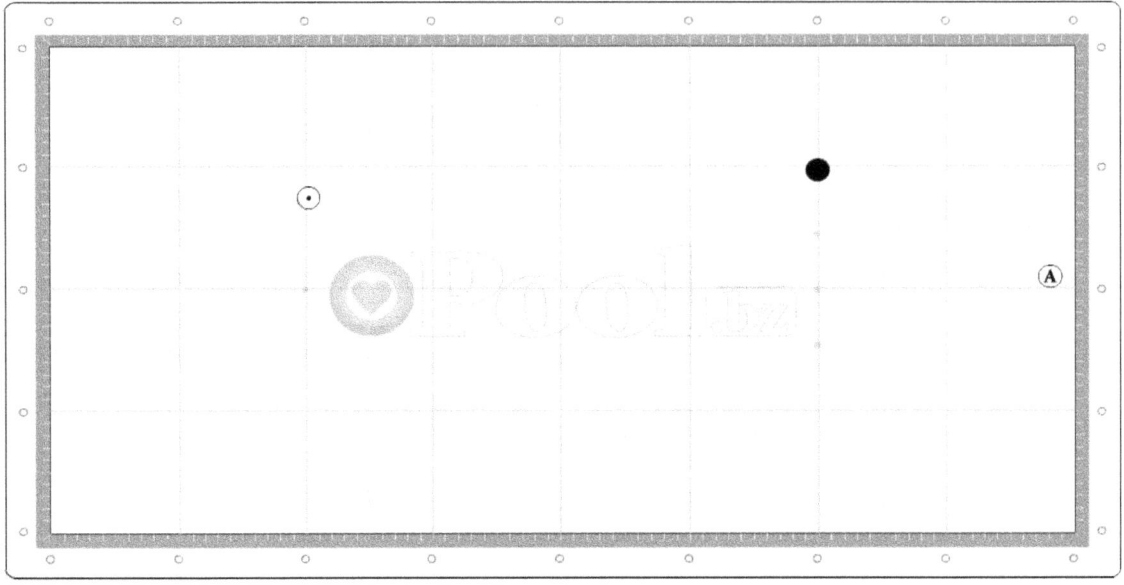

Noter og ideer:

Afspilning mønster

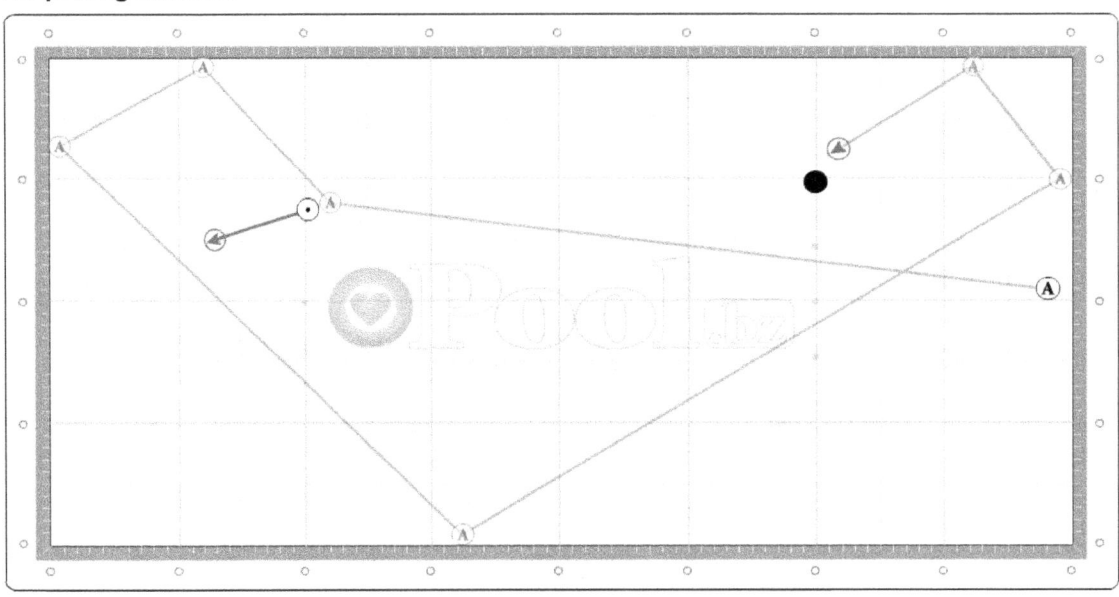

J: Dobbelt krog (med retur diagonal)

På disse over-the-hill mønstre kommer (CB) ud af det første (OB) i den hjørne-lange bande først. Det går op ad bakken til den modsatte lange bande. Derefter går (CB) ind og ud af det modsatte hjørne. Den (CB) bevæger sig diagonalt over bordet til den anden (OB).

Ⓐ (CB) (din billardkugle) – ⊙ (OB) (modstander billardkugle) – ● (OB) (rød billardkugle)

J: Gruppe 1

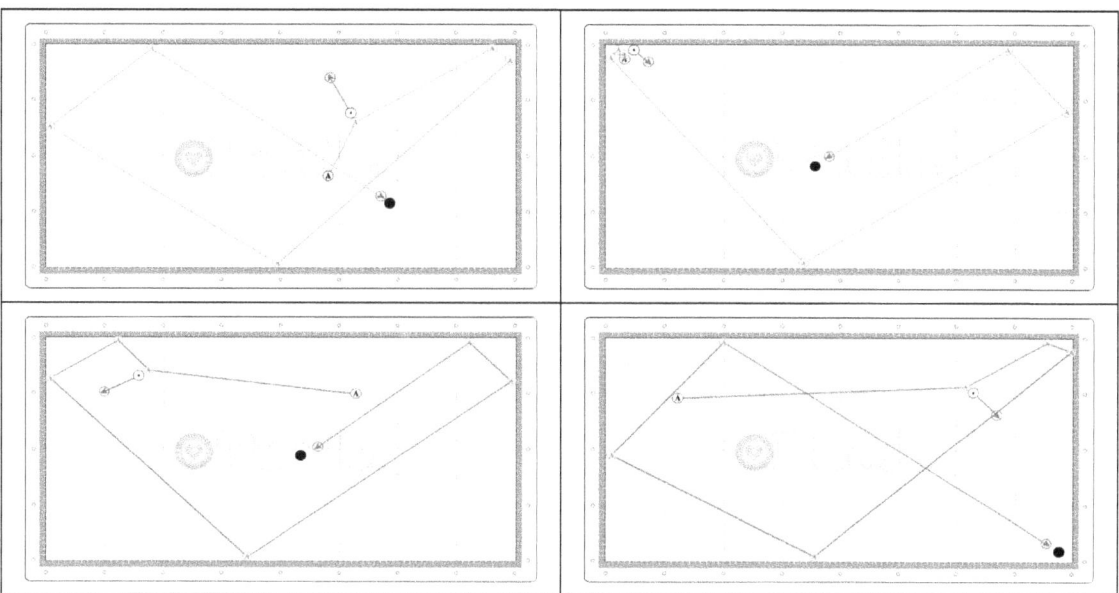

Analyse:

J:1a. _____

J:1b. _____

J:1c. _____

J:1d. _____

J:1a – Setup

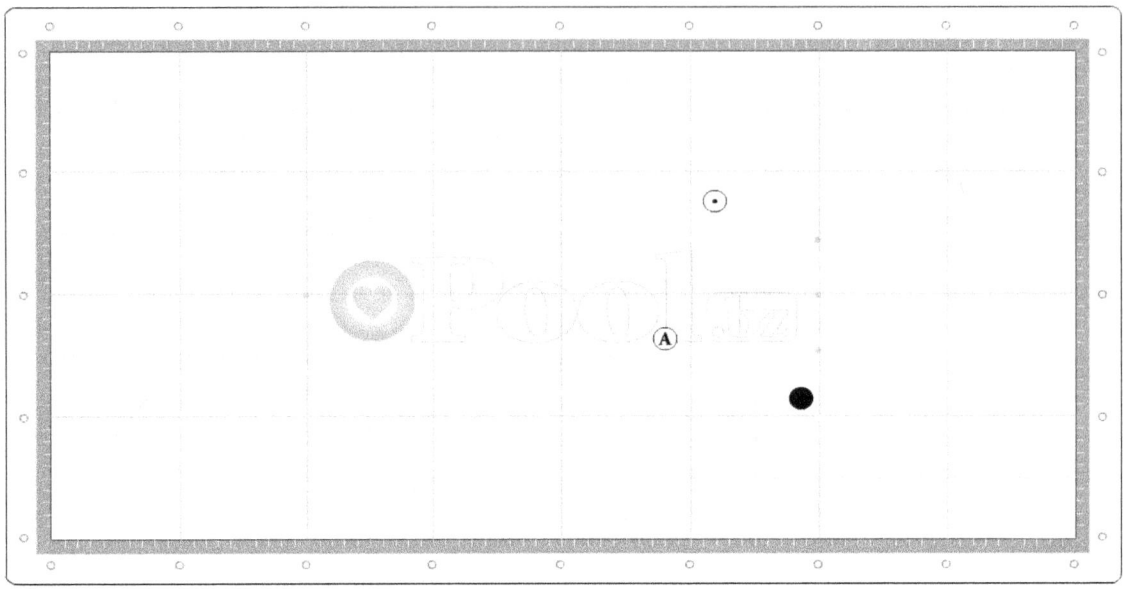

Noter og ideer:

Afspilning mønster

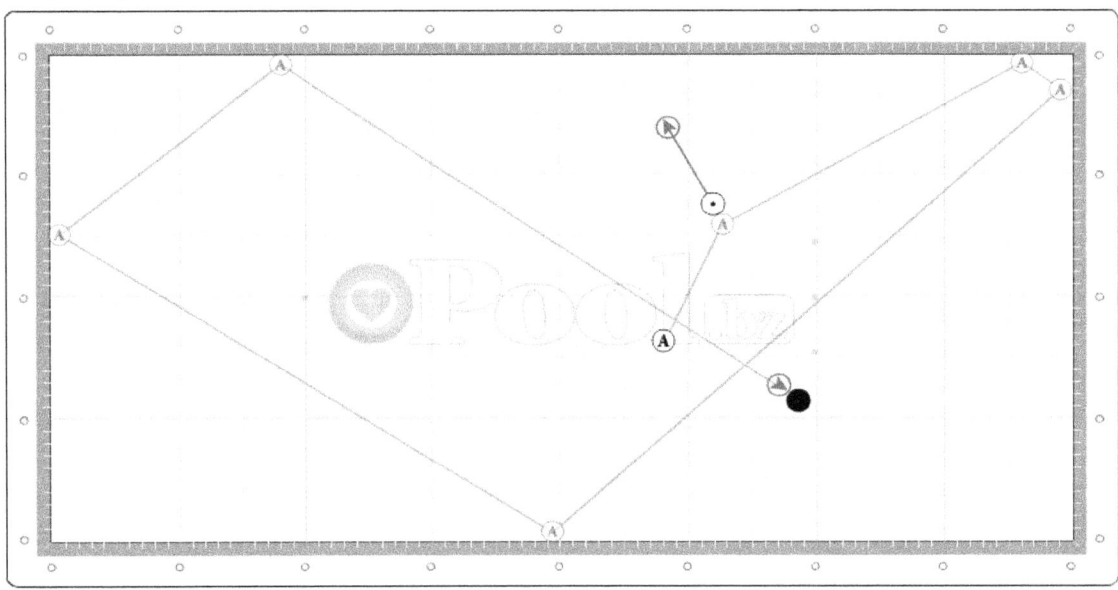

J:1b – Setup

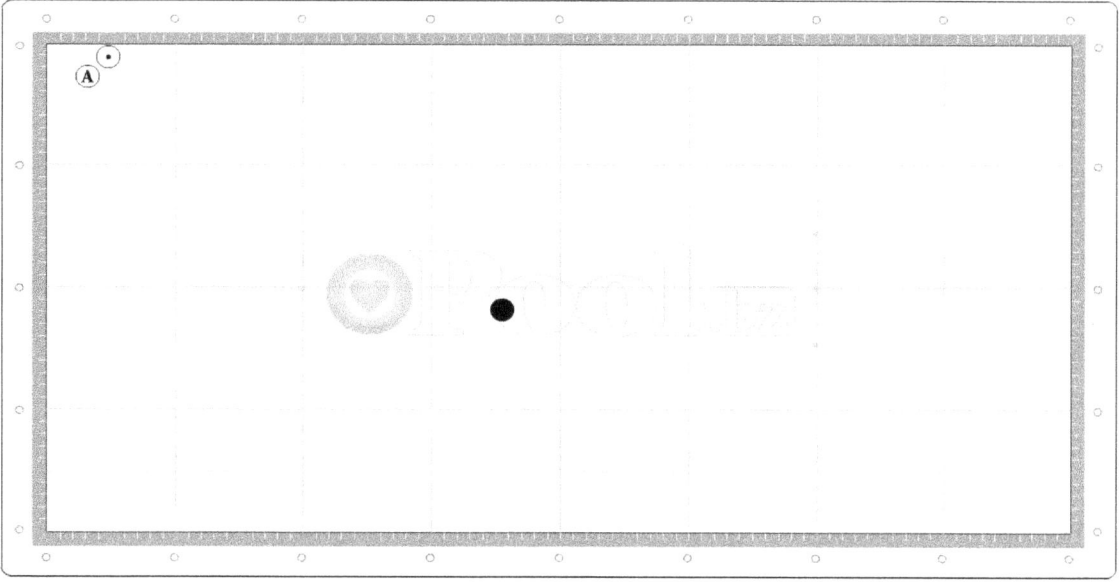

Noter og ideer:

Afspilning mønster

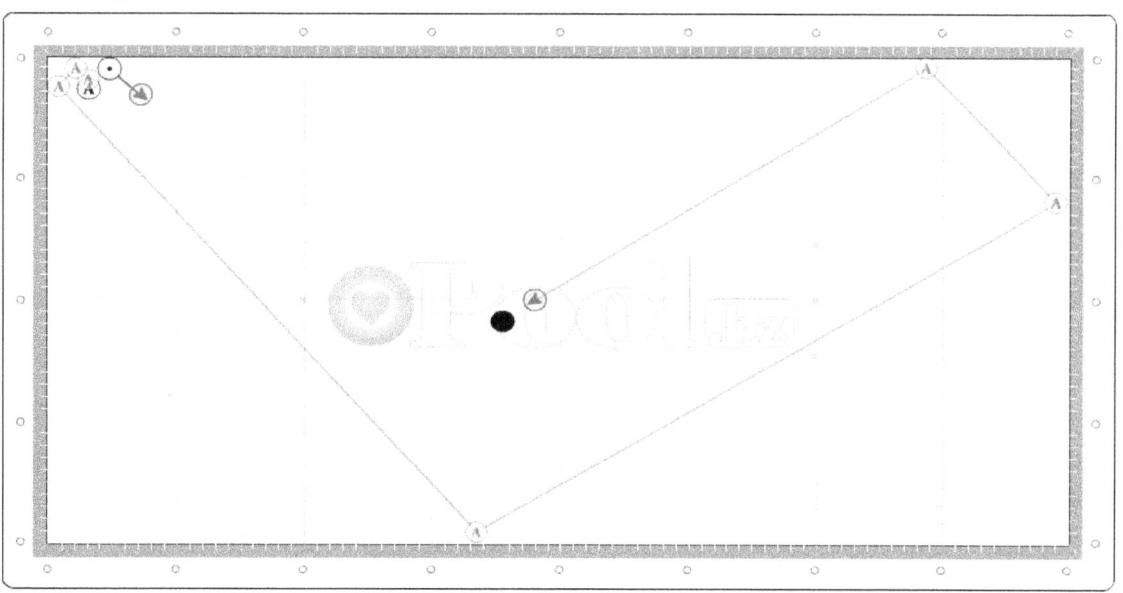

J:1c – Setup

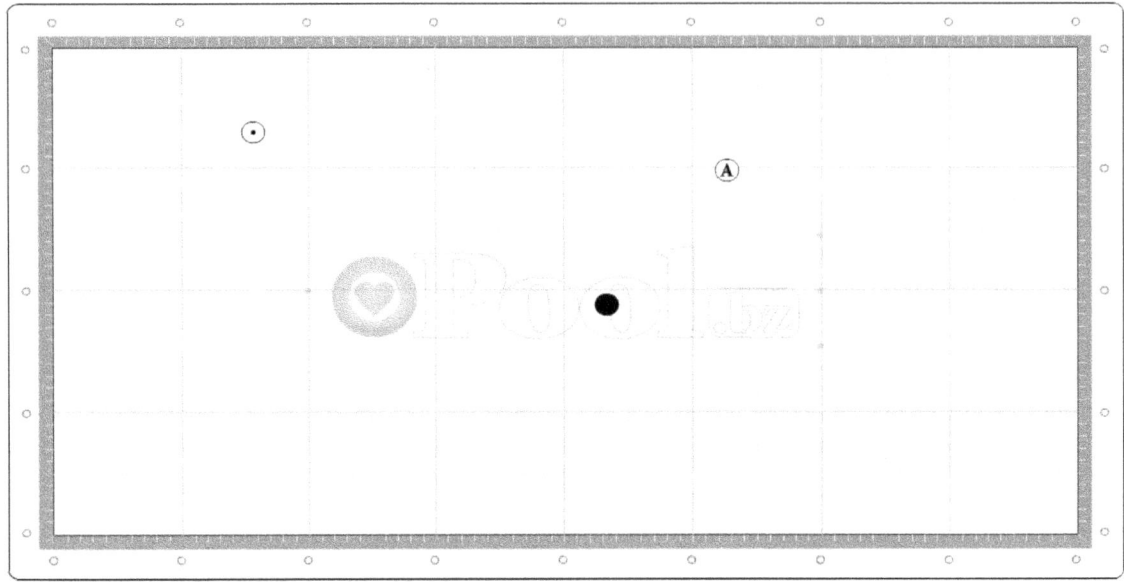

Noter og ideer:

Afspilning mønster

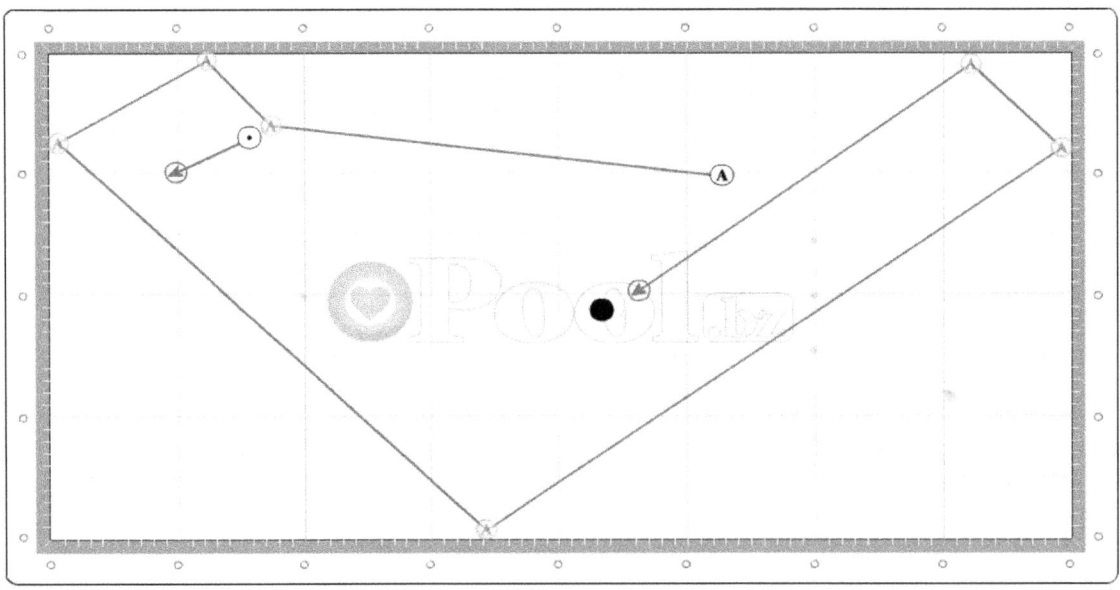

J:1d – Setup

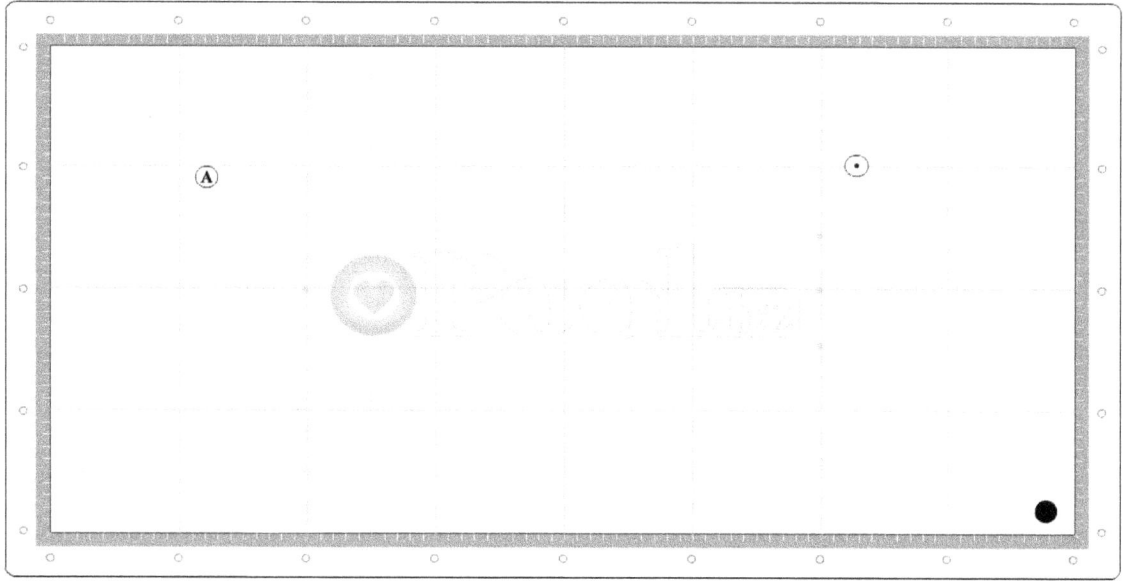

Noter og ideer:

Afspilning mønster

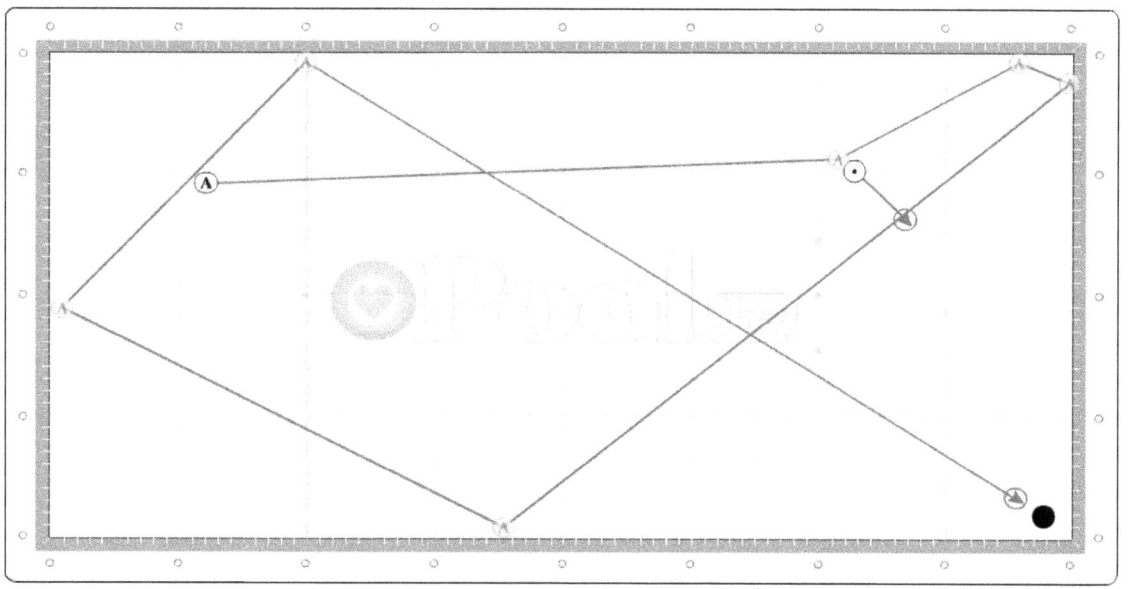

J: Gruppe 2

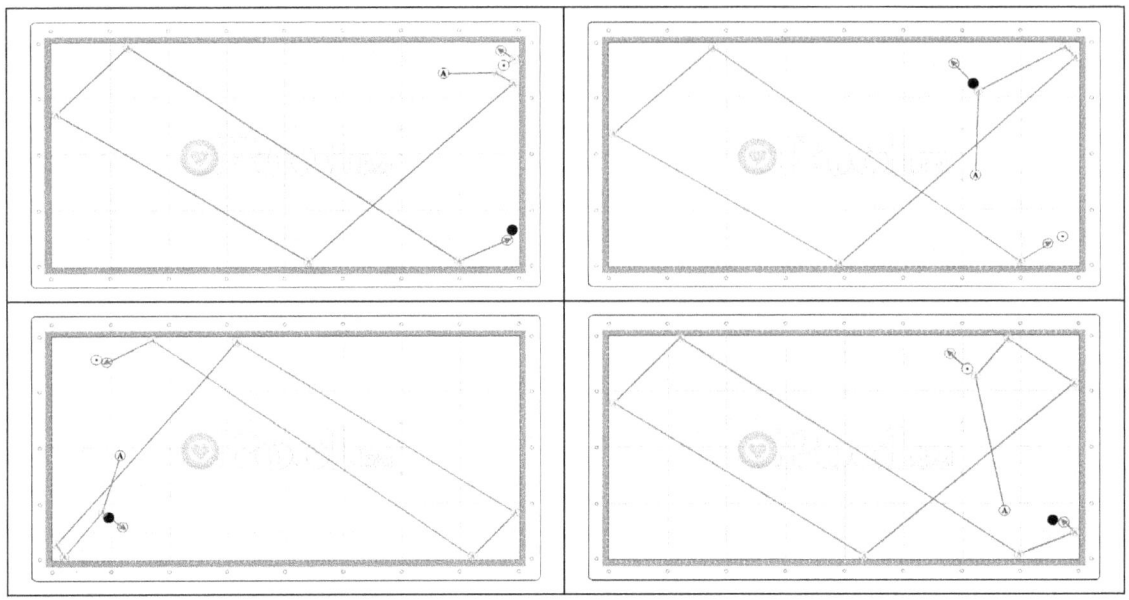

Analyse:

J:2a. _____

J:2b. _____

J:2c. _____

J:2d. _____

J:2a – Setup

Noter og ideer:

Afspilning mønster

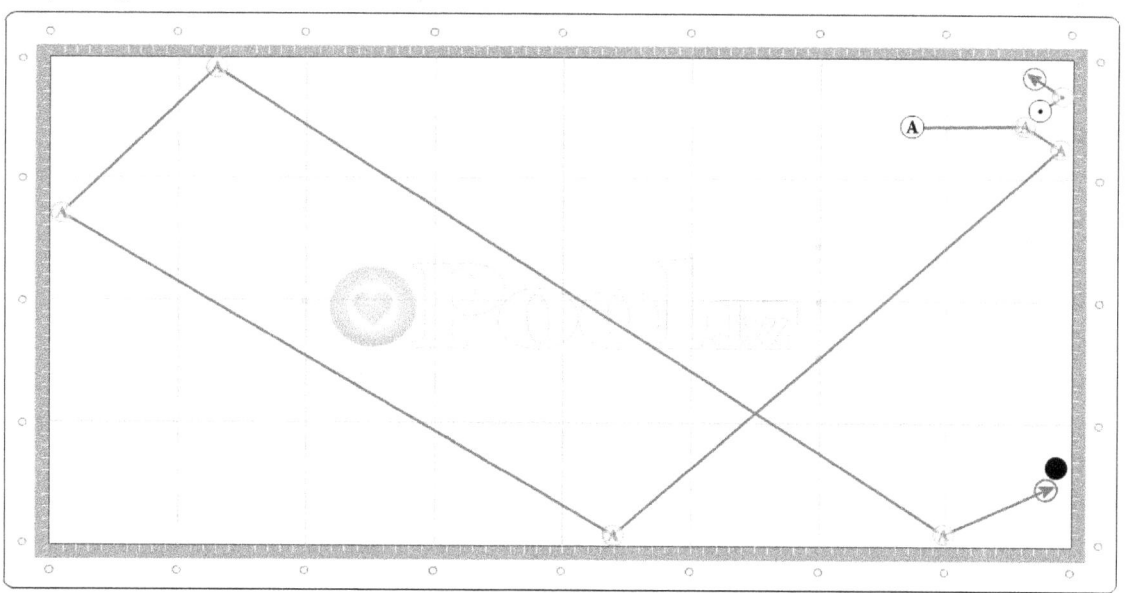

J:2b – Setup

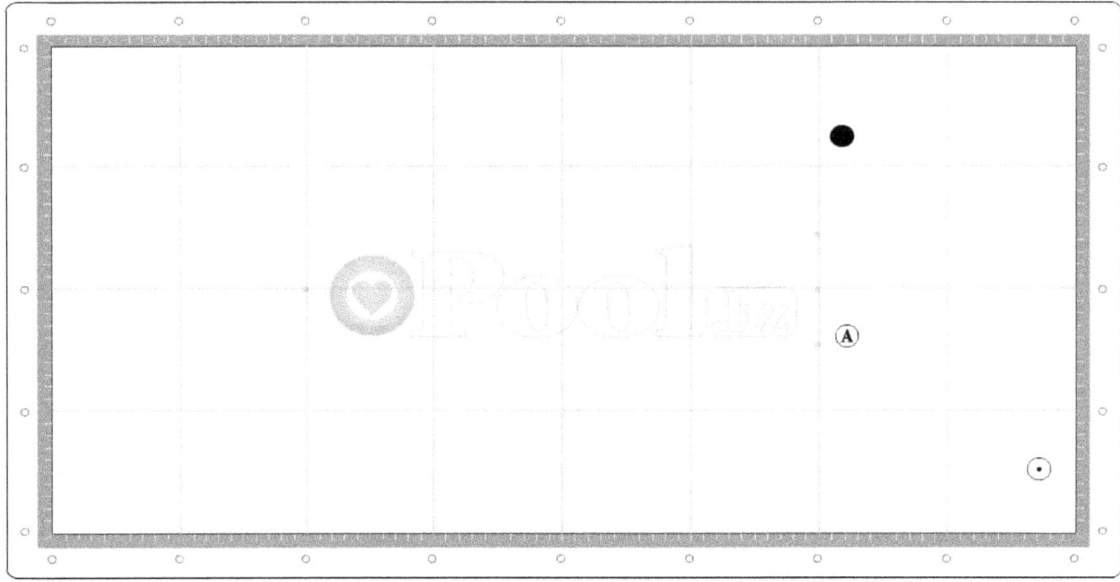

Noter og ideer:

Afspilning mønster

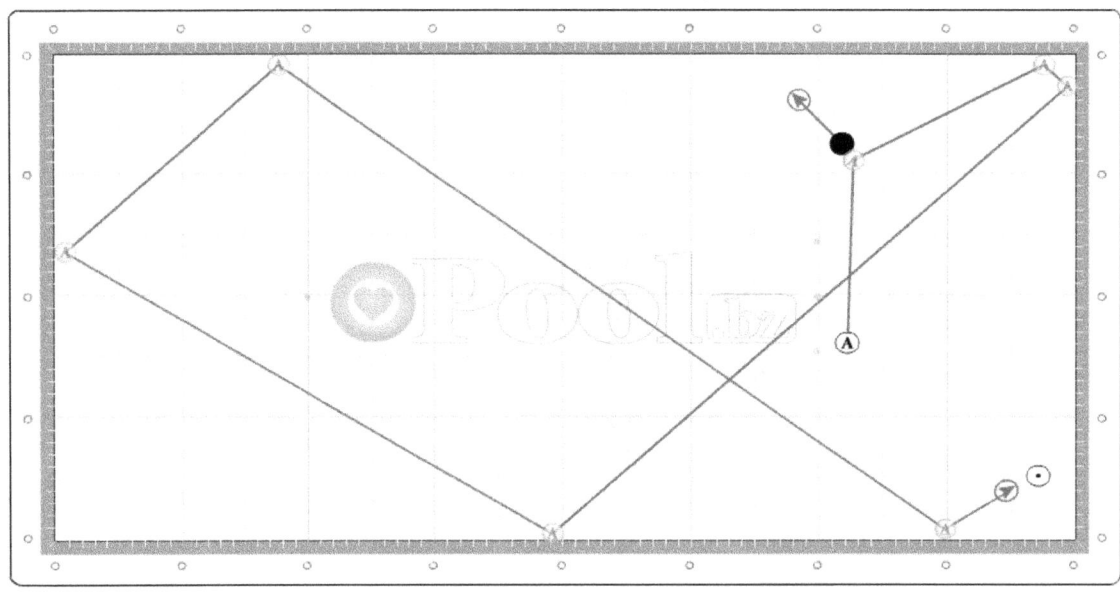

J:2c – Setup

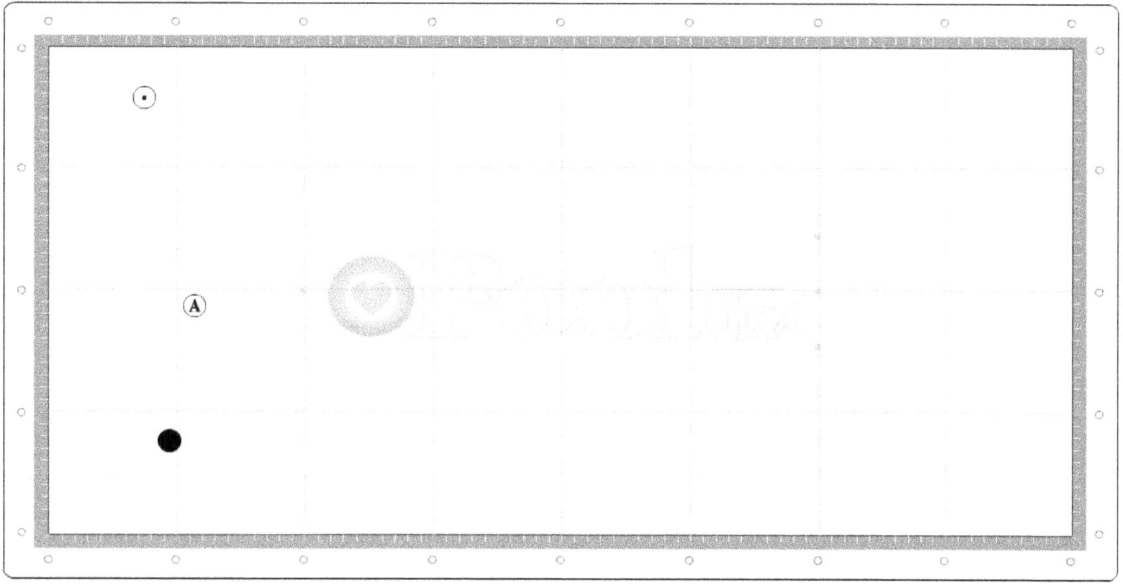

Noter og ideer:

Afspilning mønster

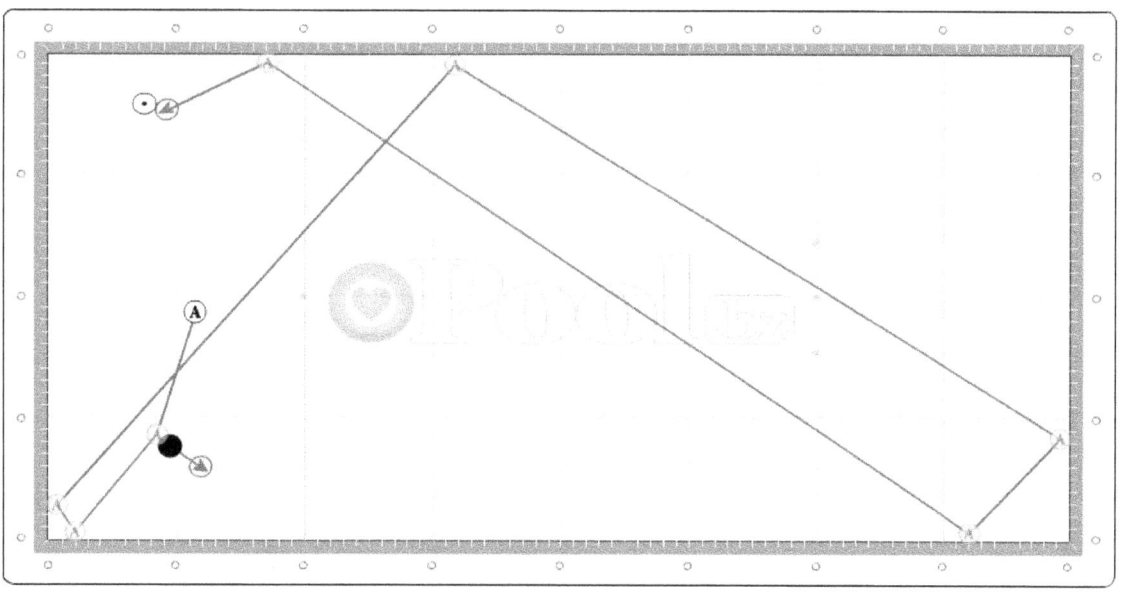

J:2d – Setup

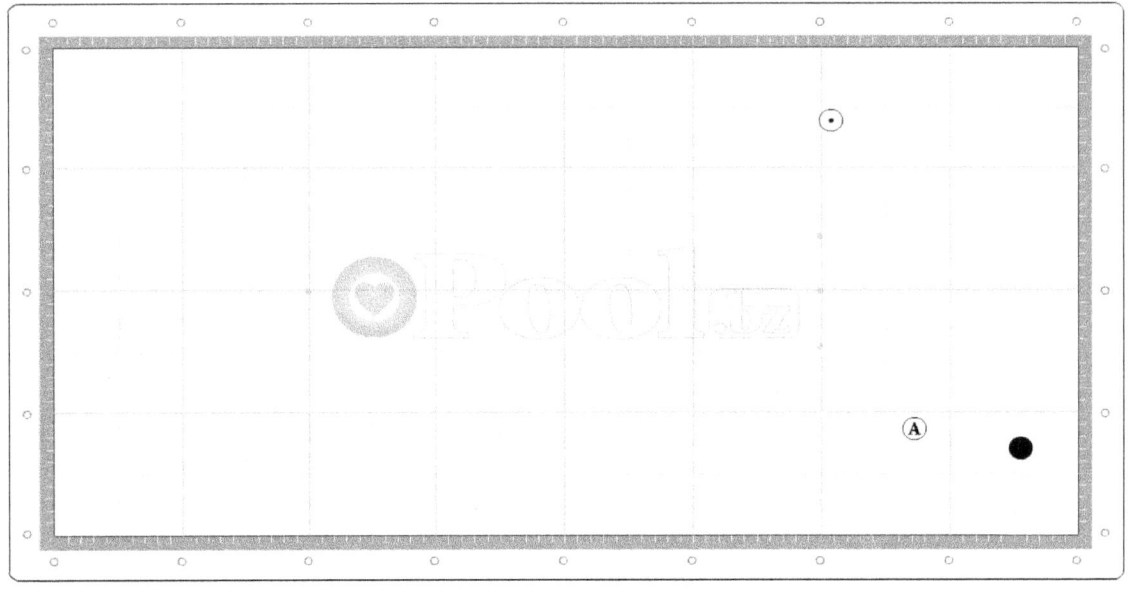

Noter og ideer:

Afspilning mønster

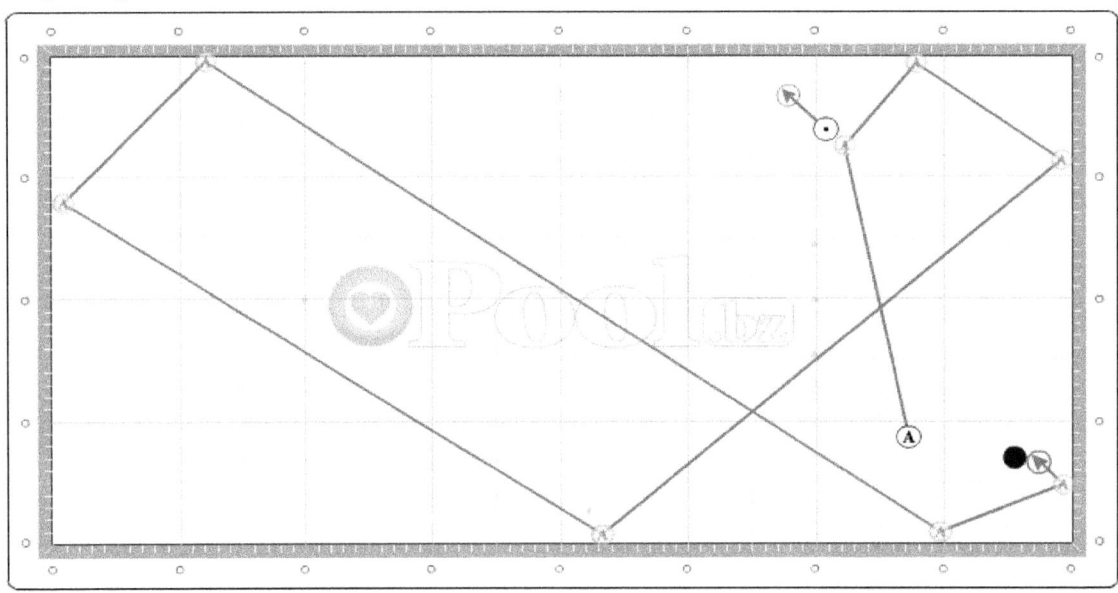

J: Gruppe 3

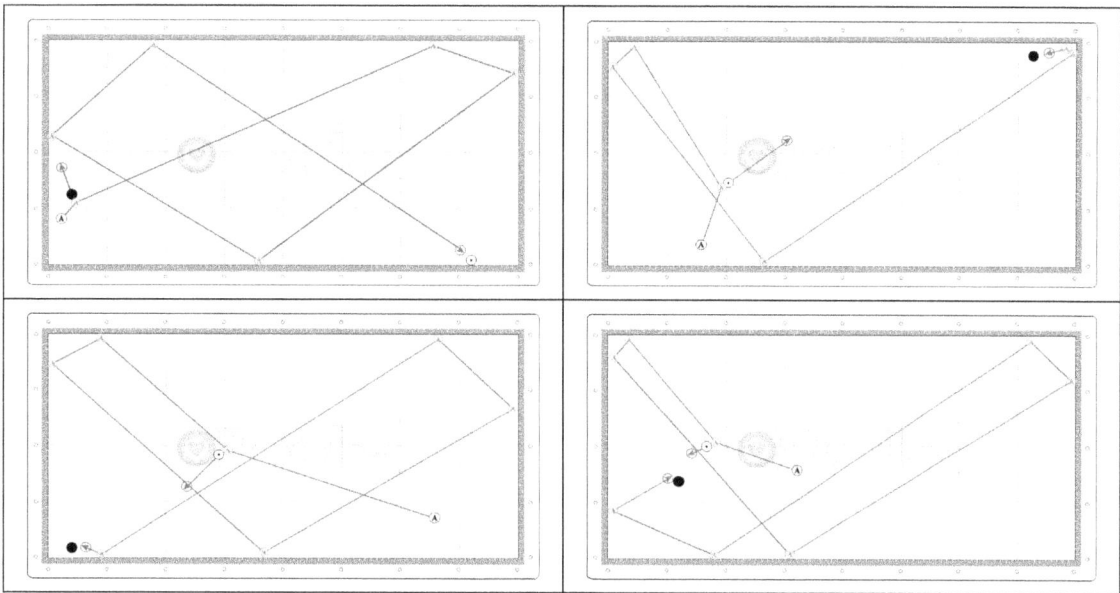

Analyse:

J:3a. _____

J:3b. _____

J:3c. _____

J:3d. _____

J:3a – Setup

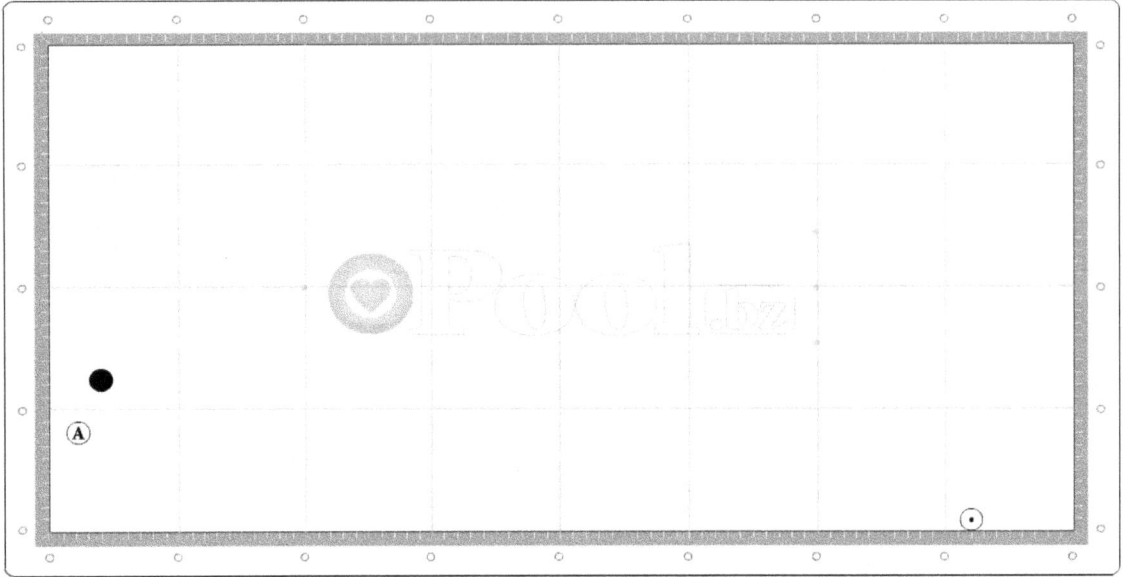

Noter og ideer:

Afspilning mønster

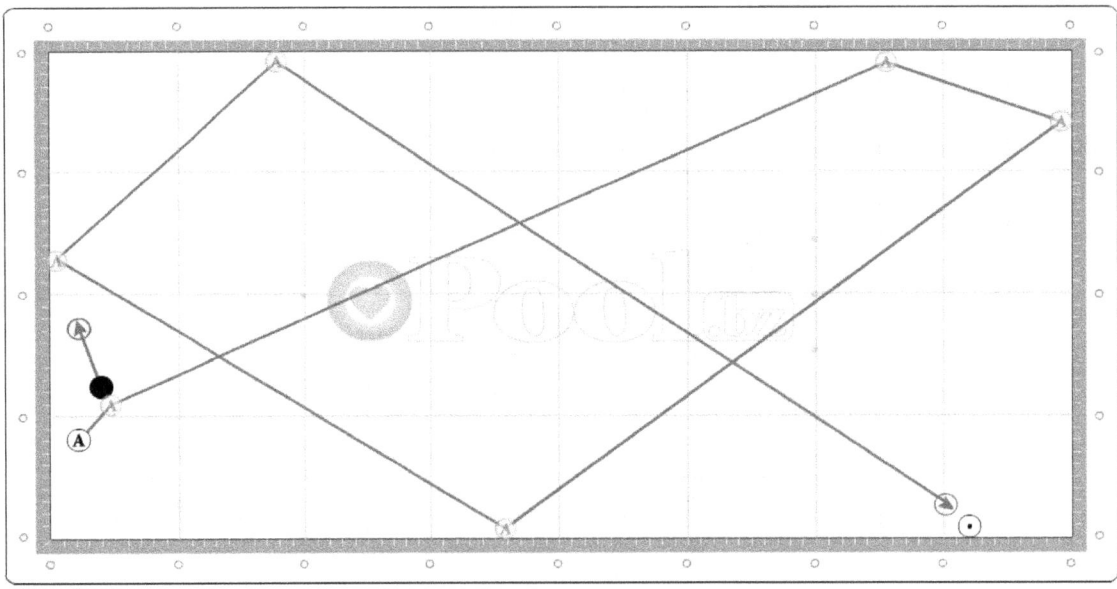

J:3b – Setup

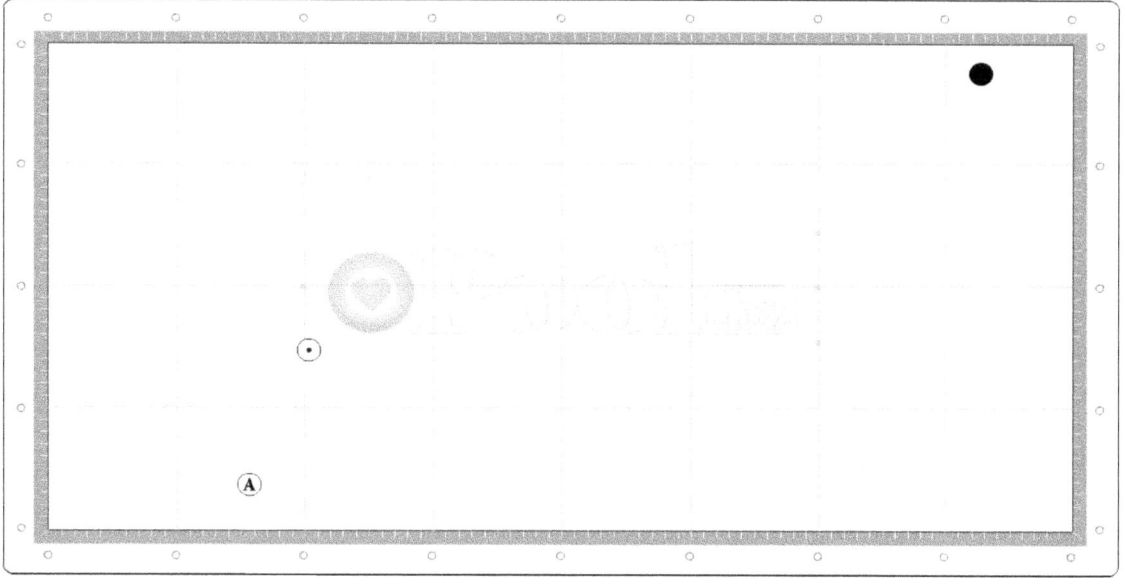

Noter og ideer:

Afspilning mønster

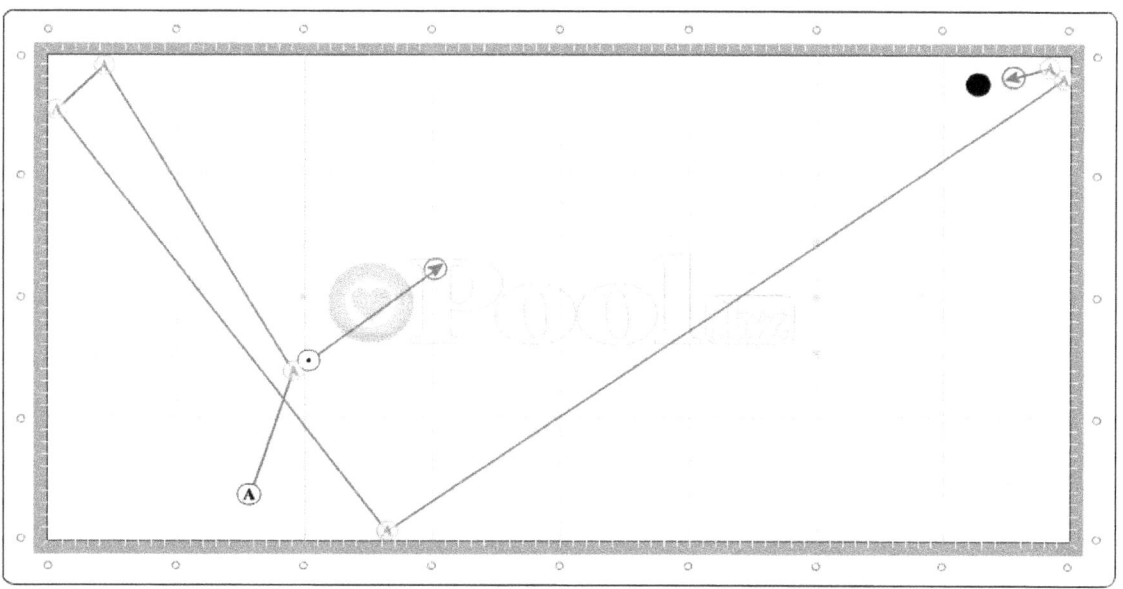

J:3c – Setup

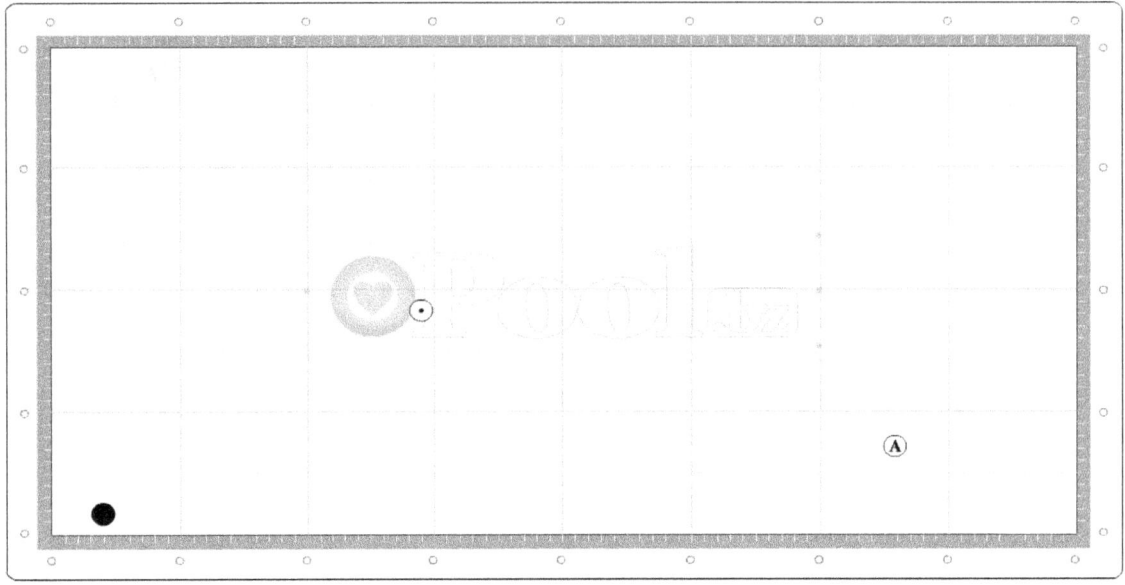

Noter og ideer:

Afspilning mønster

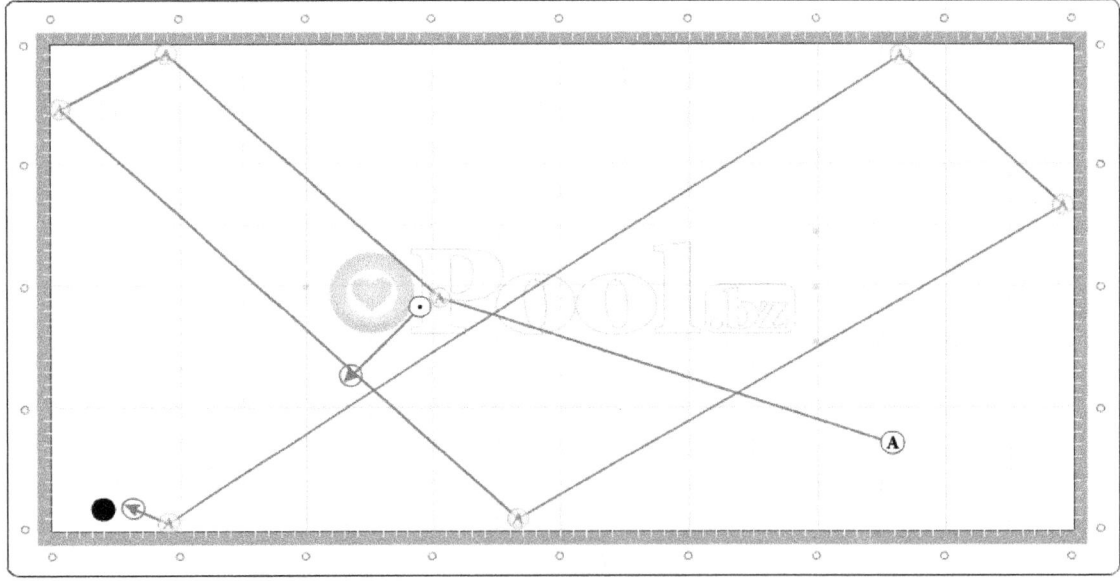

J:3d – Setup

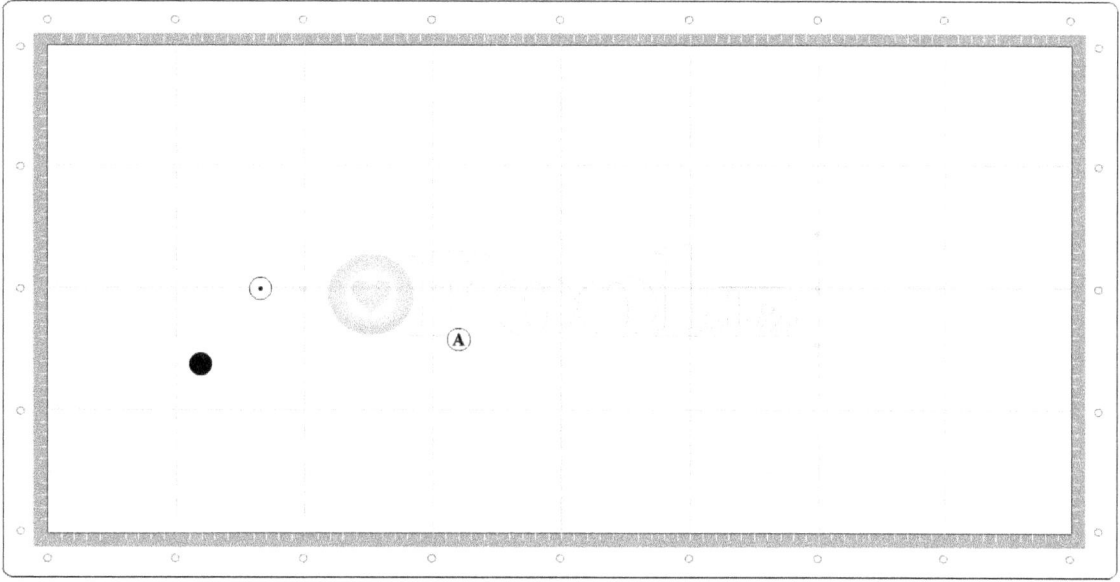

Noter og ideer:

Afspilning mønster

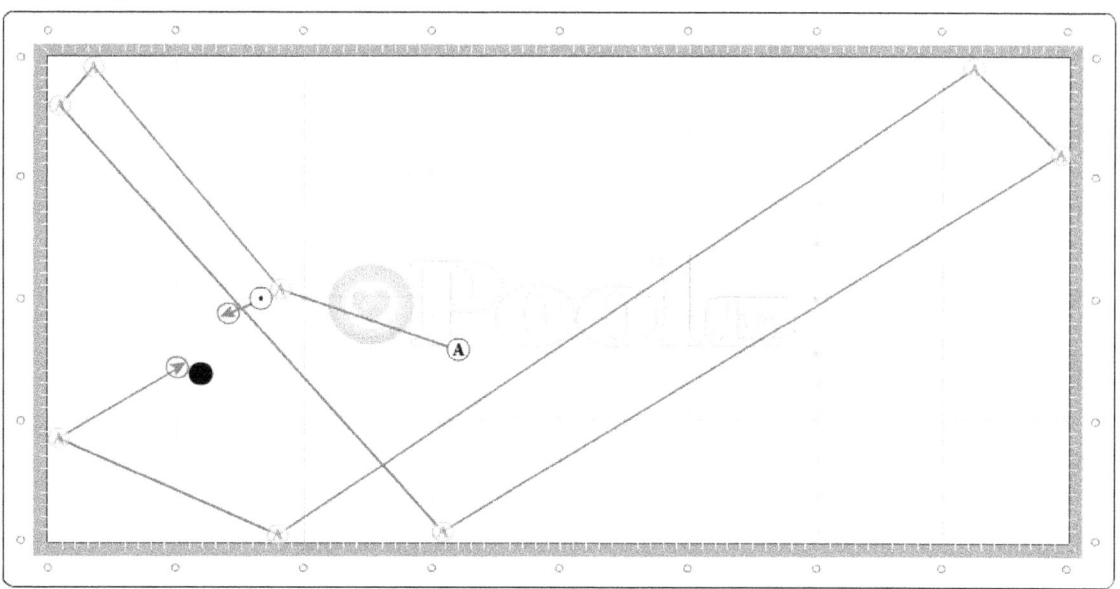

J: Gruppe 4

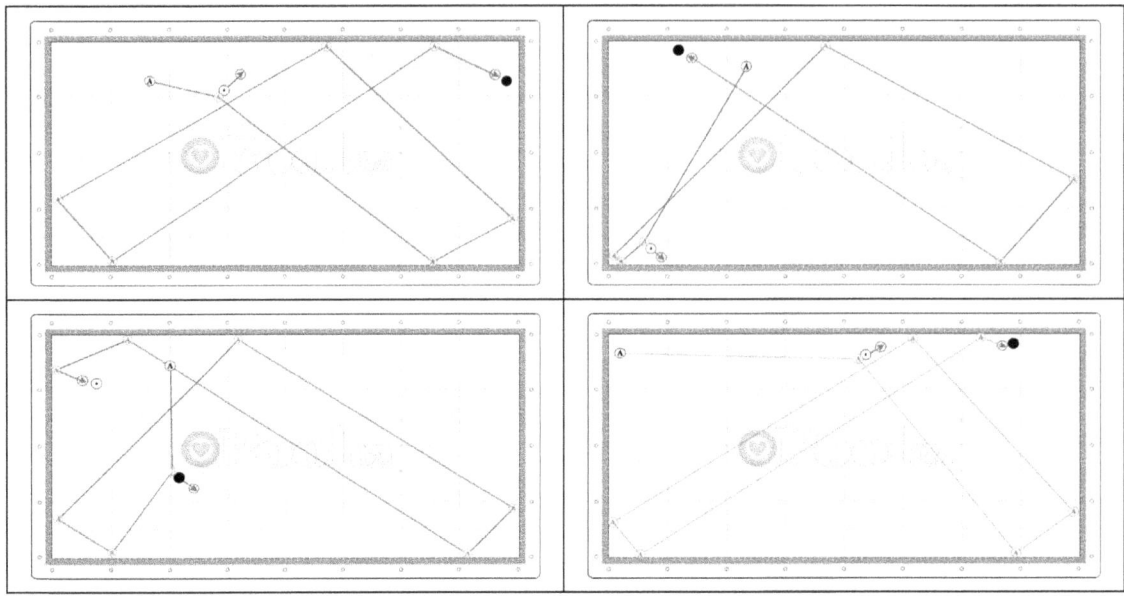

Analyse:

J:4a. _____

J:4b. _____

J:4c. _____

J:4d. _____

J:4a – Setup

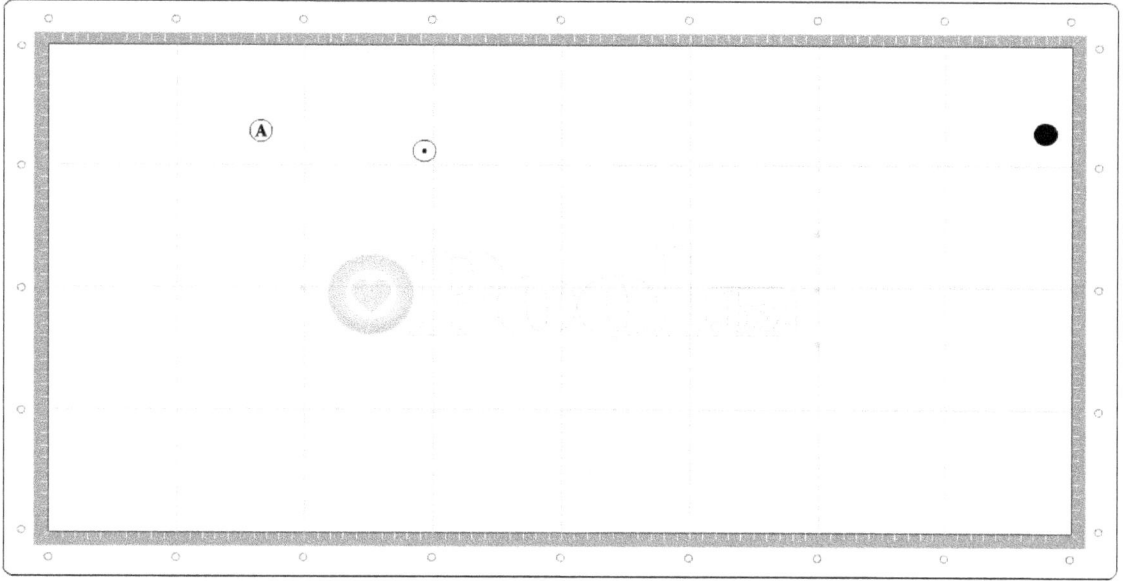

Noter og ideer:

Afspilning mønster

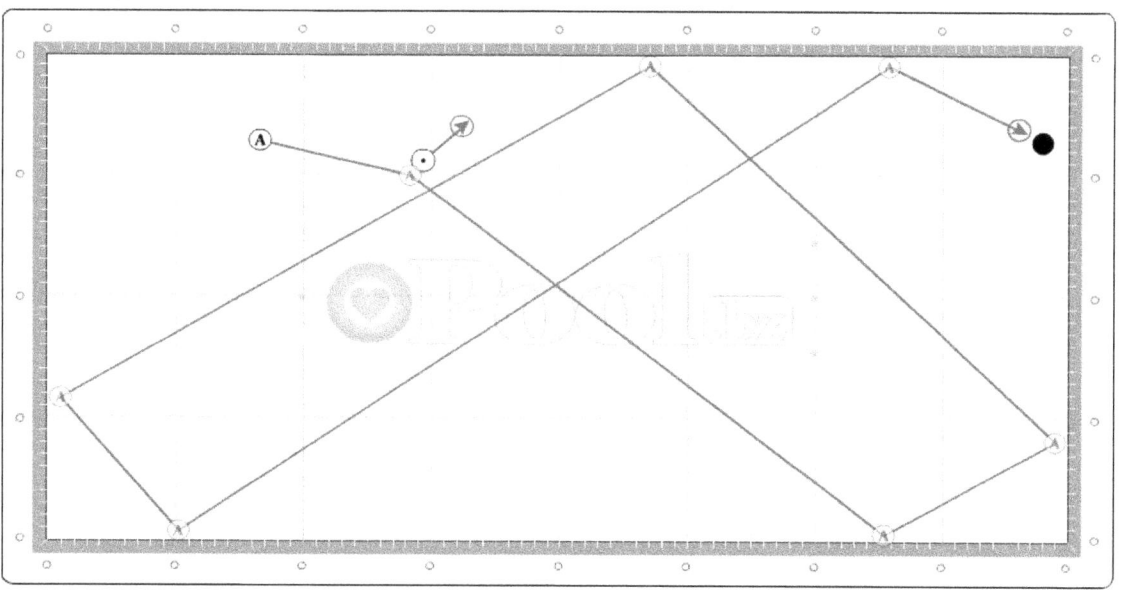

J:4b – Setup

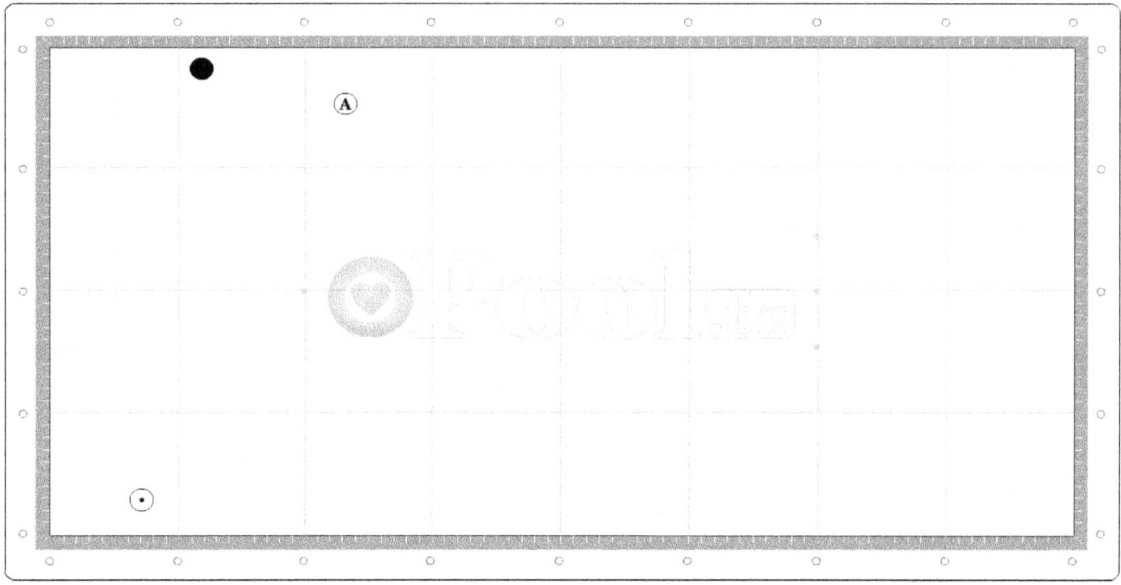

Noter og ideer:

Afspilning mønster

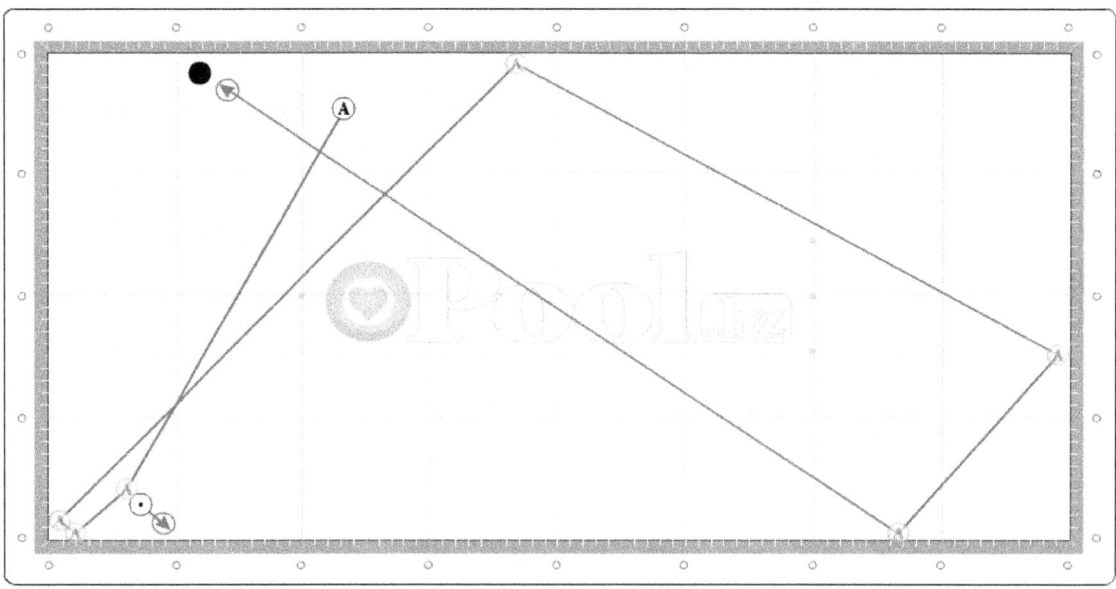

J:4c – Setup

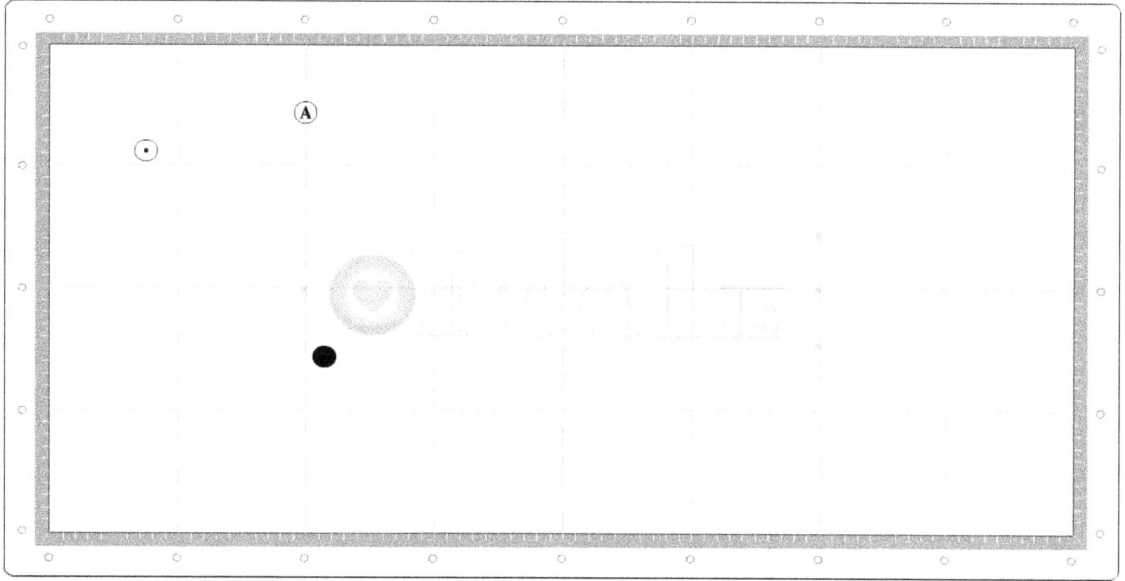

Noter og ideer:

Afspilning mønster

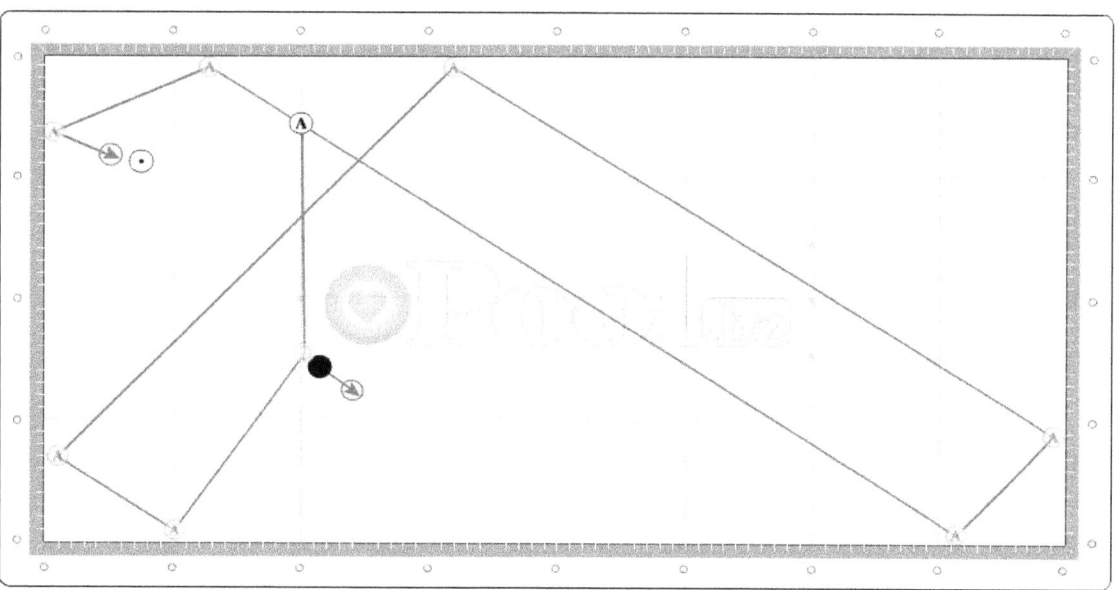

J:4d – Setup

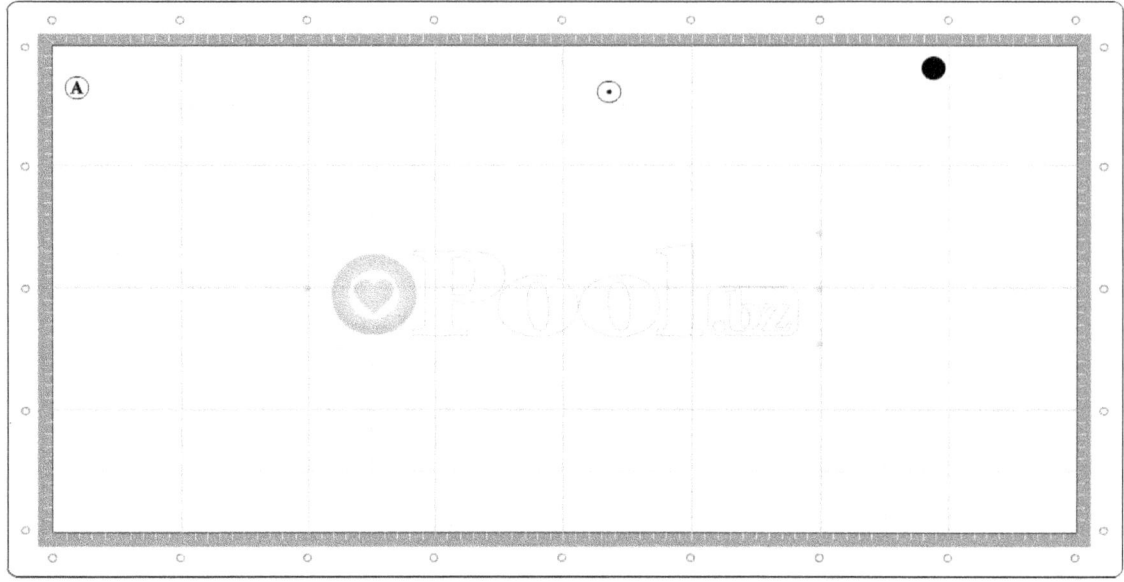

Noter og ideer:

Afspilning mønster

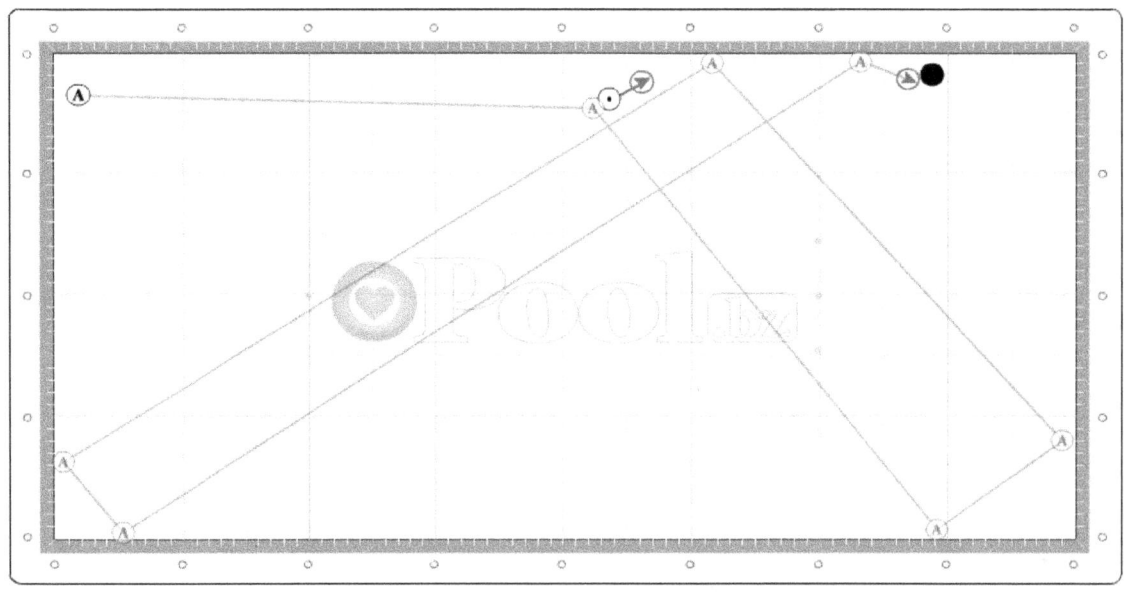

K: Dobbelt toppen af bakken

Det er interessante situationer. Den (CB) gør en dobbelt over bakken mønster.

(A) (CB) (din billardkugle) – ⊙ (OB) (modstander billardkugle) – ● (OB) (rød billardkugle)

K: Gruppe 1

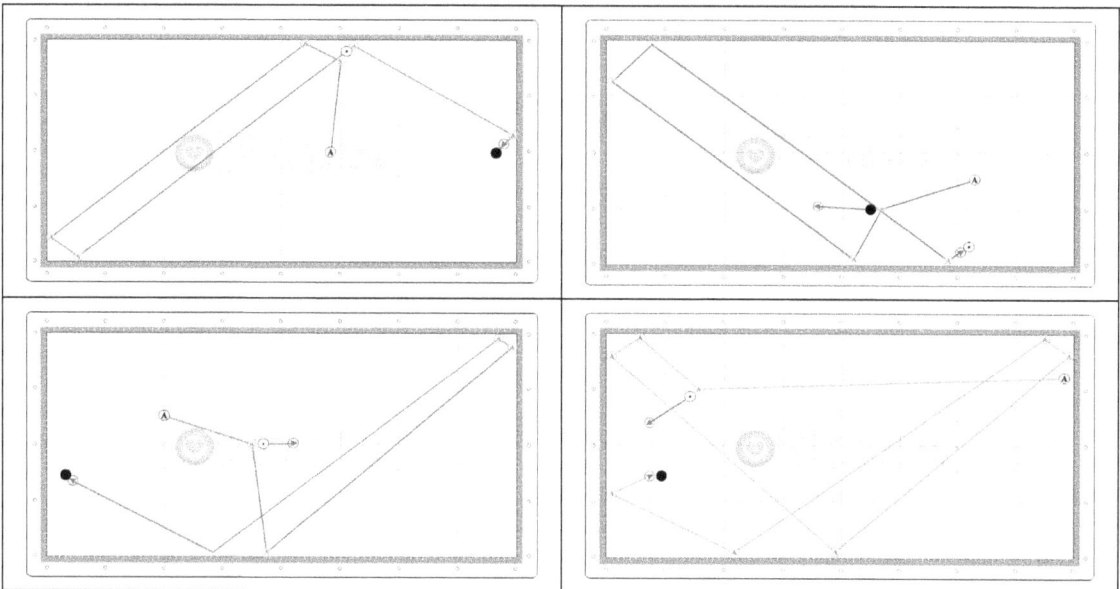

Analyse:

K:1a. _____

K:1b. _____

K:1c. _____

K:1d. _____

K:1a – Setup

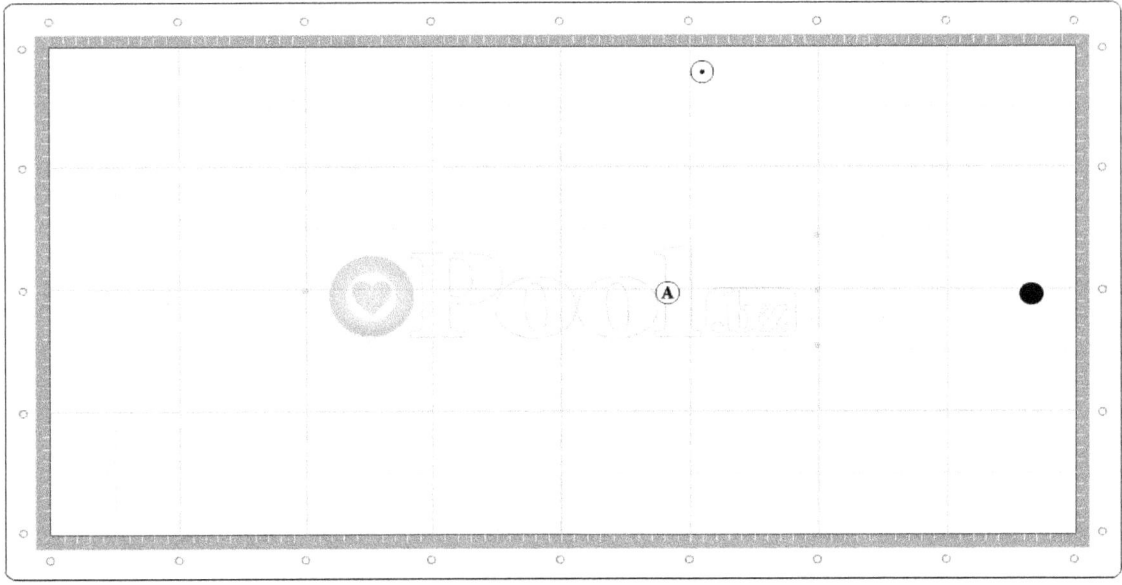

Noter og ideer:

Afspilning mønster

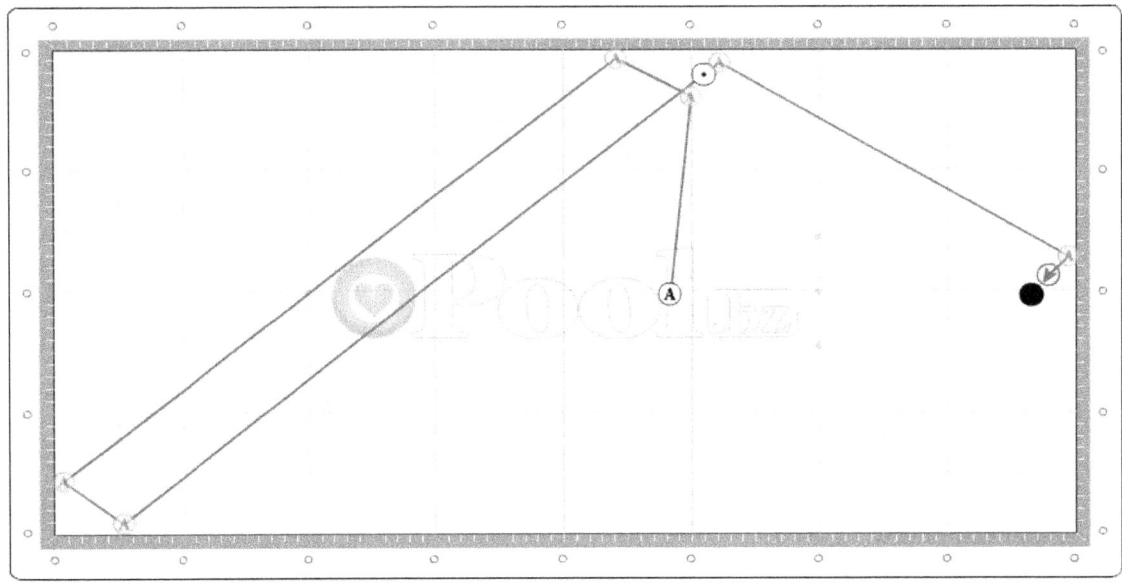

K:1b – Setup

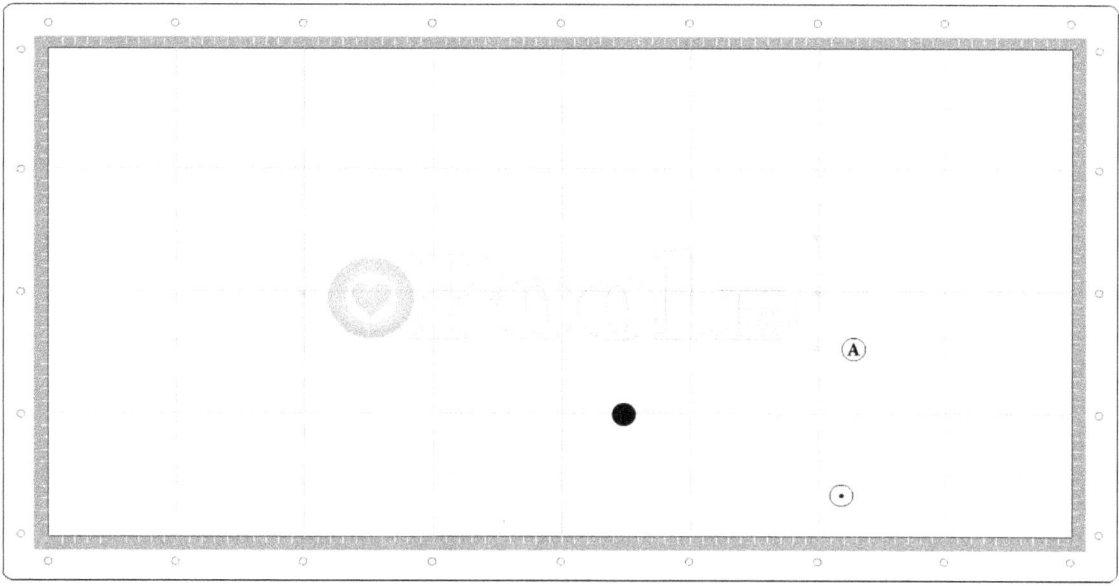

Noter og ideer:

Afspilning mønster

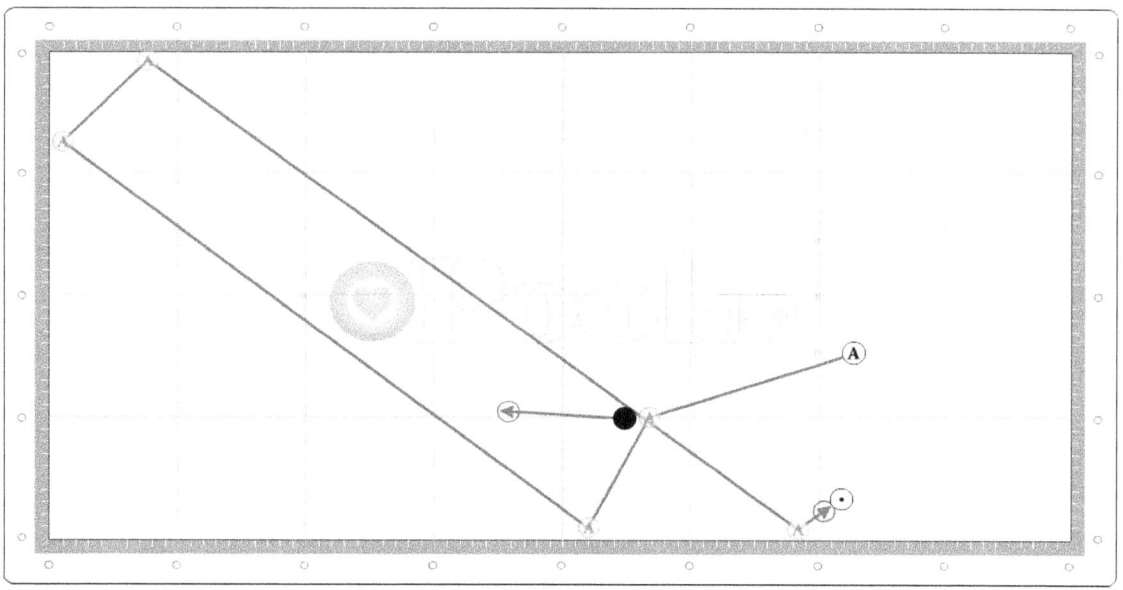

K:1c – Setup

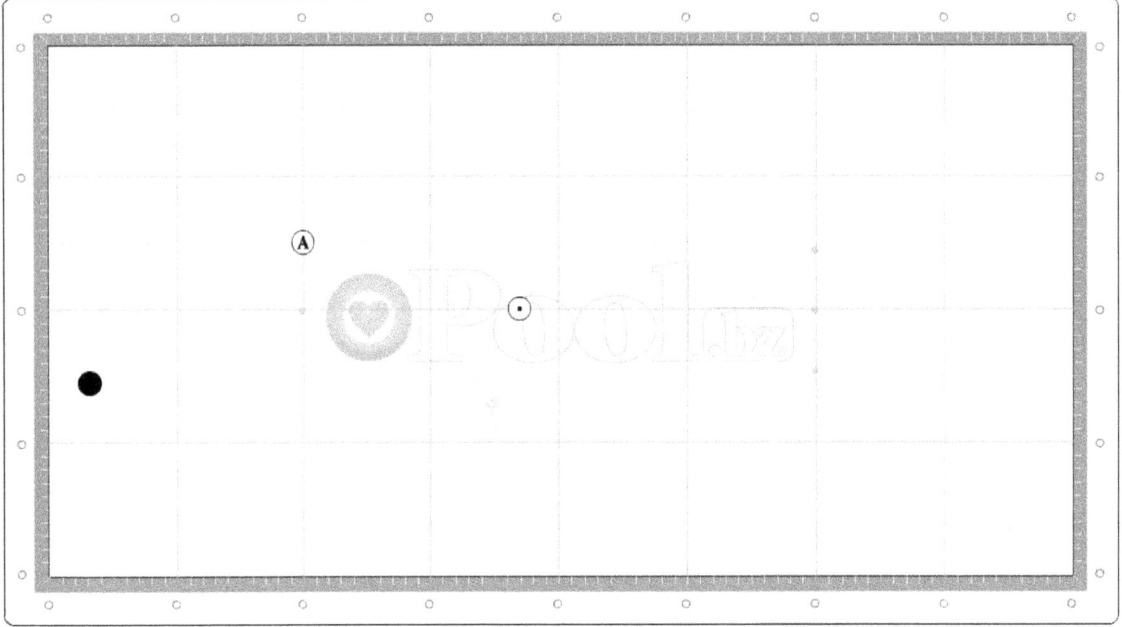

Noter og ideer:

Afspilning mønster

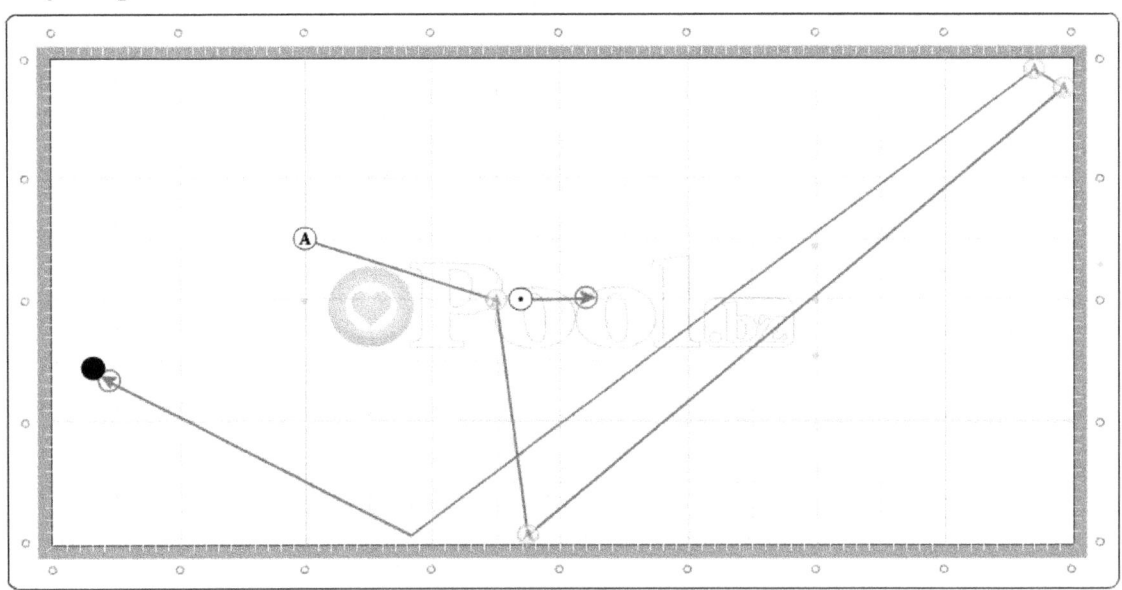

K:1d – Setup

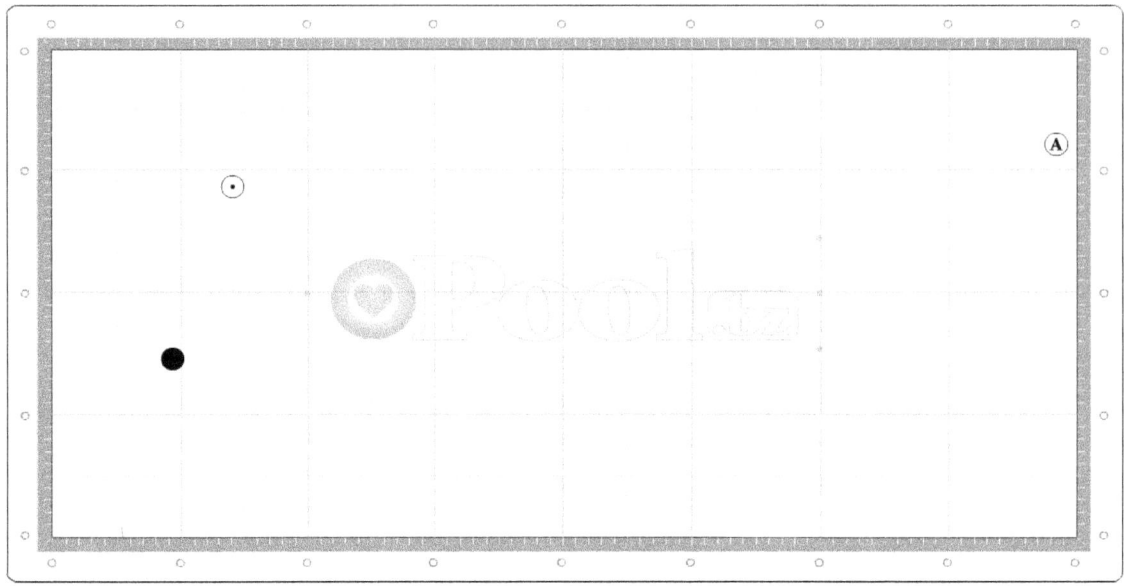

Noter og ideer:

Afspilning mønster

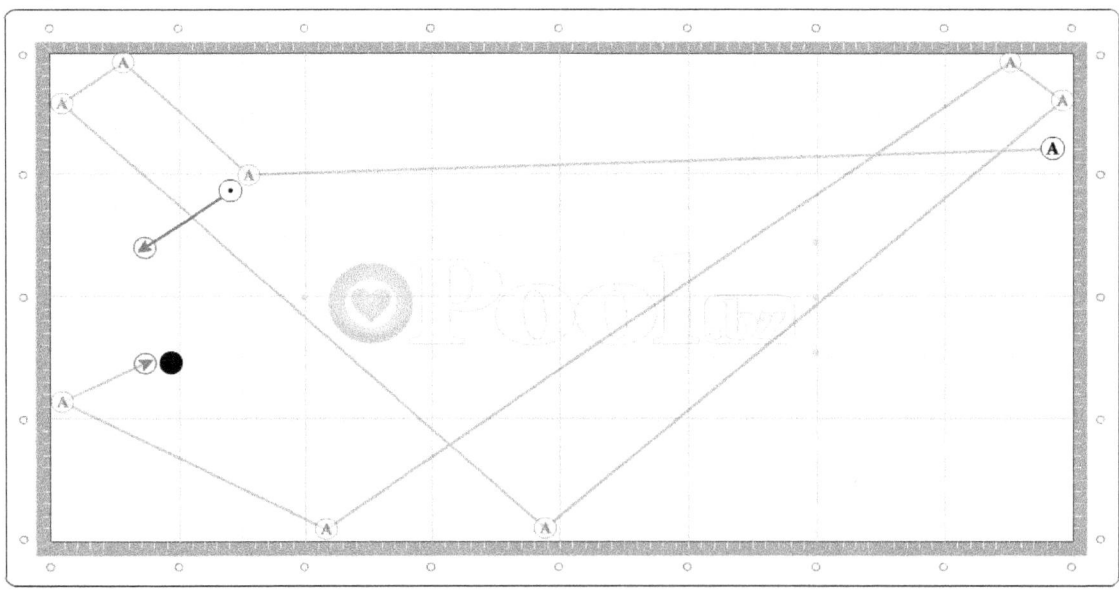

L: Udenfor returkrog

(CB) kontakter den første (OB) og går ind i midten af den lange bande. Den (CB) rejser derefter ind i hjørnet, lang bande først. Derefter kontakter (CB) det andet (OB).

(A) (CB) (din billardkugle) – (•) (OB) (modstander billardkugle) – ● (OB) (rød billardkugle)

L: Gruppe 1

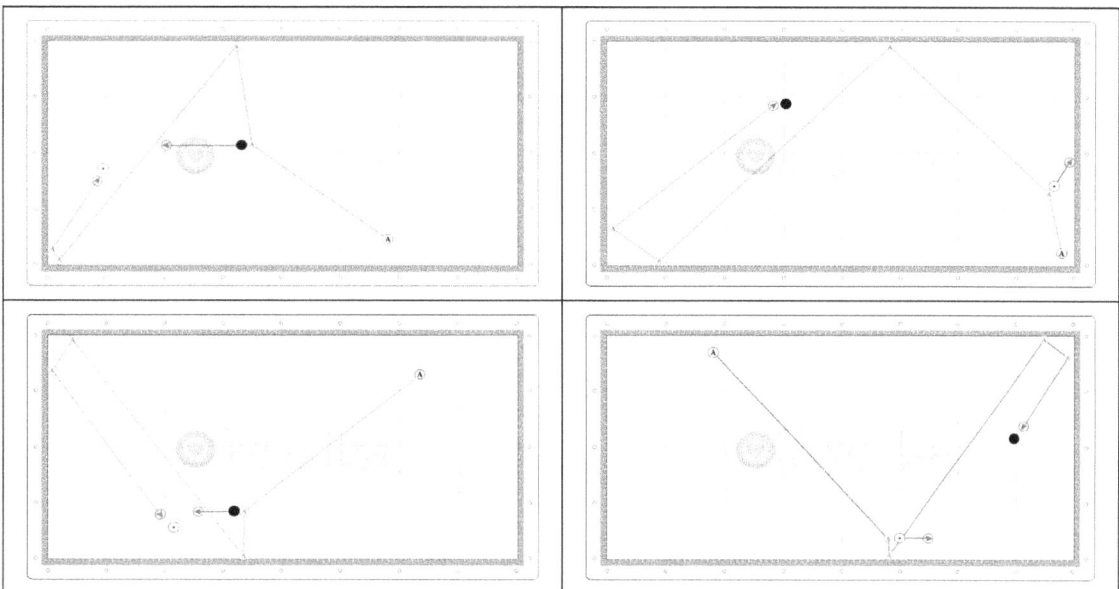

Analyse:

L:1a. _____

L:1b. _____

L:1c. _____

L:1d. _____

L:1a – Setup

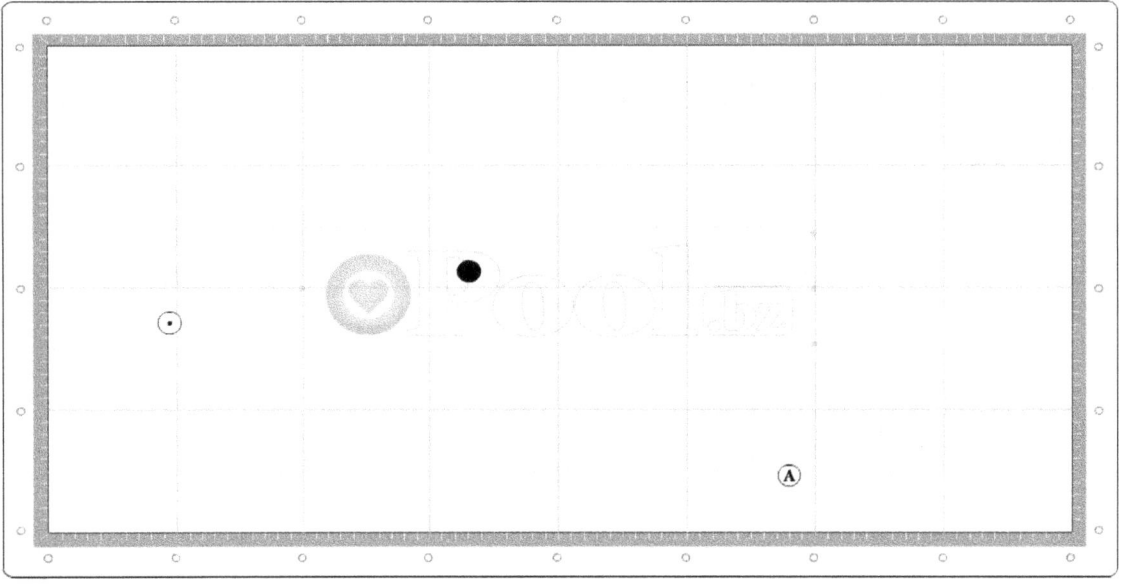

Noter og ideer:

Afspilning mønster

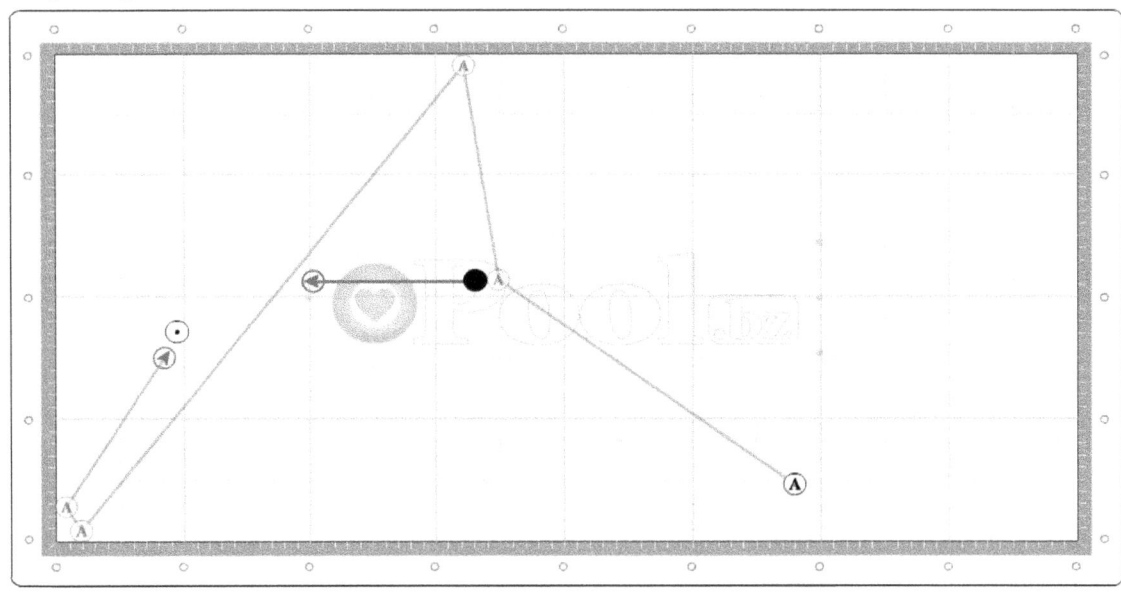

L:1b – Setup

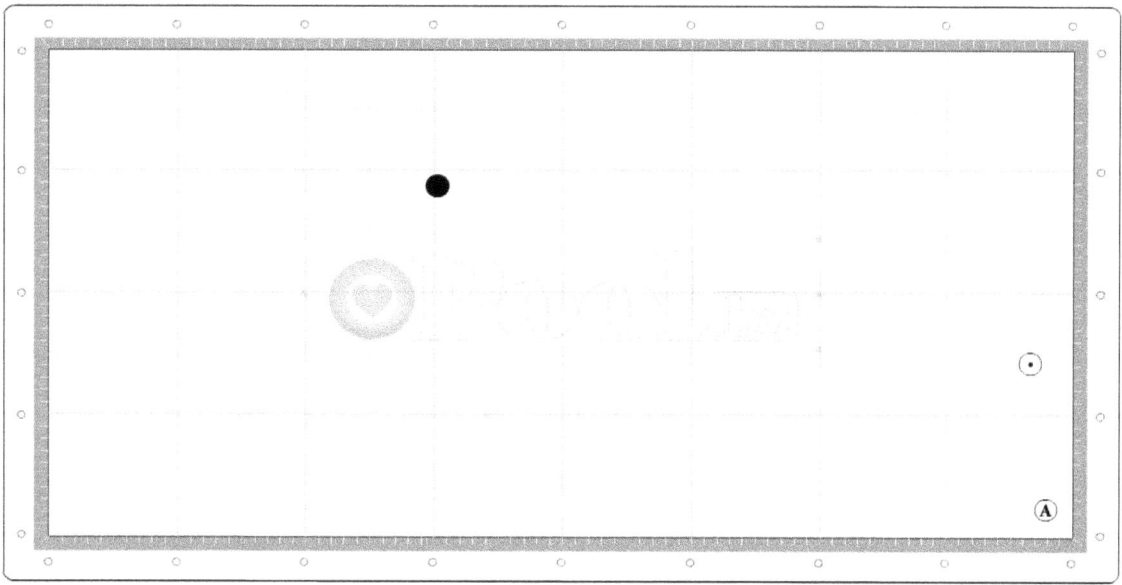

Noter og ideer:

Afspilning mønster

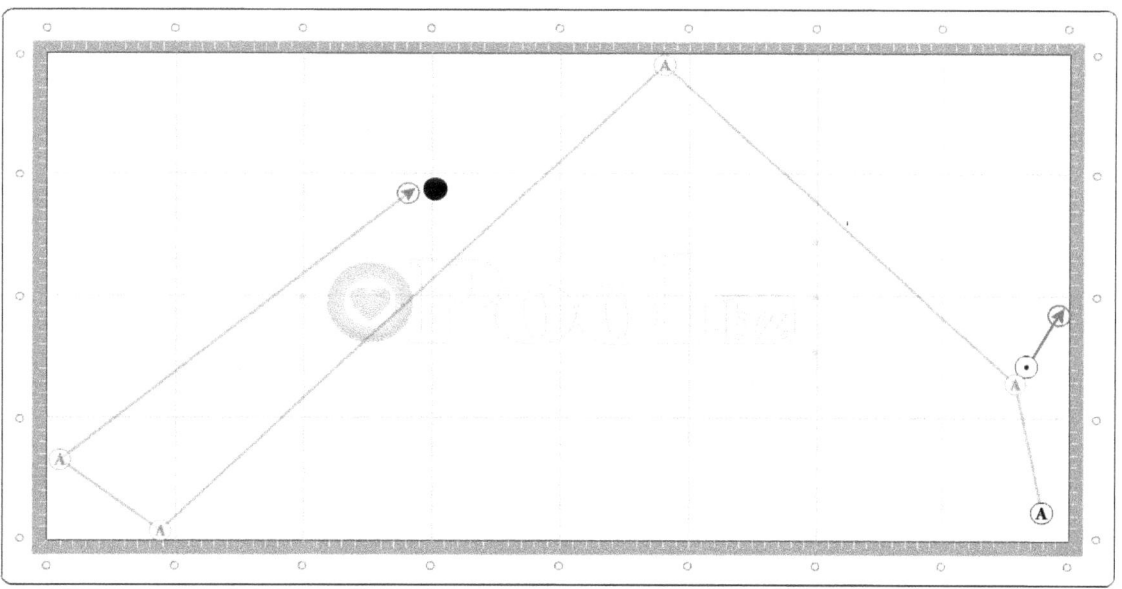

L:1c – Setup

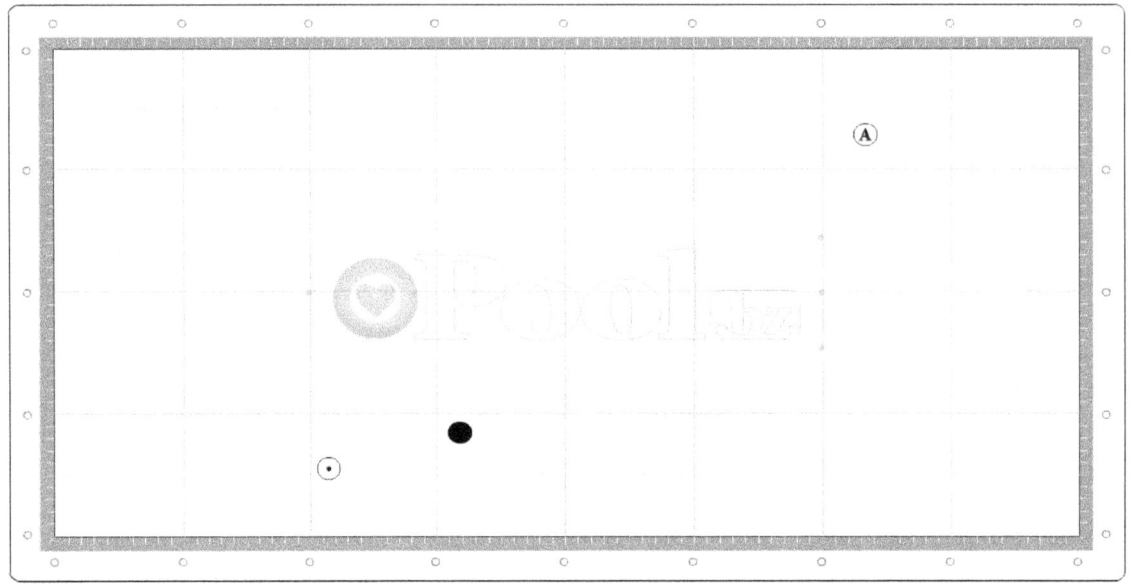

Noter og ideer:

Afspilning mønster

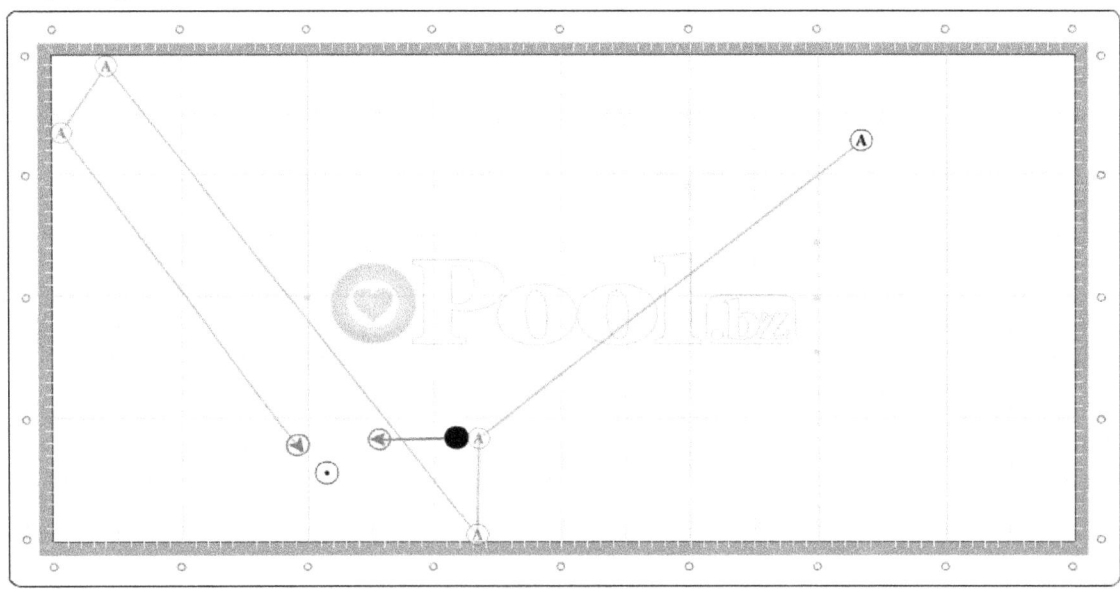

L:1d – Setup

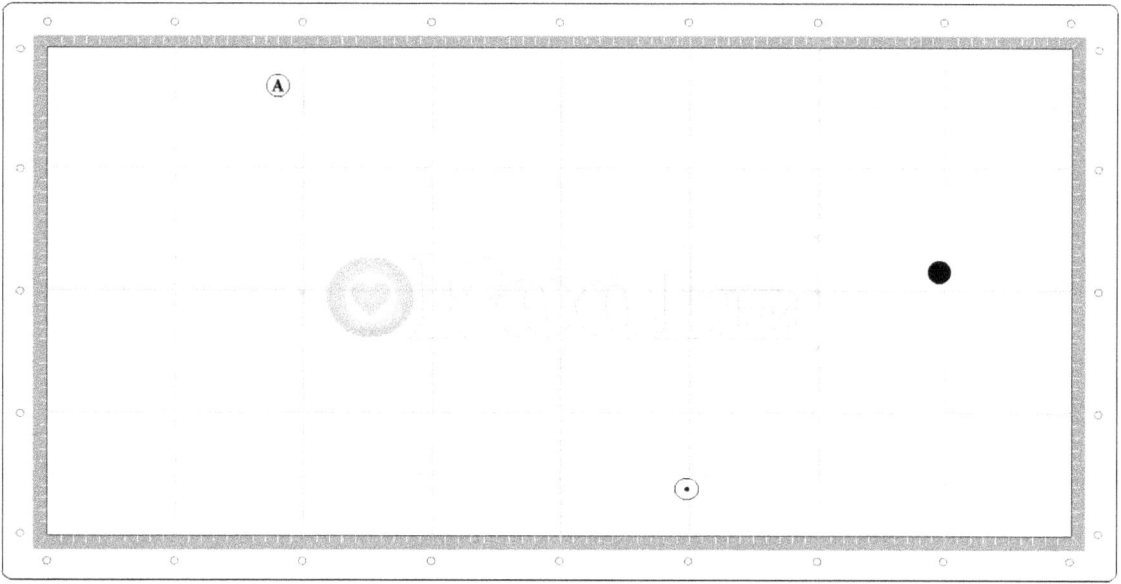

Noter og ideer:

Afspilning mønster

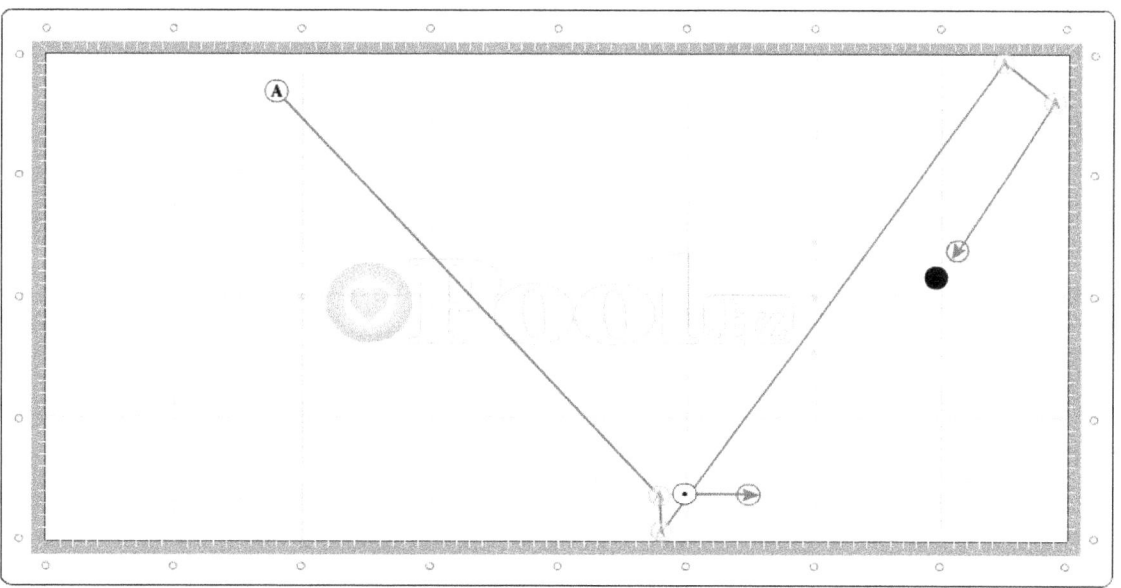

L: Gruppe 2

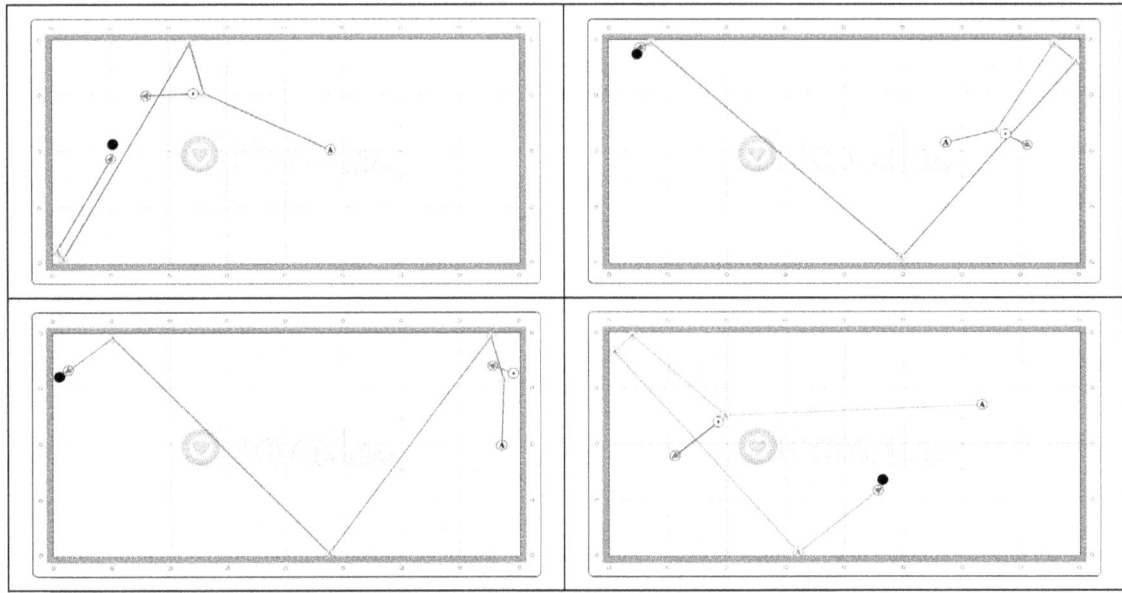

Analyse:

L:2a. _____

L:2b. _____

L:2c. _____

L:2d. _____

L:2a – Setup

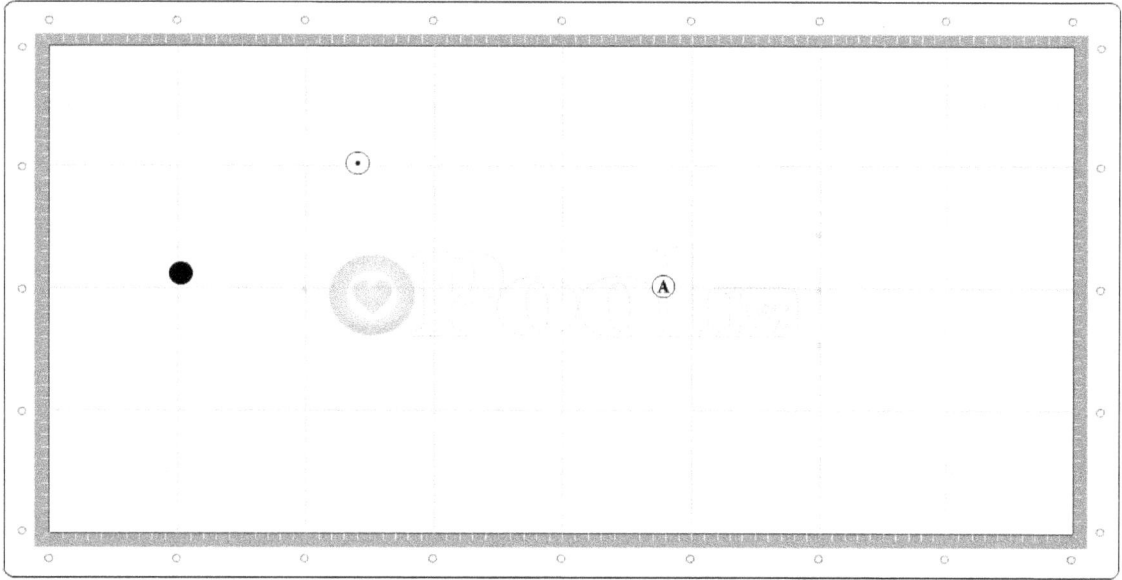

Noter og ideer:

Afspilning mønster

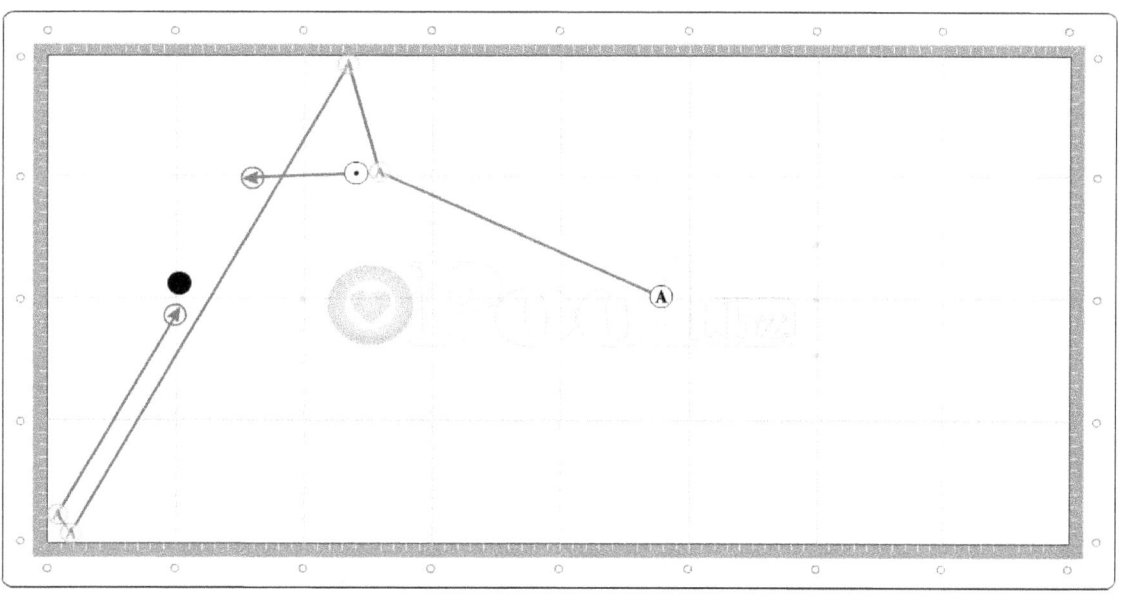

L:2b – Setup

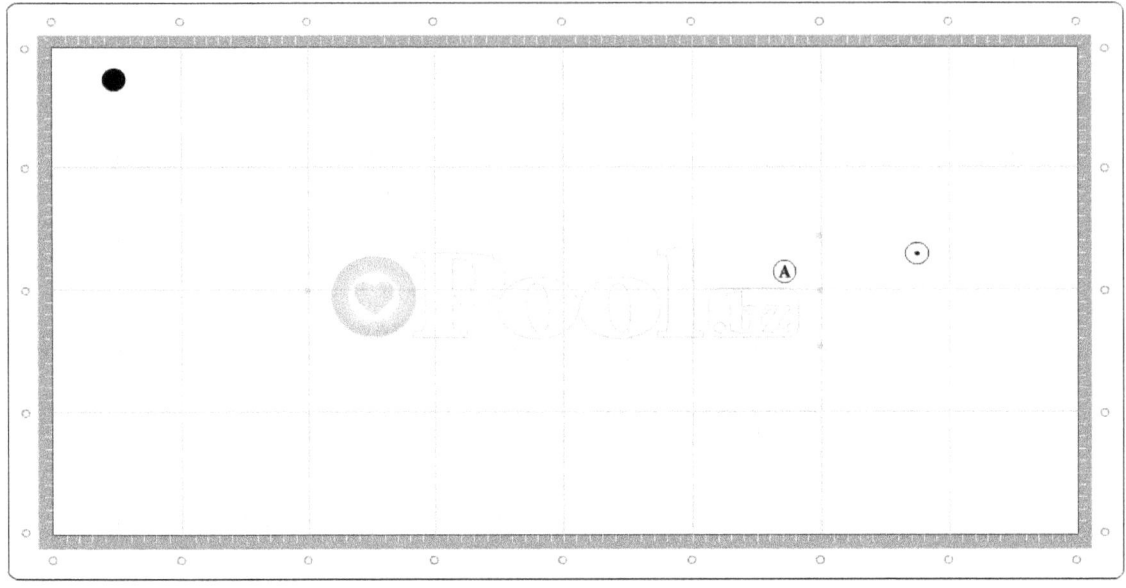

Noter og ideer:

Afspilning mønster

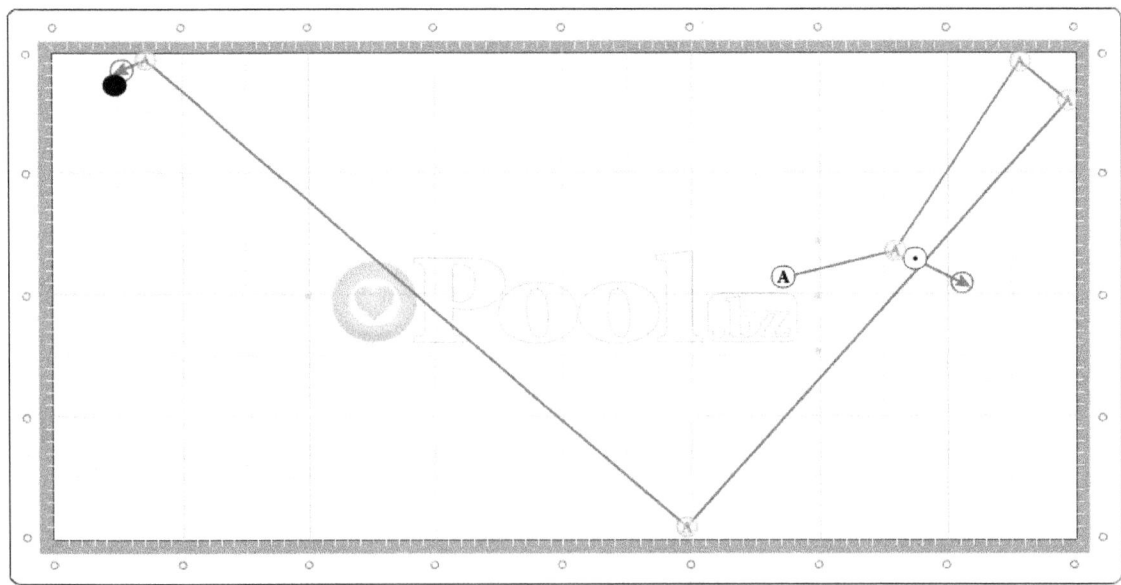

L:1c – Setup

Noter og ideer:

Afspilning mønster

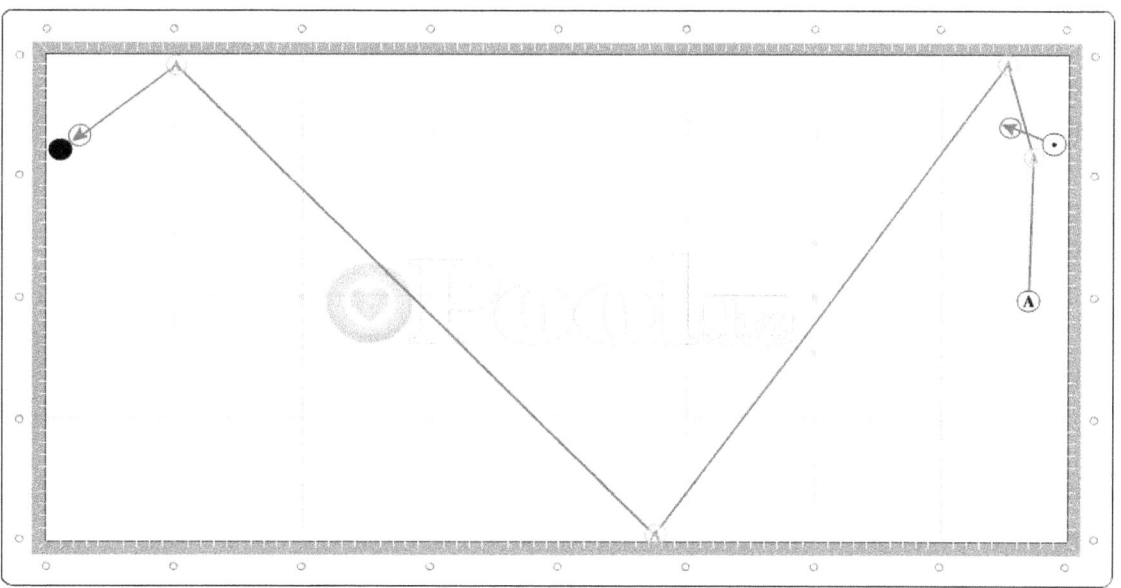

L:2d – Setup

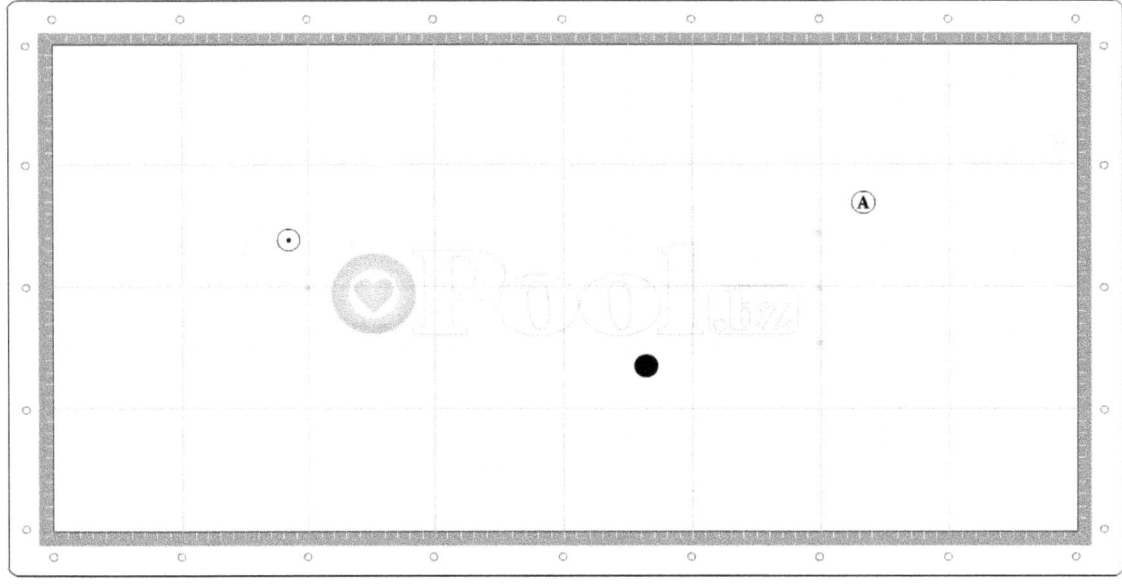

Noter og ideer:

Afspilning mønster

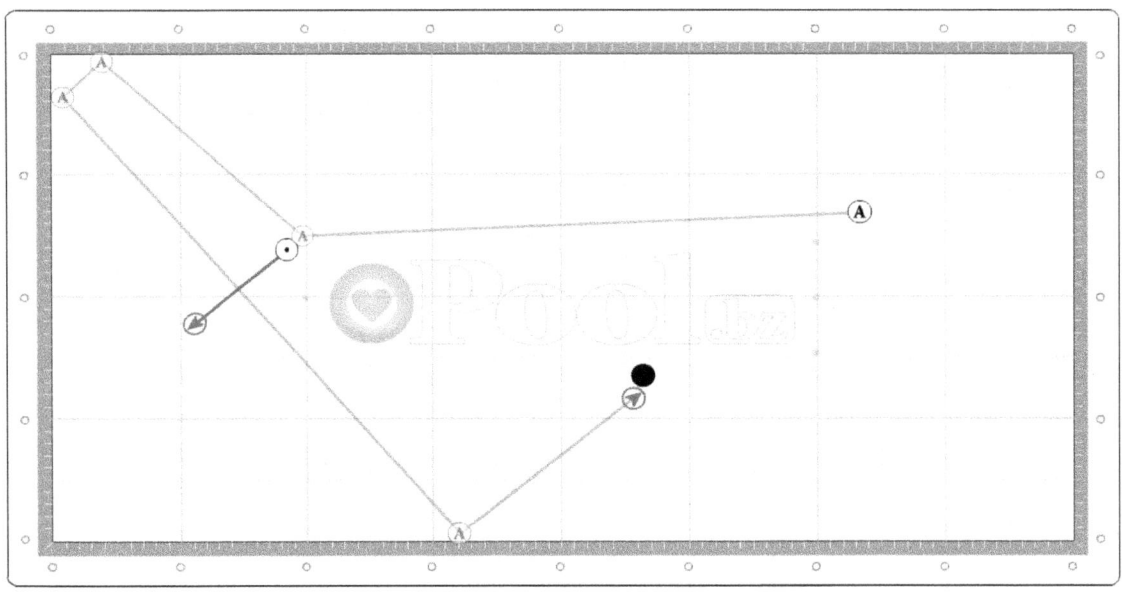

M: Retur udenfor hjørne (kort bande)

Den (CB) kommer ud af den første (OB) og derefter ind i hjørnet, kort bande først. Den (CB) klatrer bakken. På den nedre side kontakter (CB) det andet (OB).

Ⓐ (CB) (din billardkugle) – ⊙ (OB) (modstander billardkugle) – ● (OB) (rød billardkugle)

M: Gruppe 1

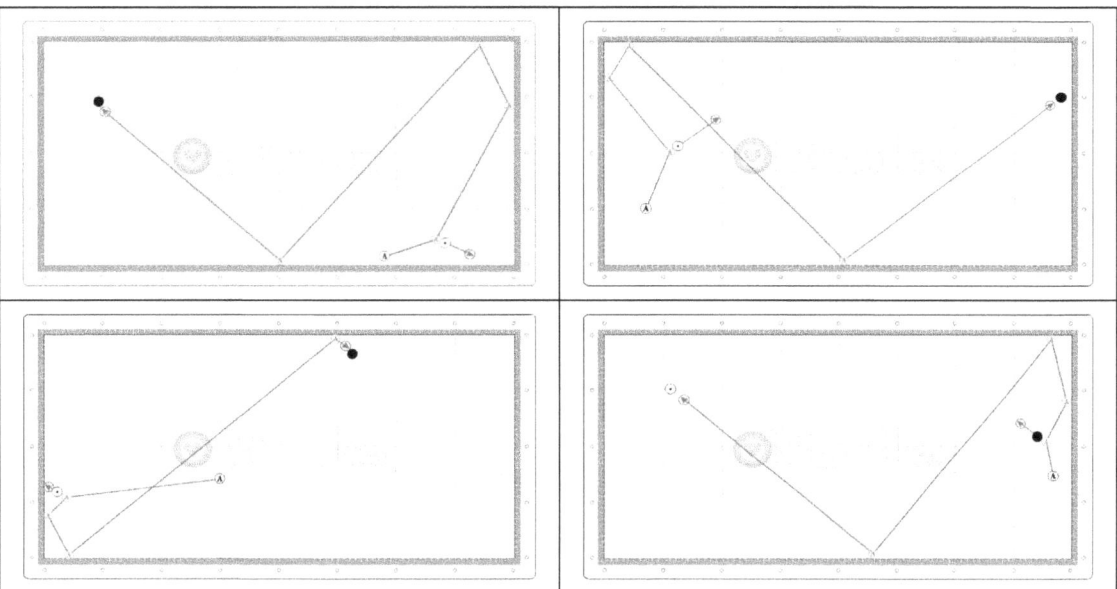

Analyse:

M:1a. _____

M:1b. _____

M:1c. _____

M:1d. _____

M:1a – Setup

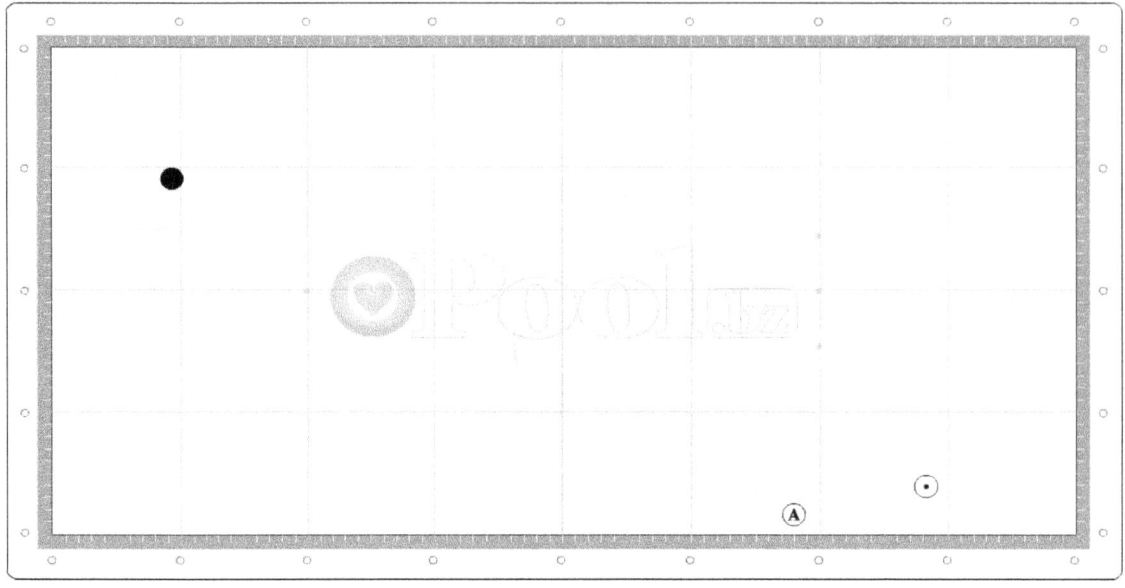

Noter og ideer:

Afspilning mønster

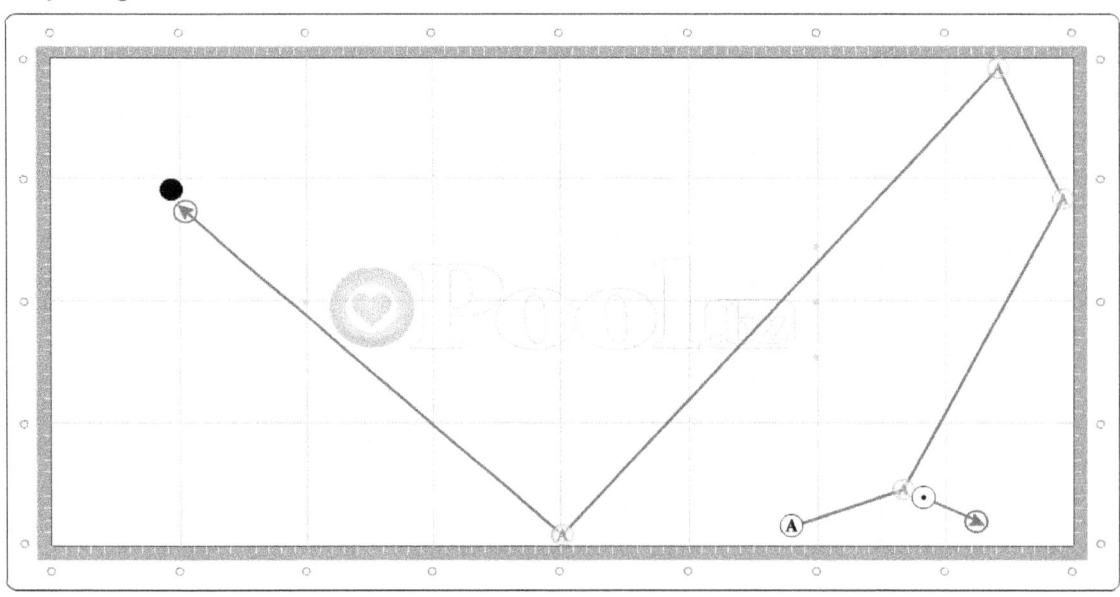

M:1b – Setup

Noter og ideer:

Afspilning mønster

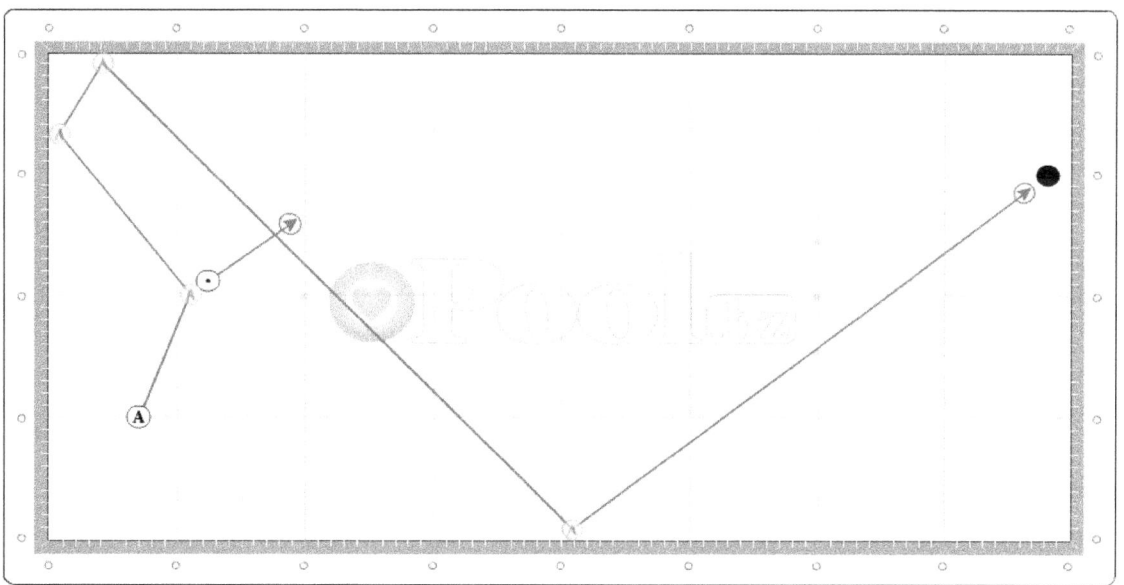

M:1c – Setup

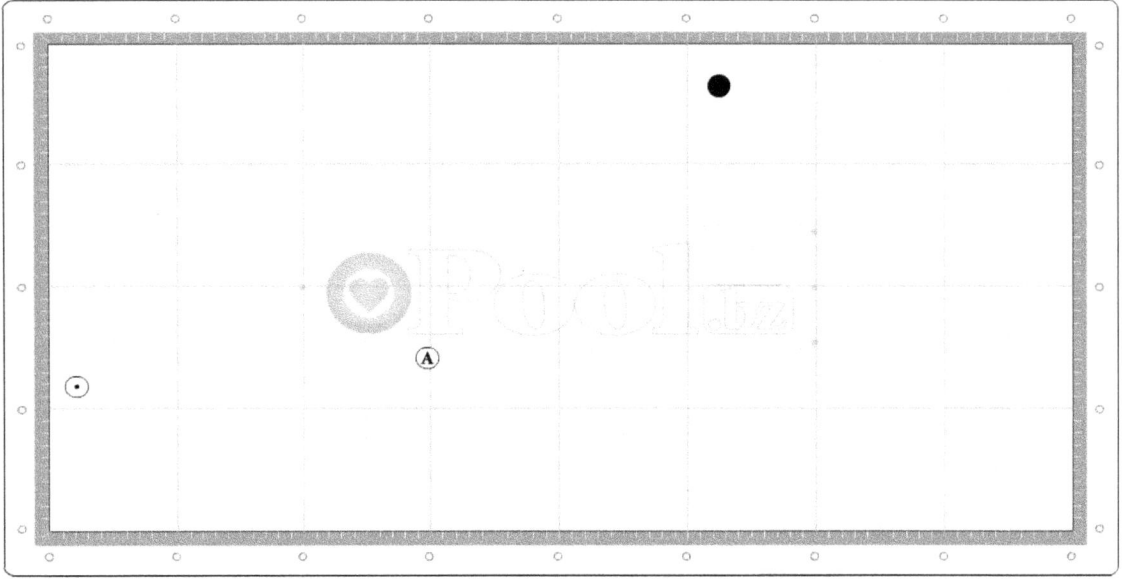

Noter og ideer:

Afspilning mønster

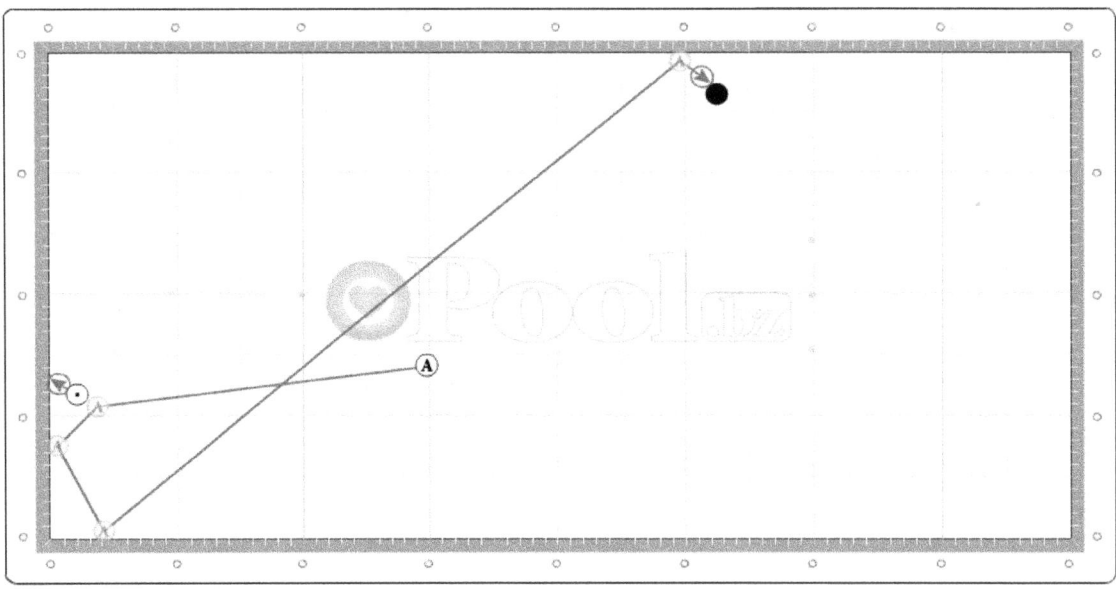

M:1d – Setup

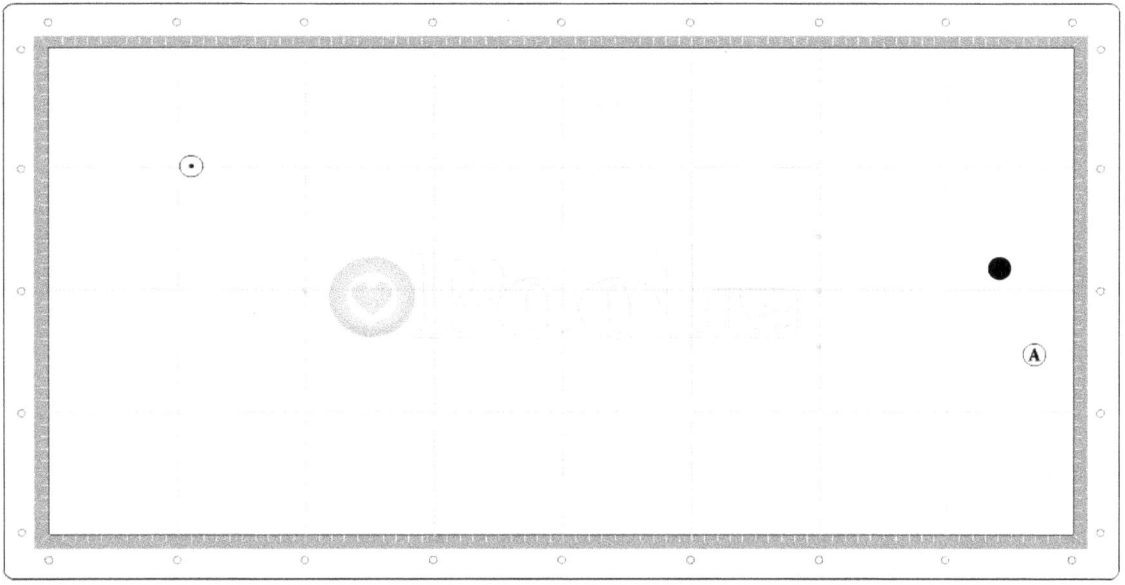

Noter og ideer:

Afspilning mønster

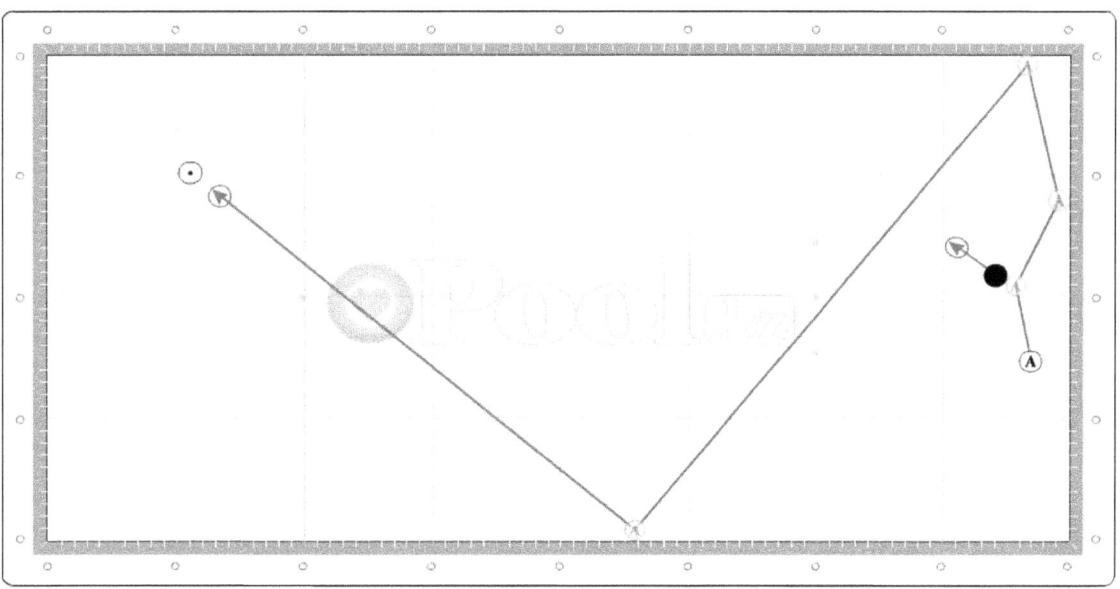

www.ingramcontent.com/pod-product-compliance
Lightning Source LLC
Chambersburg PA
CBHW080336170426
43194CB00014B/2589